社会心理学

第三版

杨宜音 张曙光 赵德雷 编著

SOCIAL PSYCHOLOGY

首都经济贸易大学出版社
Capital University of Economics and Business Press
·北京·

图书在版编目(CIP)数据

社会心理学/杨宜音,张曙光,赵德雷编著.--3版.--北京：首都经济贸易大学出版社,2024.1

ISBN 978-7-5638-3617-8

Ⅰ.社… Ⅱ.①杨… ②张… ③赵… Ⅲ.①社会心理学 Ⅳ.C912.6-0

中国国家版本馆 CIP 数据核字(2023)第 256460 号

社会心理学(第三版)

SHEHUI XINLIXUE

杨宜音　张曙光　赵德雷　编著

责任编辑	陈雪莲
封面设计	风得信·阿东 FondesyDesign
出版发行	首都经济贸易大学出版社
地　　址	北京市朝阳区红庙（邮编 100026）
电　　话	(010)65976483　65065761　65071505(传真)
网　　址	http://www.sjmcb.com
E-mail	publish@cueb.edu.cn
经　　销	全国新华书店
照　　排	北京砚祥志远激光照排技术有限公司
印　　刷	唐山玺诚印务有限公司
成品尺寸	170 毫米×240 毫米　1/16
字　　数	549 千字
印　　张	27.25
版　　次	2008 年 8 月第 1 版　**2024 年 1 月第 3 版** 2024 年 1 月总第 6 次印刷
书　　号	ISBN 978-7-5638-3617-8
定　　价	55.00 元

图书印装若有质量问题,本社负责调换

版权所有　侵权必究

Contents 目录

第一部分 绪论

第一章 什么是社会心理学 /1
学习要点与要求 /2
第一节 社会心理学的研究对象与研究内容 /2
第二节 社会心理学的研究方法 /13
第三节 社会心理学的学科边界与学科视角 /19
第四节 社会心理学的学术传统与发展简史 /23
第五节 社会心理学研究的经典理论流派 /28
思考题 /31
拓展阅读 /31

第二部分 个人的社会心理学

第二章 自我 /33
学习要点与要求 /33
第一节 自我的构成 /34
第二节 自我的获得 /43
第三节 自我的功能 /48
第四节 自我的发展 /52
思考题 /56
拓展阅读 /56

第三章 社会认知 /57
学习要点与要求 /58
第一节 社会认知的定义与基本机制 /58
第二节 社会认知的基本过程1:印象与判断 /64
第三节 社会认知的基本过程2:归因 /71
思考题 /79
拓展阅读 /80

第四章　态度及其改变　/81

　　学习要点与要求　/82
　　第一节　态度的概述　/82
　　第二节　态度的测量　/87
　　第三节　态度形成与改变理论　/93
　　第四节　态度改变的一般说服模型　/103
　　第五节　态度改变理论的新发展　/109
　　思考题　/112
　　拓展阅读　/112

第五章　价值观　/113

　　学习要点与要求　/114
　　第一节　价值观的定义　/114
　　第二节　价值观的内容分类　/116
　　第三节　社会/文化价值观研究　/119
　　第四节　价值观的变迁　/125
　　第五节　价值观研究的拓展　/127
　　思考题　/131
　　拓展阅读　/132

第三部分　人际的社会心理学

第六章　人际沟通　/133

　　学习要点与要求　/134
　　第一节　人际沟通的模式　/135
　　第二节　人际沟通的通道和种类　/138
　　第三节　新媒体背景下的网络沟通　/147
　　第四节　有效沟通的策略与技巧　/153
　　思考题　/162
　　拓展阅读　/162

第七章 社会关系 /163

学习要点与要求 /164
第一节 社会交往 /164
第二节 人际吸引与亲密关系 /168
第三节 中国文化中的关系与关系网 /177
思考题 /191
拓展阅读 /191

第八章 助人行为与攻击行为 /192

学习要点与要求 /193
第一节 助人行为 /193
第二节 攻击行为 /205
思考题 /213
拓展阅读 /213

第四部分 群己和群体的社会心理学

第九章 社会遵从行为 /214

学习要点与要求 /215
第一节 社会规范的形成与执行 /215
第二节 几种重要的社会规范 /219
第三节 从众行为 /225
思考题 /232
拓展阅读 /232

第十章 合作、竞争及冲突解决 /233

学习要点与要求 /234
第一节 社会助长与社会干扰 /235
第二节 社会惰化 /238
第三节 竞争与合作的策略 /240
第四节 冲突及其解决 /244

思考题　/252
拓展阅读　/252

第十一章　社会认同　/253
学习要点与要求　/254
第一节　社会认同的概念　/254
第二节　社会认同的基本心理历程　/259
第三节　社会认同的条件与身份管理　/261
第四节　社会认同的效应　/265
第五节　社会认同研究的应用领域　/268
第六节　中国人社会认同的特殊心理历程　/269
思考题　/275
拓展阅读　/276

第十二章　群体　/277
学习要点与要求　/278
第一节　群体的概述　/278
第二节　群体绩效　/284
第三节　群体决策　/286
思考题　/295
拓展阅读　/295

第十三章　领导　/296
学习要点与要求　/297
第一节　领导概述　/297
第二节　西方领导理论　/299
第三节　华人本土领导理论　/313
思考题　/316
拓展阅读　/317

第五部分　群际和类别关系的社会心理学

第十四章　社会性别　/318
　学习要点与要求　/319
　第一节　性别差异及其来源　/319
　第二节　女性性别身份认同的特殊性　/328
　思考题　/333
　拓展阅读　/333

第十五章　社会偏见与歧视　/334
　学习要点与要求　/335
　第一节　偏见与歧视的概念及类型　/335
　第二节　降低偏见与歧视的影响　/340
　思考题　/350
　拓展阅读　/350

第六部分　宏观与社会变迁的社会心理学

第十六章　社会心态　/351
　学习要点与要求　/352
　第一节　社会心态的定义和分析框架　/353
　第二节　如何观察社会心态　/357
　第三节　个体与宏观社会的心理联系机制　/362
　第四节　影响社会心态形成的心理因素及其机制　/368
　第五节　社会心态的效应　/371
　思考题　/374
　拓展阅读　/374

第十七章　社会变迁与社会心理变迁　/375
　学习要点与要求　/376
　第一节　多学科的视角　/377

第二节　我国学者关于传统与现代人格变迁的
　　　　研究进展　/392
第三节　人格变迁、变迁人格研究的意义和方向　/394
思考题　/399
拓展阅读　/399

第十八章　文化社会心理学　/400
学习要点与要求　/401
第一节　文化与社会心理学　/402
第二节　文化传承与传播　/408
第三节　文化沟通与交流　/414
思考题　/420
拓展阅读　/420

后记　/421

第二版后记　/424

第三版后记　/425

第一部分 绪 论

第一章 什么是社会心理学

它是一门自然科学还是社会科学？
它研究什么？
它怎样研究？
它经过了怎样的发展历程？
它形成了怎样的看待世事人心的视角？
学习它会给我们的生活带来什么样的改变？
学习它会对我们的专业学习有什么帮助？
如何学好它？

学习要点与要求

要点：社会心理学是人类进行自我探索的一个重要学科。本章从社会心理学的学科定义与研究内容、主要研究方法、学科边界与学科视角、学术传统与发展历史和理论流派等方面介绍这一学科。

要求：①学习如何根据几个基本线索了解一门学科；②正确回答什么是社会心理学；③思考学习这一学科会给自己的学习、生活带来什么改变。

社会心理学之窗 1-1

学心理学的人常常被人问道："既然你是学心理学的，那么你猜猜我心里正在想什么？""呦，你是学心理学的啊！那我心里想的不就被你知道了吗？"

心理学家探究的是心之活动之理，它的确面对的是人的内心世界，但内心世界并非孤立存在，它与外面的世界相通。社会心理学家要回答"发生在人心里的心理活动是如何与心外的社会生活相互影响的""以什么样的方式影响，为什么会以这样的方式影响""影响的后果怎样"等一系列问题。

每个人的心里世界又是他人的心外世界。心里与心外，此心与彼心，同样气象万千。社会心理学家要回答，当世界出现了"我""他""我们""他们"之分时，社会生活及我们的感受会出现什么样的改变。

当我们以日常生活中种种司空见惯的现象作为窗口时，不仅将看到窗内与窗外的各种景致，而且将看到窗是两个世界双向汇聚之处，正是窗口告诉我们窗外有景，窗内也有景。

让我们用社会心理学为自己打开一扇新窗……

社会心理学(social psychology)是人类进行自我探索的一个重要学科,是人类认识自身的一个视角和手段。学会用一些基本线索了解一个学科,是掌握一个学科的捷径。在这一章,我们将通过介绍社会心理学的学科性质和发展历史,简要回答"什么是社会心理学"这一问题。读者还可以通过阅读后面各个章节——介绍社会心理学研究的主要发现——来进一步认识这一学科的特征。

第一节 社会心理学的研究对象与研究内容

在人类知识的累积过程中,一个学科要想界定自己,需要"与众不同",也就是说,该学科至少要有自己独特的研究对象及相应的研究方法,在此基础上积累研究成果,并形成这一学科的独特视角和学术传统。这些将是这一学科区别于其他学科的核心特征。

研究对象与研究成果之间的关系是相辅相成的。有了主要发现,这一学科的研究对象会越来越被廓清和认可。旧有的研究范围的边界由于研究的触角伸向新的问题而被突破,或由于新学科分支的独立而收缩;在这些过程中,研究对象则再度被选择和认定,并有可能与其他学科相互融合而形成新的研究对象。

一个学科是人类在一个特殊领域中所积累的知识。顾名思义,社会心理学应该是人类发展出来的用以探究人们社会心理规律的一门学科。然而,这样的说法仍然不能让我们了解它究竟是一个什么样的学科,这一学科是否能够告诉我们一些如果不学习它就不知道的事实或原理。

那么,弄清一个学科通常有什么办法呢？一般来说,人们会想到这样三种办法:①由相关的学科来推想这一学科的研究对象;②从日常生活经验入手来增加对这个学科的了解;③看看专家学者们为这门学科所下的定义是什么,以及专家学者们在这一学科中都发现了什么。

在你现有的知识库中,可能没有社会心理学的知识,但是,从名称可以推知这是一个心理学的分支,并且与社会有关。如果我们并不了解心理学,那么我们还可以从物理学、生理学、病理学、地理学等相近的概念中推知这是一个研究机理或原理的学科,与心脑的精神活动有关。

社会中生活的人们尽管可能没有系统学过社会心理学这门学科,但是一定都拥有一些与其有关的社会生活常识。在阅读后面的内容之前,我们可以先来观察一下周围的生活,看看我们是否可以通过初步的观察来探索和理解社会心理学研究什么和怎样研究。让我们来以"同情心"(sympathy)为例进行讨论。

如果把同情心作为研究对象,社会心理学应该如何来研究它？我们可以先报告它的特性,回答什么是同情心,然后回答同情心是如何产生的,与其他因素相互作用的时候会出现什么情况。那么,首先遇到的问题就是:我们应该如何刻画同情心这样一个心理事实？

第一,我们可以从记忆中搜索:我曾经同情过他人吗？我见过有同情心的人吗？我被同情过吗？

同情心是一个摸不着的东西。于是,我们就要观察生活,看看同情心这个概念在日常生活中是如何被使用的。我们说某人具有同情心,可能因为他为贫困山区的儿童捐款,也可能因为他帮助残疾人,或可能因为他为有些悲惨的画面落泪,还可能因为他在为一些弱势群体打抱不平……这就是说,同情心是可以被表达的,是可以从外显的表情和行为推演到内心活动的(参见第三章,社会认知)。

第二,我们可以看看什么与同情心关联最大。例如,友善的价值观和个性(同情

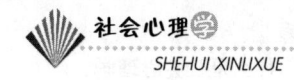

心强),帮助人之后的回报,与被同情者的关系,与被同情者的相似性(性别、年龄、经历、处境),这一切都可能影响同情心(参见第五章,价值观;第七章,社会关系)。

第三,同情他人既可能是情感上的(例如对对方抱以一种悲悯的情感或情怀),也可能是行动上的(例如施以援手,倾囊相助)。无论是情感上的还是行动上的,我们发现,同情心必须有一个主体、一个对象和一个情境,主体与对象两者要在一定的情境中建立某种心理联系。心理联系的建立机制之一就是移情(empathy)。它是指理解别人的处境,体会到别人的内心感受或困难之处,获得相似的感受。

第四,在什么样的情境中,人们会容易同情他人呢?具体而言,在什么样的情境中,人们容易认为对方值得被同情?在什么样的情境中,人们可以确认对方需要自己的帮助呢?有他人在场会怎么样?会不会跟随他人而表现出同情行为?不同的人会不会引起不同的跟随行为?同情心是不是施舍式的?表达同情心的方式有哪些?人在什么情况下需要同情心?角色扮演、换位思考是否可以引发同情心?缺乏同情心会出现什么样的行为?冷漠、敌意、偏见、歧视等心理与行为是如何发生的(参见第十五章,社会偏见与歧视)?回答这些问题将有助于我们理解同情心、同情心与同情对象以及与情境的关系。

第五,什么样的人格特征更容易产生同情心呢?同情心强好不好呢?敏感性在同情行为中有没有影响呢?同情心是可以培养的吗(参见第八章,助人行为与攻击行为)?这些问题能够为同情心寻找来自人格方面的解释。

第六,移情的前提是存在两个独立的个体。而作为中国人的我与他之间的心理关系是很特别的,因此,在这种自我与他人的关系中所发生的同情究竟会不会与西方人相同呢(参见第二章,自我;第七章,社会关系)?如果有所不同,是否可以从中国本土文化中找到特有的"同情"的意义呢(参见社会心理学之窗1-2)?这些问题说明,我们可以从社会心理学的文化视角来思索同情心的问题。

社会心理学之窗1-2

中国文化中有关同情心的词汇包含"同""情""心"三个方面。"同"包含对同情对象的确定和同情的心理机制,通过"同"来生"情",即包容他人之后而形成的怜悯、关怀、担忧、共鸣,擅于将自己通过"同"而生"情"者被称为富有同情"心"的人。其行为上可能出现援助、帮助、捐助、施舍、赠予、给与、利他、助人、关心、体贴等。这里,"同"则"通",则"共"。例如,汉语中有同感、人同此心、共情、共鸣、心心相通、感同身受等词语。而"同"就涉及一个文化对自我概念的边界、人际关系的分类与认知等知识的建构。因此,中国文化中的"同情"与西方文化中的"同情"的心理机制可能有所不同。

基于上述分析,我们可以暂且认为:同情心是个体对他人、个体对群体的一种体验式的积极情感表现。社会心理学可以从社会认知、自我概念、社会关系、社会情感、亲社会行为、群际关系与歧视、文化社会心理、进化社会心理学等多个角度帮助我们理解这一人类的社会情感与行为。

一旦我们带着日常生活的经验来看社会心理学,就会发现社会心理学是一门诱人的学科。人们面对社会的时候,看到的并不是抽象的制度、结构,而是由一个个社会成员以及他们的行为构成的可被感知的社会。因此,最令人好奇的将是这样一个问题:在社会中人们为什么这样做而不那样做?在行为背后有着怎样的内部过程?透视这一内部过程的社会心理学究竟是一门怎样的学科,它会给我们带来怎样的启发?首先让我们来看看社会心理学家对这一学科的界定。

一、社会心理学的学科定义

现代社会心理学已经有了100多年的历史,应该说,这是一个相当年轻的学科。它的年轻,可以从社会心理学领域的大师级人物大多数健在这一点得到佐证。在这100多年间,世界各地出版过各种各样的社会心理学教科书,其中有各种关于社会心理学定义的表述。《社会性动物》的作者、著名的社会心理学家阿伦森(Aronson)曾说过,有多少个社会心理学家,就有多少个关于社会心理学的定义。社会心理学的定义众多这一现象本身就说明这一学科的边界不甚清晰,但是,我们也可以将这种不清晰理解为一种学科的生长特性,即:社会心理学是发展的,是在不断与相邻学科的交互作用中生长的。

(一) 定义的理论视角:个人、情境和相互建构

我们来看社会心理学界的经典定义:

定义1:

社会心理学是这样一个学科,它试图解释个体的思想、情感和行为,如何受到他人实际的、想象的或是潜在的影响。

——G. W. Allport,1935

从这一定义我们可以看出,首先,社会心理学不仅要研究个体如何受到他人实际的影响,而且要研究个体如何受到那些潜在的影响,甚至是个体因自行想象而发生的具有影响力的那些影响。其次,个体在社会中生活,像受到其他因素(如气候、物理环境)的影响一样受到社会中他人的影响。

近年来,社会心理学界普遍接受一种"相互影响"的观点,对社会心理学的定义做出了一定的调整:

定义2:

社会心理学是研究人们如何相互思考、影响与联系的科学。

——D. G. Myers,1993

这一定义没有仅仅从一个个体的角度出发,而关注了双方的联系与互动,使社会心理学更具有"社会"的意味。不过,这一定义相对简单,让我们尝试做出一个更容易理解的表述:

定义3:

社会心理学是通过研究心理机制和外显行为,描述和解释个体及群体在社会情境中认识人(包括自我、他人、群体、类别)与社会现象,接受社会影响,建立与他人、群体、类别和社会(历史/文化)的心理联系,并对其进行建构和选择,继而影响人与社会这一双重过程的学科。

这里,我们可以看到不同定义背后的理论出发点是不同的。定义1强调个体的特质,定义2强调个体相互影响,定义3强调环境与个人相互作用和相互建构。为了理解这一点,我们可以简要地把上述定义中的主要因素分为三个:我(们)、他(们)、情境。例如,当我们看到二战期间德国士兵为希特勒欢呼时,我们会认为他们疯狂至极;当我们看到周围同学醉心于某歌星的歌或者痴迷于某球星的球技时,我们可能感到十分自然。从个人特质论的角度看,这些行为都是个人特点使然,他们疯狂或痴迷的原因是这些人就喜欢做这样不理性的事情。这背后的预设是人可以控制情境,在三个因素中,个人是最重要的。但是,从人际或群际关系的角度看,个人的这些行为可能受到周围人的影响,或者受到群体心理结构的影响(例如,下级盲目服从上级,社会情绪的感染)。这背后的预设是人会受到他所在群体、人际互动状况的影响。而从情境论的角度看,这些人的疯狂或痴迷是有一定原因的,他们本不必然疯狂或痴迷,而是受到了所处的历史、社会、文化环境的影响。因此,是"个人在情境中"。如果把这两者结合起来,就是一种互动建构论的观点:在特殊的情境下,环境与个人是相互作用、相互建构的。一个人在令人疯狂或痴迷的时间、地点和环境下,容易做出非理性的行为,同时,因为众多非理性的人们之间相互影响、相互作用,环境才成为一个令人疯狂或痴迷的环境。

(二)定义的内容:个体与群体

社会心理学不同定义的另一个区别是,社会心理学的研究对象是个体还是群体。上述有些定义是以个体为分析单位的,认为群体不过是个体的集合;或者认为群体是社会学研究的对象,不属于社会心理学的研究对象。有些定义则认为,个体是社会心理学的研究对象,群体也是社会心理学的研究对象,而且这才是社会心理学与其他心理学分支形成区别的主要原因。群体的心理不能等同于个体心理的简单相加。例如,群体行为中存在"去个性化"现象(参见第九章,社会遵从行为;第十一章,社会认同)。

对社会心理学研究对象的不同认识不仅是一个理论争论,而且直接影响到学科的发展方向。例如,北美的社会心理学理论的特征之一在于其个体主义的研究视角,它是在个体的立场上建构的,即便涉及他人,也将他人看作个人的认知对象、帮助对象、建立关系的对象、受到影响的来源、合作或竞争的对象等。因此,在北美占统治地位的社会心理学定义是:社会心理学是研究个体受他人影响的学科。相比之下,欧洲的社会心理学更重视研究个体与群体、群体与群体之间的心理关系是如何建立的。他们将群体纳入社会心理学的视野,并且作为重要的研究内容。

(三)定义的价值立场:通过认识人类自身增进人类福祉

虽然社会心理学的定义由于研究的不断推进以及研究者学术传统、个人偏好的不同而有所不同,但是社会心理学家发展、积累这一学科知识的目的是一致的,那就是改善人类的生存状况,提高人类的生活满意度。因此,这一学科具有很高的学术价值和应用价值。

二、社会心理学的研究内容

社会心理学究竟应该研究什么？经过一百年的发展,社会心理学家逐渐对研究内容形成了共识,并且逐渐明确了这些研究领域之间的逻辑关系,使学科的逻辑性与生长性很好地结合起来。

社会心理学之窗 1-3

20世纪70年代,时任欧洲实验社会心理学会执行委员会委员的比利时社会心理学家威廉·杜瓦斯(Willem Doise)利用学术年假去澳洲多所大学访问。他被同行问得最多的问题是:欧洲社会心理学研究的关注点是什么,欧洲社会心理学与美国社会心理学有什么差异？这引起了他的思考。通过深入分析,他提出了"解释水平"这一概念,并且以此建立起"社会心理学的解释水平理论"。该理论提出,社会心理学研究的内容可以分为四个主要分析或解释水平:①个体内水平;②人际和情境水平;③社会位置水平;④意识形态水平。也有社会心理学家将其概括为内心、人际、群内、群际四个水平。并且,这些分析的单位或解释的水平是互渗互连的。历经50年,我们可以发现,美国的社会心理学家比欧洲同行更偏爱采用个体水平和人际水平,而欧洲的社会心理学家发展出的群体过程(包括群己关系和群际关系)和社会表征理论在群内、群际和宏观水平上更具影响力。

几乎与杜瓦斯同时,在主流社会心理学之外,一些社会心理学家开始反思自己应该研究什么以及怎样研究。例如,中国台湾地区学者杨国枢等人曾指出:"我们所探讨的对象虽是中国社会与中国社会的中国人,所采用的理论与方法却几乎全是西方的或西方式的。在日常生活中,我们是中国人;在从事研究工作时,我们却变成了西方人。"在他们的推动下,来自中国内地(大陆)、中国香港地区和中国台湾地区的社会心理学家逐渐达成共识,并发展出华人本土心理学,其近年来重要学术进展集中反映在教科书《华人本土心理学》(2005)、《华人本土心理学三十年》(2022)和《社会心理研究》(2022)等著作中。通过比较北美、欧洲和华人社会心理学家编著的教科书目录,可以看到社会心理学在不同的思想传统和文化社会背景下研究的内容也有所不同(参见表 1-1、表 1-2、表 1-3 和表 1-4)。

表 1-1 《社会心理学》教科书的主要内容比较

章序	Myers 主编(第 11 版,中译本 2016 年)	章序	Myers 等人主编(欧洲版,2010 年)
	前言		前言
1	社会心理学导论	1	什么是社会心理学?
		2	社会心理学的研究方法
第一编	社会思维	第一编	社会思维
2	社会中的自我	3	自我
3	社会信念和判断	4	社会信念和判断
4	态度和行为	5	态度和行为
第二编	社会影响	第二编	社会影响
5	基因、文化与性别	6	基因、文化与性别
6	从众和服从	7	从众和服从
7	说服	8	说服
8	群体影响社会关系		
第三编	社会关系	第三编	社会关系
9	偏见:不喜欢他人	9	攻击
10	攻击:伤害他人	10	吸引与亲密
11	吸引与亲密:喜欢他人与爱他人	11	帮助行为
12	帮助行为	第四编	群体中的人
13	冲突与和解	12	小群体的影响
第四编	应用社会心理学	13	社会类别和社会认同
14	社会心理学在临床领域中的应用	14	群际关系、冲突与偏见
15	社会心理学在司法领域中的应用	第五编	应用社会心理学
16	社会心理学与可持续发展的未来	15	应用社会心理学
17	结语		

资料来源:迈尔斯. 社会心理学[M]. 北京:人民邮电出版社,2016;MYERS D, ABELL J, KOLSTAD A, et al. Social psychology:European version[M]. New York:McGraw-Hill Education,2010.

表1-2 《华人本土心理学》研究的主要内容

章序	主要内容	章序	主要内容
第一编	本土化心理学的开拓	第六编	人际关系与互动
1	本土化心理学的意义与发展	14	人际交往中的人情与关系
第二编	本土化心理学的方法论	15	人际和谐与人际冲突
2	心理学本土化的方法论基础	16	人际关系中的缘观
3	本土化心理学的研究策略	17	忍的心理与行为
4	本土化心理学的研究方法	第七编	价值观与心理变迁
第三编	本土化心理学的理论	18	华人价值研究
5	刘劭的人格理论及其诠释	19	成就动机与成就观念
6	华人社会取向的理论分析	20	心理传统性与现代性
7	华人关系主义的理论建构	第八编	组织心理与行为
第四编	家族取向与家人关系	21	华人企业组织中的领导
8	家族主义与泛家人关系	22	华人组织中的忠诚
9	孝道的心理与行为	23	华人的工作动机与态度
10	婚姻关系及其调适	24	中国人的分配正义观
第五编	脸面观、道德观及公私观	第九编	心理疗法与宗教经验
11	华人社会中的脸面观	25	本土化的心理疗法
12	华人的道德观与正义观	26	华人的宗教经验与行为
13	人己、群己关系与公私观念		

资料来源:杨国枢,黄光国,杨中芳. 华人本土心理学[M]. 重庆:重庆大学出版社,2008.

表1-3 《华人本土心理学研究30年》研究的主要内容

章序	主要内容	章序	主要内容
第一编	本土心理学理论的旧雨新知	17	婚姻调适与经营
1	从"本土心理学"到"本土社会科学"	18	嫁娶 vs. 结婚:父子轴与夫妻轴下的华人婆媳关系及其冲突
2	本土概念的理论:作为基于人情、面子与关系研究的反思与探索	第六编	人际关系与互动
3	要不,换一个脑袋想心理学研究?中庸思维作为一条本土进路	19	华人文化下的忍
4	思想伏线与学术承续——华人本土心理学探索的滥觞	20	华人的人际和谐与冲突——阴阳辩证观之取径
第二编	传统思维心理学研究的案例	21	人己与群己:性别与族裔关系之探讨

章序	主要内容	章序	主要内容
5	中庸心理学研究:源起、现状及展望	22	亲疏与尊卑:华人的人际关系与互动
6	孝道心理学研究:从本土理论到全球应用	第七编	组织与领导
7	中庸思维发微:在"一分为三"下寻找"中道"	23	华人组织中的领导
第三编	文化价值观之变迁与整合	24	关系与差序式领导
8	华人价值研究	25	权威领导:概念演进与分化
9	华人家庭价值观之意涵与流变	第七编	组织行为与广告说服
10	转型社会中的消费观念与行为	26	华人组织中的忠诚
11	从智慧研究建构华人文化复合价值取向:对当前本土心理学的补遗	27	华人组织中的时间观
第四编	自我与性格	28	从广告效果看华人的说服理论
12	华人自我四元论之概述及相关研究	第八编	人文临床与伦理疗愈本土化
13	华人的自我构念	29	临床心理学与伦理疗愈本土化:诠释学现象学取径的开展
14	多元研究取径下的华人性格特质:结构与发展	30	从伦理疗愈、柔适照顾到存在催眠治疗:奠基于本土现象的一般性心理治疗理论
15	多元研究取径下的华人性格特质:动力历程与适应	31	人文心理学的播种:我如何在大学教本土心理学
第五编	爱情、婚姻、家庭		
16	华人的爱情与婚姻观之历史演化		

资料来源:杨中芳,张仁和.华人本土心理学研究30年[M].台北:五南图书公司,2022.

表1-4　《社会心理研究》的主要研究内容

章序	主要内容	章序	主要内容
第一编	个体与人际	第三编	社会与变迁
1	自尊	19	社会心态
2	道德决策	20	社会变迁
3	社会善念	21	社会流动
4	正义动机	22	社会价值观
5	亲社会行为	23	社会治理心理学
6	反社会人格	24	非常规突发事件中的社会心理学

续表

章序	主要内容	章序	主要内容
7	敌意心理	26	留守儿童心理
8	心理虐待	27	心理枯竭
9	物质主义	28	金钱心理学
10	主观幸福感	29	人机关系
第二编	群体与群际	第四编	本土与文化
11	群体动力	30	中国人的善恶人格观
12	群体刻板印象	31	中国人的自我构念与群己关系
13	社会阶层	32	中国人的中庸思维
14	社会信任	33	中国人的孝道
15	社会认同	34	中国人的社区责任感
16	污名歧视	35	人际关系性：人格的第六维度
17	社会剥夺心理	36	全球化与文化混搭
18	网络谣言的传播心理	37	社会心理的大数据研究
25	腐败与心理绑架		

资料来源：许燕. 社会心理研究：上册[M]. 上海：上海华东出版社，2022；许燕，杨宜音. 社会心理研究：下册[M]. 上海：华东师范大学出版社，2022.

总体来说，社会心理学是一门研究内容广泛、贴近现实生活、关注人类生活福祉的心理学基础学科。根据分析水平或解释水平，其体系可以被大致概括为六个层次：个人水平、人际水平、群己水平、群体水平、群际水平、宏观水平(参见图1-1)。

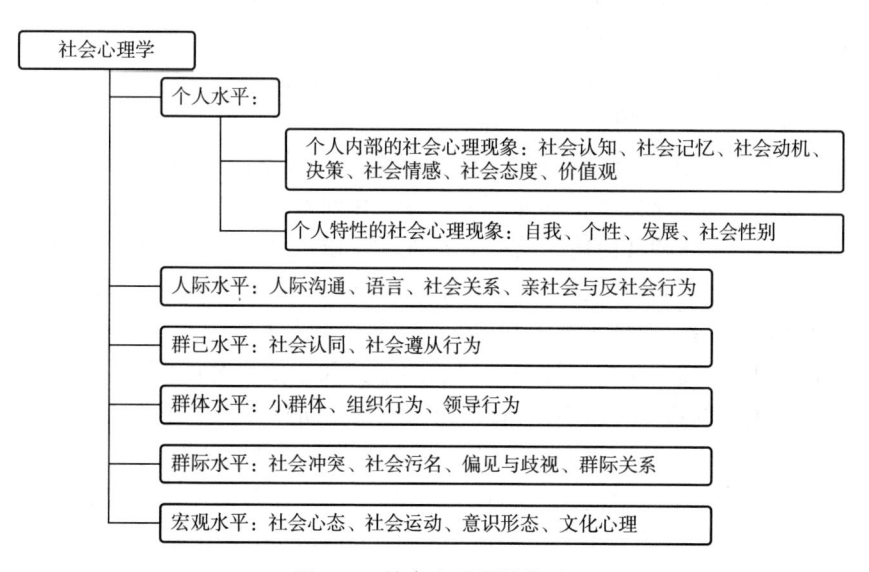

社会心理学
- 个人水平：
  - 个人内部的社会心理现象：社会认知、社会记忆、社会动机、决策、社会情感、社会态度、价值观
  - 个人特性的社会心理现象：自我、个性、发展、社会性别
- 人际水平：人际沟通、语言、社会关系、亲社会与反社会行为
- 群己水平：社会认同、社会遵从行为
- 群体水平：小群体、组织行为、领导行为
- 群际水平：社会冲突、社会污名、偏见与歧视、群际关系
- 宏观水平：社会心态、社会运动、意识形态、文化心理

图1-1 社会心理学的体系

其中,有些内容可能出现在不同的分析水平上。例如,社会性别化既可能是个人性别认同的过程,也可能是社会类别化的过程。社会遵从行为既可能是对他人的服从,也可能是对群体的服从。偏见与歧视可能发生在个人之间,也可能发生在群体之间,因而分别处在多个分析水平上。

这些内容可以应用在诸多领域,例如法律、政治、经济、环境、组织、教育等领域,从而形成应用社会心理学的各个分支。同时,文化和进化这两个视角帮助我们更深刻、更清晰地理解社会心理现象。

我们可以将社会心理学主要内容体系简化为四个基本概念(即我、他、我们、他们)及其相互之间的关系,以及它们所处的社会/文化/历史情境(参见图1-2)。

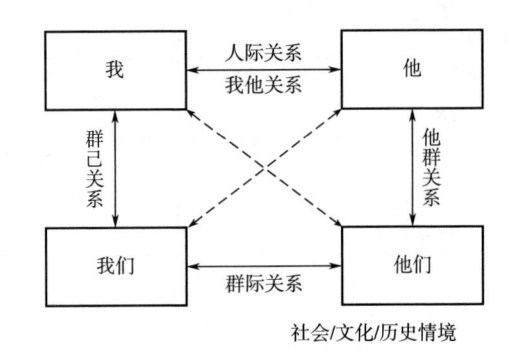

图1-2　社会心理学关注的四个概念及其相互关系,以及其所处社会/文化/历史的情境

(1)围绕着"我"的主要是个人内部和个人特性的现象;
(2)围绕着"我"与"他"之间的主要是人际现象;
(3)围绕着"我"与"我们"之间的主要是群己现象;
(4)围绕着"我们"的主要是群体现象;
(5)围绕着"我们"与"他们"之间的主要是群际现象;
(6)处于上述水平之上的是宏观的社会文化现象。

虽然北美、欧洲和其他地区的社会心理学都以上述基本关系作为研究的主要内容,但各有侧重。北美社会心理学注重自我与人际关系,欧洲社会心理学注重群己、群际和他群关系,而华人本土心理学注重各个概念关系的文化心理特性。

在这一小节,我们介绍了社会心理学的定义和主要研究内容,可以看出,不同的社会文化关注的重点有所不同,在快速的社会流动和社会变迁的社会中,社会心理学家特别关注宏观的领域和社会结构性改变带来的社会心理问题(参见第十六章,社会心态;第十七章,社会变迁与社会心理变迁);在跨文化接触增加的社会中,社会心理学家特别关注本土文化特色和文化间互动的社会心理问题(参见第十八章,文化社会心理学)。社会心理学这一学科的发展是与社会文化及其变迁紧密联系在一起的。

第二节　社会心理学的研究方法

社会心理学研究对象的特点是:①多水平的心理现象;②既依赖生物学、脑科学和心理学的其他分支学科的进展,又与人文社会科学的发展密切相关。因此,社会心理学采用科学研究方法进行研究,目的是对社会现象和社会实践提出系统的社会心理学解释。但与物理、化学、生物的研究方法相比,它又有一定的特殊性。社会心理学研究是一种经验研究,即通过研究可以被观察到的现象来检验假设,验证变量之间的因果关系或相关关系,或者揭示其社会心理含义和界定类型,从而完成对社会心理现象的描述、解释和预测。其研究方法可以分为两大类:实验法和非实验法。

一、实验法

实验法是通过控制进行系统观察并得出结论的方法。选用实验法的目的是验证两个变量之间存在着因果关系的假设。实验法由三个部分构成:第一,根据研究假设形成研究设计之后,操纵一个或一组变量(自变量);第二,对无关变量进行控制;第三,观察和记录一个或一组变量(因变量)的变化。

根据进行实验的场合,可以将实验法分为实验室实验法和现场实验法。

(一)实验室实验法

实验室是为了更好地控制无关变量、操纵自变量和观察因变量而创设的研究场所。在实验室里可以创造一个人工环境,其好处在于:第一,可以对可能干扰实验结果的因素进行有效控制,例如,可以将被研究者(也称被试)随机分派进入控制组或实验组,对比组间差别;可以将研究者(也称主试)和被研究者分开。第二,可以安装或设计出一些特有的刺激变量,例如,制造出一些声响、烟雾、灯光,可以由研究助手扮演一些身份特殊的人来完成研究设计中的一些研究程序。第三,可以使用一些特殊的记录设备,如摄像仪、录音机。

让我们以一项有关助人行为的研究为例说明实验室实验法。研究者在生活中发现这样一个事例:一位女性在夜晚回家的路上被歹徒杀害抢走了财物。新闻报道中提到,在这位女性受到攻击的时候,周围虽然没有人,但是附近的住宅楼上的人可以听到她在高声呼救。这些居民此时完全来得及下楼解救这位女性,也可以打电话报警。但是,没有人这样做。后来警方调查发现,当时楼房里有28户亮着灯,其中有38人确实听到了叫喊声。研究者看到这则报道后提出了这样一个假设:正因为这座住宅楼里面有许多家庭的房间里亮着灯光,所以一些人认为,总会有人报警或者出面救助。大家都这样想,最后就没有人伸出援手。用学术的语言表达就是"他人在场导致了责任扩散"。对这样一个假设如何进行验证呢?研究者首先将这一假设操作为"他人遇险时,旁观者越少,越可能出现帮助行为"。他们在实验室设计了两个单独的小房间,一个房间是给被试用的,这个房间里有一部电话,可以与相邻房间的讨论伙伴联系。研究者首先请被试在电话里与相邻房间的人讨论问题。在讨论进行了一段时间后,相邻房间由实验助手假扮的讨论伙伴突然急病发作,研究者观察被试对这一突发事件的反应。在这里,自变量是与被试在同一房间内参与讨论的人数(1个人、2个人、5个人)。讨论伙伴是隐蔽的(在另一房间里),声音是统一的,讨论内容也是统一的,被试也是背景相同的大学生(无关变量的控制)。要观察的是,被试在与1个人、2个人或5个人在一起的时候对这个事件产生的反应,研究者测量了他们走出房间将讨论伙伴发病情况报告给研究者的人数、速度、关切的程度、焦急的程度、个人参与的程度等,经过数据分析,研究者验证了自己的假设(参见第八章,助人行为与攻击行为)。

使用实验室实验法的一般设计模式和简化设计模式见表1-5和表1-6。

表1-5 一般设计模式

	前测	刺激变量	后测	实验效应	误差控制
实验组	有	有	有	实验组数据(后测数据-前测数据)-控制组数据(后测数据-前测数据)	随机分派被试前测(保证起点相同)
控制组	有	无	有		控制组后测(排除学习效应)

表1-6 简化设计模式

	刺激变量	后测	实验效应
实验组	有	有	实验组数据-控制组数据
控制组	无	有	

控制误差的主要方法是被试的随机分派和使用控制组。

(二)现场实验法

把实验的场所安排在现场(自然情境中)叫作现场实验。在现场实验中,被试一般意识不到自己参与了研究。被试可能是在街头行走的人、地铁中的乘客、商店中的购物者、法庭中的陪审员等。由于现场实验也是实验法的一种,因此,这种方法也必须有研究假设和研究设计,并不是在现场中随意观察的。同时,在现场的实验研究也要对变量进行一定程度的控制。例如,有人研究"助人行为与强化(社会肯定)的关系",研究者请自己的研究助理假扮成一个普普通通在街上行走的女性,向一个路人(被试)问路。这位助手分别对指路人的助人行为作出三种不同的反应,第一种是积极的("非常感谢你,我真的很感激"),第二种是中性的("行,知道了"),第三种是消极的("我听不懂你说的,我去问别人")。此后,另一位研究助理在被试前方走路,有意识地表现为在不经意之间掉了一个小包。研究者观察给予不同强化的被试这时的反应。他发现,得到积极强化的人中90%有第二次助人行为,帮助拣起小包,或提醒掉包人捡起小包;得到中性强化的人中80%有第二次助人行为;得到消极强化的人中40%有第二次助人行为。这种方法由于是在真实生活中进行的,因此有比较高的外部效度。

二、非实验法

(一)个案研究

个案研究的目的主要是建构理论而不是进行推论,因此个案研究与通过随机抽样而推论总体的研究在研究范式上是完全不同的。然而,个案研究同样可以寻找事物之间的因果关系和相关关系,不过,通过这样的研究方法寻找出来的因果关系和相关关系尚未经过验证。

个案研究有以下几个特点:第一,个案研究可以是真实的、全程的、完整的,可以是个别的、具体的、因人因时而异的。第二,被试可以充分地陈述自己的想法,而不必被迫在一些可能不适合自己的问题上进行回答。第三,与个案有关的材料可以被充分地收集进来,研究的时间可长可短,研究的经费可多可少,研究假设不一定是事先设计好的,它可以在研究中逐渐清晰起来,甚至可以完全与研究者先前的想法相反,因此,个案的数目可以根据研究的进展进行扩展,直到达到理论饱和。第四,研究者与被研究者处于平等地位,甚至处于向被研究者学习的位置,主试可以让被试充分了解研究的目的,并与主试共同发现研究的问题,寻找对双方都有价值的问题进行研究。所以,个案研究者更倾向于改称主试和被试为"研究者"和"被研究者"或"研究参与者"。

个案研究可以采用以下几种具体方法。

1. 参与观察法。参与观察方法是从人类学中借鉴过来的方法。使用参与观察的方法,可以使被试与主试之间的区别变得模糊或完全不被察觉。因此可以使主试直接观察、了解被试口头陈述的内容与实际行为之间是相同或是不相同的。当研究需要了解与日常生活有关的过程、事件、关系、社会环境、意义等时,可以选用参与观察法。

W. F. 怀特(W. F. Whyte)的《街角社会》(*Street Corner Society*)[①]记录和分析了波士顿一个贫民区街头团伙群体规范的特征(如何形成、改变、作用)。他在这个

---

① WHYTE W F. Street corner society: the social structure of an Italian slum[M]. Chicago: The University of Chicago Press, 1943. (中译本《街角社会》,黄育馥,译,商务印书馆,1994年根据第四版译出)。

街区生活了一年,并且参与团伙中的各种活动,例如团伙头目的产生,与其他街区团伙的来往、争斗。他同样使用团伙中使用的语言,了解团伙成员对团伙的认同、他们的社会地位以及向上的社会流动预期和努力、社会对街头团伙的偏见、团伙的解体等。他的研究成为社会心理学经典的采用参与观察方法的研究。除此之外,还有社会心理学家为了研究发生在美国的对黑人的种族歧视,以矿工身份研究黑人矿工和白人矿工的交往。他们发现,白人矿工在井下对黑人矿工是友好的,而到了地面上,在工作时间以外,白人旷工就表现出明显的种族偏见和刻板印象。这说明,刻板印象的形成是有社会赞许、社会影响在其中的,与双重身份认同的凸显有关。

根据参与观察的程度可以将其分为四种类型:完全的参与(观察者的身份不为人知,自己与参与群体浑然一体)、完全的观察(明确的局外人身份,例如记者),作为参与者的观察者(虽观察,但是有比较深程度的参与)、作为观察者的参与者(虽参与,但仍然是观察者)。后两者为半参与观察。

作为局外人或局内人,所观察到的现象和得出的结论会有不同。因此,参与观察是一项个人性很强的研究技术。究竟是局外人还是局内人更有利于观察呢?例如,让外国人来研究中国人更好,还是让中国人研究中国人更好?异文化的研究者可以保持一种好奇和敏感,但是可能不了解许多外显行为的意义,更不容易将个别的行为与整个文化社会历史的脉络联系起来进行观察,从而会使观察的效果降低。但是,如果研究者训练有素,对所要观察的行为和事件有一定的了解,并做好了相应的准备,如建立了信任、通晓当地人使用的语言、对当地的习俗有相当的了解,更重要的是懂得尊重当地人的文化价值观,那么他可能会观察到当地人浑然不觉的一些现象。但是,如果中国研究者有意识地参照其他文化,深入本文化进行研究,就可以发挥对文化环境理解深刻、对语言通晓、建立信任便利以及容易寻找相关资料等先天优势。

2. 深度访谈法。深度访谈可以分为结构性访谈和半结构性访谈两种。访谈看起来简单,实际操作时则需要掌握许多技巧。第一,要明确被访谈对象的文化社会背景,找到建立信任的基本点;第二,在谈话中要注意尊重对方的隐私权,在给予对方承诺并得到对方同意的情况下录音、录像、记录、拍照等;第三,要善于抓住谈话中可以开发的问题,深入谈下去;第四,注意不要轻易中断谈话,要从一些比较容易回答的问题过渡到研究者需要访谈的问题;第五,对深度访谈的资料需要进行专业分析。

3. 典型组调查法。典型组调查(focus group)是一种团体访谈,也被称为焦点访谈(focused interview)。基本操作方法是从特定的目标人群中选择若干对象,以讨论会的形式围绕研究者感兴趣的主题进行讨论。所谓典型性,就是成员与论题有某种联系,对于论题具有典型性。与一对一的访谈相比,典型组调查增加了团体成员之间的互动和讨论。

每个典型组一般由7~8个调查对象、主持人和几个助手组成。主持人根据提纲提出开放性问题,助手不参加讨论。讨论应该详细记录,以备后续分析。

典型组调查法的特点是:①探索性强;②可以利用群体成员之间的相互激励,获得更多的资料;③与深度访谈相比,时间比较短,因此,它不如参与观察法自然,不如深度访谈法深入;④群体压力会影响成员发表特殊的看法;⑤对主持人的技巧依赖比较大;⑥不容易建立信任。

4. 口述史法。口述史法是通过个人或一些人叙述生命史(时间)或生活史(个人私人领域)获得资料的方法。所谓"口述",是相对于书面文字而言的;"史"则涉及事件在何时何地发生以及如何发生等事实,以及对这些事实的解释和观点。口述史法起源于对正史的补充和修正。它突破了文字权的限制,把解释历史的权利归还给普通人,特别是那些较少使用文字的人群。因此,口述史法的特点是:①可以获得弱势群体的资料;②可以获得第一手资料;③资料包括内心感受和个人评价;④与焦点组访谈法不同,它没有受到群体中他人表述的影响;⑤一般来说,花费在叙述上的时间较长;⑥非常依赖叙述人的记忆、表达能力以及表达意愿。

(二)问卷调查

定量的非实验法主要进行相关研究,即通过非实验的方法发现变量之间的相关关系和相关关系的强度。相关关系说明两个变量之间存在着相互关联的关系,但是因为因果方向性不明确,即不明确哪个变量是自变量,哪个变量是因变量,所以这一研究只能说明二者是相互影响的以及影响的强度,却无法回答谁影响了谁。在现实生活中许多因素之间并没有清晰的因果联系,因此,相关研究在社会心理学中显得特别重要。当统计技术有了进步以后,多变量统计分析等高级统计方法大大提高了相关研究的可靠性和有效性。

相关研究可以在实验室中进行,更多的是在态度问卷和人格测验中进行。

量表和问卷都是测量工具,在实验法和非实验法中经常被使用。二者的区别是,量表通常是以纸笔、投射、操作等标准化的方式获得测量数据的,一般要有常模、信度效度指标。问卷方法比较适合研究具体内容和进行探索性的研究。当然,这二者是可以互相转化的。问卷可以逐渐发展成量表,量表也可以部分地用于问卷。

(三)现场研究

现场研究是不进行任何控制的研究方法,在真实场景下进行,可以系统观察一系列现象,也可以在多个现场观察同一种现象。例如,观察行人在过马路遇到红灯时,对规范的遵守程度如何、忍受力有多大、有没有从众现象、交警出现与不出现的影响如何等。现场研究的真实性强,反映了人们日常生活中最常见的现象,因此,现场研究依然是社会心理学中一个有价值的研究方法。研究者一般会在现场研究的基础上设计更为严格的实验室研究。

(四)大数据分析

大数据分析是对海量数据进行分析处理的方法。海量数据可以分为自然数据和调查数据。在互联网信息时代,移动互联技术以及数据类型的迅速发展,使得社会心理学家可观察的对象更为宏大、信息更为复杂。例如,微信、微博文本大数据提供了研究社会情绪变化的真实素材。采用特殊的分析技术,可以记录和追踪社会情绪变化的趋势。例如,正向情绪或负向情绪在一些事件出现前后的变化,某些焦虑或乐观的判断对投资、消费等决策的影响,等等。

三、研究方法的比较

研究方法并无高低之分,并不是越难操作、越难掌握、对仪器设备依赖性越强的研究方法就越好。研究方法采用得当与否,取决于研究方法与研究问题的匹配程度。因此,了解各种研究方法的特性就显得十分重要。下面我们就对重要的三种研究方法进行比较(参见表1-7)。

表1-7 研究方法的比较

研究类型	研究逻辑	研究目的	被试选择	研究场域	获得资料	分析方法	研究策略
实验法	假设检验	因果关系	随机选派	实验室/现场	实验操作	统计分析	定量研究
社会调查	理论检验	相关关系 推论总体	抽样	统计总体	问卷调查	统计分析	定量研究
个案研究	理论建构	意义建构	适当	现场	自然观察	内容分析	质性研究

(一)研究目的

尽管三种方法都是用来满足"描述和解释"的研究目的的,但是,实验法是通过发现事物之间的因果关系来解释事件的(即why),因此,其描述是在控制条件下的描述,其解释是在严格控制无关变量的前提下推论的。而社会调查在描述时(说明how)更重视数量特征(how many 和 how much),在解释时不追求变量之间的因果方向性,因此能够检验多种关系。它对自变量不进行操纵,仅通过抽样方法对无关变量进行控制。个案研究在描述时既不控制,也不关注数量特征,它通过对各种相关的现象进行全面、细致和全程的描述,建立理论解释。

(二)被试的选择

在实验法的研究设计中,特别强调控制组、实验组被试的随机选派,而在整个样本的选择上要求并不十分严格,并且,它使用的样本一般不多。社会调查对抽样的要求是极其严格的,研究者必须十分明确抽取样本的总体与本研究目的和推论范围之间的关系。而个案研究在个案的选择上最依赖研究目的与条件,更具有经验的性质。

（三）研究的场域

实验法的研究场域中的"现场"与个案研究的场域不同,尽管它们都被称为"field study"。实验法的现场研究是一种利用自然现场进行观察的实验研究,它要求研究者必须控制和操纵在现场出现的自变量。由于现场的真实性较强,研究的外在效度也就较高,减少了人为制造自变量和实验室给被试带来的影响。个案研究的现场是几乎不加控制的自然现场。

（四）研究的策略

实验法和社会调查都是定量研究,基本上以分析为策略,即部分式的、元素式的验证假设。个案研究是质性研究,基本上以整合为策略,即全貌式的、整体式的发现和建构理论。

（五）因果关系与研究方法

很多人认为,只有实验法才可以研究因果关系,而个案研究最多只能描述一些现象。事实上,深入的个案研究也可以找到事件发生的因果联系以及各种影响因素。

获得研究资料后,一般要进行规范的和系统的资料分析,读者可以参考心理统计、社会统计等教科书和相关软件的介绍来了解统计分析的具体方法与技术。

第三节 社会心理学的学科边界与学科视角

要想廓清一个学科的基本边界,可以从回答它不是什么入手。而要说明它不是什么,就要与相关的学科进行比较。下面我们将社会心理学分别与社会学、文化人类学、普通心理学、人格心理学加以比较,从而进一步理解社会心理学这一学科的特性。

一、社会心理学的学科边界

（一）社会心理学与社会学、文化人类学的比较

社会心理学与社会学、文化人类学的差别主要在于"分析单位"（unit of analysis）和"解释水平"（level of explanation）,除此之外它们在研究方法上也有些差异。

1. 社会心理学与社会学。社会心理学与社会学的差异主要体现在:第一,社会心理学关注的是与社会或群体具有心理联系的个体,而不像社会学那样关注社会群体(例如低收入群体、女性、单亲家庭等)和社会结构本身。第二,社会学家着眼于研究社会结构、社会群体、社会关系的功能或影响力,而社会心理学家关注个体在社会结构、社会群体、社会关系中如何通过个人内在的心理过程接受这种影响或不接受这种影响。

2. 社会心理学与文化人类学。文化人类学的研究对象是文化中的人类(特别是文化类型中的人类),这与社会心理学研究对象有相当大的一致性。社会心理学家不但通过研究人类来了解文化中的人类,也进行某些动物实验来了解人类;不但通过研究在真实文化社会生活中的人来了解人类,而且进行人为设计的实验来研究人类心理与行为之间的因果关系和相关关系。更重要的差别在于,文化人类学更注重文化制度(仪式、语言、生活方式等)对人的影响,而社会心理学更注重文化中的个人对文化的选择、接受、顺应、拒绝等与文化建立心理联系的心理过程、心理机制和心理特质(如人格特质)在人与文化之间互动的作用。

(二)社会心理学与普通心理学、人格心理学的比较

1. 社会心理学与普通心理学。普通心理学关注个体的心理机制和心理过程,因此是个体心理活动的基本形式为研究对象,并且更注重研究心理活动与生理活动之间的关系,例如感觉、知觉、想象、思维、态度、情感、意志、行为等,并不特别注重社会因素。它比社会心理学更抽象、更普遍。普通心理学的研究方法以实验为主,而社会心理学不仅要进行实验研究,还采用问卷调查、参与观察、现场实验、大数据分析等多种研究方法。

2. 社会心理学与人格心理学。人格心理学着眼于人的个别差异,寻找"我"与"我们"的不同,并且这种寻找是以人格特质为视角的。换言之,人格心理学试图探讨"人们彼此之间相似或相异的比较稳定的行为倾向"。而社会心理学更关注个人与他人、个人与群体、群体与群体、个人与宏观社会文化、个人与环境之间的相互影响。

(三)作为交叉学科的社会心理学

社会心理学与许多学科交叉,形成很多交叉学科。这些学科应用了社会心理学的基础理论,同时发展出更多精细的分支,并丰富了社会心理学,参见表1-8。

表1-8 作为交叉学科和应用学科的社会心理学

相关学科	社会心理学的交叉和应用学科	研究领域举例
政治学	政治心理学	政治观念、民意、政治运动、投票、政治参与
国际关系	国际关系心理学	国家观念、国际关系
经济学	经济心理学	消费心理学、广告心理学、推销心理学、就业心理学、投资心理学、储蓄心理学、税收心理学

续表

相关学科	社会心理学的交叉和应用学科	研究领域举例
法学	司法社会心理学	犯罪心理学、罪犯心理学、庭审心理学、法官心理学
教育学	教育社会心理学	师生关系、亲子关系、校园文化、班级气氛
管理科学	管理心理学、组织行为学	领导行为、心理契约、激励机制、工作价值、组织公民行为
环境科学	环境社会心理学	拥挤、城市交通、建筑设计、环境意识
大众传媒	大众传媒社会心理学	社会价值观、社会流行语、网络心理学、新媒体、沟通与传播心理
医学与健康	健康社会心理学	心理咨询与辅导、健康与生命观念、医患关系、对艾滋病病人的歧视与污名
体育	体育社会心理学	体育价值观、竞争、成就归因、公平意识、竞技人际关系

社会心理学与其他学科交叉研究的能力很强,应用领域很广,除了上表所列之外,还有很多交叉学科和应用领域,例如人口学、城市研究、女性研究、贫困研究、社区研究、老年研究、残疾人研究等。

二、社会心理学的学科视角

社会心理学研究对象与研究问题的特殊性决定了它必然具有独特的学科视角。"学科视角"是指社会心理学研究者在实际研究中依凭的观察与解释角度。社会心理学学科视角的深层根基便是人观,即有关人的基本性、整体性认知。它作为元理论,从根本上决定了以其为深层根基的社会心理学学科视角会为研究者认识和把握社会世界提供一个什么样的参照框架。

历史地看,随着实验心理学、社会学、文化人类学、生态心理学、环境心理学、文化心理学、进化心理学等相关相邻学科的发展,以及其所推动的社会心理学界对人类自身存在的认识的发展,实验社会心理学、批判社会心理学、本土社会心理学、文化社会心理学、进化社会心理学及社会生态心理学等学科视角相继被提出并受到极大推崇。

(一)实验社会心理学视角

实验社会心理学视角最早于20世纪20—30年代兴起于美国,后传入欧洲,并得到了一定程度的改造。美国实验社会心理学视角的元理论基础可以简要概括为三点:第一,人是一种孑然独立于世,且具有自足性、独特性、整体性、超历史性、去文化性的综合体,是其认知、情绪、动机及行动的中心;第二,个体先于社会而存在,社会只是个体的加总;第三,相对于个体而言,社会是由他人及其行为构成的外在环境,这一外在环境能够对个体的心理与行为产生影响。在此元理论的支撑下,该研究视角偏向于聚焦他人在场(包括真实性、想象性及隐含性地在场)对个体思想、情感及行为的影响。与美国实验社会心理学视角格外强调和聚焦人的个体性存在及其对个体心理与行为的决定作用不同,欧洲实验社会心理学视角更强调和聚焦人的群体性存在,及其对个体心理与行为的决定作用。

(二)批判社会心理学视角

批判社会心理学视角兴起于20世纪70—80年代。这一研究视角的元理论基础可以简要概括为三点:第一,社会与个体相互依存、相互制约。具体而言,社会是由一定数量的个体通过彼此之间的相互作用、相互影响不断建构出来的,它一旦被建构出来,便会反过来对个体的心理与行为产生影响;第二,社会之所以称为社会,在于作为构成要素的个体彼此之间共享一定的知识,这些知识是不同个体在寻求意义的过程中通过互动协商建构出来的;第三,经由社会建构而来的知识高度相依于时间与文化区位。在这一元理论的支撑下,该研究视角偏向于聚焦某一社会现实赖以建构并得到有效利用的方式,以及以特定方式被建构出来的社会现实所带来的社会性后果,特别是其对人们所能采取的行动及其被对待的方式的影响。

(三)本土心理学视角

本土心理学视角兴起于20世纪80年代。这一研究视角的元理论基础可以简要概括为三点:第一,人既是适应者,又是建构者,总以特定心理和行为与其所处环境发生着相互作用;第二,对于人类个体而言,生态、历史、社会(包括政治和经济)及文化是先于其存在的,且因此成为无法超越的"给定"环境;第三,人的心理现象总是嵌在特定生态、历史、社会及文化脉络之中的。在此元理论基础的支撑下,该研究视角偏向于聚焦嵌入特定脉络下的本土民众的社会心理与行为,即一种与"客位"(etic)不同的"主位"(emic)视角。

(四)文化社会心理学视角

文化社会心理学视角兴起于20世纪90年代。这一研究视角的元理论基础可以简要概括为三点:第一,人是一种兼具社会性和文化性的非原子化、非中性化的存在;第二,人的心理与行为有内外两个源头,其中,内在源头是人的大脑,外在源头是人所嵌入的社会文化世界;第三,社会文化与心理是相互建构的关系,二者的相互建构总发生于社会情境之中。在这一元理论的支撑下,该研究视角偏向于聚焦文化对人的社会性及心理多样性的模塑,以及人与文化社会情境的相互作用。

(五)进化社会心理学视角

进化社会心理学视角兴起于20世纪90年代。这一研究视角的元理论基础可以简要概括为三点:第一,现代人实质上是"摩登原始人",其现代身体里容纳着一颗"旧石器时代的心灵"(a stone age mind)①,或者更为具体地说,生活在现代社会中的每一个人都拥有着经由生物遗传而一代又一代地传承下来的基本心理机制,这些基本心理机制是人类祖先在历时数百万年的狩猎-采集生活中以及在自然选择的作用下为解决生命攸关的适应问题而进化出来的;第二,这些适应问题大都具有社会性,由此使然,经由人类种系进化而来的基本心理机制也大多以解决社会性问题为其功能;第三,个体所嵌入的社会情境对其所拥有的经由种系进化而来的相关基本心理机制具有激活作用。在这一元理论基础的支撑下,该视角偏向于聚焦个体与社会情境的相互作用,以及其赖以促发某一特定行为的内在心理机制。

(六)社会生态心理学视角

社会生态心理学视角兴起于21世纪初。这一研究视角的元理论基础可以简要概括为两点:第一,人始终嵌入物理(自然)、人际环境及宏大社会环境之中;第二,人与其所内嵌的物理(自然)环境、人际环境及宏大社会环境不断发生着相互作用。在这一元理论基础的支撑下,该研究视角偏向于聚焦人所嵌入的物理(自然)、社会及人际环境何以影响个体或群体的认知、情感与行为,以及这些认知、情感与行为如何反作用于物理(自然)、社会及人际环境。

总体来看,以上学科视角的相继涌现在无形之中折射出了社会心理学的发展大势:以开放性、多维性、辩证性人观代替封闭性、单维性、机械性人观,并以此为逻辑起点来拓展分析视野,从而使之在时间空间维度上兼顾近端和远端,在分析层次上兼顾微观、中观和宏观。文化社会心理学视角、进化社会心理学视角与社会生态心理学视角等三种新兴学科视角具有兼容性和互补性。

第四节 社会心理学的学术传统与发展简史

一、学术传统与研究取向

(一)社会心理学的两种学术传统

社会心理学的诞生是以1908年出版的两部同样以社会心理学命名的著作《社会心理学导论》(*An Introduction to Social Psychology*)和《社会心理学》(*Social Psychology*)为标志的。前一本是社会心理学家威廉·麦独孤(William McDougall,1871—1936)所著,后一本是社会心理学家罗斯(Ross,1866—1951)所著。威廉·麦独孤是心理学取向的社会心理学家,他强调本能的作用;而罗斯则是社会学取向

---

① COSMIDES L, TOOBY J. Evolutionary psychology: a primer [EB/OL]. [2008-06-22]. https://www.cep.ucsb.edu/primer.html.

的社会心理学家,他强调社会风俗、时尚、暗示、模仿、聚众等社会文化因素对社会行为的影响。从社会心理学创立的最初阶段起,这一学科就形成了两种不同的学术传统,直至今天,这两大学术传统还对这一学科产生着影响。一般来说,这两种学术传统分别被称为心理学的社会心理学和社会学的社会心理学。

1. 心理学的社会心理学更注重个体历程、人际关系、群体历程。其主要理论有社会学习理论、群体动力学、社会认知理论、社会认同理论等。

2. 社会学的社会心理学更注重较大群体、社会问题、社会结构变迁历程。其主要理论有社会交换理论、符号互动理论、社会角色理论、参照群体理论等。社会学家塔尔德(Tarde,1983—1904)在1898年就已经出版了以社会心理命名的社会学著作——《社会心理研究》。此外,塔尔德的《模仿律》(1890)和杜尔凯姆(Durkheim,1859—1917)的《自杀论》、勒庞(LeBon,1841—1931)的《群众心理学》(1895)和《革命心理学》(1913)都是社会学的社会心理学的早期代表作。

(二)文化心理学、跨文化心理学和本土心理学的取向

文化心理学、跨文化心理学和本土心理学的研究取向对社会心理学的发展一直有着十分重要的影响。作为研究取向,它们对社会心理学并不是一种取代,而是对社会心理学的丰富。这三种研究取向的共同特点是都与文化有关。前两个是文化比较和文化心理学研究,后一个是对本土文化背景下的心理学研究。文化心理学主要研究在文化的影响下人类的心理活动规律。跨文化心理学主要通过文化比较说明不同文化下人的心理与行为呈现的差异。而本土心理学研究本土文化中特有的心理现象和规律,在研究概念、方法、理论等方面都与泛文化和跨文化的研究有所不同。本土心理学研究的取向是在20世纪70—80年代以后出现的,特别是在北美以外的国家(地区)和文化中开展起来的心理学研究的运动。例如,中国香港地区、中国台湾地区和中国内地(大陆)的社会心理学家对中国人面子、送礼、关系、报答、自己人、中庸思维、儒商、家长式领导模式、企业中的差序格局、孝道等开展了大量的研究,获得了众多有价值的发现。

二、社会心理学发展简史

社会心理学经历了社会哲学、社会经验论、社会分析学三个阶段。

社会哲学阶段是社会心理学的孕育时期,也可以称为思辨期。这个时期可以追溯到19世纪上半叶以前。其特点是一些思想家提出了一些解释有关社会心理现象的想法。例如,柏拉图(公元前427年—公元前347年)提出了自己的政治理想(《理想国》),亚里士多德(公元前384年—公元前322年)指出人是社会动物。中国古代也有许多思想家提出过社会心理思想。例如,孔子谈到过应该如何识别他人。

社会经验论阶段是社会心理学的形成时期,其标志是1908年《社会心理学导

论》和《社会心理学》两本社会心理学教科书的出版。在这一阶段，德国的民族心理学、法国的群众心理学、英国的本能心理学直接促成了社会心理学的发展。

在这一时期，由于受到科学发展的影响，出现了社会心理学的实验倾向。最早的社会心理学实验是1897年美国的印第安纳大学的 N. 特里普利特（N. Triplett）所做的一个实验，被公认为社会心理学历史上的第一个实验研究[1]。N. 特里普利特通过对骑自行车人的观察发现，他人在场会影响工作效率。他在"定速与竞赛中的动力因素"的实验中发现，单独骑自行车的人的车速比一群人一起骑车的车速慢20%。后来，他又在10~12岁的儿童中进行卷钓鱼竿线的比赛研究中发现，一群儿童比单个儿童的工作效率高10%。他的研究第一次表明，社会现象可以通过实验的方法进行研究。

社会分析学阶段是社会心理学的确立时期，时间大约为从20世纪20年代至今，其具体特征为社会心理学的独立发展。德国人 W. 莫德（W. Moede，1888—1958）1920年出版了《实验群体心理学》一书，奥尔波特（Allport，1890—1978）1924年出版了教科书《社会心理学》，被认为是现代社会心理学的开端。奥尔波特在这本教科书中证明了实验方法能够为理解人类的社会行为提供重要的研究手段，社会心理学也将成为心理学中的一个重要分支。这一时期的社会心理学已经从描述转变为实证，从质的分析转变到量化实验。到了1937年，G. 墨菲（G. Murphy）和 L. B. 墨菲（L. B. Murphy）出版了《实验社会心理学》一书，推动了社会心理学向科学心理学方向发展。

在这段时间里出现了一些重大的、影响整个世界的社会事件，例如美国经济大萧条（1929）和二战。美国的社会心理学家在1936年成立了专门研究社会问题的组织——"社会问题的心理学研究协会"（Society for the Psychological Study of Social Issues，SPSSI）。来自欧洲的社会心理学家，例如，F. 海德（F. Heider）、M. 谢里夫（M. Sherif）、K. 勒温（K. Lewin）、T. 阿诺多（T. Adorno）从社会规范、群体过程、权威人格等方面进行了大量研究，大大推动了社会心理学的发展。二战以后，社会心理学得以迅速发展。大批欧洲社会心理学家将欧洲的学术传统带到美国。他们在格式塔心理学的基础上，关注认知过程在解释人类行为中的作用。社会心理学家发现了认知不协调现象，态度及其转变的研究也风靡一时。后来，社会变得越来越多元化，人们能够容忍认知上的不一致性，这时，也因为发现人类在认知时并不总是理性的，对认知归因的研究逐渐转向了对认知策略的研究，包括图式、认知捷径等目前的热门领域。表1-9简要列出了社会心理学的研究进展情况。

---

[1] Triplett N. The dynamogenic factors in pacemaking and competition[J]. American journal of psychology, 1987(9):507-533.

表 1-9 社会心理学研究的进展

社会心理学研究的进展（重要的理论、研究领域及研究者）	年代	社会事件及相关社会心理学的应用举例
第一个社会心理实验(Triplett,1898) 教科书(McDougall,1908;Ross,1908)	1900	飞机、冰箱、缝纫机、疫苗、自行车、照相机、内燃机、无线电话、电报、电灯、汽车、收音机等的发明
《民族心理学》(Wundt,1919)	1910	第一次世界大战(1914—1918)
教科书(Allport,1924) 态度测量(Thurstone,1929)	1920	火车、收音机等进入日常生活 应用领域：民意调查
态度与行为(La Piere,1934) 符号互动论(Mead,1934) 群体规范(Sherif,1935) 挫折攻击(Dollard,1939) 团体动力学、场论(Lewin,1939)	1930	第二次世界大战 应用领域：工业组织、生产效率、群际歧视
领导研究、士气	1940	第二次世界大战后 应用领域：组织行为
权威人格(Adorno,1950) 从众(Asch,1956) 认知不协调(Festinger,1957) 归因(Heider,1958)	1950	朝鲜战争 电视、个人电脑的出现 应用领域：个人认知、态度改变、人际过程
双语(Lambert,1960) 吸引(Newcomb,1961) 成就动机(McClelland,1961) 服从(Milgram,1962) 归因(Kelley,1967) 助人(Latanen and Darley,1967)	1960	越南战争 应用领域：攻击、暴力、离婚/亲密关系
社会认同(Tajfel,1978)	1970	欧洲共同体的提出 计算器、家用录像机的出现 应用领域：群际关系、国家认同
社会认知 应用社会心理学各分支 本土社会心理学	1980	计算机开始普及、环保理念普及 应用领域：广告、文化心理差异
跨文化社会心理学 文化心理学 文化社会心理学 跨文化本土心理学 大众传播心理学	1990	智能手机、互联网、全球定位系统(GPS)的使用 经济全球化 老年问题、性别歧视、大众传媒、艾滋病 应用领域：文化交流、混融与冲突

续表

社会心理学研究的进展(重要的理论、研究领域及研究者)	年代	社会事件及相关社会心理学的应用举例
神经社会认知科学 进化社会心理学 全球社会心理学	2000	脑科学发展 基因研究方面的重大进展 应用领域:反恐、突发事件、全球灾害 跨国、跨地区移民、代际差异
互联网大数据心理学 社会心态	2010	移动通信设备的个人化普及 人工智能、外太空探索 应用领域:传播心理、社会变迁
健康社会心理学 积极心理学 国际关系心理学 智能社会心理学	2020	新冠疫情、环境污染、人工智能 应用领域:灾害应对、心理健康、国际关系、社会矛盾解决、人机关系

三、社会心理学的危机以及本土社会心理学研究的历史

20世纪70年代,美国社会心理学领域爆发了著名的"社会心理学的危机"。所谓危机,是指文化人类学家的一些发现挑战了社会心理学家在实验室研究中得出的一些结论。例如,米德(Mead,1935)在新几内亚三个原始部落的男性特征和女性特征的比较研究中发现,在阿拉佩什这一部落中,男子和女子都表现出相同的特征,例如合作、文雅、关心别人的需要、不竞争等。在研究者看来,这些都是西方社会的女性特征。另一个部落是蒙杜古马,在这一部落中,男女都食人肉、凶猛、冷酷、好与人竞争、侵犯别人、好斗、对别人的侮辱特别敏感,并且随时准备报复。在研究者看来,这些都是西方社会的男性特征。而在第三个部落——查姆布利部落里,研究者发现女子处于掌权地位,她们从事捕鱼来获得食物以及以鱼来进行对外贸易,换取所需要的其他商品。部落的男子则从事艺术活动和其他非物质活动,例如跳舞、雕塑等。部落男子的特征包括注重服装的华丽、从女性那里获得安全感、优雅、胆怯、顺从、爱好艺术以及对别人意见敏感。而这个部落的女性讲求工作实效,工作有效率,对男子和蔼、忍耐、欣赏。尽管米德的研究在以后的年代里受到许多质疑,有些人还到这三个部落重新进行了观察研究,认为她的结论是研究者自己的偏见,但是无论如何,文化人类学家发现,社会心理学家在实验室得出的研究结论并不是普适性的,存在着文化的相对性,一旦回到真实世界里,这些结论都不一定可靠。于是,社会心理学家开始对实验室研究结果的外部效度产生怀疑。

本土社会心理学的出现是与社会心理学危机相联系的。大约在20世纪70年代之后,社会心理学学科的发展形成了以北美为核心、以其他国家为边缘的趋向。

文化人类学的挑战导致跨文化心理学的发展,跨文化心理学的发展又引发本土心理学的诞生,后来出现了文化心理学和跨文化本土心理学。

中国的心理学家在20世纪20年代不仅翻译了一大批西方社会心理学的著作,还根据在中国的研究编辑和撰写了一批著作,例如陆志韦的《社会心理学新论》(1924)、潘菽的《社会心理学基础》(1931)、高觉敷的《群众心理学》(1934)、张九如的《群众心理与群众领导》(1934)、孙本文的大学教材《社会心理学》(1944)。此外,陈鹤琴研究过婚姻心理,张耀翔进行过民意测验、广告心理研究,萧孝嵘研究了抗战时心理建设等许多与中国当时国情有关的领域。之后,中国内地的社会心理学教学与研究因历史原因被迫停止,直到20世纪80年代才开始恢复。经过几十年的恢复重建,中国社会心理学已经有了长足的进步。很多大学恢复或新建了心理学院或心理系,一些非心理学、社会学专业科系也开设了社会心理学课程,一些院校的心理学系和社会学系培养了大量社会心理学的硕士和博士研究生。中国社会心理学会与中国心理学会社会心理学专业委员会、中国社会学会社会心理学专业委员会等学术团体出版了相关的学术刊物,组织了学术交流活动。社会心理学的学术队伍在成长,学科制度也在健全,大量研究成果已经问世,社会心理学知识也越来越普及。

第五节　社会心理学研究的经典理论流派

社会心理学主要受到四个重要思潮或学派的影响,它们是行为主义、格式塔心理学、精神分析和符号互动理论。

一、行为主义的社会心理观及其新理论

行为主义是20世纪20年代在美国兴起的一个心理学流派或心理学思潮。这一学派的创始人是美国心理学家华生(又译为沃森;J. B. Watson,1878—1958)。他认为,心理学应当与其他一些自然科学一样,是可以借助观察和操纵来进行研究的。心理意识虽然是主观的,但是行为是外显和客观的,只有行为才是内心活动的真正表现。有什么样的行为,就可以推知有什么样的心理。而对于行为来说,他认为可以归结为肌肉的收缩和腺体的分泌,而肌肉的收缩和腺体的分泌来源于外部或内部的刺激。他的著名公式是:

$$刺激(S) \longrightarrow 反应(R)$$

例如,他认为语言是一种声音符号,触摸是一种感受符号,当人们接收到信息符号后就会形成相应的反射和反应。他的这一模式强调了后天学习的重要性,在此基础上形成了"教育万能论"和"环境决定论"。他的一句名言是:"给我一打健全的婴儿和可用以培育他们的特殊环境,我就可以保证随机选出任何一个,不问他

的才能、倾向、本领和他父母的职业、种族如何,将其训练成为我所选定的任何类型的特殊人物,如医生、律师、艺术家、大商人甚至乞丐、小偷。"他以此反抗当时美国的种族歧视,但公然忽视了人的主观心理过程。

行为主义统治美国心理学界将近60年,也影响了社会心理学家对研究对象的认识。在社会心理学领域,行为主义后期有代表性的理论有"社会学习理论"和"社会交换理论"。

(一) 社会学习理论

社会学习理论(social learning theory)是在20世纪60年代由班杜拉(Bandura,1977)等人提出的。这一理论以刺激反应观点为基础,认为一切社会行为都是在社会环境的影响下,通过对示范行为的观察学习(observational learning)而得以形成、提高或加以改变的。观察学习一般经过四个阶段:对信息的注意、保持(通过强化)、行为反应和对结果的反应以及自我评价。这一理论尽管是从行为主义发展而来的,但是开始注意到行为者的内部过程。由于这一理论的核心是强化,因此,它仍然属于行为主义的派别。

(二) 社会交换理论

社会交换理论(social exchange theory)是霍曼斯(Homans,1958)根据经济学原理提出的。这一理论认为,社会行为是相互强化的结果,人的特定行为受到的强化越多,这一行为就越会被更多地表现出来。交换中,人得到的越多,人就会更多地重复这样的交换。由此引申出分配公平原则,以及被亚当斯(Adams,1965)发展出的公平理论:

$$R/C = R'/C' \text{(自己的投入产出比等于交换者的投入产出比)}$$

自己的投入产出比大于所选择进行比较的另一方的投入产出比,会使人有满足感,但是过大会使人产生愧疚感,因此他会愿意参与公益事业。如果自己的投入产出比小于对方的投入产出比,会使人有不公平感、愤怒和其他负面情感。

这一理论引出的社会比较理论等对社会心理学是非常有贡献的。当然,在行为主义思潮的影响下,有些社会心理学家将社会心理学的研究对象界定为社会行为,忽视了社会关系、社会认知、社会态度与信念、价值观、社会认同等作为社会心理学研究领域的重要意义,限制了社会心理学对于内部心理过程的关注。

二、格式塔心理学的社会心理观

格式塔(Gestalt)心理学(又译完形心理学)于1912年在德国问世。这一思潮来源于对知觉的研究。德国心理学家发现,人们在知觉图形的时候常常出现错觉、知觉的选择性、知觉的整合性、知觉的顿悟等现象。因此,格式塔心理学强调人内在的和自主的选择,强调灵感,从而与行为主义截然不同。它的模式为:

$$刺激(S) \rightarrow 个体内在过程(O) \rightarrow 反应(R)$$

这一模式以及心理动力场(psychodaynamical field)理论认为,部分与整体之间存在着一种心理关系,人可以对部分进行整合,即通过心理场来进行。心理场包括环境和个体两个方面。格式塔心理学的社会心理观使得社会心理学重新确定了自己的研究对象,即将在社会环境刺激下,经过个体的社会心理过程以社会行为表达出来的全过程作为研究对象。社会心理学中这一理论的代表人物是库尔特·勒温(Kurt Lewin,1890—1947),他提出了群体动力学理论。

三、精神分析

精神分析学派是从临床精神病治疗中发展出来的,并非正统的心理学理论,这一学派的创始人弗洛伊德(Freud,1856—1939)也从不被人称作心理学家。但是,无法否认的是,精神分析学派对人类认识自身影响至深。弗洛伊德的主要发现是,人类意识之外还有一个更大的领域,即潜意识。弗洛伊德认为,人的心灵是一座冰山,在水面以上露出的是意识,而水面以下的巨大部分是潜意识,见图1-3。

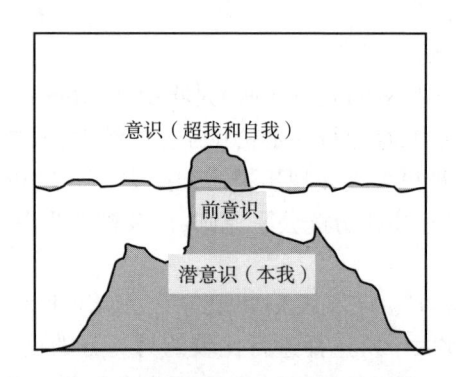

图1-3 弗洛伊德的自我理论示意图

新精神分析(neo-psychoanalysis)学派中的社会学学派是20世纪40年代从精神分析学派中分离出来的一个社会心理学学派,它否定了弗洛伊德的本能论、泛性论,强调文化、社会条件和人际关系等对人心理的影响,特别是童年经历和家庭环境的影响。其主要代表人物有 H. 沙利文(H. Sullivan,1892—1949)、K. 霍妮(K. Horney,1885—1952)、E. 弗洛姆(E. Fromm,1900—1980)和 E. 埃里克森(E. Erikson,1902—1996)。

四、符号互动理论

符号互动理论(symbolic interaction theory)是强调事物的意义、符号在社会心理与行为中作用的理论。该理论最初是由乔治·赫伯特·米德(George Herbert Mead,1863—1931)提出的,后来发展出两个分支理论,即角色理论和参照群体理论。

(一)角色理论(role theory)

角色理论是关于社会角色和社会期望对人的心理形成影响的理论。这一理论认为,每个社会中的成员都会在社会化过程中获得角色、扮演角色、体验到角色冲突。

(二)参照群体理论(reference group theory)

参照群体理论是解释人的行为如何受到群体影响的一种理论。所属群体和参照群体是一对概念,说明个体把什么群体作为自己进行社会比较的参照物,影响着自己的自我概念、满意感、行为规范和预期等。

从上述介绍可以看到,四种思潮都有各自的传统、背景和侧重。这些观点告诉我们,人类的心理可以是外显的或内隐的,也可以是不被觉知的、具有象征符号互动作用的。

从这些研究领域中我们也可以看到,社会心理学研究的目的是从人类的生活需要中发展形成的。社会心理学家工作的目的是使人类更加深入地了解个体或群体的社会性心理活动如何由社会条件所引发和展开,并导致社会行为或社会问题的发生,从而有助于群体和社会对社会事件的预测、调控或疏导,也有助于个体对自身心理活动的调节,从而促进社会的进步与和谐。

从上述讨论中我们了解到,社会心理学是研究人与群体、情境相互影响与相互建构的心理机制和心理过程的学科。随后,我们在后续的各章内容里将看到,它的学科特征不仅表现在研究对象与主要内容、研究方法、学科边界与研究视角、学术传统与发展历史以及理论流派上,还表现在它的主要发现上。

思考题

1. 通过学习本章内容,你认为需了解把握一门学科的基本线索?
2. 社会心理学的研究对象与研究方法与你目前学习的专业学科有什么不同和相同之处?
3. 从你的生活中选择一个现象或事件,思考如何从社会心理学的视角加以认识。

拓展阅读

1. 萨哈金. 社会心理学的历史与体系[M]. 周晓虹,等译. 贵阳:贵州人民出版社,1991.
2. 杜瓦斯. 社会心理学的解释水平[M]. 北京:中国人民大学出版社,2011.
3. 许燕,杨宜音. 社会心理研究[M]. 上海:华东师范大学出版社,2022.

第二部分 个人的社会心理学

第二章 自 我

自我的形成是否受他人和社会环境的影响?
个体如何通过自我来影响他人和控制社会环境?
自我概念包括哪些内容?
如何获得自我概念?
自我概念对于个体有怎样的作用?
自我概念是如何发展和形成的?
自我概念有文化差异吗?

第二章 自我

学习要点与要求

> **要点**：自我是一本书，自我也是读这本书的人。本章介绍了有关自我构成、自我概念的形成机制和功能以及自我发展的理论。
>
> **要求**：①了解自我的结构，理解自我的特性；②从自我概念形成的角度审视自我和解释他人的行为；③学习自我发展的理论，认识自我发展的特性；④思考自我概念是如何影响我们对环境的认识和社会行为的，环境和他人又是如何影响我们的自我概念的。

社会心理学之窗 2-1

斯芬克司之谜和"认识你自己"

传说中，古希腊的奥林匹斯山是西方诸神居住的地方，那里还有一座著名的特尔菲神庙。神庙前有一座石碑，上面刻着神的箴言，但是这个箴言又需要让凡人知道，于是就有了斯芬克司的故事。

斯芬克司是传说中的一个奇特的动物，它"狮身人面"，作为神的使者，带着神对人类的忠告来到古希腊的忒拜城堡。经过细心的筹划，它把那句神的箴言化作一段"谜语"，来盘问它所遇到的所有人。

"什么东西早晨用四条腿走路，中午用两条腿走路，晚上用三条腿走路？"这就是斯芬克司的谜语，每个路过的人都必须面对它来猜一猜这个谜语。而且，富有挑战和特殊意义的是，凡是猜不中的人，都会被斯芬克司毫不留情地吃掉。

遗憾的是，当时忒拜城堡内没有一个人能够猜中这个谜语，因此该城堡陷入了空前的灾难。国王不得不外出寻找可以解开谜语的人。可是国王也意外地死去。忒拜城堡的大臣发出通告说，只要能够解答出斯芬克司之谜，就可以继承王位。

年轻的俄狄浦斯来到斯芬克司面前，解答了斯芬克司的谜语——那就是人。"人在'早晨'——在很小很小的时候，是用'四条腿'走路的，即在地上爬；长大了就能够站立起来，于是'中午'就用'两条腿'走路了；到了'晚上'——老年，人会用一条拐杖帮助自己走路，也就变成了'三条腿'。"

俄狄浦斯解开了谜底，斯芬克司也就完成了自己的使命。因为那句刻在特尔菲神庙前石碑上的话就是："人，认识你自己。"斯芬克司作为神的使者，通过这样的一个谜语来告诫人们要对自身进行认识。作为人，你必须认识你自己！

人是什么？也许这才是真正的斯芬克司之谜，是谜中之谜、谜中之王。"自我"是认识你自己的出发点。回答"我是谁？"的问题，包含着"为什么我会是我""我如何成为这样的一个我""他与我有何不同""我如何与他交往""我怎么会与许许多多的别人构成了我们""我们之间会如何相互影响""有了我们之后的我有什么改变""有了我们之后的我会怎样对待他们"等丰富的内容。因此，自我是社会心理学理论体系中一个重要的逻辑起点。我们将从讨论"我"出发，继而讨论我他关系、群己关系、他群关系以及群体关系和群际关系。

20世纪社会心理学关于"自我"的研究，基本上继承了20世纪之初三位重要思想家的传统，即：詹姆斯(James,1890)将"自我"分为"I"与"me"的思想、库利(Cooley,1902)通过提出"looking-glass self"(镜像自我)概念而引入"社会互动"(social interaction)视角并被米德(Mead,1934)发展成为"符号互动"(symbolic interaction)的理论体系和弗洛伊德(Freud,1900)以《梦的解析》为代表建构的精神分析的自我概念(Id,ego,superego)。尽管在行为主义统治心理学长达几十年的阴影下，有关"自我"的研究曾一度处于低谷，但是，在心理动力学和人本主义心理学传统中并没有丢弃"自我"这一概念。20世纪60年代以后，随着"自我知觉"(self perception)、"自我觉知"(self awareness)、"自尊"(self esteem)、"自我概念"(self concept)、"自我表现"(self presentation)、"自我作为行动者和观察者偏误"(self as actor-observer bias)、"自我监控"(self monitoring)、"自我图式"(self schema)等新的研究发现，"自我"已经重新成为社会心理学中的一个核心概念和极其热门的研究领域。并且，我们从中仍然可以看出上述三位重要思想家的深远影响[①]。

60年来，关于自我的研究迅速扩张。一系列有关自我的概念都得到了不同程度的研究，大大丰富了我们对自我的认识。在本章中，让我们从以下四个方面来了解社会心理学中自我的理论和研究发现：①自我的构成；②自我的获得；③自我的功能；④自我的发展。

第一节 自我的构成

从理论上看，"自我"是一个非常复杂的概念，至少在英语里就有许多不易区分的表达，例如 self、ego、agent、personality、subject、inner、man、person、mind、identity、individual 等。对自我的构成是从自我概念、自我的边界以及自我图式这三个角度来探讨的。

---

① 杨宜音．自我与他人：四种关于自我边界的社会心理学研究述要[J]．心理学动态，1999(3)：58-62．

一、自我概念

自我是人们对自己所持有的重要信念的集合。什么是我自己最为重要的特点？什么是我不太擅长的方面？什么是我可能成为的人？所有这些关于"我是谁""我可能是谁""我将要是谁"的信念就是自我概念(self-concept)。简单地说，自我概念就是我们对自己各方面认识和信念的总和(Baumeister,1998)，它具体包括三个层面：①自己对自己存在的感知和认识(例如自我意识、自我觉知)；②一个人对自己究竟是一个什么样的与众不同的人的认识(例如自我认定、自我认同)；③对自己是一个什么样的人的好坏评价，是不是喜欢自己，对自己抱有什么样的态度(例如自尊、自我肯定)。

自我概念是如何帮助我们了解自己、发展自己，以及帮助自己适应社会的呢？让我们先来看看它到底包含什么心理成分，这些成分有什么样的结构，这些结构又具有哪些特点和功能。

(一) 主我与客我

哲学家和社会心理学家 W. 詹姆斯(W. James)是现代社会心理学领域自我研究的拓荒者，他早在 1890 年就提出了系统的自我理论。他从自我的动力结构角度把自我分为主我(I)和客我(me)。主我是作为知者的自我(self as knower)，是个体活动的觉察者；客我则是作为被知者的自我(self that is known)，是主我所感知的主体活动及身心活动[①]。当人在婴儿期出现自我意识时，先区分了自我和非我。婴儿了解到妈妈的手不是自己的手，然后就会慢慢了解到自己身体的各个部分是可以服从自己的指令的，比如用自己的手去抓一个玩具熊，让自己不喜欢的球滚开。到了四五岁以后，儿童会使用"我"来指代自己，不再模仿妈妈称呼自己那样说"平平喝水""军军要出去"，而改为"我要喝水""我要出去"。到了学龄期，儿童就出现了主我和客我的分离，主我会命令客我"要听爸爸妈妈的话"，或者"上学不要迟到，下学要尽快回家"等。青春期是自我分化达到最大程度的一个时期，主我的理想化程度逐渐升高，常常被理想的自我所代替，而客我则成为一个现实的自我。青少年的想象力为理想自我插上了翅膀，当二者存在恰当距离、青少年可以找到实现理想的路径时，可以激发其改变自我、发展自我的斗志；而当二者距离过大时，就会让人感到沮丧，对自己不满，继而改变对自己的看法，认为自己一无是处、无可救药。有些人为了逃避内心的挣扎和冲突，索性放弃理想，降低要求，达到低水平的理想我与现实我的统一。主我是思考着和行动着的主体，是创造者、推动者和决定者。主我不仅将自己与外界区分开来，而且将自己的一切特性统合在一起，成为一个连贯的、稳定的、完整的自己。客我则是被主我凝视的自我的另一个面向，社会

---

① JAMES W. Principles of psychology[M]. New York：Holt，1890.

的评价借此被主我获知。因而,社会经由客我而进入主体,并被主我所建构和重构。自我在这样的建构中逐渐成长,反映在个体的自我意识中就是"理想的自我"(自我设计的)、"应该的自我"(社会期待的)、"可能的自我"(自我预期的)和"现实的自我"(实际存在的)之间的紧张关系以及最终的统一。这一过程就是所谓的自我同一性获得的过程。这一过程大致要到青年晚期或中年初期才会完成,那时,自我完成了从统一到分化再到统一的过程,可以按照自己选定的目标脚踏实地地前进,这种状态就被称为"不惑"。

(二) 物质自我、社会自我和精神自我

詹姆斯(James,1980)还把自我划分为三个方面:物质自我(material self)、社会自我(social self)和精神自我(spiritual self)。物质自我包括躯体和一些延伸物,如财产、成果和所归属的地方(家乡、国家等)。社会自我包括社会地位和社会角色,以及对他人评价的知觉和看法。精神自我包括自己对自己的主观体验以及自我超越体验,例如能力、个性、情绪、态度、动机等。詹姆斯的自我理论为以后的自我研究奠定了基础。

(三) 公我、私我和群体我

格林沃尔德(Greenwald,1982a)通过对"自我卷入"(ego-involvement)和自我觉知(self-awareness)概念的统合,进行了自我任务分析(ego-task analysis)。在此基础上,格林沃尔德和普拉卡尼斯(Greenwald and Pratkanis,1984)、布莱克勒和格林沃尔德(Breckler and Greenwald,1986)提出从自我的动机层面将自我区分为"公我"(public self)、"私我"(private self)和"群体我"(collective self)的理论。他们指出,个体的自我有三种为达到某种目标而产生的任务。这些任务与三种类型的自尊有关。第一种任务是获取社会的赞许,因此,对于个体来说"有意义他人"的评价就变得至关重要,这就是"公我"。"公我"往往与"自我呈现"(self presentation)和"印象管理"(impression management)有关,也可以理解为詹姆斯(James,1890)提出的"社会我"(social self)的概念。第二种任务是获得个人成就,这是指建立在内在自我评价基础上的个人成就,因此较少受到他人评价的影响,是独立于他人的"私我"。第三种任务是获得群体成就,自我要完成群体对角色的要求,因此,群体的评价和目标被内化为个体的"群体我"。这种看法发展了詹姆斯关于社会我的理论,从自我的内外和与他人的联系上认识自我。但这里的"公我""私我"不同于中国文化社会中所指代的"为公的我"(大我)和"为私的我"(小我)。

(四) 鲍美斯特的自我三分法

R.F. 鲍美斯特(R.F. Baumeister)系统梳理了自我理论,将自我分为三个相互关联的方面:自我的反身意识(reflexive consciousness)、人际中的自我(the interpersonal aspect of self)和自我的执行功能(self as executive function)。首先,自

我的反身意识是自我存在的基础,它包括人们把自我作为被知觉的对象而得到的有关信息和经验;其次,关于自我的认识是在人际间的互动中得到的,并且会在不同人际关系和环境中重新组合,因此自我与人际的关系互动也是重要部分;最后,自我的执行功能包括自我控制、发起行为以及追求不同目标等,它赋予自我行为主体的意义,而自我的这种主动性成就了人类的自主性①。

鲍美斯特的分类继承了詹姆斯的主客我和社会我的观点,强调了主我对客我的反身意识,也强调了自我来源于社会交往,最后强调了自我概念具有的动机特性。

近年来,心理学家非常注重"集体自我"(collective self,又译为"群体自我")的概念,用以补充詹姆斯忽略个体作为群体成员的性质而造成的欠缺(Brown,1998)。集体自我即是指个体自我类别化后形成的群体性或集体性自我意识。此外,还有学者提出"关联自我"(relational self)的概念,为说明集体即是一个通过个人与他人形成关联后,特别是面对面的互动后,在个体自我概念上的反映(Brewer and Gardner,1996)。所有这些都让我们从自我的结构特征上丰富了对自我的认识。表2-1是对这些方面的相互关系和具体内容进行的总结。

表2-1 自我的分类结构

自我概念	描述	范例	自我知觉的基础
物质的自我	知觉到生理特征及个人的所有物	我身材很好 我长得不漂亮	个人成就、个人特点与自我观念的一致性
精神的自我	知觉到个人的特质、能力	我做事细致 我没有文化	个人与众不同而获得的唯一性
社会的自我	社会角色和在他人心目中的名声	我是一个会计师 我是一个农民工	公众的认可、名望、他人的赞赏
关系的自我	与自己有直接的、个人的联系的其他人	我是小丽的母亲 孩子的舅舅刚刚找到工作	为与自己有特殊关系的人所取得的成就而感到骄傲
群体的自我	自己所属的社会类别	我是北京人 我是外地来的	种族、国民或地域等类别身份的自豪感

资料来源:根据布朗的《自我》34页表2.6改编,范例来自相关访谈。原表来源于:BREWER M B, GARDNER W. Who is this"we"? [J]. Journal of personality and social psychology,1996(71):83-93.

---

① BAUMEISTER R F. Handbook of social psychology[M]. 4th ed. New York:McGraw-Hill,1998:680-740.

二、自我的边界

自我的边界也是自我概念中的重要问题,关系到自我的边界中是否会在心理上包含自我以外的其他人。这一点对认识中国人自我的特性尤为重要。学者在有关亲密关系的研究中发现,伴随着两个人相互表露的增加,双方出现了心理上的相互嵌入(参见第七章,社会关系)。此外,文化心理学家发现,有些文化中的人们的自我呈现出包容他人的状况,而这样的自我将影响自我对他人的知觉和互动、我他关系、他群关系、群体关系、群己关系和群际关系。以下介绍比较有代表性的四种理论发现。

(一)萨姆森(Sampson)关于"自足性自我"和"包容性自我"的理论

萨姆森(Sampson,1988)在讨论"个体主义"问题时提出有两种不同的个体主义的本土心理学,其区别源于自我与非我边界(the self-nonself boundary)的性质不同。"自足式自我的个体主义"是一种边界坚实、标记清晰、强调个人控制和排他性的自我概念。这种自我有明晰的自我领域和他人领域的区别。而"包容式自我的个体主义"则与之不同,它的边界是流变的,且标记含混,强调包容性的自我概念。这种自我的边界并不那么清晰坚实,而是可以将他人纳入边界之内的。

萨姆森发现,尽管西方学者更熟悉"自足式自我的个体主义"(大多以为这种个体主义是唯一的,因此,许多研究以这一假设为出发点,主流社会心理学也是以此为基础的),然而,从文化人类学、史学、女性研究以及阶级分析的研究成果看,世界上的大部分地区或文化类型里都存在着"包容式个体主义",并且在这些地区或文化类型里是有意义的。萨姆森从任何一个文化所具有的三个核心价值——自由、责任和成就——进一步分析和论证了自己的观点。在他看来,不仅"自足式自我的个体主义"文化可以实现这三个文化价值,"包容式自我的个体主义"文化同样也可以实现这三个文化价值,后者甚至有可能优于前者目前的状态[①]。

萨姆森的分析创见在于,他从自我概念的边界所反映出的内涵而不是一些文化的外在特征去寻找对于文化差别的解释。

(二)马库斯(Markus)和北山(Kitayama)关于"独立性自我"和"互赖性自我"的理论

马库斯和北山(Markus and Kitayama,1991a,1991b)研究了自我概念中的文化差异,提出了"独立性自我"(independent self)和"互赖性自我"(interdependent self)的分析框架。他们认为,西方人(以美国人为代表)和东方人(以日本人、中国人为代表)对自我的理解是完全不同的。从西方社会心理学的观点来看,个体应是

---

① SAMPSON E. The debate on individualism: Indigenous psychologies of the individual and their role in personal and societal functioning[J]. American psychologists,1988,43(1):15-22.

指以自己的特性与他人相互区别的、自主的实体。而所谓自己的特性,一般是指个体的能力、态度、价值观、动机和人格特质,这些特性必然影响和导致个体的某些与众不同的行为。马库斯和北山认为,许多东方文化中具有保持个体之间相互依赖的机制,在这种文化的影响下,个体的自我特点在于与他人的相互依赖。他们的观点可由图2-1表示。

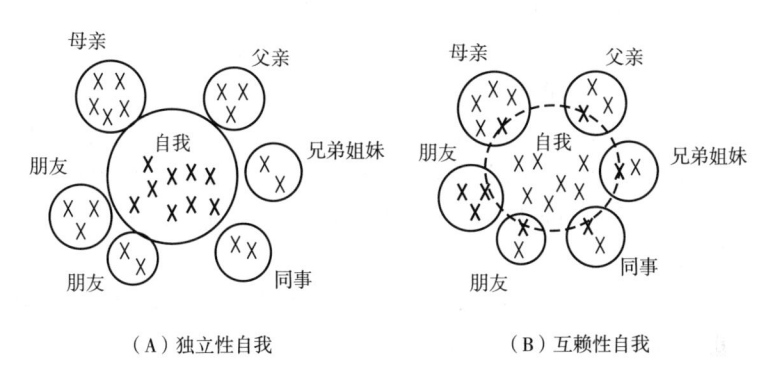

（A）独立性自我　　　　　（B）互赖性自我

图 2-1　马库斯和北山独立性自我和互赖性自我概念示意图

马库斯和北山在解释上图时指出,图2-1(A)中粗体的X代表的是"有意义的自我表征"(the significant self-representation),是一种"去环境脉络化的自我"(decentextualized self)。这种自我强调个体内在特征的完整性和唯一性,在此基础上表现出与他人的区别性与独立性,它激励和推动个体去实现自我,发展独特的自我潜能,表达个体特殊的需要和权利,展示个体与众不同的能力。在这种文化中,他人只是个体进行社会比较的对象,而比较的目的不过是更好地了解个体自己的内在特性。图2-1(B)中粗体的X同样代表有意义的自我表征。但是,显而易见,这些表征处于自我与某些特别他人的联系之中。这样的表征强调的是个体与他人的联系与依赖。所以,个体行为只有在特定的社会联系中才有意义。互赖性自我对自己的确定根据的不是唯一性,而是自己与他人有关的那些特性。

根据这样的分析框架,马库斯和北山从认知、情感和动机过程对两种不同的自我结构和边界进行区分。他们发现,独立性自我有关自我知觉的信息一般来自自我特性方面,而互赖性自我有关自我知觉的信息一般来自重要他人以及自我与他人的关系方面。独立性自我的情感体验更多来自自身内部,例如感官需求带来的体验。而互赖性自我的情感体验更多来自社会、与他人之间的关系等较外在的因素。独立性自我往往成为推动个体表达自我和实现自己内在潜能的动机,而互赖性自我则促使个体注重发展与重要他人的交往并获得应有的地位。

马库斯和北山的研究将文化变量引入自我结构和边界概念之中,使过去西方人眼中的自我不再是唯一的人类自我的表征。他们的发现对整个社会心理学理论中的一些问题提出了有力的批评。例如社会影响（从众等）、社会惰化和社会助长、态度与行为不一致引起的认知不协调等（参见第四章，态度及其改变；第九章，社会遵从行为；第十章，合作、竞争及冲突解决），都不适用于解释由互赖结构的自我构成的东方社会。他们将不同文化中的自我概念作为个体与社会行为连接的中介，较好地找到了解释人类行为重要的、无法忽略的维度。

目前已经有许多研究结果支持了马库斯和北山的观点。例如，朱滢等人关于脑成像的研究发现，中国人的自我概念中包含母亲。换言之，母亲成为自我的一部分（Zhu et al.，2002；Zhu et al.，2007），从记忆研究看，与美国人相比，中国人更熟悉自己的母亲（张力，2005）。并且，具有不同的自我构念的人在个体主义-集体主义取向（Triandis，1988a；Triandis et al.，1988；Fischer et al.，2009）、追求唯一性动机、自我提升（self enhancement）（Heine et al.，1999）、分析性-整体性思维风格（Nisbett et al.，2001；Gardner et al.，1999）、归因倾向（Kitayama et al.，2009）、亲密关系（Holland et al.，2004）、风险决策（Mandel et al.，2003）等心理因素上都存在明显差异。

但是，使用马库斯和北山的"互赖我"概念解释中国人的自我及其边界特性时，却仍如雾里看花。在他们认为的将中国人涵盖其中的"互赖我"概念里，由于缺乏"差序"的含义，无法反映出中国人的自我所具有的"自主性"（以自我为中心，而不是不自主），因为"互赖"一词无法表达主从关系，掩盖了中国人自我所具有的自我中心的特征。此外，该概念过于突出相互依赖，而没有看到体现中国人自我特有的自主性的"选择性"（在什么情境下使用什么原则与自己所包容的他人以及未包容的他人进行交往）。它也没有看到由这种自主性和选择性导致的"动力性"（对边界变化的掌握）。

（三）杨中芳关于"个己"与"自己"的概念对比

杨中芳（1991b，1991c）提出在"自我"的范畴内区分"个己"与"自己"。前者以个人身体为标志将自己与别人相区别，在西方社会心理学的研究中通常称为"自我"（self）；后者不但包括个体的身体实体，还包括一些具有特别意义的其他人（即自己人）。她认为中国人的"我"属于后者。为了清楚起见，将这一区分以表2-2概括。

表2-2　杨中芳关于"个己"与"自己"的概念对比

文化类型	中国人	西方人
使用的概念	自己	自我
边界内部包含的内容	个己+自己人	个己

由于西方社会心理学没有将"自我"做上述划分,则必然将西方的"个己"等同于"我"的事实当作普适性的真理。因此,他们即便提出了"社会自我"等相关概念,却仍然是从"个己"的立场出发的。中国人的"我"也是有以身体为边界的"个己"的,并且这个"个己"处于"我"的核心位置上,但是,这个"个己"与某些他人的区分不是坚实的和明晰的。中国人的我他边界在包括"个己"和"自己人"的"自己"与"外人"之间。

(四)杨宜音提出自己人式的中国人自我-我们概念的理论

中国文化设计中的"人"并不是一个独立的个体,而是至少包含着与己身相关联的另外一个人,也就是两人的对应关系。因此,儒家经典将"人"界定为"仁"。而"仁"则是指"爱人"的人。这是说,"仁"是人们之间心意相通。离开了与他人的交往和关联,就不能称其为人了(许烺光,1971a)。这种文化设计是由关系来界定一个人的。从中国人关系的特性出发,杨宜音关于自己人的研究发现,中国人的自我边界具有两重性:一方面,中国人的自我概念正如杨中芳指出的,包含个己和自己人两种成分;另一方面,与西方人相同,边界内部都有个己。在不同的情境下,经过不同的情境启动,中国人会使用不同的自我边界(包容他人或不包容他人)来应对环境的要求。在比较传统的中国文化中,环境要求和文化社会制度的安排都强调差序格局,因而,这时候中国人常常使用的是通透性自我的边界。在这种情况下,个己和自己人构成的自我也是中国人的"我们"。这个"我们"并不是由社会认同过程(经过自我类别化和去个性化)完成的(参见第十一章,社会认同),而是通过包容或排斥他人而形成"自己人"达成的。因此,"我"与"我们"的相通是以"我"为核心的,不是"我"融入"我们",而是相反,将他人融入"我"而形成自己人式的"我们"。

中国人自我(己)的边界具有以下特征:

1. 自主性。以自我为中心判断包容或排斥他人。
2. 通透性。包容重要他人,或外推已经不重要的他人。
3. 伸缩性。因包容和外推他人的多少而改变边界内部的范围。
4. 开合性。在一定情境下,将边界坚硬化、封闭化,以获得自己人身份。
5. 道德性。在社会道德的引导下,从小我升华为大我。

由此可见,仅用与独立我相对的互赖我来对中国文化下的自我构念进行概括是不够准确的,当我们将独立我中包含的独立与自主两个成分离出来,这样更容易看到,东西方自我构念的差异主要存在于独立维度上,而在自主维度上二者是相近的(参见图2-2(A)第一象限和第四象限)。进而,当我们将互赖我中包含的互相依赖和包容互渗两个成分离出来,同样可以更容易地看到,东西方自我构念的差异主要存在于互赖性的高低和如何互赖的特性上(参见图2-2(B)第一象限和第四象限)。如果说,用独立我概括以北美为典型的西方人的自我构念,那么,对于中国人的自我构念特性,用关系我概括最为准确(参见第七章,社会关系)。

而当社会情境强调了类别的共同性,也就是情境的类别显著性高时,中国人同样会将自我的边界收缩至一个人(参见第十一章,社会认同),表现出与北美社会心理学家揭示的自我相同的边界特征。因而可以说,中国人的自我边界反映了中国文化的复杂性,中国人的自我更加独特的文化图式。这一点我们在下面的各个部分中还会看到。

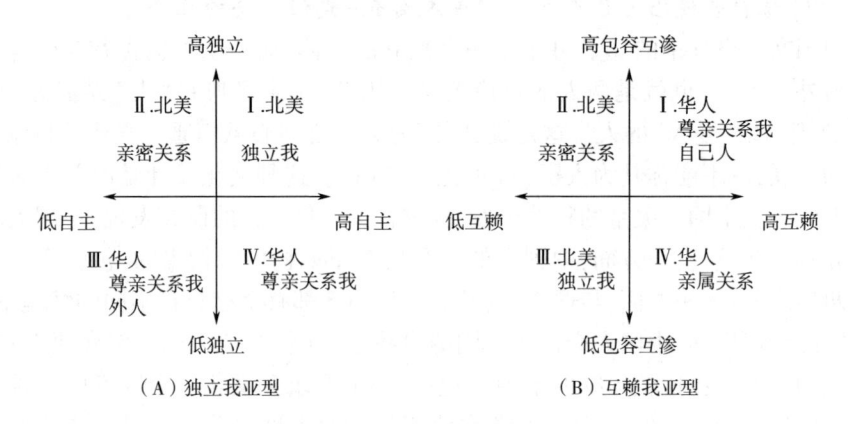

```
       高独立                          高包容互渗
   Ⅱ.北美   Ⅰ.北美              Ⅱ.北美   Ⅰ.华人
   亲密关系  独立我              亲密关系  尊亲关系我
                                          自己人
低自主          高自主        低互赖          高互赖
   Ⅲ.华人   Ⅳ.华人              Ⅲ.北美   Ⅳ.华人
   尊亲关系我 尊亲关系我          独立我   亲属关系
   外人
       低独立                          低包容互渗

   (A)独立我亚型                    (B)互赖我亚型
```

图 2-2　华人自我构念图

资料来源:杨宜音,张曙光.华人的自我构念[M]//杨中芳,张仁和.华人本土心理学研究30年.台北:五南图书公司,2022:37-78.

中国人自我边界伸缩性的研究还引申出关于中国人"大小我"和"公私我"的一些发现(参见第十八章,文化社会心理学)。

三、自我图式

自我图式(self-schemas)是一种假设的认知结构。我们拥有许多关于不同事物的图式,例如关于他人的、群体的、社会事件和客观事物的认知图式。这些已经形成的图式影响我们接受新信息的方式,以及对新信息加工、解释和储存的方式(参见第三章,社会认知)。

具有某一图式的人更倾向于接受能够证明他们自我的信息,而排斥与他们看法不一致的信息。例如,具有自我独立性图式的人在遇到困难时会首先想到如何依靠自己的力量克服困难,在遇到挑战时会挖掘自己的潜力,设法应对自己的处境。因为在这样的人心里有着关于自己的一个图式,这个图式告诉他/她自己是一个不轻易依赖他人、不轻易向别人求助的人。为了保持自我图式,假如他/她的电脑出了问题,他/她就会反复查阅书籍、自己尝试、上网查询等,即便自己这方面的能力和知识不足,也会在求助他人时努力学习这方面的知识以备以后自己应对这方面的问题,而不会简单地推给所谓的"电脑高手"。

积极的自我图式有助于我们了解自己,树立目标,推动自己实现自己的理想。消极的自我图式会妨碍自己对自我的建构。当一个人把自己看成一个能力低下、事事不如他人的人时,就会被动和消极地面对每天纷至沓来的各种信息。同样遇到电脑出问题的情况,他/她总会想起自己在这方面的不足,就不会再做出任何努力,即便请到高手帮忙,自己在一旁连看也懒得看,只等别人帮助自己解决问题。

积极的自我图式帮助人们快速加工信息、存储信息和提取信息,让人们能够用不断成长起来的自我应对外界的挑战。

第二节 自我的获得

一个人的自我是怎样被自己和他人了解到的呢?这期间经过怎样的心理历程呢?人们对自己的自我又会如何评价呢?在这一节,我们简要介绍自我概念获得的历程和一些后果。

一、自我概念获得的心理历程

(一) 社会化

一个社会成员的成长所经历的过程被称为"社会化"过程,指一个人通过社会教化逐渐成长为社会所期望的成员的过程。它包括一个人与家长、老师、朋友的互动,也包括从社会习俗、文化氛围、语言等环境中感受到的社会期望,对社会文化环境的学习和适应。对个体来说,社会化最重要的结果就是自我意识的发展,包括自我概念的获得。社会化使个体掌握语言,扮演各种社会角色,学习社会规范,内化社会价值观,通过了解他人和社会的期待,来认识和塑造自我。社会化过程不仅发生在青少年期间,也会发生在放弃旧角色获得新角色之时,甚至持续一生,这叫作再社会化。在人生的各个阶段中,面对不同的要求,人们会完成青少年社会化、中年社会化和老年社会化。在进入职场后,根据适应职场需要,个体要完成职场社会化,而在家庭扮演的角色要求下,个体要完成家庭社会化。作为社会成员,社会化是个体必须经历的社会学习、社会适应与社会创新过程。

(二) 镜像自我

正如库利(Cooley)所发现的,我们是通过与别人的接触来了解自己的,别人就像一面镜子,告诉我们自己是一个怎样的人。库利使用了"镜像自我"(looking-glass self)的概念来强调自我是我们与其他人互动的社会产物[1]。镜像自我的获得有三个阶段。首先,我们想象在其他人面前如何表现,如在亲戚、朋友、甚至街上的

---

[1] COOLEY C H. Human nature and social order[M]. New York: Scribner, 1902.

陌生人面前的表现。其次,我们想象其他人如何评断自己(漂亮、聪明、害羞或孤僻),例如成绩好的学生会推断老师认为他们比成绩不好的学生聪明(参见图2-3)。最后,别人的印象会使我们产生某种感觉,如感到被尊重或感到羞耻。

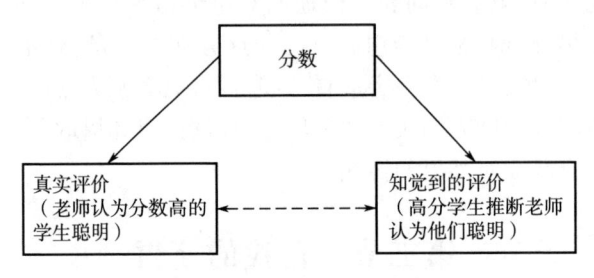

```
                    分数
                   /    \
                  /      \
           真实评价        知觉到的评价
      (老师认为分数高的  (高分学生推断老师
         学生聪明)  ←---→  认为他们聪明)
```

图 2-3 反射性评价过程

资料来源:布朗. 自我[M]. 陈浩莺,等译. 北京:人民邮电出版社,2004:50.

库利镜像自我观点,形象地强调了自我与他人的互动关系。自我形成于我们与别人的互动中,并随着我们互动水平的不同而做出调整和修正。比如,我们从别人那里得到赞扬时,我们会肯定自我,并保留被称赞的这一特点;当我们具备的特性被批评或被否定时,我们会考虑改变自我。在库利的镜像自我观点中包含着一个相当重要的主张,即自我的想象都以别人的评判为主,这样会导致因为别人错误的印象而产生不正确的自我认同或自我评价。

(三)自我知觉

人们可以通过自我观察来了解自己。这就是 I 对 me 的观察。实际上,这也是一个自我反省的时刻。自己究竟是什么样的人?很简单,听己言,观己行。根据外部线索推断自己,这就是自我知觉(self perception)。但是,这种观察也会出现一些知觉上的偏误,例如出现自我服务的偏差(参见第三章,社会认知),即用喜好和肯定的眼光看自己,将成功的原因归于自己的能力,将失败的原因归于他人或环境因素。

(四)社会比较及社会认同

一个人是怎样的人,往往要通过与他人的比较才能确定。例如,判断他聪明与否,要与他周围的人进行比较。"山外有山,天外有天",比较之后我们就知道自己在某一方面的状况了。不过,选择什么人作为比较的对象呢?人们一般倾向于采取一种自我提升和自我保护的策略。自我提升的策略就是见贤思齐,向榜样学习。这样的比较是一种"向上比较",即与比自己出色的人相比。而为了避免在这样的比较中让自己受到伤害,人们就会采用自我保护的策略。这种策略就是"向下比较",即与比自己差的人相比,让自己感到宽慰。

进行社会比较的时候,大多数人一般会选择与自己类似的人作为对比对象。

因此,这种比较有可能凸显那些自己应该看到的事实,让自己找到解释,从而获得自我提升或者自我保护。在比较时,多数人会把自己看得比一般人强,而且,越用高估的眼光看待自己,就越会认为他人看自己会有嫉妒的成分。

社会认同是一个与自我认同相对应的概念(参见第十一章,社会认同),同时是与之不可分割的概念。在一个人认识自己时,必然会涉及自身的社会角色和社会类别,当个人与这些社会角色和社会类别建立心理联系时,就会形成他的社会认同。例如,一个人在回答"我是谁"这一问题时,想到自己是一名大学生,这就形成了个体对大学生这一类别群体的归属感。而对于他来说,自己是一名大学生对于他的自我概念是十分重要的,因为在一段时间里,大学生是他最重要的社会身份和社会角色,是他认识自己、规范自己行为最重要的标准。实际上,正是很多社会认同构成了个人的自我认同。即我们每个人都是社会角色、社会关系和社会交往的总和,离开了人的社会属性,我们的自我概念就会被抽空,这样的话,自我认同当然就无从谈起。因此,社会认同是自我概念获得的重要途径。有关内容请参见第十一章和其他相关章节。

二、对自我的评价

(一)自尊

自尊(self-esteem)是人们对自己的积极评价,具有价值判断和情感体验的意义[①]。因为自尊是个体对自我的主观评价,所以有时它可能是过于夸大或不合理的。一般来说,自尊感比较强的人更有价值感,并感到自己值得别人尊重,也较能够接受个人不足之处。

研究者关于自尊的研究常常集中在区分高低自尊水平的人在不同方面的表现上。比如,研究者在自尊水平与自我概念及自我认识动机差异的研究中发现,低自尊的个体对于自身认识的连贯性和一致性相对较差,相对来说,高自尊个体更能准确地获得并表达关于自我的知识(Campbell,1990;Campbell and Lavallee,1993)。

另外,高自尊的人往往有自我提升的倾向,他们非常喜欢自己和认可自己。在策略选择方面,他们可能会选择通过冒险的方式获得成功。相反,低自尊的人有自我保护的倾向,他们有些消极地看待自己,通常选择的策略是避免失败(Baumeister,Tice,and Hutton,1989)。

研究者还发现,低自尊的人在滥用毒品和各种形式的行为过失中面临着更多风险(Baumeister et al. ,2003);高自尊则有利于培养主动、乐观和愉快的感觉。然而也有研究者指出,那些黑帮头目、极端种族主义者和恐怖主义者同样具有更高水平的自尊(Dawes,1994,1998)。因此,可以说,自尊水平不同的个体在认知或行为

---

① 布朗.自我[M].陈浩莺,等译.北京:人民邮电出版社,2004.

方式上存在差异,但是自尊并不能成为解释社会问题的原因。表2-3介绍了罗森伯格(Rosenberg)关于自尊水平高低的测量。

表2-3 罗森伯格自尊量表

表　现	非常符合	比较符合	不大符合	很不符合
1. 我常常认为自己一无是处*	0	1	2	3
2. 我对自己持肯定态度	0	1	2	3
3. 归根到底,我倾向于认为自己是一个失败者*	0	1	2	3
4. 我希望我能为自己赢得更多尊重*	0	1	2	3
5. 我确实时常感到自己毫无用处*	0	1	2	3
6. 我感到自己是一个有价值的人,至少不比别人差	0	1	2	3
7. 总体来说,我对自己是满意的	0	1	2	3
8. 我感到自己值得骄傲的地方不多*	0	1	2	3
9. 我感到自己有许多好的品质	0	1	2	3
10. 我能像大多数人一样把事情做好	0	1	2	3

注:带*号标记的是反向计分的题目,即把0记作3,1记作2,2记作1,3记作0。将所有的分加总,分数应该在0~30分,分高即表明自尊水平高。

实际上,很少有人在所有方面和所有情境下都保持高自尊或低自尊。在自己擅长的领域里,人们的自我评价往往是积极的,行为选择也是积极的。当人们发现"山中无老虎"的时候,也常常会从低自尊转为高自尊。从自尊研究可以看出,高、低自尊水平的人在应对不良情绪方面存在明显差异。这一差异的存在折射出自尊具有保护自我免遭或少受刺激性生活事件的打击和不良情绪侵扰的功能。在此背后可能潜隐着以下两种不同的机制。

第一种机制是:面对已出现的抑郁、焦虑等不良情绪,自尊作为一种"缓冲器"(buffer),能够对此起到缓冲作用。20世纪80年代,美国堪萨斯大学的三位心理学家J.格林伯格(J. Greenberg)、S.所罗门(S. Solomon)与T.皮耶钦斯基(T. Pyszczynski)系统地提出了此类观点。他们以死亡恐惧及其管理为焦点,共同提出了恐惧管理理论(terror management theory,TMT),以此诠释人为什么需要自尊,以及不同的文化为何难以和平相处。这一理论的核心观点是:由于死亡意味着自我的消泯,人作为具有自我意识的高等生物,一旦意识到死亡不可避免与不可控,就会因此而产生恐惧心理。为了有效缓解死亡恐惧所带来的焦虑,人们人为地创立了对现实世界的抽象表征——文化世界观(cultural worldview),以此为"存在"

赋予具有永恒意味的意义与秩序,从而实现对死亡的象征性超越,而个体对相应价值标准的信奉使其确信自己便是这一有意义的世界中有价值的一分子。"自尊"被视为个体对其信奉程度的个人性、主观化衡量。个体自我认定的信奉程度越高,其所体验到的价值感与意义感越强,自尊水平也就越高(Greenberg, Pyszczynski, and Solomon, 1986; Solomon, Greenberg, and Pyszczynski, 1991; Pyszczynski et al., 2004)。基于这一理论预设,心理学家发展出了"焦虑缓冲假说"(The Anxiety Buffer Hypothesis),这一假说认为,自尊所具有的较为弹性化的自我调节机制,使其能够像"缓冲器"一样对死亡焦虑起到有效的缓冲作用[1]。

第二种机制是:自尊作为一种具有整体性、情感性的潜力(capacity),能够驱动个体以有助于保护、维系或提升自我价值感的方式来解释生活事件。这一观点由布朗等(Brown et al., 2002)提出,他们指出,高、低自尊者对这一潜力的运用往往呈现出不同的风格,相对于低自尊者而言,高自尊者面对失败所带来的痛苦,更倾向于采用补偿性自我提升(即通过夸大自己在其他领域的成功进行补偿)、自我服务归因偏差以及向下社会比较的策略进行应对[2]。

(二) 自我效能感

自我效能感(self-efficacy)是指个人对自己在特定情境中是否有能力去完成某个行为的预期。它包括结果预期和效能预期,其中,结果预期是指个体对自己的某种行为可能导致什么样结果的推测,效能预期是指个体对自己实施某行为的能力的主观判断。自我效能感影响我们对行为的选择以及对该行为的坚持性和努力程度,影响我们的思维模式和情感反应模式,进而影响新行为的习得和习得行为的表现。

自我效能感是 A. 班杜拉(A. Bandura)创建的社会认知理论中的一个重要概念。他认为,个体与环境、自我与社会之间的关系是交互的,人既是社会环境的产物,又影响着形成他的社会环境。自我效能感就是人对自己作为动因的能力信念,它控制着人们自身的思想和行动,并通过它控制着人们所处的环境条件[3]。

因此,我们的自我效能感是动态的,并被以下因素决定和改变。

---

[1] HARMON-JONES E, SIMON L, GREENBERG J, et al. Terror management theory and self-esteem: evidence that increased self-esteem reduces mortality salience effects [J]. Journal of personality and social psychology, 1997(72): 24-36.

[2] BROWN J D, MARSHALL M A. Self-esteem: it's not what you think [M]. Seattle: University of Washington, 2002.

[3] BANDURA A. Self-efficacy: toward a unifying theory of behavioral change [J]. Psychological review, 1977 (1): 191-215.

1. 成败经验。一般而言,成功的经验能提高个人的自我效能感,多次的失败会降低自我效能感,但这还要受个体归因方式的影响。

2. 替代性经验。人们通过观察他人的行为而获得的间接经验会对自我效能感产生重要影响。

3. 言语劝说。言语劝说的价值取决于它是否切合实际。缺乏事实基础的言语劝说对自我效能感的影响不大,在直接经验或替代性经验基础上进行劝说的效果会更好。

4. 情绪反应和生理状态。个体在面临某项活动任务时的身心反应、强烈的激动情绪通常会妨碍行为的表现而降低自我效能感。

5. 情境条件。不同的环境提供给人们的信息是大不一样的。某些情境比其他情境更难以适应和控制。当一个人进入陌生而又易引起焦虑的情境中时,其自我效能感水平与强度就会降低。

第三节 自我的功能

一、自我呈现

我们如何在别人的面前表现自己?E.戈夫曼(E. Goffman)的戏剧理论强调自我产生于与他人或社会的互动中。我们在与别人的最初交往中,试图给别人留下好印象,我们会使用印象管理(impression management)的策略来做出合适的自我呈现。戈夫曼还认为,为了保持自我的平衡,在与他人的交往中,我们也会更重视面子功夫(face-work)[1](参见第三章,社会认知;第七章,社会关系)。

戈夫曼的研究以符号互动论中的主我、客我、镜像自我和情境定义等概念为理论前提,从戏剧表演的角度进一步阐述了这些思想。他认为,想让表演顺利进行下去,就必须实现剧组和观众之间的合作。因此,表演者的"自我"并不是一个完全独立的、不依赖于他人的自我。

在表演中,会有一种"表现出来的自我",这是观众根据演员的表演而得出的印象,被称为"强加给他的自我"。这种自我是舞台、表演等情境的产物,是所有参加表演人员的共同活动的产物。不管这个自我是否真实,它都是互动的关键。

在演出中,如果这个表现出来的自我不能令观众信服或引起观众怀疑,那么,互动过程就可能被破坏,社会机构中直接的、间接的系统就会出问题。然而,在日常生活中人们很少直接对表演者提出挑战,因为在社会互动中,互动双方对于维持

---

[1] GOFFMAN E. The presentation of self in everyday life[M]. New York:Doubleday,1959.

相互之间的身份共同承担着责任,一方的失败意味着另一方的活动也无法顺利进行。

自我呈现(self-presentation)是指在社会互动中任何旨在创造、修改和保持别人对自己印象的行为。自我呈现根据动机不同,可以分为两类:策略性(strategic)自我呈现和表达性(expressive)自我呈现。策略性自我呈现是一种获得利益的手段,是被"观众"的标准和信念所主宰的,带有某种功利性的色彩。相反,表现性动机的目的在于表现出自我的价值标准和观念。

自我呈现的功能在于:首先,对人际交往情境进行控制和促进。自我呈现可以让人在人际互动中掌握交往的过程和效果。如果一个大学老师要在课堂上传授专业知识,他/她的自我呈现一定要符合相应的社会期望才能使学生对他/她产生尊敬,并且愿意从其授课或其他方式的指导中掌握所学的内容。不同的情境对人的自我呈现提出的要求是不同的,有社会经验的人往往能够很快了解情境中角色的要求,恰当把握分寸,呈现自我。而一些刚开始进入某些角色的人往往仅仅了解该角色的一些皮毛,因而他们的自我呈现会显得幼稚可笑。另一些人则可能采用欺骗的手段进行自我呈现,例如使用假文凭求职。其次,在社会资源分配中给人带来机会。特别是策略性的自我呈现有利于获得各种资源。一个人在群体合作的场合表现出决策果断、善于互动,就更有可能被其他人信任而脱颖而出,成为群体的领导者。最后,有助于建构自我概念。自我呈现对个人来说是对自己建构的自我进行强化的过程,也可以称为自我验证(self-verification)。自我呈现不仅是呈现给他人的,更是通过呈现给他人并借助他人的评价而呈现给自己的。人们从自我呈现的过程中体会成就感、社会赞许,满足交往的需求。

一个与自我呈现有关的概念是自我表露(self-disclosure)。自我表露专指愿意告诉另外一个人关于自己的信息,真诚地与他人分享自己个人的、秘密的想法与感觉的过程。随着我们与别人关系的日益亲密,双方相互的自我表露程度就越深入。自我表露是我们与别人互动的方式之一,因而与人际关系的亲密感发展紧密相连(参见第七章,社会关系)。

二、自我监控

自我监控(self monitoring)是指人们在社会交往过程中对自我的呈现进行监视和控制的程度。斯奈德(Snyder,1974)发现,有些人对情境中的角色期望非常敏感,并且很灵活地调整自己的表现,他称之为高自我监控者。反之,有些人对交往情境中怎样做才合时宜并不很在意,而更关注自己的内心感受和自己的态度、价值观,他称之为低自我监控者。表2-4是斯奈德的自我监控量表。

表 2-4　斯奈德的自我监控量表

			请回答下面的问题,在"是"或"否"上画圈
是	否	1	我发现自己很难模仿别人的行为
是	否	2	我的行为通常反映了自己真实的内心体验、态度和信念
是	否	3	在聚会或社交场合,我不会试图说或做一些讨别人喜欢的事情
是	否	4	我只会为自己相信的观念辩护
是	否	5	我可以针对一些我一无所知的主题发表即兴演说
是	否	6	我认为自己只不过是在演戏,并以此打动或取悦别人
是	否	7	当对自己的行为没有把握时,我会通过观察别人的行为来寻找线索
是	否	8	我可能会成为一个好演员
是	否	9	我很少根据朋友的意见来选择电影、图书或音乐
是	否	10	我有时会向别人表达出比实际更深刻的情绪体验
是	否	11	相对独自一人,和别人在一起看喜剧我会更容易发笑
是	否	12	在人群中,我很少成为注意的焦点
是	否	13	在不同的情境中或与不同的人在一起,我的行为方式会完全不同
是	否	14	我并不特别擅长讨人喜欢
是	否	15	即使我觉得很无聊,我也装得很高兴
是	否	16	我并不总是我看起来的那个样子
是	否	17	我不会改变自己的观点(或行为)来取悦别人或者赢得他们的喜爱
是	否	18	我曾考虑过做一个演艺人员
是	否	19	为了能够友好相处并被人喜欢,我倾向于成为人们所期望的样子
是	否	20	我从不擅长看手势猜字谜,以及即兴表演之类的游戏
是	否	21	我不太会改变自己的行为来适应不同的人和环境
是	否	22	在聚会时,我不会打断别人的玩笑和故事
是	否	23	和人在一起的时候我总是感觉有些尴尬,表现也不如实际那么好
是	否	24	如果为了一个好的结果,我可以看着别人的眼睛若无其事地说谎
是	否	25	即使我非常不喜欢他们,我也会装得很友好

注:评分方法是:在 5、6、7、8、10、11、13、15、16、18、19、24、25 上回答"是"得 1 分;在 1、2、3、4、9、12、14、17、20、21、22、23 上回答"否"得 1 分。将总得分相加,12 分以下表示低自我监控,13 分以上表示高自我监控。

资料来源:布朗.自我[M].陈浩莺,等译.北京:人民邮电出版社,2004:145.

与低自我监控者相比,高自我监控者更多地关心他人在社会情境中的行为方式;更喜欢那种提供了明确行为指导线索的社会情境;对表演、销售和公共关系的职业更感兴趣;在察言观色方面更老练;更擅长与不同的人进行沟通。高自我监控的人态度和行为常常不太一致,交往的圈子也会很不同。而低自我监控者倾向于保持自己态度和行为的一致性;更看重自己在不同情境下真实的自我;更愿意和同一个朋友或几个朋友在生活的多个层面一起分享和交往,而不会通过不同的交往圈子来满足自己不同的需要,也不会扮演不同的角色。高自我监控者和低自我监控者的比较详见表2-5。

表2-5 高、低自我监控者的比较

成分/过程	高自我监控者	低自我监控者
目标	成为合时宜的人	成为我自己
社会敏感性	非常擅长把握社会情境及他人行为的特征,能够并且愿意使用这些知识来塑造该情境下的一个理想行为方式	不太擅长把握社会情境以及他人行为的特征。内在态度、价值观和倾向是他们行为的基础
行动能力	拥有很高的行动能力,使他们能够改变自己的行动使之与环境相互吻合	行动能力有限,不容易让自己的行为与不同的环境相适应

资料来源:布朗. 自我[M]. 陈浩莺,等译. 北京:人民邮电出版社,2004:146. 部分表述有调整。

与西方人相比,中国人表现出更多的高自我监控倾向。这与中国文化强调个人与社会环境和谐相处有较大的关系。在中国文化下,一个不能顺应社会情境的人会被看作不成熟和缺乏社会经验。这样的文化要求一方面有助于人们适应环境,关注他人,另一方面会使人过于关注他人评价,甚至为了博得他人的好感做出"变色龙"式的权宜行为。

三、自我控制

我们如何掌控自己的行为,让自己的行为朝着符合我们意愿和期待的方向发展?自我具有主体性,能够作为主体来控制我们在不同环境中的行为表现。在自我的一些研究中,心理学家们提出了自我规范、自我挫败行为等概念,来解释自我所具备的控制功能。

(一)自我规范

自我的有意识控制是人类区别于动物的动力机制。这种控制机制使人们能够抵制某些冲动或欲望,可以促使人们做一些自己并不想做的事情,或者促使人们为数年后达到目标而改变当前的行为。

自我规范(self-regulation)主要包括以下几方面。首先是对冲动和欲望的控制,比如对消费、电子游戏、性行为、抽烟、吸毒和酗酒等欲望的控制;其次是对思想和感觉的控制,比如促使人们的思想集中于某一特定主题,或激起人们的某种情绪或情感状态；最后是对行为的控制。当然,我们对自我的控制并非时时刻刻都是有效的,在某些特别的环境压力下我们会失去正常的自我控制,比如遭遇情感挫折,参照的社会标准出现混乱,自己的懒惰放纵,酗酒或滥用药物,等等。

(二) 自我挫败行为

自我挫败行为(self-defeating behavior)是指在自我的控制过程中出现的悖于理性的有意识的行为,如吸烟、酗酒、药物滥用等成瘾行为。鲍迈斯特(Baumeister,1998)回顾以往的研究后,把这种有意识的挫败行为归结为自我规范功能的减弱。

自我挫败行为有两种类型。一种是妥协行为。比如,每个人都知道吸烟有害健康,但吸烟的伤害对于人们是延期的、不明确的,而为了缓解当前巨大的压力并满足即刻的舒适需求和对已有生活方式的依赖,人们仍然会去抽烟。因此,在这种认知控制与欲望满足之间的抗衡中,自我挫败行为仍然占上风。我们可以把这种行为看作对冲动或欲望的妥协。另一种是错误的自我规范导致的自我挫败行为。人们期望追求积极的目标,然而他们选择的控制方法却适得其反。比如,人们试图用酒精来控制自己抑郁的情绪,结果却导致自我挫败行为。另外,对于毫无希望的目标的坚持也将导致自我挫败行为,比如把时间和资源花费在无望的感情上。

第四节　自我的发展

一、米德自我发展三阶段理论

米德(Mead,1934,1964)发展了库利的互动理论,认为自我的发展经历了三个不同的阶段:预备阶段、游戏阶段和游戏比赛阶段。

第一个阶段是预备阶段。在这个阶段,儿童只会模仿身边的人,尤其是和他们互动密切的家人。在这个阶段,儿童逐渐学会用符号与人沟通。比如,点头代表同意,摇头代表否定。

第二个阶段是游戏阶段。当儿童学会了符号沟通,他们开始注意到社会关系。在这个阶段,儿童开始扮演别人。角色扮演是通过大脑把自己想象成他人的过程,使自己根据想象作出反应,从而获得多重自我的形象。

第三个阶段是游戏比赛阶段。儿童到8~9岁时就不再玩角色扮演了,开始注意到真实的关系了。米德运用一般他人(generalized others)的概念来代表儿童会考虑社会整体态度、观点以及社会期望的行为。简单地说,这个概念认为,一个人表现的行为举止会将周围他人的期望纳入考虑之中。例如,一个小孩表现出礼貌,并不会只为了讨好父亲和母亲,实际上,儿童理解到有礼貌是包括父母亲、老师们在内的社会大众广泛鼓励的行为方式。

此外,米德还提出了重要他人(significant others)的概念,来指代在自我发展过程中对自己有影响的人。重要他人可能是我们的父母、长辈、老师,也可能是兄弟姐妹、同学、朋友或同伴。

二、埃里克森的心理社会性发展模型

精神分析理论家和发展心理学家 E. 埃里克森(E. Erikeson)从生命周期的视角将自我的发展总结为具有典型心理社会冲突内容的 8 个相互联系的、渐成的发展阶段(Erikson,1963),在每一个阶段中,个体都面临着心理冲突,而当个体克服这些冲突,就获得了这一阶段的自我统一感,这种统一感也被称为自我的同一性。参见表2-6。

表2-6 埃里克森自我同一性渐成模型

生命阶段	心理社会冲突	特征
(1)0岁	信任 VS 不信任	当婴儿感受到温暖、持续的照顾时,他就能建立起信任感;缺乏照料则产生不信任感
(2)1~3岁	自主性 VS 羞怯和怀疑	当鼓励儿童探索自我和环境时,自主性得以发展;当儿童的探索受到抑制时,羞怯和怀疑产生
(3)3~5岁	自发性 VS 内疚感	当鼓励儿童进行各种各样的尝试时,他们的自发性就得到促进;如果父母嘲笑孩子或过度批评他们,就会使他们产生内疚感
(4)6~12岁	勤奋 VS 自卑	当儿童受到表扬时他们就会更加勤奋;当他们所做的努力被认为是不充分或过度批评他们,就会使他们产生自卑
(5)青春期	同一性 VS 角色混乱	处于这个阶段的个体要面临的一个关键问题是"我是谁",拥有可靠和整合的特性的个体被认为是达到同一性的;无法建立稳定和统一特性的个体将面临角色混乱
(6)成人早期	亲密 VS 孤独	处于这个时期的个体所面临的关键问题是建立一种承诺的和亲密的人际关系。这个过程出现失败将导致孤独
(7)成人中期	生殖 VS 停滞	个体是社会中能够进行生产的成员,为社会做出贡献,为未来养育人口,这可以通过工作、志愿努力和抚养孩子来实现。与之相反的是停滞,它的特征是个体过度关心自己的幸福或认为生活是无意义的
(8)成人后期	完整 VS 绝望	完整是指当个体回过头来看自己所经历的生活时会有满足感,这使他们能够有尊严地面对死亡。如果遗憾成为主导,那么个体会感到绝望

资料来源:布朗. 自我[M]. 北京:人民邮电出版社,1998:78.

对这样一个发展模型,埃里克森在《同一性:青少年与危机》一书中特别强调了两点:①每一阶段的冲突以及冲突的解决都与其他阶段"有系统地联系着",一个人健康的、完整的人格发展有赖于各个阶段的健康发展。②每一个阶段的典型冲突和个体面临的发展任务,在此前已经潜在地存在着(Erikeson,1985)。心理学家布朗(Brown)认为,这些被埃里克森按照生命阶段列出的人生中会面临的冲突实际上会在生命历程的各个阶段反复地、不同程度地出现,因而不一定是以固定的顺序体验到的(Brown,1998)。

尽管有如此批评,从个体发展的角度看,埃里克森提出的在同一性渐成过程中青少年阶段的特殊地位还是非常有意义的。无可否认的是,青少年时期是在人的一生中非常关键且充满危机的一个阶段。而所谓危机,"有着发展的意义,它并不意味着灾祸临头,它指的不过是一个转折点"(Erikeson,1985)。埃里克森认为,"有活力的人格能够经受住任何内外冲突,在每一次危机之后,统一感能够再度出现而且逐次增强,增强正确判断,并增强依照自己的尺度以及与自己有密切关系的人的标准而'善于应付'的能力"(Erikeson,1985)。

三、德韦克的自我发展理论

C. S. 德韦克(C. S. Dweck)整合了心理学有关动机、人格和发展心理的研究,提出了一个自我发展的理论框架。德韦克发现,每个人的行为是被满足需要的动机所推动的,个人的成长也是如此。最基本的需要是被接受(acceptance)、可预期(predictability)以及能力(competence)。人们需要被他人、社会和自己所接受,为此人们获得和谐的社会生活,认可自己,悦纳自己。人们需要摆脱不确定性,完成自己或自己所属群体所选定的目标。人们还必须具备某些能力,才能架设起需要与目标之间的桥梁。这三种基本需求两两结合,会衍生出另外三种需要:①可预期与被接受,这是被信任的基础。信任是一种被接受的预期,它不是已经发生过的,而是对未发生的行为做出的判断。换言之,受到信任这一需要是建立在自己是被接受的稳定预期之上的。我们听到对方说,"我相信你",说明对方预期我们是值得信任的。②被接受与能力,这是获得自尊和地位的基础。仅仅具备能力还不足以获得自尊或声望地位,还需要被自己或他人认可。③能力与可预期,这是控制感的基础。当事情可以被预期,人又具备足够的应对能力,不确定性就会随之降低,达成目标就有了保障,人们的控制感就会增强。当这些基本需求获得了满足,个体的自我就自然得到了成长,一种"圆成"的状态就出现了,自我成为一个整体的、有效能的、可以自主追求生活目标的人,实现了自我的同一性。这是上述六种基本需要得到满足后出现的最后一种需要,即自我完整性的需要。

德韦克的理论没有着眼于个体发展的时间阶段,而从需求-目标的实现条件入手,分析了自我发展的构成要素,刻画出自我成长的内在过程,参见图2-4。

图 2-4　德韦克关于七种基本需要的理论框架示意图

资料来源:DWECK C S. From needs to goals and representations:foundations for a unified theory of motivation, personality, and development[J]. Psychological review,2017,124(6):689-719.

四、自我同一性的危机

自我同一性也称自我认同,指个体在发展过程中逐渐了解自己,逐渐成熟,最终获得一个积极的、完整的、统一的自我概念,这个自我是唯一的、与众不同的。自我在同一性的发展过程中,体会到自我的成长和价值。但是,在这一发展过程中,特别是青少年期,一般会经历一个"同一性危机"。危机的原因在于,理想的自我和现实的自我往往在青春期出现较大的差异,个体总在自负和自卑这两极中摇摆。青春期是个体心理走向成熟的时期,又是个体面临很多重大选择的时期,因此,认识自己就成为这一时期重要的任务。

专栏 2-1

中国人的自我包括母亲

心理学家朱滢等人以"自我参照效应"为研究范式,通过对比中西方大学生自我构念对记忆的影响,验证了"中国人的自我包含自己的母亲"这一假设。

实验是这样进行的:被试坐在计算机屏幕前,计算机逐个呈现一系列人格形容词,例如勇敢的、勤劳的、不讲卫生的等。在自我参照的条件下,被试的任务是判断这些形容词是否适合描述自己。在他人参照的条件下,被试的任务是判断这些形容词是否适合描述一位公众人物,例如中国的前总理、美国的前总统、美国或中国的文学大家等。在母亲参照的条件下,被试的任务是判断这些形容词是否适合描述自己的母亲。被试在做完上述任务之后,要完成一个记忆测验。在记忆测验中,主试提供的人格形容词有一半是被试在前面的测试中见过的,另一半则没有出现

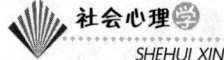

过,要求被试尽可能多地认出刚才在参照效应实验中见过的词,然后将被试正确认出的词进行归类,看所认出的词各属于自我参照、他人参照、母亲参照类别的多少。

对比西方学者的研究结果(见表2-7),中国大学生的自我参照效应结果是:自我参照与母亲参照的水平相同,而他人参照则较低。西方大学生的自我参照的水平高于母亲参照和他人参照。

表2-7 英国和中国大学生自我参照效应实验结果

英国大学生		中国大学生	
学习任务	记忆成绩(%)	学习任务	记忆成绩(%)
自我参照	50	自我参照	84
母亲参照	28	母亲参照	83
他人参照	28	他人参照	70

人们的大脑像一个过滤器,一般会过滤掉与自我联系较为松散的信息,形成"提取诱发遗忘",如果自我参照与母亲参照水平相当,说明中国大学生的自我构念中是包含母亲成分的。

摘编自:朱滢,伍锡洪. 寻找中国人的自我[M]. 北京:北京师范大学出版社,2017.

思考题

1. 请分析你的自我概念的发展经历。
2. 自我与社会角色有什么联系和区别?
3. 中国人的自我概念有什么样的文化特征?

拓展阅读

1. 布朗. 自我[M]. 陈浩莺,等译. 北京:人民邮电出版社,2004.
2. 朱滢,伍锡洪. 寻找中国人的自我[M]. 北京:北京师范大学出版社,2017.

第三章　社会认知

社会成员会受到社会认知方式的影响吗？
社会成员的个人因素会影响他的社会认知吗？
一个人的社会认知是如何形成的？
人们会选择社会认知的方式吗？
影响个人社会认知的心理、社会、文化因素有哪些？
影响社会认知后果的个人因素有哪些？

学习要点与要求

> **要点**：社会认知是指个人对社会性信息形成的知觉、印象、判断和推理解释的心理过程和心理机制。本章主要介绍社会认知的心理图式和心理策略以及印象、判断和归因这三种认知过程。
>
> **要求**：①了解社会认知的基本心理机制和基本心理过程；②思考如何解释生活中出现的刻板印象、偏见等社会认知现象。

第一节　社会认知的定义与基本机制

一、社会认知的定义

生活在纷繁复杂的社会里，人们究竟是如何看待社会的呢？换言之，当人们面对社会中的自我、他人、社会事件、社会环境之时，内心经历了什么样的心理过程来摄入信息、筛选信息、记忆信息、加工和管理信息？每一个人的选择和加工过程是一样的吗？大多数人是怎样做的？其中有什么规律？不同选择和加工信息的过程对人们的心理感受及行为决策有什么影响？在这个选择加工过程中人们会不会犯错误？会犯什么类型的错误？有没有可能避免这些错误？社会心理学关于社会认知的研究正在为我们找到这些问题的答案。

社会认知(social cognition)是指个人对社会性信息形成的知觉、印象、判断和推理解释的心理过程和心理机制。与对一般物体的认知相比，社会认知有一些特性，这些特性主要源于被认知对象的社会性，包括自我、他人和社会情境。因而，这里所说的"知觉"是社会知觉(social perception)，它包括个体对自己的知觉(自我知觉)、对他人的知觉(person perception, people perception)、对自己与他人关系的知觉，以及对社会情境、社会事件的知觉。"社会性的判断和推理解释"是指根据社会性信息的知觉形成的判断和原因归属的解释，如行为成败归因、社会行为因果关系推断等。

二、社会认知的基本机制：心理图式与心理策略

人们都知道，通过人的感觉器官——眼、耳、鼻、舌、身，人类可以感受到来自外在世界的信息。然而，我们并不像一块白板一样被动地接收这些信息，我们会对这些信息进行组织和加工，包括理解、记忆和采用这些信息。通过组织和加工形成的认知系统反过来又会影响我们新的信息加工过程，即选择的新信息、理解和推断等。因经验、生活方式、文化背景及个性（包括个性心理倾向性和个性心理特征

不同,身处于同一社会情境之中的不同认知者在信息选择与加工过程及内容等方面往往存在差异,如同常言所说的"见仁见智"。

(一)社会认知的心理图式

1. 社会认知的心理图式的概念。对来自社会环境的信息进行选择性加工后在人脑中组织起来的认知系统被社会心理学家称为"社会认知的心理图式"(social schema)。它可以分为四种类型。

(1)他人图式,包括有关他人的行为特征、人格类型等信息。例如,"我的那位朋友能言善辩""他的老板对员工总是非常严厉"。当一个你熟悉的人做出一些超乎你预期的行为时,你就可以发现这种图式的存在,因为这时你会说"没想到他会这样"。

(2)自我图式,包括有关自己的个性特征、外表、行为等信息。例如,"我在同学中属于最合群的那一类人""我很容易应对文科方面的考试,但不擅长理科类考试"。自我概念处在快速发展时期的青少年往往会出现自我图式的矛盾。一种是理想的自我图式,另一种是真实的自我图式。有时候年轻人沉浸在自己的理想自我图式中,但现实把这些自我图式击得粉碎。直到理想自我图式与现实自我图式逐渐合二为一,自我图式才开始成熟起来。

(3)角色图式,包括个体的社会角色以及对其行为规范的预期的信息。例如,"厂长当然应该有权管理下属""银行出纳员很仔细"等。伴随着社会文化的变迁,很多角色图式也在发生变化。例如,传统中国"孝子"的图式就已经从生育后代、侍奉父母在侧、为父母养老、不违父命等变为更强调"为父母争光争气"。

(4)事件图式,包括在某些情境下所发生事件的有序组织的信息。例如,"搭乘火车"这一事件包括买票、进站检票、上车、对号入座、置放行李、乘坐一段时间、下车、出站等一套完整的信息。在一定的条件下,还会增加拥挤、陌生、晃动、车上提供的服务等信息,因而带有相当的时代性和文化、社会情境性。例如,在私人汽车发达的美国乘火车,你会发现乘客很少且多为老幼和女性,车站往往已经不再是城市中的重要场所。而在当今的中国,火车是重要的交通工具,因而车站常常是一个城市最拥挤的场所之一。因此,关于火车站的图式在中国人和美国人心中是不一样的。

2. 选择、加工、提取信息。认知图式对我们认识自己、他人、社会以及具体的情境和事件都会有很大帮助,原因是经过个人体验和学习过程而形成的认知图式能够有效地帮助我们快速捕捉有用的信息,记住一些对我们来说重要的信息,并根据不完整的信息进行推断,从而做出预测。

已有的社会图式可以对三个基本的认知过程产生影响,这就是个体对信息的注意及选择过程、编码及加工过程和最后的提取过程。注意和选择是指我们对什么样的信息进行关注;编码及加工是指我们在大脑中以什么样的方式存储和加工我们选择了的信息;提取是指从大脑中提取我们要使用的、已经被加工过的信息。图式就像一个过滤器,它引导我们注意某些信息,而忽略另外一些信息。例如,在中国人的头脑中有一个区分自己人和外人的图式。因此,在与他人交往过程中会迅速地关注一些线索。例如,乡音让很多人一下子认定"此人是我的老乡",而"老乡"概念又帮助我们便利地存储了信息。而当与此人有过简单交往后,就会以老乡交往的规范来对待之。

  图式有时候会产生一种效应,即一种认知图式会影响到最终事件发生的后果,因此也被称为"自我实现的预言"。在1968年,美国的社会心理学家R. 罗森塔尔(R. Rosenthal)和L. 雅各布森(L. Jacobson)在旧金山的一所小学里为学生进行了一个智力测验,然后告诉老师,有些学生的智商很高,他们的学业成绩将会提高,而有些学生则智力平平。事实上,他们不过随机选择了一些学生的名字告诉老师。8个月后,两位研究者到这所学校进行了第二次智力测验,发现那些被贴上"聪明"标签的学生表现出明显的进步,参见图3-1。这不仅因为所谓的优秀学生自己形成了一种关于自己能力的信念,而且老师们头脑中的图式也变得更为积极,他们给予这些学生更多的微笑、鼓励、注意、表现机会和较好的反馈[①]。这种他人的预期带来的效应由于是社会心理学家罗森塔尔发现的,因此被称为"罗森塔尔效应",而研究者自己则根据希腊神话中王子皮格马利翁钟情于一座美丽少女的雕像,少女最终被这种执着的目光感动,走下大理石基座,投入王子怀抱的故事,将其命名为"皮格马利翁效应"(effect of Pygmalion)。皮格马利翁效应实际上是通过自我实现预言的效应来实现的。没有个体将他人的预期转换为自己的预期,预期对行为的引导就不会发生。

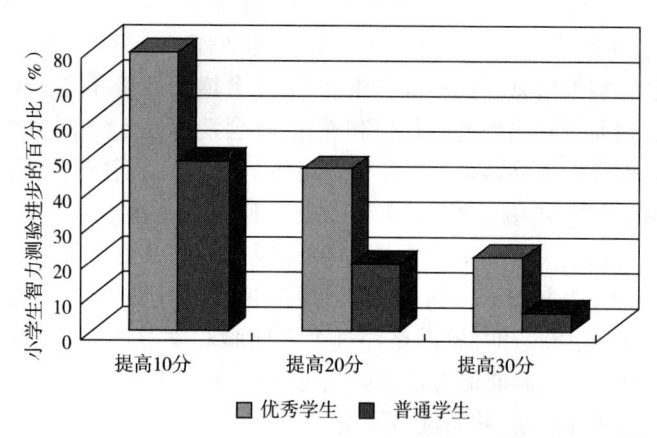

图3-1 不同期望对学生成绩的影响

---

① ROSENTHAL R, JACOBSON L. Pygmalion in the classroom: teacher expectation and student intellectual development[M]. New York: Holt, Rinehart & Winston, 1968.

老师、家长和大众传媒也常常在不经意之间透露出对女学生的低成就期望。比如,在教科书、广告中提到女性时,都特别安排一些辅助的角色给她们。如果是医院的情景,医生一般是男性,护士一般是女性;如果在商业公司里,老板是男性,会计是女性;如果在管理部门,上司是男性,秘书是女性。在学校里,老师常常对一些数学成绩优秀的女生给予特别的表扬,暗示她在女孩子中间是出众的。这些暗示通过内化过程被其他女学生变成自我实现的预言,即女孩子在数学上有成就者少之又少,她们试图用自己与这位出众女生的其他差异来解释自己与她的差距,从而放弃与之相关的各种实践活动,最终她们会很欣慰地发现,自己的确不擅长数学,庆幸自己做出了"正确的"自我判断。

在经济生活中也常常出现这样的现象。在经济不景气的时期,人们普遍丧失了信心,不愿意投资,也不敢消费,工作没有积极性,结果可能是经济滑坡的速度越来越快,而人们却说:"看,我说得不错吧,经济真是无可救药了!"

3. 认知模型。认知模型主要有范畴模型、样例模型和情境模型。

(1) 范畴模型。范畴模型是以抽象概念为基础的表征模型。当个体形成了对某一社会事物、现象、社会成员或群体概括化的概念,即范畴,就会根据这一范畴来建立认知模型。例如,生活在山东农村的中学生小王在成长的过程中逐渐理解了"亲属"这个概念,并建立了相应文化社会的范畴模型,他理解的亲属是相互帮助、同舟共济的一些有亲缘关系的人们,并且根据亲缘关系的远近来决定亲疏对待的程度。

(2) 样例模型。样例是一个范畴中的典型,它帮助个体记忆和提取相关的表征。样例的增多使个体有可能逐渐形成范畴模型。例如,小王有一个叔叔,他总在小王家困难的时候前来帮助。小王于是理解到,这就是"叔叔"以及"亲属"的含义。每当提到"亲属",他就会想到叔叔长久以来的行为所表达出来的含义。当有些亲属在与他家的交往中唯利是图、不重感情,他就认为,这些人根本就不能算亲戚。

(3) 情境模型。任何一个有效的社会认知模型必然包括抽象的认知表征和具体的样例表征,而决定人们认知结果的则是如何在特殊情境中运用这些模式来进行信息加工。在具体的情境中,个体就会将自己对事物、事件等认知对象的理解、自己的态度与价值观等融入自己原有的认知模型当中,增加新的内容或者做出适当的调整。当小王看到与自家走动很少的舅舅家庭生活负担沉重、自顾不暇时,他理解了舅舅的处境,于是尽可能地帮助自己的表妹(舅舅的女儿)复习功课,也不再埋怨舅舅不像亲戚了。

(二) 心理策略

1. 快捷化认知加工。人们每天都离不开对自身和社会的认知,然而,其所面临的信息是非常丰富多样的,要想在很短的时间内收集对自己有用的信息并做出判断,的确是一件非常困难的事情。因此,人们往往采用一些捷径来帮助自己更快地、更省(脑)力地完成认知任务。例如,当人们在识别人的年龄、性别、身体强壮程度、自己是否熟悉等基本信息后,就会自然地做出一些判断,以此来决定自己如何应对对方。尽管人们在年龄、性别、身体强弱等方面千差万别,他们也很少会因某一方面的因素而被定型,但是我们常常会采用认知捷径的策略、基于某一方面的因素暂且把对方推断为某一种人,从而决定自己的应对方式。这种节省认知资源的策略被社会心理学家称为"认知吝啬鬼"(cognitive misers)策略。

认知吝啬鬼的思考方式主要是"启发式判断"(judgmental heuristic)。其包括三种主要类型:

(1) 易取性启发法则(availability heuristic)。这是根据最容易浮现在脑海里的事例进行启发后形成判断的方式。例如,某个人问你是不是很勤快的人时,恰好你今天起来得很早,并开始完成作业,就很容易提取这个表明自己勤快的事例。我们常常会说,进入某种职业后会形成该职业的"职业敏感"。其原因就在于,当一个人大量接触这一职业领域内的事情后,就会很方便地在脑海里浮现自己熟悉的东西。例如,学医的学生会对疾病的各种症状敏感,有时候不免会吓到自己和好朋友,因为他们会从一个轻微的症状联想到许多严重的后果。

(2) 代表式启发法则(representative heuristic)。代表式启发法则是指将要判断的事物与记忆中的典型事例进行比较,根据相似性进行归类,并得出判断。例如,你见到一个人,听他的口音与你认识的四川同学的口音很接近,你就会判断他是四川人。当你在火车上遇到一个中年男性,从他携带的旅行箱和穿着打扮上,你断定他是一个春节期间返乡的农村进城务工的人。你的根据是他的旅行箱破旧,衣服虽然很新但是并不入时。他不断与旁边的一位伙伴用家乡话交谈,吸着烟,后来被乘务员制止。你会觉得你的判断不错,因为你在城市里遇到过很多类似于这个"模样"的人。这里,"模样"就是在推断新的认知对象时使用的一种典型。

(3) 定锚与调整式启发法则(anchoring and adjustment heuristic)。定锚与调整式启发法则是指在判断事情的时候,我们会有一个基本的出发点,然后进行调整。例如,我们在校园里见到一个大学生,大致判断他在19岁至20岁,然后根据其他信息进行调整。例如,根据他的成熟程度、对学校环境的熟悉程度、周围人的情况等来判断他是低年级学生还是临近毕业的高年级学生。

认知捷径的使用在一定程度上提高了认知活动的效率,从而帮助我们在相关信息资源有限的情况下快速把握环境,了解认知对象。于是我们自然而然地会对这些认知捷径形成某种依赖,自认为变得成熟了,有社会经验了。然而,我们还应当认识到,认知捷径的使用也往往会带来诸多认知偏误,从而导致错误的判断和推论。

2. 自我中心化的目标定向。由于进化使然,人类个体总以自我为中心来认识和把握现实世界,这从根本上决定了人类个体的社会认知必然具有定向性,而且其定向也必然相应地呈现出自我中心化特点。从进化心理学的角度来讲,社会认知实质上是一种经由人类种系进化而来的工具,它在具体社会情境下可被人类个体用于处理他人所带来的攸关其生存与繁殖的机会与威胁。当然,在理解和把握这一点时需要明确的是:第一,社会认知必然是受具体动机驱动的社会认知,如果没有某一特定动机为之提供驱动力,那么任何社会认知都不可能发生;第二,为社会认知提供驱动力的动机是由当前社会情境激发的;第三,社会认知服务于当前目标,当前目标与人类个体的生存与繁殖有着直接或间接的联系。

相关社会心理学研究表明,在特定社会情境下,最为凸显的基本动机,例如自我保护、疾病规避、资源获取、社会亲和、地位与支配寻求、配偶寻求、配偶关系维系、后代抚育、亲属照料等,直接决定了人们在其处的社会环境中看到了什么,他们将其注意力贯注于何处,他们如何解释模棱两可的信息,他们最终会记住哪些信息,他们如何管理其决策中可能存在的错误,等等[1]。在需要加工某些信息时,我们会特意忽略一些自认为不必要的信息,而对于那些值得特别关注的信息,是不会采取认知捷径的。例如,对于一般熟人,我们只会泛泛地了解一些基本信息,而对于打算深交的人,我们会了解他各个方面的信息,以求能够更好地认识他究竟是一个怎样的人。又如,我们在异地大街上与陌生人发生了冲突,自我保护动机在这一社会情境下会凸显出来,从而使我们的社会认知更多地聚焦于对方人数、性别、体格及表情(包括面部表情、语言声调表情和身体姿态表情)等方面的信息。

总之,社会认知的自我中心化定向使得人类个体在任一社会情境中都只可能选择性地关注与其当前动机或目标有关的问题,逐渐形成相应的认知图式,而这些认知图式一旦形成,就会反过来影响其后续的社会认知。一位社会心理学家曾经在南非一个国家访问过一个来自苏格兰的移民和一个当地的班图族牧人。这两个人都曾经在一年前参加过一次买卖牲口的交易会。关于交易会的细节,这位苏格兰移民几乎记不清了。他说他要查一下记录本才能知道当时买卖牛的数量和价格。但是,那位班图族人却能够立即回忆起当时的交易细节,其中包括每一头牛的来源地、颜色、价格等。班图人从来不在牛身上烙印,如果自己的牛和邻居家的牛混在一起,他们看一下就知道哪一头牛是自己的。一开始,人们一般都认为班图人有特殊的记忆牛的特征的能力。后来社会心理学家发现,每一个人都在自己重视的领域中有良好的记忆力,因为人们在这方面会发展出适合的认知图式。当然,班图人对股票交易、围棋赛等陌生的事情过目即忘。

因此可以说,在认识和把握纷繁复杂的社会世界方面,人们并不总是一个被动

---

[1] NEUBERG S L, SCHALLER M. Evolutionary social cognition [C]. Washington, D.C.: American psychological association, 2014.

性地、习惯性地通过走认知捷径，或者说使用低（大脑）能耗的信息加工方式来做出推断的"认知吝啬鬼"，也可以是一个像科学家那样通过采用科学、全面、严谨的方法来做出推断的"朴素科学家"（naive scientist）。人们是能够根据其动机类型及强度的不同，灵活地在做出快而粗略的经济性认知策略或思虑周详的消耗性认知策略的"主动谋略家"（motivational tacticians）。

第二节　社会认知的基本过程1：印象与判断

一、印象

印象是人们在记忆中对自己、他人或自己与他人关系的表层影像，是我们社会认知过程的第一步。在此介绍两种类型的印象：第一印象和最新印象。

（一）第一印象

第一印象也称"初次印象"。通过短暂的接触，比如几句交谈、目光接触、他人的简单介绍或描述，我们就会对他人的某些特征或外观特点形成一个初步的认识。第一印象特别鲜明，有时候难以磨灭，因为第一印象是在人们初次交往中形成的，人们之间的陌生会增加相互之间的吸引。这里所说的吸引并不是情感上的吸引，而是出于自我保护本能而形成的对他人的特别关注，做出了安全的判断后，人们之间才可以进行交往。如果面对熟悉的人，人们就无须进行判断，知觉就变得迟钝起来。新异的刺激给人的印象最深，所以第一印象就成为我们头脑中这个新相识的人区别于他人的最初标志，当我们再次遇到这个人的时候，我们就可以比较方便地从记忆中提取有关此人的印象，这就使得第一印象愈发鲜明。第一印象是人们首次交往的产物，受外界的影响比较小，所以很多人宁可相信自己的第一印象，并根据它来判断和确定自己交往的原则。

第一印象所产生的心理效应叫作"首因效应"（primacy effect），也是我们通常所说的"先入为主"。美国心理学家鲁钦斯（Luchins，1957）选择了一个小故事作为自变量来验证这一心理效应。这个故事描述了一个名叫吉姆的小学生的生活片段，故事由上、下两段组成，分别把吉姆描写成一个热情外向的孩子和一个冷淡内向的孩子。然后把这两段故事按照四种组合方式念给随机分派的四组被试听，请他们回答吉姆是怎样一个人。

故事的上半段是这样的：

吉姆离家去买文具。他和两个朋友一起走在洒满阳光的街道上，边走边晒太阳。吉姆走进文具店，店里挤满了人。他一面等待售货员招呼他，一面和熟人聊天。买好文具向外走的时候又遇到了熟人，他就停下来和熟人打招呼。后来告别了朋友往学校走，路上遇到了一个前天晚上才刚刚认识的女孩子，他们说了几句话之后就分手了。吉姆来到了学校。

读完这段描述,你已经对吉姆这个孩子形成第一印象了。他是一个外向的孩子还是一个内向的孩子?假如你首先听到下面这个描述,你又会得到怎样的第一印象呢?

下面是故事的后半段:

放学后,吉姆独自一人离开教室,走出了学校。他开始沿着漫长的路步行回家。街道上的阳光非常耀眼,于是吉姆走到街道阴凉的一边。迎面而来的街道渐渐消失在他身后,他看到了前一天晚上遇到过的那个漂亮的女孩。吉姆走进了一家糖果店,店里挤满了学生,他看到一些熟悉的面孔。吉姆静静地等待着,直到引起柜台服务员的注意之后才买到了饮料。他坐在一张靠墙的椅子上喝饮料。喝完之后他就回家了。

研究的结果是:先听到上半段然后听到下半段的人中,有78%的人认为吉姆是外向的,而对吉姆相对内向的描述考虑很少,可以看出大多数人受到第一印象效应的影响。而先听到下半段然后听到上半段的人,也受到第一印象效应的影响,只有18%的人认为吉姆的性格是外向的,而有63%的人认为他是内向的,详见表3-1。

表3-1 对吉姆性格的评价

刺激呈现方式	外向评定(%)	内向评定(%)
上半段	95	3
先上后下	78	11
先下后上	18	63
下半段	3	86

由于交往条件的限制,人们通过第一印象可能看到了对方最好的一面,也可能看到了对方最坏的一面,所以不足以对他人形成正确的判断。我们在这段故事里也只能看到吉姆生活的一个小小的片段,对他上学或下学路上的表现形成一个简单的印象。在日常生活中,想要真正了解他人,还需要在初步接触后留有判断的余地。当今社会已经不同于传统的"熟人社会",人际交往的范围大,交往的时间短暂,常常要求人们在短时间内对他人进行判断,而没有机会"日久见人心"。因此,人们常常会形成对他人的表层认识,被假象所蒙蔽。因此,当我们本身只有很短的时间向他人展示自己(例如求职面试等)时,只有恰当地、有分寸地把握自己留给他人的第一印象,才可能有一个好的开始。

(二)最新印象

最新印象所产生的心理效应叫作"近因效应"(recency effect)。上面的实验也说明了近因效应。当我们读了下半段以后,就会对从上半段得出的印象进行一些修正。其中,在一系列印象中的最后印象也称为"最新印象",它具有比较特殊的心理效应,其影响力比一般印象更大一些。例如,我们对某一个人一直抱有很好的印象,但是最近有一件事情让我们大失所望,过去的好印象一笔勾销了,甚至我们会用最近的印象去判断这个人,以至于以前的好印象也都被涂抹上负面的色彩。实际上,无论是第一印象还是最新印象,都还是一种表层的认识,都还只是印象而已。

二、判断的准确性

在形成印象之后,人们会进行推断,而推断很容易出现偏差。这种对他人社会认知上出现的偏差主要有两种:晕轮效应和社会偏见。

(一)晕轮效应

晕轮效应(也叫作光环效应),是指人们习惯根据一个好的印象推及其他,给自己喜欢的人身上罩上美丽的光环,如同月亮上的晕轮。这是对美好印象的发散,与视知觉的错觉的性质是相同的。我们常说的"情人眼里出西施"就是指这种现象。

S. 阿希(S. Asch)曾在1946年对这一效应进行了验证[1]。他给被研究者7个词汇——聪明、灵巧、勤奋、热情、坚定、能干、谨慎,然后让被研究者想象这个人的样子。结果发现,大家普遍喜欢这个人,把他想象为慷慨、幸福、善良、幽默和讲人情的人。可是,当阿希将"热情"一词换为"冷酷"的时候,人们普遍不喜欢这个人,把他想象为小气、不幸、喜怒无常、没有幽默感和粗鲁的人。参见图3-2。

聪明、灵巧、勤奋、热情、坚定、能干、谨慎	→	慷慨、幸福、善良、幽默、讲人情、利他
聪明、灵巧、勤奋、冷酷、坚定、能干、谨慎	→	小气、不幸、喜怒无常、没有幽默感、粗鲁

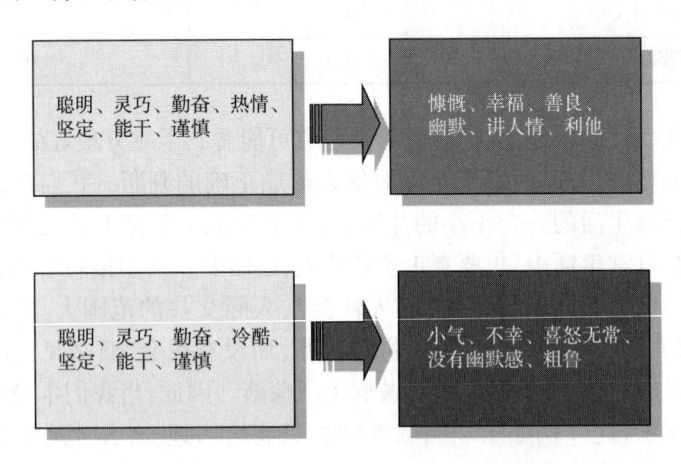

图3-2 热情、冷酷为人知觉带来的晕轮效应

---

[1] ASCH S E. Forming impressions of personality[J]. Journal of abnormal and social psychology, 1946(41): 258-290.

由有人批评阿希的研究以假想的词汇作为刺激材料,缺乏真实性,1950 年,H. H. 凯利(H. H. Kelley)进行了一个现场实验。他邀请一个人为学生举办讲座,在开讲之前,学生拿到这位主讲人的一份简历,其中一半人拿到的简历是:

某某人毕业于某大学的经济系和社会科学系。他曾经在另一所大学讲授过三个学期的心理学课程。这是他第一次来讲经济学。他今年 26 岁,已经结婚了。了解他的人认为他是一个勤奋、实干、坚定、冷漠的人。

另一半学生接到的简历除了以"热情"替换了"冷漠",其他内容未变。讲座结束后,他让学生自愿参加讨论,发现拿到前一种简历的学生只有不到 30% 的人参加了讨论,而拿到后一种简历的学生有 60% 的人参加了讨论。

这两个实验说明,热情、冷淡这类品质处于各种品质的中心地位,具有发散作用。聪明和冷酷相结合,就变成了奸诈、阴险,这也被称作"扫帚星效应"。社会错觉是一种社会认知中很常见的现象,如果不经过理性判断和人生经验的积累,人们就很难避免此类错觉的产生[①]。

(二)社会偏见

社会偏见是以有限的或不正确的信息来源为基础的人际知觉,这是人类以类别化机制认知事物的必然副产品。人们认识事物是根据事物的共同特征进行分类的,人们通过社会学习过程,特别是学习他人传递的经验来认识事物,因此,这样获得的知识和认知方式便存在两方面相互依存的特性。一方面,在加工信息的时候更加快捷;另一方面,在加工信息的时候会有正确信息的丢失或者学习到错误的信息。我们可以看到,这既是人类适应环境的智慧表现,又是人类思维方式形成偏见的原因。

1. 社会刻板印象。社会刻板印象是指人们对某一类人或某一类事物产生的比较固定而笼统的看法。刻板印象(stereotype)原是指印刷排字的过程中活字印刷使用的是一个个铅字字模拼绑起来的印刷版。为了提高效率,工人们往往将一个词或几个常用的词绑在一起,这样一来,检字的速度明显加快,同时,这些词由于总同时出现、不容易改变而被固定化了。

人们在生活中常常使用多种刻板印象来选择、加工和提取信息。这些刻板印象包括国民(国家)刻板印象、民族刻板印象、性别刻板印象、职业刻板印象、年龄刻板印象、疾病刻板印象、身份刻板印象等。只要有社会类别出现,便容易出现相应的刻板印象。

1933 年,美国的两位心理学家 D. 卡茨(D. Katz)和 K. 布莱利(K. Braly)对社会刻板印象进行了实验研究。他们请美国普林斯顿大学的学生从 84 个形容词中

---

① KELLEY H H. The warm-cold variable in first impressions of persons[J]. Journal of personality,1950(18):431-439.

挑选出适合的词汇对十个民族或种族的人进行描述。大学生们描述了德国人、意大利人、黑人、爱尔兰人、中国人、英国人、犹太人、美国人、日本人和土耳其人。结果发现，大多数被研究者的看法都相当一致。例如，78%的学生认为德国人"具有科学的头脑"，53%的学生把意大利人描述为"有艺术气质"的人，79%的学生认为犹太人"很精明"①。这一实验在1951年由G. M. 吉尔伯特(G. M. Gilbert)重复进行了一次②，1969年M. 卡林斯(M. Karlins)，T. L. 科夫曼(T. L. Coffman)和G. 沃尔特(G. Walters)也进行了一次，结果发现，人们的评价普遍发生了某些变化③。其中，描述美国人最集中的6个词汇以及评价的结果见表3-2。

表3-2 关于美国人国民刻板印象三次调查的比较　　　　　　　单位：%

美国人	1933年	1951年	1969年
勤劳	48	30	23
聪明	47	32	20
务实	33	37	67
进取	27	5	17
攻击	20	8	15
开朗	19	—	9

而描述中国人的6个词汇及结果见表3-3。

表3-3 关于中国人国民刻板印象三次调查的比较　　　　　　　单位：%

中国人	1933年	1951年	1967年
迷信	34	18	8
害羞	29	4	6
守旧	29	14	15
爱传统	26	26	32
忠于家庭	22	35	50
虚假	14	—	5

---

① KATZ D, BRALY K. Racial stereotypes of one hundred college students[J]. Journal of abnormal and social psychology, 1933(28):280-290.

② GILBERT G M. Stereotype persistence and change among college students[J]. Journal of abnormal and social psychology, 1951(46):245-254.

③ KARLINS M, COFFMAN T L, MALTERS G. On the fading of social stereotypes: studies in three generations of college students[J]. Journal of personality and social psychology, 1969(13):1-16.

我们也可以来尝试一下这个实验,时隔50年后,我们是如何描述中国人、美国人、法国人、日本人、韩国人、德国人、英国人、意大利人、土耳其人的?同时,我们也可以看一下,美国人、法国人、日本人、韩国人、德国人、英国人、意大利人、土耳其人又是如何描述中国人的?

2. 负面偏向。负面偏向(negative bias)是指负面的信息比起正面的信息更容易受到人们的重视。换言之,在社会认知过程中,人们敏于察觉潜在威胁,并易于对相关负面信息做出强烈的防御性反应,以确保自身的安全。从进化心理学的角度来看,这实际上是人类种系所进化出的一种凡事皆往坏处想的信息加工偏向,它对人类具有重要生存和适应价值。其背后的逻辑是:趋利避害是包括人在内的所有动物都具有的本能,其中,"利"之于人而言,有则锦上添花,无则不伤大局;而"害"之于人而言,有则招致损失,无则顺遂无虞,因此,"害"较"利"更值得关注。

欧曼、伦德奎斯特和伊斯特伟斯(Ohman, Lundqvist, and Esteves, 2001)曾经做过这样的一个研究:他们让被试从不同表情的图片中分别中找出中性的、友好的或威胁的面孔。结果发现,无论背景表情是什么,威胁的表情总是最快、最准确地被选中[①]。

3. 乐观偏向。乐观偏向(optimistic bias)又可称为"坚不可摧错觉"(the illusion of invulnerability)、"非现实主义乐观"(unrealistic optimism)、"个人神话"(personal fable),它实际上是人类种系进化出的一种社会认知偏向,即个体确信自己与同辈相比,更有可能经历各种如意之事(例如获得职位晋升、觅得意中人、得到贵人扶持等),不太可能遭遇各种不如意之事(例如因吸烟而患病、遭遇空难等)[②]。温斯坦(Weinstein, 1980)最早证实了这一社会认知偏向的存在,他在研究中发现,大多数大学生确信自己经历诸如离婚与酗酒等不如意之事的可能性低于其他同学,而经历诸如拥有自己的房屋与活过80岁等如意之事的可能性高于其他同学。

研究表明,乐观偏向具有跨文化普遍性——生活在任何一种文化中的人们都不同程度地拥有该信念。乐观偏向主要有三种适应功能:①驱动着个体去追求自设的目标,如果一个人不相信自己会成功,那么他就不会费心去尝试和努力;②使个体对未来心怀积极预期,从而确保其拥有更高的自尊水平、更低压力水平及更高的总体幸福感;③为个体灌输一种控制感,从而使其相信他可以掌控自己的生活和命运,这有助于其积极应对失恋、患病、离异、比赛失利等负面生活事件。

当然,普遍存在的乐观偏向并不必然意味着人们就一定会拥有积极、正确的生活观和人生观,以及安全健康的生活方式。事实上,它容易使人在事业上好高骛

---

① OHMAN A, LUNDQVIST D, ESTEVES F. The face in the crowd revisited: Threat advantage with schematic stimuli[J]. Journal of personality and social psychology, 2001(80):381-396.
② KLEIN W M P. Optimistic bias [EB/OL]. [2023-01-20]. https://cancercontrol.cancer.gov/brp/research/constructs/optimistic-bias#5.

远、投机取巧,在日常生活中做出各种糟糕的决策。例如酒后驾车、开车不系安全带、跳过一年一度的体检等,这些决策常会带来灾难性后果。当疫情来袭时,一个有着较强乐观偏向的人很可能会将医生的提示当成耳旁风,进而做出错误决策,因为他坚信"感染病毒"这样一种不好的事情不可能发生在自己身上。

三、印象和判断形成的基本原则

印象和判断形成的基本原则包括评价的中心性和评价的一致性。

(一)评价的中心性

罗森伯格、尼尔森和阿拉扬南(Rosenberg, Nelson, and Vivekananthan, 1968)的研究发现,人们评价他人主要依据两个维度:社会特性和智能特性,详见表3-4。社会特性主要指人们在社会交往中需要的一些品质,而智能特性则是与完成工作任务有关的智力、能力的品质[①]。

表3-4 评价他人的两个维度

评价维度	社会特性	智能特性
好的评价	助人的、真诚的、宽容的、幽默的、平易近人的	科学的、果断的、有才能的、聪明的、有恒心的
不好的评价	不快乐的、自负的、易怒的、令人讨厌的、不受欢迎的、轻浮的	愚蠢的、笨拙的、不可靠的、优柔寡断的

(二)评价的一致性

产生晕轮效应的原因是人们习惯于保持评价的内在一致性,根据一两个核心品质推及其他品质。例如,人们认为热情的人也一定会友好和善良,甚至会一厢情愿地从热情推论出勤快、可靠、助人等其他心理品质。然而,印象毕竟是印象,只是表层的认识,是不能代替更高级的认知活动的。

四、印象控制或印象管理

试图控制别人对自己形成某种印象的过程叫作印象管理,也可以理解为自我表现的一种。例如,人们通过衣着和相貌方面的打扮和修饰来给别人留下某种印象,或用一些词汇来美化自己(有时候丑化自己)等。

(一)利用印象管理的说服策略

人们都希望自己给人以稳定、一致的印象,而不是反复无常、无法控制和难于

[①] ROSENBERG S, NELSON S, VIVEKANANTHAN P S. A multidimensional approach to the structure of personality impressions[J]. Journal of personality and social psychology, 1968(9):283-294.

交往的印象。因此,有些说服(persuade)行为就利用了人们这一管理印象的需要。例如,有些人由于不愿意给别人留下坏印象,于是就会接受某些原本不愿意接受的观点或指令。

(二) 自我表露

自我表露(self disclosure)是指个体与他人交往的时候自愿在他人面前真实地展现自己的行为。人们不可能完全封闭自己,不让别人了解。一般自我表露是相互的,可以作为关系深化的一个标志。也有一些人愿意向大众披露自己的隐私。原因可能在于,在历史上和现实中不受大众媒体关注的弱势群体、小人物也产生了自己的群体意识,他们也要求在公众舞台上展现自己的内心世界,这其中也蕴含着印象控制的需要(参见第六章,人际沟通)。

(三) 面子研究

中国人关于面子的研究始于胡先晋。1944年她在美国读人类学博士学位时就对面子进行了系统的研究。她首先区分了"面子"和"脸"的语义差别,提出这是一种文化现象[①]。以后也有许多人进行了中国人脸面观的研究,比较系统的研究来自中国台湾地区的朱瑞玲、中国香港地区的周美伶和中国内地(大陆)的翟学伟等学者(参见《中国社会心理学评论》第二辑,面子与文化)。研究者发现,面子是人际交往中的重要规范,包括"留面子""给面子""做足面子""丢面子""有面子""没面子""撑面子""死要面子"等,被称为"面子功夫"。从印象管理的角度看,这些面子功夫是一套人际交往中个人对他人、对自己、对交往关系进行控制的社会经验。"留面子""给面子"的目的是为对方进行印象管理,让对方不要因为一些人际交往中的缺陷暴露在外,损坏个人形象。"撑面子""保面子""争面子""死要面子"的目的是为自己进行印象管理,竭尽全力维护自己的形象,为此,有时候不惜做出金钱、人情甚至人品等方面的牺牲。

第三节 社会认知的基本过程2:归因

一、归因的定义

社会认知除了推断他人"是什么",还对他人的行为或事物发生的原因进行推断,进行原因的归属和解释,也就是归因(attribution)。人类进行归因,是由探讨事物之间因果联系的动机推动的,也就是对任何事情都要问一个"为什么"。归因是对自己的行为、他人的行为、社会事件或现象的意义解释。在日常生活中,这种探寻往往在找到自己认为合理的解释后就会停止,特别当人们感到自己的解释符合

---

① 胡先晋. 中国人的脸面观[J]. 中国社会心理学评论,2006(1).

社会规范或日常经验后。因此,归因与科学探索不同,它是一种朴素的探索和解释过程。

社会心理学之窗 3-1

在夏天的傍晚,很多人在闲谈纳凉。这时有人匆匆而过,手上、脸上都沾满了鲜血。

一个同学和她的男友已经分分合合三次了,今天她又告诉你她和男友决定分手。

期末考试成绩公布了,平时不起眼的一个男同学考了第一名。

在城市的过街天桥上,有几个衣衫褴褛的老人在乞讨。

说好了和一个好朋友在汽车站见面,结果等了一个小时,都没有见到他,给他打电话也没有人接听。

……

这类现象或事件每天发生在我们身边,在看到或听到这类事情后,我们都会下意识地问自己"这是为什么",当我们得到了解释后,就会释然。而这个回答为什么的过程就是归因。

二、归因理论

归因理论最初是美国心理学家海德(Heider, 1958)提出的。他认为,人人都有一种理解、预测和控制周围环境的需要。为了满足这种需要,人们就要根据各种线索对已经发生的行为和事件进行原因解释。人们只有了解了行为或事件发生的原因,才能解释这个世界。

归因理论是从这样的假设出发的:人们总根据行为的原因和结果共同解释行为,而如何解释行为的原因对人们做出自己下一步的行为决策是很重要的。人们究竟会如何进行原因的推断呢?以下介绍三种归因理论。

(一)海德的"行动朴素分析"理论

海德认为,在日常生活中,普通人虽然没有受到心理学的训练,但是仍能够理解他人的行动。基于这一点,他认为每一个人都是朴素心理学家。他在研究中发现,一般人总把人类行为的原因分为两类,一类是内部原因,另一类是外部原因。内部原因包括人的能力、努力、人格、动机、情绪、态度、价值观念等,外部原因包括任务的难度、运气、他人的影响、环境等。例如,一个人在上班时间到了之后还没有来上班,他的同事把这个事情归因于这个人早上起来太迟,这就是内部归因;如果把这件事情归因于这个人上班的路上塞车,或他的小孩突然发急病,这就是外部归因。

这一理论后来被发展成"控制点"假设。控制点是指人们在个性上有一种比较稳定的归因倾向,或倾向于归因于外部,或倾向于归因于内部。倾向于外部归因的叫作"外控型",倾向于内部归因的叫作"内控型"。例如,一个世界体操冠军在比赛中失利,外控型的人一般会将其归因于该体操运动员伤病太多、心理负担过重,内控型的人一般会将其归因于他(她)盲目轻敌、骄傲自满、缺乏苦练。

一项关于中美文化比较的研究发现,北京小学生的归因控制点倾向于内部。例如,询问小学生和大学生一个问题并设置可选项:放学路上你被绊了一跤,你会想:①以后走路要小心点;②真倒霉,今天总碰到不顺心的事情;③这条马路坑坑洼洼,从来没有见人来修。结果发现,小学生的内控分数比大学生还要高。与美国的研究结果相比,中国学生的归因倾向有随着年龄增长而由内向外变化的趋向。而美国的研究结论却是,随着年龄增长,归因倾向有由外向内变化的趋向。这一结果是很值得讨论的。中国人到底是一个外控、他律的民族,还是一个内控、自律的民族?

可以假设,中国文化对小学生提出的社会化要求是要严以律己,对小孩子的学习成绩的成败归因也只允许有一种归因,就是不能够把失败的原因归于老师和运气。可是到了大学阶段,大学生已经懂得"谋事在人,成事在天""人在屋檐下,不得不低头",懂得可能不是自己的原因造成的一些结果,所以可以对一些权威提出疑问。而美国的小学生受到的教育可能是可以将失败归因于教师,也可以认为是自己的运气不够好,总之,美国的文化鼓励小学生树立自信心、自尊心,而到了大学阶段,则要求学生自负其责,寻找自我内部的原因,进而改变自我。从埃里克森(Erikson)人格发展八个阶段的理论看(参见第二章,自我),美国人主张的的确是一个由外到内的过程。从个人与自然或外界的关系来看,伴随着年龄的增长,个体的力量越来越大,要求征服自然或外界的愿望也会越来越强,因此,人的一生是从外控到内控的过程。然而从中国的文化看,个体与自然或外界的关系是一个个体越来越知天命、越来越懂得克己忍让、顺其自然的过程。此外,这里还有一个"权威"观念。中国的小孩子面对的家长、老师都是权威,都要听话顺从,如果将失败的原因归于家长或老师,那就会与小学生所受到的社会化要求相矛盾。

我们还可以假设,中国文化并不特别强调区分内外,而强调万物变动不居和阴阳转换,强调和谐的价值观以及行动的中庸和顺变。也许使用国外的研究问题本身就是不恰当的。我们无法简单地将中国人的归因倾向确定为外部或内部,因为中国文化的主旨是顺应的、自然的。

因此,可以看出,从跨文化心理学的视角讨论归因倾向时,应该考虑三个因素:①社会赞许性(社会文化的规定与期望、权威的意义);②选择的自主性(小学生和大学生在这一点上有区别);③独特性(独特性高,才可能排除其他因素)。可以说，这是一个值得思考和探讨的问题。

（二）韦纳的归因四因素理论

B. 韦纳（B. Weiner）认为，在分析他人行为的因果关系时，原因的稳定与不稳定也是值得考虑的因素[①]。因此，他为海德的理论增加了一个维度，形成了韦纳的归因四因素理论，详见表3-5。

表3-5　韦纳的归因四因素理论

	内部	外部
稳定	能力	工作难度
不稳定	努力	运气

韦纳的研究表明，把成功归因于内部因素，如努力、能力，会使人感到满意和自豪；如果把成功归因于外部因素，如任务容易、运气好、他人帮助，会使人产生感激。把失败归因于外部因素，则让人产生气愤和敌意。把成功归因于稳定的因素，如任务容易或能力强，会提高人们以后工作的积极性；如果把失败归因于稳定因素，如工作难度或能力差，就会降低人们工作的积极性；如果把失败归因于运气或努力不够，工作积极性也是波动不定的。作为管理者，可以巧妙地运用成败归因，提高员工的积极性。人们对原因的归属如何，直接关系到人们在事件中受到的影响，从而影响到他们以后的行为。

（三）凯利的三维度归因理论

H. H. 凯利（H. H. Kelley）认为，对他人行为的归因一般要经历三个阶段：首先，观察行为；其次，判断原因；最后，排除偶然因素和迫于环境的因素。一般人们在归因时要沿着三个方面的线索进行思考，然后把原因归结于刺激物、行为者或环境[②]。他由此提出了三条线索：一致性、区别性和一贯性。迈克阿瑟（McArthur,1972）进行了实验。他让被研究者对一些给定的假设事件进行判断。例如，他的一个问题是"玛丽为什么会对昨晚小丑的表演笑得那么厉害"，结果见表3-6。

表3-6　凯利的三维度归因理论

线索	一致性	区别性	一贯性	归因
1	高 每个人都发笑	高 不对其他小丑发笑	高 总是对他发笑	刺激物（小丑） 61%

[①] WEINER B. An attributional theory of emotion and motivation[M]. New York:Springer-verlag,1986.
[②] KELLEY H H. Attribution in social interaction[M]. Morristown,NJ:General learning press,1972:1-26.

续表

线索	一致性	区别性	一贯性	归因
2	低 别人少笑	低 总是对小丑笑	高 总是对他发笑	人(玛丽) 86%
3	低 别人少笑	高 不对其他小丑发笑	低 从前不对他笑	环境 72%

人们通常根据三条线索进行权变式的分析,最终形成对原因的推断①。

三、归因偏差(attributional bias)

(一)观察者与行动者之间的归因偏差(actor-observe bias)

一位社会心理学家曾经进行了一项归因实验。他让一部分被研究者参加赛跑,让另一部分人观察赛跑。比赛结束后,他让参赛者解释他们成功或失败的原因。大多数成功的参赛者都认为自己的技术好、能力强,而失败的人都认为自己的运气不佳、状态不佳。而那些观看的人中大多数认为成功者取胜的原因是他们的运气好或者一些外在的原因,而对于失败者,他们认为原因是技术不够好、努力不够等。为什么参赛者和观察者的归因会存在偏差呢?研究者解释说,失败的时候,当事人更了解自己在不同情境下的表现,因此可能就会把失败归因于运气或情境,而旁观者一般只能看到一种情境,并不太了解当事人的一贯表现。成功的时候,当事人由于专注于自己的行为,十分努力地设法完成任务,因此,环境中的其他因素的重要性就会降低。而旁观者在此时恰恰可以看到各种环境因素的作用,例如比赛对手的状态等,从而就会相对客观地进行归因。这就是人们通常说的"旁观者清"。

(二)利益不同引起的归因偏差

社会心理学家的另一项归因实验是:让一组人一起完成一项工作,并在这一组人中间安插一个研究助理,由其假扮被试。在工作中,所有的人都大获成功,唯独这个假被试失败了。其控制情境是:第一种情况,假被试的失败会使所有人都得不到奖金;第二种情况,只有假被试一个人得不到奖金。虽然假被试的工作成绩同样差,但是人们在第一种情况下会对他做内部归因,认为他的能力太差了。在第二种情况下,人们则对他做外部归因,认为他的运气太差了。

(三)自我服务(self serving bias)**的归因偏差**

在归因时,由于角色的不同和出于合理化的自我防卫需要,人们往往站在维护

---

① MCARTHUR L. The how and what of why: some determinants and consequences of causal attribution[J]. Journal of personality and social psychology,1972(22):171-193.

自身的立场上进行归因,这也是一种偏误,被称为自我服务的归因偏差。例如,学生考试考得好时,一般自认能力强;而考得不好时,认为出题太难、打分太严。自我服务的偏差往往与自我卷入的程度有关,卷入程度高的时候,自我服务的偏差也会比较大。这与保持完整的自我概念、提高自尊有关。在合作当中,如果合作成功了,人们倾向于认为自己的贡献大,而如果失败了,则倾向于认为他人的责任大。

(四)基本归因错误(fundamental attribution error)

人们对行为归因时往往夸大个人内部的因素,认为个人有能力对自己的行为负责。因此在出现失败时,会较倾向于将其归因于内部原因。特别在欧美社会中,自我的自主要求比较高,社会评价也多从自负其责的角度来进行。因此,这就容易忽略环境或他人在事件或行为中的作用。1994年美国的社会心理学家M.莫里斯(M. Morris)和华人社会心理学家彭凯平比较了两份报纸对两个杀人案件的报道。一份报纸是英文版的《纽约时报》,另一份是在美国发行的中文版《世界周刊》。这两个案件中,一个是留美博士卢刚枪杀自己的老师和同学的案件,另一个是北美白人邮局职工枪杀老板的案件。他们发现,在中文报纸对两个案件的报道中比较重视分析案犯的生活环境、成长历程以及当时的内心状态,是一种综合分析的视角。例如,在卢刚事件里,中文报纸的报道用了"他与他的指导教授处不来""遭到中国人群体的疏远"等描述;而英文报纸在报道中比较重视分析案犯个人的性格、态度和道德品行,在报道中用"心理不正常""险恶的"等词汇形容卢刚的人格特质。从这一研究中可以看出在行为归因上存在的文化差异①,图3-3为对两个案件中英文报纸报道中对案犯人格归因的比例,从图中可见,英文报纸更倾向于作人格归因。

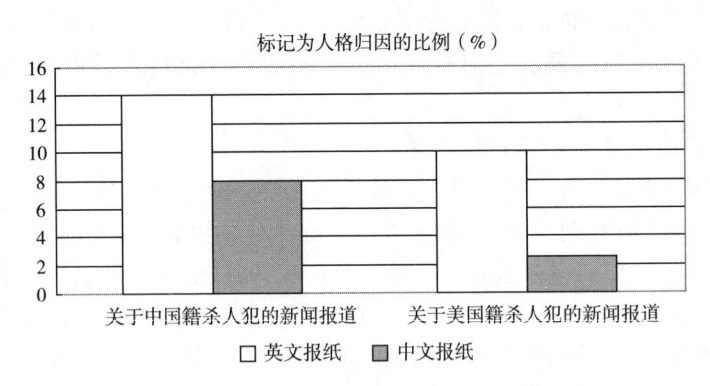

图 3-3 中英文报纸报道对行为归因的取向

资料来源:MORRIS M W, PENG K. Culture and cause: American and Chinese attributions fro social and physical events[J]. Journal of personality and social psychology,1994(67):949-971.

① MORRIS M W, PENG K. Culture and cause: American and Chinese attributions for social and physical events[J]. Journal of personality and social psychology,1994(67):949-971.

为了解释基本归因错误发生的原因,吉尔伯特和马洛(Gilbert and Malone, 1995)提出了两步归因过程理论。该理论认为,人们对他人行为的归因大体上可分为两步:第一步是内归因,其间,人们观察到他人的某一行为,并自动化地、无意识地将之归诸于人格或态度等内在倾向性因素;第二步是外归因,其间,人们受控地、有意识地对他人所处社会情境进行思考,以此分析哪些情境因素能够解释他人行为。另外,根据这一理论,人们对他人行为的归因最终究竟止步于第一步还是深入第二步,主要取决于三个方面的因素,即认知资源的充裕性、追求(归因)正确性的动机强度及所涉情境信息的复杂性。具体而言,当人们有着较为充裕的认知资源、较强的追求正确性的动机而且能够应对所涉情境信息的复杂性时,其对他人行为的归因就能够深入第二步,否则,只能停留于第一步[①]。

从文化社会心理学的角度看,内外归因的顺序有可能因文化而存在差异。在有些文化下,人们对亲近的人、心理距离接近的人可能首先出现外归因;有些文化则强调行为的个体内部特性作用,例如动机、能力等,人们更可能首先进行内归因。

恰当的归因可以帮助人们更好地应对挫折和成绩,更好地与他人合作,更好地得到恰当的激励。有些抑郁症患者就总把好的结果归因于偶然因素或他人的帮助,而总把坏的结果归因于内部的、稳定的因素,一味地责备自己和贬低自己,觉得自己一无是处、毫无价值,最终选择放弃人生。不当的归因也会引起对他人的抱怨,抱怨社会、抱怨父母、抱怨老师、抱怨朋友,从而放弃改变自己的机会,最终成为心理问题的根源。采用"中庸辩证思维"来进行归因,即接受"谋事在人,成事在天"的观念,凡事既做最大的努力,也承认环境和机遇的影响;把个人的成就归因于"天时地利人和",是中国传统哲学思想宝库中留给我们的重要心理财富,是避免各种归因偏误的文化心理资源。

专栏 3-1

预期如何影响我们的生活?

零点调查公司曾于1999年对11个大中城市居民五年后个人生活改善前景的预期进行过调查。结果表明,有66.9%的市民持乐观预期,即相信"会有很大改善"或"会有所改善";10.6%的人则持悲观预期,即相信"会变得比较差"或"会变得很差"。五年后,这一公司以相同的问题对7个大中城市居民进行了调查。结果表明,有76.4%的市民属于"乐观预期者",4.7%的市民属于"悲观预期者"。不同

---

① GILBERT M. The correspondence bias: the what, when, how and why of unwarranted dispositional inference [J]. Psychological bulletin, 1995(111): 21-38.

的预期给人们带来的心理影响是不同的,那么,预期如何影响我们的生活呢?

心理学家发现,"想象"这一心理过程具有"超前认知"的功能。当对未来的想象伴以对事物的因果判断或发生概率判断时,这一判断就成为预期。未来是不确定的,因而我们每一个人都依赖预期获得某种稳定感,而对未来的预期会直接影响我们的生活感受和行为选择。

一、满意感

有调查研究发现,居民对目前生活的满意度与对未来预期之间存在着正相关关系。对目前生活越满意的人,对未来的预期越乐观;对未来的预期越乐观的人,对目前的生活越满意。零点调查公司的调查数据显示,83.3%的倾向于对未来持有乐观预期的人生活满意度高,倾向于对未来持有悲观预期的人生活满意度高的人只有3.7%。对未来的积极预期会化解目前生活的不尽如人意之处,着眼未来,一切向前看,从而提高满意感。

实现预期给人带来愉快,否则,就会使人倍感挫折和郁闷。心理学家做了一项动物实验:对于表现好的猴子,会给香蕉作为奖励。一旦换为麦芽糖作为奖励,它就特别沮丧。因为预期作为一个因果判断,是根据已有的生活经验做出的。"种瓜"预期可以"得瓜","种豆"预期可以"得豆"。如果种瓜没有得瓜,人们的经验就会受到挑战,安全感就会丧失,未来的不确定性上升,会让人们感到焦虑和不安。可见,乐观地预期未来,可以帮助人们更顺利地渡过目前的不利处境,更愉快地接纳和享受当下的生活。

二、自我实现的预言

"期望"是在预想基础上形成的一个指向这一预想的动机。当人们对后果有期望或期待时,就会引发某种行为。这被社会心理学家称为"自我实现的预言"(self-fulfilling prophecy)。本章介绍了罗森塔尔在小学生中进行的研究,他的发现后来以他的名字被命名为罗森塔尔效应,他自己则称之为皮格马利翁效应。

为什么会出现皮格马利翁效应呢?心理学家发现,预期可以通过自我暗示或他人暗示形成自我激励或他人激励,对激发与调动潜在的能力起到一定的作用。小学生们被研究者贴上标签后,老师们就会对他们形成比较高的期望,不知不觉地对他们做出鼓励、帮助的举动,例如当众表扬、微笑、夸奖。在他们犯错误或者成绩不理想的时候,由于认定他们很有潜力,所以不理想的成绩都被看成暂时的,而不会归因于这些孩子天生愚钝,这样老师又会对他们的失误比较宽容,从而始终对他们抱有信心。

如果从一个比较长期的角度来观察一个社会的经济增长,也可以看出预期的作用。当一个社会中多数成员对自己的未来充满信心,必然会心态积极,将自己的心智力量用于工作,朝气蓬勃,就可以不断克服困难,勇往直前,最终实现自己的预期。在股票投资上这种效应就更为明显。

三、管理风险

在对未来的预期中,人们可以乐观,也自然受到这一乐观期待的潜在激励。但与此同时,预期还会包含着人们对未来风险出现概率的理性判断。根据预期,人类社会形成了许多管理风险的策略。以储蓄为例,人们会在当前收入中扣除一部分作为储蓄。这一古老并延续至今的人类行为包含着一个道理,就是人们必须主动地管理未来和经营未来。一个人从生到死,通过劳动获得收入的时间是有限的,针对可能缺少收入或没有收入的老年,人们在年轻的时候就会以储蓄的方式进行未来管理,以使自己的生活质量不至于下降。换言之,人们在选择年轻时花钱还是年老时花钱。一个人如何处理一生周期的收入与消费,就依赖于他如何预期未来和打算如何管理未来。对此,两位经济学家莫迪利安尼和布鲁伯格提出了著名的"储蓄生命周期理论"。通过计算一个人收入储蓄比,可以描画出他的预期和风险管理的特点。

储蓄,可能是金钱的储蓄,也可能是人情的储蓄和责任的储蓄。例如,传统中国人是把自己的子孙当作保险公司和银行的,即"养儿防老"。而房产、金银、有价证券和古董等收藏品成为现代中国人储蓄财富的手段。这些被经济心理学家称为"预防性动机"。预防性动机正来自我们对未来风险管理的需要。在全国居民的储蓄状况调查中可以看到,我国在20世纪90年代曾经连续七次降低银行利息,但是全国储蓄不减反增。人们在快速制度改革引起的社会变迁面前只好采用储蓄来应对。

不过,现实生活中的人并不都是像经济学家假定的"理性经济人"。在全国城市居民储蓄状况调查中可以看到,年轻人具有一种"预支性动机",他们不仅因零储蓄而被戏称为"月光族"(收入月月花光),甚至常常透支,"寅吃卯粮"。他们不愿像父辈那样辛苦一生,用一辈子攒下的钱买一套房子,住进去的时候已经来日无多。

因此,他们对未来的预期加入了对现实的考虑。

可见,积极或消极的预期,影响着你是否满意现在,影响着你当下的努力程度,影响着你管理未来的决策。预期是一种心理资源,它会形成心理力量而影响人们的社会生活。利用好这一心理资源,将会帮助一个人、一个群体、一个社会健康地发展和幸福地生活。

思 考 题

1. 社会刻板印象对我们形成对他人的知觉有什么利弊?

2. 中国文化中有哪些特殊的归因倾向？这些归因倾向对生活在这一文化中的人有什么影响？

3. 面子是一种什么样的文化现象？如何理解中国人重视脸面这一现象？

拓展阅读

1. 翟学伟. 中国社会心理学评论·面子与文化[M]. 北京：社会科学文献出版社，2006.

2. BREWER M B, HEWSTONE M. Social cognition [M]. Oxford：Blackwell Publishing，2004.

3. 安德森. 认知心理学[M]. 秦裕林，程瑶，周海燕，等译. 北京：人民邮电出版社，2012.

第四章　态度及其改变

态度能够决定行为吗？
社会环境会影响人的态度吗？
面对同样的处境，态度不同的人会得到不同的感受吗？
我们该怎样做才能更有效地改变他人的态度呢？

学习要点与要求

要点：本章主要介绍了态度的具体内涵、态度与行为之间的关系、态度的常见测量方法以及有关态度形成与改变的理论和态度转变的模型。

要求：①了解社会心理学关于态度及其改变的研究发现；②掌握态度理论及态度测量原理；③学习如何有效地说服他人。

第一节 态度的概述

社会心理学之窗 4-1

什么是态度？

"朋友来了有好酒，若是那豺狼来了，迎接他的有猎枪。"这是一句被广为传唱的歌词。在这句歌词中，我们可以体验到强烈和鲜明的爱憎。在日常人际互动中，我们也经常会说，或者听到他人说"我喜欢……""我不在乎……""我讨厌……"之类的话。这些话和前面提到的歌词一样，包含着爱或恨、喜欢或厌恶。简单地说，这就是态度。

据报道，每年中国约有100万人死于与吸烟相关的疾病，戒烟的广告和警示标志也很常见。例如，在各类牌子的烟盒上大多印有相同的几行字："尽早戒烟有益健康""戒烟可减少对健康的危害""吸烟有害健康""请勿在禁烟场所吸烟"。你很容易明白，这几行字在劝诫吸烟者要注意吸烟对健康的危害以及社会对公共场所吸烟行为的规范。简单地说，这就是烟草公司对吸烟者改变吸烟态度施加的影响。那么，吸烟者的态度会因此有所改变吗？广告语中包含哪些态度改变的原理与策略？

一、态度的定义

态度（attitude）成为社会心理学中引人注目的研究概念，是从 T. 托马斯（T. Thomas）等人 1919 年对波兰移民进行研究开始的。为了说明社会环境的变化对个人行为的影响及社会与个人之间的关系，他们提出了"态度"这一概念。1935 年，著名的社会心理学家 G. W. 奥尔波特（G. W. Allport）为态度下了一个定义[1]，该定义也被称作态度的古典定义：

---

[1] ALLPORT G W. Attitutes[M]. Worchester, MA: Clark University Press, 1935: 798—844.

第四章
态度及其改变

态度是这样一种心理的、神经的准备状态,它由经验予以体制化,并对个人心理的所有反应过程产生指示性或动力性的影响。

我们从这一定义中可以看到三个重点:其一,把态度视为一种潜伏在内部的准备状态。其二,态度这种准备状态既是心理的又是神经的。把态度和神经统一起来,反映了奥尔波特作为实验社会心理学家的视野。其三,态度是由经验组织起来的,是体制化的准备状态。态度之所以可能指示或推动心理活动,正在于它的经验性和组织性。

除了奥尔波特的定义之外,1960 年 M. J. 罗森伯格(M. J. Rosenberg)和 C. I. 霍夫兰(C. I. Hoveland)提出的态度三要素定义也比较有影响力[①]。他们的主要观点是,态度是刺激和反应之间的中介因素。即:外界刺激是可以被观察到的、可以测量的独立变量,而态度是中介变量,其成分是认知、情感和意向。态度会在行为中表现出来,成为可以观察的、可以测量的变量。认知因素规定了态度的对象,例如对于婚姻法的态度,是对行为或事件的理解、意见、评价、观点和看法。情感因素是个人对于对象的一种情绪体验,例如喜欢/不喜欢,尊敬/轻蔑,热爱/仇恨,同情/冷漠等。意向因素是对对象客体的反应倾向,也是行为的准备状态。例如准备做或者不做。态度的三成分参见图 4-1。

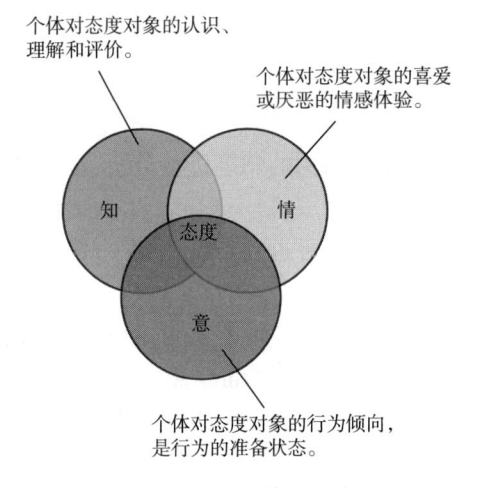

图 4-1 态度的三成分

由于认知(cognition)、情感(affection)、行为意向(behavior)的英文字头是 ABC,因此,这一定义也被称为态度的 ABC 三成分定义。这三种成分是相互关联、

---

① ROSENBERG M J, HOVLAND C I. Cognitive, affective and behavioral components of attitudes[M]. New Haven, CY: Yale University Press, 1960: 1-14.

相互强化的,只要有一种成分发生变化,就会连带着引发其他两种成分的变化,从而推动态度的形成和改变。

从层次结构上看,态度一方面与表层的观点、看法、意见相联系,另一方面与深层的价值观和信仰相联系,形成一个由表及里、从内到外的系统。态度是相关价值观和信仰的具体表达(参见第五章,价值观)。但是,态度受到认知和情感的影响比较大,不能像价值观和信仰那样更深刻地影响人们的心理活动和行为取向。与价值观相比,态度是比较容易受到外界环境、个人情绪和他人态度的影响的,也常常会改变。因此,从在具体情境中、针对具体事件的态度来推知一个人的价值观和信仰是有风险的。

此外,诸多进化心理学研究表明,现实生活中很多态度的形成与改变其实有着深远的进化根源。例如,据联合国统计,全球每年约有130万人死于道路交通事故,但是世界上大多数人并不会因此而对马路上来来往往的汽车持消极态度。然而,他们中的大部分人却会对自己一生都可能遇不到几次的蛇持消极态度,这一消极态度的形成是以人类种系所进化出的本能反应为根基的。再如,在现实生活中,人们很容易对那些面部有缺陷、衣着邋遢、身体呈病态性肥胖以及有危害公共健康的行为(例如随地吐痰等)及外显疾病特征(例如干咳不断、脸色蜡黄等)的人形成消极态度,这一消极态度的形成在很大程度上是由于人类种系所进化出的有助于降低传染病威胁的免疫系统被激活[1]。

二、态度的功能

对于态度,我们既有必要从结构的角度进行分析,也有必要从功能的角度进行分析。两者一体两面,彼此相辅相成,缺一不可。客观地讲,态度之所以存在,因为它具有无可替代的重要功能,或者更进一步说,它在个体内在需要与复杂多变的外部环境之间起着调节作用。

卡茨(Katz,1960)认为,态度有四种基本功能,即适应/实用性功能(the adaptive/the utilitarian function)、自我防御功能(the ego-defence function)、认识功能(the knowledge function)以及价值表现/自我表现功能(the value-expressive/ego-expressive function)。

(一)适应/实用性功能

在社会交往中,适切的态度有助于我们更好地适应自己所处身的社会环境,趋利避害,或者更为具体地说,使我们能够有效地获得酬赏与赞许,逃避惩罚。通常来说,只有形成或表现出特定态度,我们才能赢得重要人物(例如父母、朋友、老师、

---

[1] 杨盈,朱慧珺,周婉,等. 行为免疫系统理论及其研究:新视野下的再考察[J]. 心理科学进展,2020(11):1865–1879.

朋友、领导以及雇主等)的认可与接纳;才能获得或持续保有某一群体成员资格,并与其他成员打成一片;才能规避各种于己不利的风险或局面。

(二) 自我防御功能

一些态度能够使人们以一种或多或少带有偏见或歪曲但有助于应对情绪冲突和保护自尊的方式,来看待和理解原本对心理具有伤害或威胁的事件或信息,从而起到自我防卫的作用。例如,一位遭受失恋打击的男同学对其倾慕对象的态度由积极转为消极。又如,在房价走势不明的背景下,已花了重金买房的人较未买房者更倾向于相信房价长期看涨。

(三) 认识功能

一些态度为我们洞悉世事、掌控生活提供了必不可少的参照框架,不仅使我们所身处的社会世界更易于理解和预测,还使我们的信息加工更有效率。当然,由于种种原因,它可能存在一定局限性。例如,在变动不居的复杂社会中,基于刻板印象的态度使我们能够以相对较少的认知努力快速认识与自己打交道的陌生人,并据此为两者之间的交往进行定向。再如,在购买某一类产品方面,消费者一旦对特定品牌建立忠诚度(包括行为忠诚与态度忠诚两个方面),其购买决策就会变得相对简单。

(四) 价值表现/自我表现功能

一些态度有助于表达那些作为个人自我概念不可或缺的组成部分的核心价值观,它也因此成为个体认同(包括自我认同与社会认同)的重要表征。例如,一些人在寒冷冬日的闹市街头裸身行走,手举"宁可裸身,不穿皮草,时尚拒绝皮草"的标语牌,呼吁民众关爱动物生命,他们无疑通过对这一运动主题的积极态度表达了其所持价值观——"尊重生命,善待动物",以及社会认同——"我是动物保护组织的一员"(参见第十一章,社会认同)。

联系马斯洛的需要层次理论来看,前三种功能与安全需要、爱与归属需要、尊重需要的满足紧密相关,它们能够帮助我们通过调适自己的认知与行为,在个人与外部环境之间建立起平衡。而后一种功能则与高层次需要(即自我实现的需要)的满足紧密相关,它们能够帮助我们认知所身处的社会世界以及其与自身的关系,表达自己所拥有的核心价值观,并从中获得满足。

个体与外部环境(社会世界)之间关系的复杂性决定了一种态度可能具有多种功能。至于何种功能占据主导地位,则主要取决于谁持有这一态度,以及这一态度于何时、何地凸显出来。

三、态度与行为之间的关系

1934 年,心理学家 R. T. 拉皮尔(R. T. Lapierè)研究了旅馆老板的表面态度与行为之间的关系①。他首先给47家旅馆和81家饭店的老板写信,询问他们是否愿意接待一对中国夫妇。结果,47家旅馆中有43家回答说不愿意,1家说愿意,另外3家没有答复。81家饭店有75家回答说不愿意,有6家说看情况。随后,拉皮尔陪同这对中国夫妇去了包括81家饭店在内的250家饭店,结果是接待情况良好;又去了包括47家旅馆在内的66家旅馆,只有一家拒绝。于是拉皮尔得出结论,即人们表面的态度与实际的行为并不完全吻合,有许多时候"说一套,做一套"。

中国台湾地区的心理学家也曾经对已婚妇女进行过有关生育意愿的问卷调查,几年后发现,那些决定生育的妇女中64%生了小孩,而不想生育的妇女中19%生了小孩。这也说明,态度与行为并不完全符合,但是有一定的相关性,或者有比较高的相关性。心理学家M. 弗希本(M. Fishnein)和I. 阿杰恩(I. Ajzen)在进行了有关宗教问题的态度调查之后得出的结论是,态度与某一个单一的行为之间的相关性比较低,而与多重的行为相关性比较高②。

为什么态度与行为之间存在着不一致呢?原因如下:

第一,态度是由多种因素决定的。从态度的定义中我们知道,态度是由认知、情感和意向三个成分构成的,由于这三个成分都与行为有关,那么就存在一些特殊的情况使得行为发生改变。例如,旅店的老板尽管在情感上很厌恶有色人种,但是明白可以通过接待客人赚钱,为了赚钱,他不应该把上门的顾客赶走。

第二,环境对态度的反作用。我们前面提到的美国一位心理学家对白人矿工与黑人矿工交往进行的参与观察表明,当白人矿工从井下结束工作以后,在镇上的酒馆或其他娱乐、购物等场所与黑人矿工保持距离,而在矿井中则有一定的交往。因为在种族歧视的大环境中,白人与黑人交往就会感到压力,为了能够被其他白人所接纳,这些白人矿工必须与其他白人保持观点的一致性,其实他们对于黑人矿工的态度并没有什么改变。可见,人们所处的文化社会环境对态度具有限定性和建构性,使得态度并非个人的主观意愿和选择的直接表达。

第三,态度对象本身的复杂性。态度与行为不一致的原因还可能在于态度对象的复杂性。人们可能肯定一个态度对象的某一方面,而不是全部。例如,对于中国实行的独生子女生育政策,很多人并不赞同。他们认为,一个家庭只有一个孩子,孩子生长的社会环境就不如有几个孩子的家庭,有许多社会学习过程是通过孩子之间的交往来完成的,独生子女则缺乏这样的环境;独生子女家庭缺少社会支持网络,不利于身心健康和承担生活压力、抵御生活风险,例如独生子女成人后的养老负担会加重。但是,当他们考虑到国家的人口压力和资源短缺带来的困境时,又

---

① LAPIERÈ R T. Attitudes vs. actions[J]. Social forces,1934(13):230-237.

② FISHBEIN M, AJZEN I. Attitudes toward objects as predictive of single and multiple behavioral criteria[J]. Psychological review,1974(81):59-74.

可以接受实行计划生育的人口政策。由此我们可以看到,态度对象本身具有复杂性。

根据态度与行为关系的这些特点,采用态度推断行为或从行为推断态度时需要考虑的因素有:①态度或行为针对的对象是一般的还是特殊的。如果是特殊的,则要考虑这一态度或行为可能出现的变化;②态度的强度或行为的持续程度;③对相关事物所持有的态度是否一致;④环境中是否存在社会赞许或其他的压力。

四、中性态度

中性态度是一种隐性态度,它是人们居于中立立场对某一事物表示既不反对也不赞成的心理倾向。中性态度虽然是隐性态度,但是与其他态度一样,也是一种心理的准备状态,通过经验组织起来,并对人们的行为有指导作用和影响。中性态度有三个特点,即隐讳性、过渡性和选择性。

其一,隐讳性。有些中性态度表面上不偏不倚,实质上是不愿意表态的一种策略。这种态度往往是为了掩盖内心的心理冲突或适应外界的压力的一种似是而非、模棱两可的态度。中性态度背后可能是厌烦、恐惧、逆反、从众等心理。

其二,过渡性。大多数中性态度是暂时的,是一种权宜之计,它会随着个体内心的变化而渐趋明朗。

其三,选择性。人们对外界事物采取中性态度具有很大的选择性。人们对于与自己利害相关的事情往往态度鲜明,对自己关系不大的事情则态度不鲜明。中国人在处理事情上主张避免极端,形成了中庸的态度模式,但这与中性态度并不相同,它强调顺其自然,适可而止,不走极端,是一种价值取向和思维方式。

第二节 态度的测量

态度既然是影响行为的重要因素,那么设法了解人们的各种态度也就很有必要。比如,大多数公司都很关注员工的工作满意度(一种指向工作的具体态度),并经常会采用一些有效的方法来了解员工的工作满意度。这样做的原因在于,工作满意度与工作绩效、出勤率及离职率密切相关。然而,从实际操作来看,测量态度并不容易,主要因为态度是一种内隐的心理准备状态,人们在表达态度的时候会受到许多因素的影响。例如,人们会判断自己的态度是否符合社会或他人的预期和要求,尤其能否符合社会的道德规范、法律和习俗等。因此,大多数人在要求表达态度时会选择自我保护的策略。态度可能来源于一些特定的知识,因而具备或不具备这些知识决定了人们的态度。例如,不了解水资源短缺的人可能并不注意节约用水。态度可能来自非常工具性的目的,例如,某种态度可能会影响晋升或业绩,就像一些推销员在客户面前极为热情,而这并不是出于真正愿意按照职业要求去做的态度。态度的这些特点决定了在对其进行测量时必须考虑以下四个方面:①方向性,即肯定还是否定,赞成还是反对;②强度,即肯定或否定的程度,赞成或反对的程度;③外显性,即通过外在行为表现去推断被测者的态度;④测量的有效性和稳定性。迄今为止,广为应用的态度测量方法主要有以下几种。

一、自陈量表法

自陈量表法就是通过让受测者以自我报告的形式填写某一问卷,借以对受测者的心理反应进行分析的一种方法。量表作为一种精确测量工具,是由一组彼此关联的问题构成的,问题的所有答案均被赋予一定数值,由此可以进行相关统计分析。具体而言,可用于测验态度的自陈量表主要有以下三种。

(一)瑟斯通量表(Thurstone scale)

瑟斯通量表作为心理学史上第一个真正意义上的态度测量工具,是由心理学家 L. L. 瑟斯通(L. L. Thurstone)等人在 1929 年创制出来的[①]。该量表由一系列表述组成,被测者在受测过程中自行选出其所同意的表述。以某一学习态度调查为例,摘选出其中的 6 个项目陈列如下。

根据自己的真实情况,在括号内填"是"或"否"。
(1)上课老师提问时,我喜欢听同学回答问题和老师的总结。( )
(2)我的学习成绩比别人差,就会感到难过。( )
(3)做功课和接待朋友这两件事,我更喜欢后者。( )
(4)每天晚上和星期日的学习时间,我都安排得井井有条。( )
(5)我觉得学习真是一件苦差事。( )
(6)作业中遇上难题,我喜欢自己动脑筋思考和解决。( )

(二)李克特量表(Likert Scales)

李克特量表是由李克特(R. Likert)在 1932 年编制出来的[②]。它假定每一项目或态度语句都具有同等的量值,要求被试对每一个项目的态度强弱按一定的等级(根据研究的需要,研究者采用不同的级别,比较常用的为四、五、六、七级)反应,最后用被试在所有项目中的评定等级的总和来表示被试的态度状况。从形式上来看,李克特量表与瑟斯通量表颇为相似,两者都要求被试针对一组与测量主题有关的陈述性语句发表自己的看法。但两者的区别是,瑟斯通量表要求被试只要选出自己同意的陈述语句即可,而李克特量表则要求被试对量表中所有陈述语句均要

[①] THURSTONE L L,CHAVE E J. The measurement of attitude[M]. Chicago:University of Chicago Press, 1929.

[②] LIKERT R. A technique for the measurement of attitudes[J]. Archives of psychology,1932(22):140.

依据其同意或不同意的程度,标示出相应的反应选项(response options)。这些反应选项可用表4-1表示如下。

表4-1 李克特量表

A(或1)	B(或2)	C(或3)	D(或4)	E(或5)
非常不同意	不同意	无所谓(中立)	同意	非常同意

在此,摘选某一生命态度调查问卷中的七个项目(见表4-2)。

表4-2 生命态度调查问卷

序号	你同意以下说法吗?	很不同意	不太同意	比较同意	很同意	不太确定
01	自杀是一种疯狂的行为	1	2	3	4	5
02	安乐死是一种文明进步的象征	1	2	3	4	5
03	一般情况下,我不愿意和有过自杀行为的人深交	1	2	3	4	5
04	在整个自杀事件中,最痛苦的是自杀者的家属	1	2	3	4	5
05	对于身患绝症又极度痛苦的病人,可在法律的支持下由医务人员帮助他/她结束生命	1	2	3	4	5
06	无论残疾人还是健全人都拥有生命的尊严	1	2	3	4	5
07	应该放弃对患有严重先天疾病的新生儿的救治,以免给家庭其他成员带来灾难	1	2	3	4	5

为了避免回答人选择中性态度,研究者往往将中性态度的选项取消或者放在后面。此外,使用正向或反向提问是防止回答人习惯性地选择一个数字回答所有问题的一种技术。

(三)语义差别量表(semantic differential scales)

这一测量方法是由C. E. 奥斯古德(C. E. Osgood)等人于1957年创制出来的[1]。其具体操作如下:先围绕着所要测量的具体内容设计一套相关的彼此相对

---

[1] OSGOOD C E,SUCI D J,TANNENBAUM P H. The measurement of meaning[M]. Urbana:University of Illinois Press,1957.

且两极化的形容词组,平行列在五、七或九个等级的量表两端。而后要求被试依据自己的想法与感受,在两极形容词之间选出与之相对应的等级,以此表示自己对该对象的态度。最后,将被试在每一项目上的得分加总起来,就能对其整体态度加以衡量。下面是一个测量消费者对某一品牌方便面态度的语义差别量表。

味道可口　1　2　3　4　5　6　7　味道难吃
食用方便　1　2　3　4　5　6　7　食用麻烦
价格便宜　1　2　3　4　5　6　7　价格昂贵
包装美观　1　2　3　4　5　6　7　包装丑陋
名称新奇　1　2　3　4　5　6　7　名称呆板

使用自陈量表来测验态度通常具有以下优点:相对客观,简单易行,操作性强,便于推行标准化测量,适用于大规模施测;结果解释相对容易,也可由个人进行自我分析。其缺点主要有:测验情境的非日常化可能引起被试不如实作答;被试的反应定势与反应风格可能会影响测验结果。反应定势是指个体在受测时往往会因看重其作答有可能给他人留下的印象,而倾向于以一种掩饰性作答来塑造一种自我所期望的"社会形象"的心理定势。一个典型例子便是"社会赞许性"倾向,即被试在测验中有依从社会期望作答的心理倾向。反应风格则是指被试所惯用的反应方式,比如,在作答中总选择中性态度的"趋中倾向",或者总倾向于选择某一极端值的"偏离一侧倾向"等。

二、自由反应法

自由反应法通过向被试呈现非结构化或半结构化的刺激,要求其基于自己的理解与建构自由做出反应,而后据此剖析被试在其反应中所反映出的深层心理动力或结构。这一类型的方法主要有投射测量法、开放性问卷测量法或开放性访谈法等。下面主要介绍一下投射测验法。

投射测验法(projective technique)就是通过使用暧昧不明、非结构化的刺激来诱导被试在自由反应的过程中将其深层的心理动力或心理结构投射其中,而后对此进行剖析的方法。这一技术的使用源起于弗洛伊德的心理分析理论,其基本假设是:个体的行为在很大程度上是由深层的心理动力(需要、动机、态度、欲望、冲突及自我防御)或心理结构(人格)决定的,而这些无意识心理动力或心理结构通常很少为人所觉察,但它们却可以被投射进个体对暧昧不明、非结构化的刺激的主观释读中。相比于其他心理测验法,投射测验法最大的特点是其所呈现的刺激情境是非结构化的,其意义的解释交由受测者来完成,具有较大的开放性。从投射技术的具体应用来看,它多用于职业兴趣测量、态度及人格测验中。比较常用的投射测验法主要有以下几种。

其一,联想法。这类投射测验法主要包括墨迹测验和自由联想法,它们通常要求被试说出其由某种刺激(如字词、墨迹)所引起的联想,如图 4-2 所示。

其二,构造法。这类投射测验法主要包括主题统觉测验等,它要求被试根据自己对刺激情境的理解编造出故事等,如图 4-3 所示。

其三,完成法。这类投射测验法主要包括填句测验法、漫画测验法、故事完成法等,它要求被试完成某种尚有空缺的材料。例如,"小女孩一直望着窗外,等待着_____回来。"由被试在空缺处填写"妈妈""哥哥""小伙伴""医生""小鸟""小狗"等。

其四,选择或排列法。这一投射测验法要求被试依据某种原则对刺激材料进行选择或予以排列。它在人格心理学研究领域与市场研究领域被广泛应用。

其五,表露法。这类投射法主要包括角色扮演、画人测验、画树测验等,它要求被试利用某种媒介自由地表露其心理状态。例如,因地震失去家园的人,在这类测验中可能会画出房子。

图 4-2 墨迹测验举例

图 4-3 主题统觉测验举例

与其他心理测验法相比,投射法的最大优点在于其测验意图具有一定的隐蔽性,由此可创造一个相对宽松、没有社会压力的测验情境,从而保证测验结果的真实性。除此之外,它对个体深层心理动力及心理结构的分析也较为深入。其缺点则主要在于对主试要求较高,分析答案时缺乏客观标准,一般情况下不适合大规模运用。

三、行为观察法

行为观察法就是基于对外显行为的观察来推测态度的方法。研究表明,态度一般与多重行为皆有关联,态度越具体,其同单一行为的关联也就越紧密。由此可见,观察实际行为表现也是了解态度的重要途径。这一类方法主要有任务完成法(task completive method)和社会距离法(social distance method)。

(一)任务完成法

任务完成法是一种通过让被试去完成特定任务,而后通过对其完成质量的判定来推测其态度的方法。例如,研究者们可以让被试学习几种带有不同倾向的材料,而后要求他们尽可能多地回忆其所学内容。最后,研究者基于"与自己态度吻合的材料记得更多、更好"的推论,通过对被试学习质量的判定来推测其可能持有的态度。如果被试对带有某一倾向的材料比另外的材料记得更多、更好,这就表明其更有可能持有这种态度。

(二)社会距离法

社会距离法是一种通过对人与人或人与物之间所存在的心理距离和物理距离的实际考察来推测其态度的方法。其背后的逻辑是,态度作为人与客体(人、事、物)关系的范畴,其积极与否及其程度必定能够反映在人与客体的心理距离与空间距离上。那么,这就意味着通过对人与客体的心理距离与空间距离的考察,可以推测其态度。这一方法又可以细分为量表法和行为观察法。

其中,量表法就是使用一种特制的量表来测量人与人之间或种族之间亲疏关系的方法。博格达斯(Bogardus,1992)编制的"社会距离量表"便是一个典型代表。例如,这一量表其中一个项目是:

根据我最初的情感反应,我愿意承认黑人是属于以下分类中的一种或多种,可以:
结亲①
作为朋友②
作为邻居③
在同行业共事④
只能作为公民共处⑤
只能作为外国移民⑥
应被驱逐出境⑦

圆圈内的数字为得分值,其大小表示心理距离的远近。被试在各项目上得分越高,就表明其与黑人的社会距离越大,其在种族态度上也就越怀有偏见。当然,量表所测的仅仅是一种社会心理距离,并不意味着人们将这样行动。有鉴于此,研究者又推出了行为观察法。其所依据的是霍尔(Hall,1966)的人际距离学的观点:在实际互动中,人与人或人与物之间的实际空间距离能反映出态度上的亲疏好恶(参见第六章,人际沟通)。行为观察法通过实际空间距离的考察来推测被试态度上的亲疏好恶。

总之,用行为观察法来测量态度比较自然且有一定的效度,但需要切记的是,态度与行为的关系比较复杂,两者并不是一一对应的关系。

四、内隐态度测量

内隐态度对应外显态度,是指个体自己无意识的潜在态度。社会心理学家的研究发现,内隐态度的产生是可以被自动激活的。格林沃德(Greenwald)等人在1998年提出一种通过测量范例词汇与属性词汇之间的关联性来实现对被试的内隐态度进行测量的方法,被称作"内隐联想测验"。它通过测量两个概念反应时间(一般以毫秒计)来考察二者之间的联系。它的原理是:概念与属性之间的关系与个体的内隐态度一致性的程度越高,关联越密切,分辨归类加工的自动化水平越高,反应时间就越短;而两个概念越不相容,认知冲突越严重,反应时间就会越长。例如,一位白人在外显态度上并未表现为对黑人的不尊重,自认为不存在种族偏见与歧视。但是在内隐态度测验里,当屏幕上出现有描述个体特征的词汇时,被试面对黑人或白人态度对象,选择按键的反应时间存在明显差异,这就说明这位被试可能潜藏着种族刻板印象和歧视态度。

第三节 态度形成与改变理论

态度并不是与生俱来的,而是在后天社会实践的过程中形成的。任何态度的早期形成都要经历一个从无到有的过程。态度的形成是客体特性与主体已有的种种需要、习惯、经验、理念交互作用并建立起较稳固联系的结果。不过,这并不意味着已形成的态度是一成不变的,它往往会随着外界条件的变化而变化,即形成新的态度以接替旧有的态度。从具体形式上来看,态度的转变有两种形式,一种是方向的转变,另一种是强度的转变。当然,方向与强度有关,从一个极端转变到另一个极端,既是方向的转变,又是强度的转变。从某种意义上来说,态度的改变与形成是同一社会心理过程的两个对立统一的方面,即原有态度的改变意味着新态度的形成,新态度的形成也就意味着原有态度的改变。态度形成应有广义与狭义之分。广义上的态度形成指所有新态度的早期形成,其中包括态度的早期形成及与其后继变化相对应的新态度形成,而狭义上的态度形成则是指任何态度从无到有的早期形成。在这里,态度形成特指广义上的态度形成,由此可将态度形成理论与态度改变理论统合起来。为了更好地将两者有机地统合起来,下面我们就从社会适应的角度对态度形成的本质做出分析。

  对于任何人来说,适应与发展都是贯穿其一生的主题。只有适应环境(自然环境与社会环境)的变化,才能与环境保持动态平衡,才能更好地发展。生理适应是在环境变化的作用下个体生理结构与机能及其行为发生变化。而心理适应则是在环境变化的作用下个体心理结构与功能及其行为发生变化。相比之下,生理适应是非随意性的、被动性的,其所体现出的是人的生物性。而心理适应则大多是能动性的,其所体现的是人的社会性。我们在这里提到的学习实质上就是一种心理适应,本质是通过主客体的相互作用,主体(或个体)头脑内部积累经验、构建心理结构以积极适应环境的过程,它可以通过行为或行为潜能的持久变化而有所表现。事实上,除了学习这一历时性的适应形式之外,心理适应还应包括即时性的适应形式——自我心理调适,即个体于当下自觉或不自觉地对自己的认知、情绪(或情感)或态度进行调整,以适应社会环境的变化,重建与社会环境的动态平衡。参照以上分析,我们可以认为,态度的形成本身就是一个心理适应过程。这一心理适应过程既包括历时性的心理结构的构建(或称为学习),也包括即时性的心理调适。基于此,我们可将现有的态度形成理论大致划分为两大类,其一是学习理论,其二是自我调适理论。除此之外,我们还会在本节的最后简单介绍新近出现的建构理论。

一、学习理论

  学习理论认为,态度就是个体学习的产物。其中,个体的学习可以分为两种类型:其一是基于直接经验(direct experience)的学习(简称"直接学习"),其二是基于间接经验(indirect experience)的学习(简称"间接学习"、"观察学习"或"社会学习")。就态度的习得而言,直接学习是指个体基于自身所获得的有关态度客体的信息或情感体验而形成相应态度的过程。这些学习过程可以用行为主义学习理论或认知主义学习理论进行解释。其中,行为主义学习理论强调刺激与反应的联结,它可以进一步细分为经典性条件反射理论与操作性条件反射理论。下面,我们就分别从学习理论的三种学说——行为主义学习理论(包括经典性条件反射理论及操作性条件反射理论)、认知主义学习理论与社会学习理论切入,探讨态度形成的心理机制。

  (一)行为主义学习理论

  1. 经典性条件反射理论。经典性条件反射理论的核心内容是,当一个原本是中性的条件刺激与能够引发个体反应的无条件刺激在时空上反复耦合(即同时出现)一定次数,就会使个体在条件刺激单独出现时也能够对之做出相同的反应。从现实生活来看,我们所持有的一些态度便是在经典条件反射的作用下形成的,比如对某一品牌商标或名称的态度等。对于个体而言,这些态度的形成实质上是特定刺激与反应建立联结的过程。斯塔茨(Staats)夫妇就曾在1958年的一项实验中证明了经典条件反射对社会态度形成的作用[1]。他们在实验中以随机的方式在银幕上呈现出六个国名中的一个,紧接着念出一个单词。其中,有两个国名与带有肯定性评价的单词相联系,有两个国名与中性词配对,另外两个国名与带有否定性评价的单词相联系。在每一国名与形容词的配对各出现18次之后,对被试对各国名的态度进行测查。结果发现,被试对与肯定性单词相联系的国名的态度最为肯定,而对与否定性单词相联系的国名的态度最为否定。后来,他们将无条件刺激由形容词换成电击和噪声,也取得了同样的结论。新近发展起来的新经典性条件反射理论已不再将经典性条件反射单纯看作一种反射,而将其看作一种认知联结学习,即对条件刺激与非条件刺激之间的逻辑联结的学习。该观点大大拓展了经典性条件反射的原有含义,也加深了我们对态度形成的认识。

2. 操作性条件反射理论。操作性条件反射理论的核心内容是:行为的结果能够反作用(强化或弱化)于行为发生的概率,即当个体的某一行为产生了一个令人满意的结果(正强化)或导致了某一令人厌恶刺激的解除(负强化),那么这一结果就能够增加该行为进一步发生的概率;相反,它就会降低该行为进一步发生的概率。从现实生活来看,这一反作用对个体态度的形成具有相当重要的影响,尤其是那些与社会行为规范有着密切联系的态度的形成。例如,当小学生在学习或生活上表现出与社会期望相一致的态度,比如学习态度端正、刻苦勤奋、关心集体、乐于助人等,就会受到父母、老师等重要人物的赞许,这必定有助于强化个体所持有的态度,进而使之稳固下来,成为个体心理结构的重要组成部分。

(二)认知主义学习理论

与行为主义学习理论不同,认知主义学习理论更为强调的是内部心理结构的构建,它将学习看作一个认知结构不断构建与重建的过程。事实上,许多态度的形成都是认知学习的结果。这一点与态度的构成是相适应的,态度构成中的重要成分——"知",毕竟是要通过认知学习来获得的。例如,一个中国人对北京奥运会持什么态度,很大程度上取决于他/她对体育、奥运会精神的理解及对北京申办奥运会的意义的理解。而这些认识来源于对相关知识的了解、对他人观点的了解以及他/她自己的看法。这一态度的形成包含着多次的、不断修改的、不断清晰的过程,也有着社会学习的成分。

---

[1] STAATS A W, STAATS C K. Attitudes established by classical conditioning[J]. Journal of applied social psychology, 1958(57):37-40.

(三) 社会学习理论

间接学习(或称"观察学习""替代性学习")是个体通过观察他人行为及其强化结果,替代性地习得特定行为或客体的社会文化含义,并形成相应态度的过程。它既可能源于一般性社会化,也可能是基于对客体可传达特征的推论或他人赋予某一客体价值的考虑。例如,某一个人经常观察到在自己所生活的社会文化环境中,助人为乐是一种被广为赞颂的道德品质,那些乐于助人的人往往会受到人们的褒扬,那么,他就会形成对助人的积极态度。这种间接学习看似模仿,其实并不等同于模仿,它对模仿的超越也就体现在其并没有停留在简单的行为模仿上,而从所获得的间接经验中抽绎出了特定行为或客体的社会文化含义,并在适当的情境下创造性地将之表现出来。

凯尔曼(Kelman,1958)提出了态度变化(或形成)的三阶段理论,深化了态度形成的学习理论。他指出,态度变化(或形成)要历经三个阶段——服从阶段、同化阶段和内化阶段。在服从阶段,个体作为新进入某一情境的人,刚刚接触到某种态度或看法,为了赢取他人、群体或社会的认可与接纳,倾向于在表面上依从他人、群体或社会对自己的期望来待人处事。当然,个体所依从的这种社会期望多是其基于平时的观察学习或有章可循的正式群体规范所做的一种主观揣度,它实际上可以看作一种个体建构。在这一阶段,个体更为关注的是行为的结果——是否赢得他人的认可,而并非行为所具有的确切意涵,由此表现出更多的外控性与肤浅性。经过一段时间对这种态度的接触和实践,个体会比较习惯持有这种态度,因此与周围的环境、他人或群体的要求保持一致,这就是同化阶段。这样的阶段持续到个体将这一态度纳入自己原有的、相关的态度结构中,使之成为个体的内在要求,就进入内化阶段。态度的形成过程至此完成。例如,对遵守新的交通法规的态度可能就会经过服从、同化达到内化这三个阶段。作为三个心理过程,这并不意味着一定需要很长的时间。对于一个一向自觉遵守社会规范的人来说,这种态度的形成可以从深层的行为取向中迅速迁移过来。

对于个体而言,态度的形成实际上是一个社会化的过程,其往往会受到社会环境、家庭、同辈群体、所属群体及大众传媒等因素的影响。在这一过程中,经典性条件反射、操作性条件反射、认知学习或社会学习均有可能在其中发挥作用。

二、自我调适理论

(一) 诱因理论

诱因理论认为,态度的形成是一个有理性的、主动决策的过程。属于这一类型的理论有预期价值理论(expectancy - value theory)和认知反应理论(cognitive response theory)。

1. 预期价值理论。预期价值理论将态度看作个人为自己的得失而深谋远虑的结果,它能够用以解释部分态度的形成。人们在现实生活中总会存在这样或那样的动机冲突,不知该如何取舍。面对这些相互冲突的行为选择,人们又是如何形成自身态度的呢?

预期价值理论指出,在现实生活中,人们是基于其所持有的预期及效价评估来为自己的行为进行定向的。其中,预期(expectation)是指人们对某一客体具有特定属性或某一行为达成特定目标概率的主观判断,效价评估(value)则是指人们对客体所具有的属性或行为结果在多大程度上能够满足自身需要的主观推断。预期与效价评估共同决定了客体或行为对个体的主观效用(utility),可用公式"$U = E \times V$"表示三者之间的关系。人们通过对所有行为选择的主观效用进行权衡,对那些具有最大效用的行为选择形成积极的态度。例如,一个女大学生在升入大四之后,与其他同学一样,开始思考自己毕业后的去向。在她看来,有两条道路可供选择:其一是考研,继续深造。其二是找寻一份自己喜欢、待遇也不错的工作,直接就业。其中,对于考研,她既怀揣着美好的憧憬,希望继续深造能给自己带来更为灿烂的未来,但面对残酷的就业竞争,自己又不禁为前途未卜的未来而心生疑虑——"读完硕士研究生,真的就能找到一份更好的工作吗?值得我再去耗费上三年时间吗"(效价推估 V 不高)。再者,尽管她从大三下学期就已经着手准备考研了,但因专业基础不扎实,仍旧感到底气不足(预期 E 不高)。相反,对于直接就业,她充满了信心,尽管自己所学专业谈不上是热门专业,但从人才需求的具体情况来看,社会对这一专业的人才还是有一定需求量的。正因为如此,往届的同学才都找到了不错的工作(预期 E 高)。除此之外,她也认识到,直接就业不仅能够使其自力更生,减轻家里的经济负担,而且能够让自己在经历一番社会历练后更加客观而准确地评价自己,为未来的生涯发展奠定坚实的基础(效价推估 V 高)。通过如此的权衡,她觉得放弃考研、选择直接就业是更为明智的选择。于是,她对直接就业的积极态度也就由此形成了。

预期价值理论的不足之处在于其夸大了人的理性,与现实情况多有出入。在现实生活中,人们并不像该理论所预设的那样理性,而表现出更多的感性化。即他们多为客体或目标的显著特征或效价所吸引,并据此形成自己的态度,很少将其态度的形成建立于复杂的理性决策之上。

2. 认知反应理论。认知反应理论是由 A. G. 格林沃德(A. G. Greenwald)于 1968 年提出的[1]。其关注的焦点是,在对说服沟通(指为了说服对方改变态度而进行的人际沟通)进行反应的过程中,人们作为信息接收者是如何形成或改变自身态度的。这里的反应主要是指认知反应,即面对说服沟通所产生的一些看法。在说

---

[1] GREENWALD A G. Cognitive learning, cognitive response to persuasion, and attitude change [M]. New York: Academic Press, 1968: 147-170.

服沟通的过程中,认知反应对态度形成或改变的影响往往与信息接收者对信息进行处理、精致化及整合的方式有关。也就是说,人们倾向于将其所接收到的信息与自己头脑中既有的相关看法关联起来,由此做出的认知反应将决定其最终的态度。认知反应理论认为,说服沟通实际上是通过信息接收者在理解、评判信息的过程中所产生的自我说服(self-persuasion)来发挥其影响的(参见第六章,人际沟通)。其中,自我说服既有可能关涉沟通内容,也有可能关涉沟通过程的其他方面,比如信源的可信性等。如果说服沟通大体上唤起了信息接收者对特定立场的支持性反应,那么,信息接收者就有可能趋向于这一立场。我们由此可以解释一个日常现象,即面对那些颇有创意的广告画面,我们做出积极的认知反应。间隔一段时日,尽管我们很可能会忘掉或记不清那些广告的具体内容,但仍对其产品持有积极的态度。潜隐在这一现象背后的原因就是,我们的认知反应的产生通常基于自己的心理映像(mental images)及个人性体验(personal experiences),并非基于广告本身的内容。

从理论的应用来看,认知反应理论被商家广泛地应用于针对目标消费者所展开的营销沟通实践,尤其在广告的创制上。认知反应理论的局限主要在于其过分倚重认知学习理论、认知失调理论等理论,并不能很好地解释态度的改变。再者,该理论的前设——态度的改变通常是一个有意识的、主动认知的过程的结果,也多与现实情况不符。有时,人们在自己没有太多意识卷入的情况下就已被说服,这一现象是认知反应理论难以解释的。

(二)认知相符理论

认知相符理论的基本观点是,当个体的信念或态度与其他观点或自身行为发生矛盾或不相一致时,认知元素之间的冲突便会导致心理失调,进而产生紧张、不适等负面情绪体验。随之而起的一种动力倾向性推动个体进行自我调整,或改变原有信念、原有态度,或否定其他观点和行为,以达到或恢复认知上的相符和一致。这一理论主要有以下两种学说。

1. 海德的平衡理论。海德假设,P 是认知者,O 是 P 认知的另外一个人,O 与 P 建立了一定的感情(例如好感或恶感)。X 是第三者或某一事物。他认为,P、O、X 三者之间如果相互适应,则呈现均衡状态,P 的态度就不必要改变。反之,P 就会处于焦虑和需要改变的状态。P、O、X 之间共有八种可能的组合,这些组合可以分为两种类型,即均衡状态和不均衡状态,参见图4-4[①]。

如果 P 与 O 是好朋友,O 结交了一个朋友 X,恰恰是 P 不喜欢的。如果 P 与 O 依然要保持好朋友的关系,这就需要进行某种改变。或者 O 进行改变,或者 P 进行改变。

---

① HEIDER F. The psychology of interpersonal relations[M]. New York: Wiley, 1958.

如果一个人与另一个自己不喜欢的人在对于一个事物或一个人的问题上持有共同的意见,那么他感到不舒服。比如我们彼此认为是对立的人,偏偏在有些问题上却有相似的认识。而那些与我们很亲近的人,在对待有些问题上却与我们非常不同,例如选择不同的宗教信仰,就会让我们感到不舒服。实际上,这种认知结构会让人比较盲目地反对什么和拥护什么。特别当人们把自己和一些人划分为"我们"、而将我们以外的人划归为"他们"的时候,因内群体的认同而保持与内群体的相同态度,进而由于保持这种相同态度,反对外群体所持有的态度(参见第十一章,社会认同;第十二章,群体)。例如,敌我双方会坚持"凡是敌人反对的,我们就要拥护,凡是敌人拥护的,我们就要反对"。如果在"我们"的队伍中有人拥护了对方拥护的东西,那么就出现了不平衡。

父母离婚对孩子的影响也可以用认知不协调进行解释。当孩子建立起对母亲的亲密情感后,很难接受母亲排斥的人,从而就很难建立起对父亲的亲密情感。反之也一样。因此,离异的父母不应该在年幼孩子面前表示对对方的否定评价,以维护孩子的认知平衡。

在人们的认知系统中,存在着一种使这些联系趋向一致的动力倾向性。当出现不平衡状况时,人们常常会在这种动力倾向性的推动下做出一定改变,以求在心理状态与社会环境之间重建一种平衡。如图4-4所示,正负号表示同一单元(P、X、O)内两两元素之间联系的性质——积极或消极。当三边的正负号相乘为正时,就表明它们之间已经达到一种平衡状态。相反,则表明它们之间处在一种失衡状态。

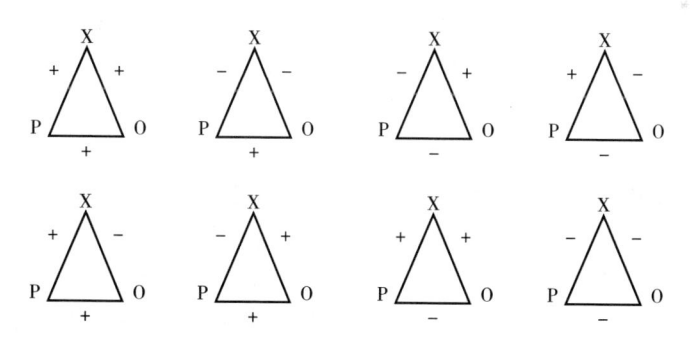

图4-4 海德的平衡理论

2. 费斯汀格的认知失调论。L. 费斯汀格(L. Festinger)认为,在人们头脑中存在着很多认知元素,它们既可以是个体所持有的某些观念、态度、价值观、信仰以及对未来的期待,也可以是对某种行为的表象或再现。这些认知元素之间的关系无外乎有三种可能,即它们或彼此协调一致,或相互冲突,或互不关联。一般来说,认知元素之间的相互冲突,即所谓的认知失调,往往会导致一定程度的心理紧张。为了消解这种心理紧张,人们往往会通过自我调节来达到一种平衡①。

从现实生活来看,人们可以通过一些具体的方法来解除或减轻失调状态:①改变某一认知元素,使其与其他元素趋于协调;②增加新的认知元素,以此来调和已有认知元素之间的冲突;③强调某一认知元素的重要性。例如,一位大学生虽然知道整天沉溺网络游戏百害无益,不仅会荒废自己的学业,也会损害自身的健康,但因已经产生了心理依赖,常常难以自控。这种趋避冲突(既想要又不想要而形成的内心冲突,是三种动机冲突之一。此外还有双趋冲突和双避冲突:双趋冲突是两个目标都无法割舍;双避冲突是两个后果都是恶果,必须两害相权取其轻)让他倍感焦虑。为了消解由此产生的心理紧张,他可能会痛下决心,求助于心理健康辅导,力争戒除网瘾;可能会盲目地自我宽慰——既已如此,再做努力也无济于事,以此来寻求心理上的"解脱";可能会向自己做出承诺,等自己升级到网络游戏的最高级别就不再玩了,到时自然会全身心投入学习中。

(三)自我知觉理论(self-perception theory)

自我知觉理论是由 D. J. 贝姆(D. J. Bem)在 1967 年提出的②。该理论认为,当外界不存在有可能干扰个体自由意志的社会压力或客观诱因,并缺乏有关个人态度的外在反馈源,内在线索也较为模糊或微弱时,个体往往会像对他人行为进行归因一样,基于自己的行为表现来推测自己的态度或动机。这一理论的提出源于他依照自己的思路所做的费斯汀格(Festinger)著名的认知失调实验,该实验总共设置两个对比实验组。在让两个实验组的被试听完一盒录有一个男士热情洋溢地讲述一个单调乏味的工作(在木板上拧螺钉)的磁带之后,告知其中一个实验组这个男士已经被偿付了 20 美元报酬,而告知另一实验组这个男士只被偿付了 1 美元报酬。结果发现,后一实验组的被试更倾向于认为这位男士一定喜欢这一枯燥至极的工作。贝姆由此认为,被试对该男士态度的判定并不依据认知失调现象,而依据被试自我知觉的结果。

学界一直围绕着"究竟是认知失调理论还是自我知觉理论更有解释力"这一问题而争论不休,还促生了一大批研究。最终,这一争论未能分出高下,但研究发现它们各自适用于解释不同的境况。比如,就自我知觉理论来言,一个典型的实例便是在现实生活中,当个体被问及对某一事物或活动所持有的态度时,他不仅仅会报告出自己的态度,而且会牵扯出与之相关的行为表现来佐证自己的判断。再者,值得一提的是,与自我知觉理论紧密关联的还有一种过度理由效应(over-justification effect)。这一效应是指当以金钱或其他外在诱因激励个体去做其原本

---

① FESTINGER L. A theory of cognitive dissonance[M]. Stanford,CA:Stanford University Press,1957.
② BEM D J. Self-perception:an alternative interpretation of cognitive dissonance phenomena[J].Psychological review,1967(74):183-200.

就喜欢做的事情时,个体的内在动机就会因此而受损。也正是在这种外在诱因的激励下,个体往往会更倾向于认为自己的行动受制于外部影响而非自己的内在偏好。依照自我知觉理论,人们出现过度理由效应的原因是:当从外部对自己的所作所为及其原因进行考察时,外部动机看起来成了主因,从而致使内在动机发生衰减。这就启发我们,当个体对某项工作原本就有着强烈的内在动机时,我们切勿进一步给予过多的外在奖励,以防减损其内在动机。

有关研究表明,自我知觉理论具有一定的局限性,只在一定条件下起作用。如果人们先前对某事具有明确一贯的态度,则它不起作用;如果人们先前对某事不具有明确一贯的态度,它才会起作用。

(四) 社会判断理论(social judgment theory)

社会判断理论是由 M. 谢里夫(M. Sherif)和 C. 霍夫兰(C. Hovland)提出的,试图解释态度改变是如何受判断过程(judgmental processes)调节的①。该理论认为,个体在特定问题上的自我卷入(ego-involvement)——一个人基于内在需要、价值观和兴趣所感知到的与相关客体的关联性,在社会判断上为其限定了一个可接受区间。这里的自我卷入并不是一种人格特质,它所反映的只是个体对特定问题与自身关联性的主观认定。一般来说,自我卷入的程度越深,与之相关联的可接受区间就越窄,拒斥区间就越宽。换言之,个体在相关问题上所持有的评价标准也就越苛刻,即使是与判断标准有着细微差别的观点或事物,他往往也很难接受②。

在遭遇他人说服时,个体对他人的反应取决于其如何衡量他人所持有的观点。换言之,个体对他人说服意图的反应基于其对说服信息的理解与判断。在对说服信息进行判断的过程中,个体有可能会歪曲自己的认知。这一现象被称为"同化与对照效应"(assimilation and contrast effects)。具体而言,同化效应是指当说服者所持的立场接近自己的立场时,个体倾向于缩减两者之间的差异,使之落入自己的可接受区间之内,予以接受。对照效应则是指当说服者所持的立场与自己的立场相距甚远时,个体倾向于夸大两者之间的差异,使之落在可接受区间之外(即落入拒斥区间),予以拒斥。只有当说服者的观点落入个体的可接受区间之内时,个体的态度改变才有可能发生。这也就是说,个体对说服信息的同化是其态度改变的前提。

因而,在说服沟通的过程中,当说服者所面对的是高度卷入的个体时,其最好以较小的步调逐步提出要求。这样就可以使说服沟通不至于因说服者的立场与个体的立场差距过大而招致个体的拒斥。

---

① SHERIF M, HOVLAND C. Social judgment: assimilation and contrast effects in communication and attitude change[M]. New Haven, Cy: Yale University Press, 1961.
② HOVLAND C I, JANIS I L, KELLEY H H. Communications and persuasion: psychological studies in opinion change[M]. New Haven, CT: Yale University Press, 1953.

三、建构理论

从认知心理学的角度来看,学习理论和自我调适理论都隐含一个基本预设:在态度形成方面,人们需要存储、更新及提取其对大量态度客体所作的概括性评价。一种新兴理论模型即"态度建构模型"(construal model of attitudes)倾向于认为态度的形成基于具有情境敏感性的情境性认知(situated cognition),我们将其称作态度形成的"建构理论",该理论与传统理论模型形成鲜明对照[①]。"情境性认知"即指始终嵌入特定情境脉络之中的认知,与之相关联的一组基本观点是:知与行是分不开的,所有知识都是嵌入受限于特定社会、文化与物理环境的活动之中的[②],因此是伴随着主体的建构过程的。建构理论由美国社会心理学家诺伯特·施瓦茨(Norbert Schwarz)提出。该理论的主要观点是:每当人们在某一特定社会情境下对某一态度客体进行评价时,就会产生一些联想,从而对当下的评价产生影响;如果同一态度客体(例如蛇)在不同时间和情境下激活相似的联想,那么有关这一态度客体的评价就会具有跨时间和情境的稳定性,态度也因此而具有稳定性;相反,如果同一态度客体(例如化妆)在不同时间和情境下激活彼此不同的联想,那么有关这一态度客体的评价就不具有跨时间和情境的稳定性,态度也因此而不具有稳定性[③]。相对于传统理论而言,这一新兴理论至少有三个方面的优势:①更具有简约性,能够以同一种认知加工机制来解释态度的稳定性和不稳定性;②能够较好地刻画人们以不同的态度应对不同情况的能动性;③与关注和强调情境对经由进化而来的心理机制的激活作用的进化心理学理论相兼容。

根据进化心理学理论,人类祖先在整个进化史中不得不直面各种性命攸关的挑战,他们最终在自然选择的作用下进化出了应对这些挑战的心理机制,其中包括有助于躲避敌害、规避暴力和传染病、觅得和留住理想伴侣的心理机制等。这些心理机制的进化与传承使得身为后代的现代人能够在其所遇到的任一情境中基于自己借由感官接收到的少量关键刺激信息,对某一态度——对于自己而言,究竟是机会还是威胁——做出判断[②]。由此联系建构理论来讲,这一判断形成的过程实际上也是相关联想被激活而暂时凸显的过程,个体基于这些联想构建出自己对态度对象的评价,从而使自己的态度最终得以形成。例如,当一位男士看到自己的恋人在办公室与另一位异性同事谈笑风生时,他所拥有的经由进化而来的、以留住理想伴侣为其功能的心理机制就会被激活,从而使他将这一位男性识别为潜在威胁,或者说,由此联想到这位男性有可能在择偶方面成为自己的竞争对手,并不无妒忌地

---

① SCHWARZ N. Attitude construction:evaluation in context[J]. Social cognition,2007(25):638-656.
② BROWN J S, COLLINS A, DUGUID P. Situated cognition and the culture of learning[J]. Educational researcher,1989,18(1):32-42.
③ SCHWARZ N. Attitude construction:evaluation in context[J]. Social cognition,2007(25):638-656.

基于此构建出自己的消极评价,从而形成对此人的负面态度。

第四节 态度改变的一般说服模型

在现实生活中,个体、群体或组织往往会基于特定目的,希望通过一定的说服沟通来使他人的态度朝着自己所期望的方向发生转变。例如,一位大学心理辅导员与因学习态度不端正而留级的学生促膝长谈,希望他能端正自己的学习态度,积极进取。再如,一些企业积极参加各种社会公益活动,以塑造良好的社会形象,使公众对自己形成积极态度等。

霍夫兰、詹尼斯和凯利(Hovland,Janis,and Kelley,1953)在其所提出的态度说服模型中,相对全面地探讨了态度改变的一般模式及其影响因素和相关变量。在他们看来,任何态度的改变均是由个体的原有态度与外部社会环境中存在着的一些看法(或态度)的差异造成的。个体一旦意识到这一差异,并将之识别为需要直面的问题,就会由此而产生一种压力,进而引起内心冲突或心理失衡。那么,随之而起的旨在重建心理平衡的动机倾向性便会推动个体进行自我心理调适,或接受外来影响,改变自己的态度;或拒斥外来影响,坚持自己的态度。态度说服理论模型实质上将说服沟通视作一个信息传播的过程,其中涉及外部刺激、目标靶、中介过程及结果四个相互关联的部分,如图4-5所示。

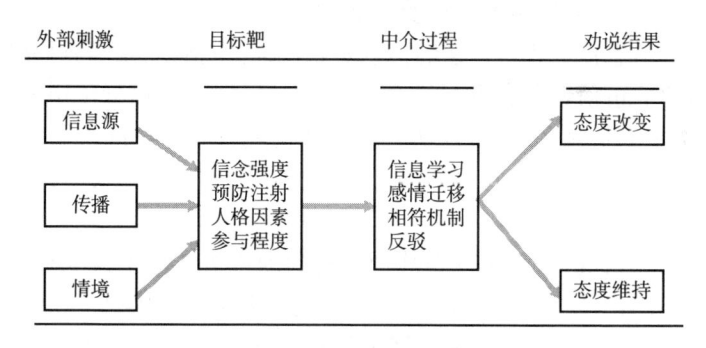

图4-5 态度说服理论模型

第一部分是外部刺激,包括三个要素,即信息源、传播及情境。信息源亦称信息传递者,是指持有某种见解并力图通过说服沟通使他人接受这种见解以改变其态度的个人或组织。例如,发布某种劝导信息的企业或政府机构,劝说消费者接受某种新产品的推销人员,教导在校大学生端正思想、积极向上的大学心理辅导员,都属于信息传递者的范畴。传播是指以何种方式和什么样的内容安排将见解传递给信息的接收者或目标靶。情境是指对传播活动和信息接收者有附带影响的周围环境因素,如信息接收者对劝说信息是否预先有所了解、信息传递时是否有其他干扰因素等。

第二个部分是目标靶,即信息传递者意欲说服的对象。目标靶往往会对针对自己的说服沟通做出能动的反应,而不会被动地接受说服沟通中存在的种种外部影响(相对于信息传递者而言)。

第三个部分是中介过程,即说服对象的态度在外部刺激和内部因素交互作用下发生变化的心理机制,它具体包括信息学习、感情迁移、相符机制、反驳等方面。

第四个部分是劝说结果。劝说结果无外乎有两种情况:第一,改变原有态度,接受信息传递者的劝说;第二,采用贬损信源(source derogation)、歪曲信息(message distortion)、掩盖拒绝(blanket rejection)的方法来否定或抵制外部影响,以坚持原有态度。其中,贬损信源是以直接攻击信源的方式来声明信息的不可靠性或降低劝说信息的价值,从而对他人的说服企图加以抵制。歪曲信息是指有意或无意地将对方与自己不同的论点看作与自己的看法相近或相同;或者相反,将对方的论点夸大到极端,使其显得荒谬至极而不可信。掩盖拒绝则是文饰或美化自己的真正看法或态度来拒绝外部的劝说或影响,或不予理睬,毫无道理地拒斥对方的一切论据。

一、信源特征与目标靶态度改变

一般来说,影响说服效果的信源特征主要有三个,即传递者的可信性、外表的吸引力和目标靶对信息传递者的喜爱程度。

可信性,即信息传递者所传递的信息是否可信,包括专长性和可靠性。研究表明,高可信者比低可信者具有更大的说服力。具体而言,当信息传递者被认为在相关领域具有一定专长,那么其所传递的信息往往就具有一定的说服力。这也是一些医疗、药品、保健食品虚假违法广告之所以请专家或貌似专家的人代言的动因。事实上,可靠性,即信息传递者是否公正和客观,是一个更为重要的变量。即使信息传递者是专家、权威,如果他发表某种见解的动机被认为是谋取私利,或其发表的见解被视为具有一定偏袒性,那么,其见解的说服力就会大打折扣。

外表的吸引力是指信息传递者是否具有讨人喜爱的体貌特征。相关研究表明,在改变人们的信念方面,外表更富有魅力的信息传递者更容易获得成功。很多厂商之所以要在广告策划、终端促销中使用俊男靓女来吸引、打动顾客,也正基于这一点。为什么会这样呢?说服有效性的两阶段模型(a two-step process model of persuasion effectiveness)能有效解释这一现象。说服有效性的两阶段模型认为,目标靶或信息接收者多关切信息传递者说服企图背后的动机,其所做出的主观评估作为一个中介变量,调节着其对信息的接受程度及由此产生的说服效果。正如我们在第三章"社会认知"中所讲的那样,当目标靶或信息接收者在初遇信息传递者时,他们往往会基于魅力、种族及性别等显著特征对之进行分类。这一分类一旦确立,与这一类别相关的特征就会被激活。在这时,目标靶或信息接收者则倾向于将由此被激活的相关特征赋予信息传递者,从而出现所谓的"晕轮效应"或"扫帚星效应"。如果目标靶或信息接收者将信息传递者认定为是有魅力的,那么,他(他们)就会将与此相关的人格特征——能干、善良、热情赋予信息传递者,并倾向于更为积极地评估信息传递者说服企图背后的动机,故而较易接受信息传递者的影响。不过,有关消费者行为的研究也发现,传达者的外表魅力并不总能单独发挥作用,可能会受制于一些其他因素。在一项实验中,具有高外表吸引力和低外表吸引力的人为两种不同的产品——咖啡和香水做广告。结果表明,当产品是香水时,具有高吸引力的传达者能激起更多的购买欲;相反,当产品是咖啡时,不太具有吸引力的传达者则能产生更好的说服效果。这就表明,对厂商而言,使用外表光鲜、性感时尚的模特做广告,并不是在任何情况下都合适的。

目标靶对信息传递者的喜爱程度也是影响说服效果的重要因素,它可能部分源于信息传递者的外表魅力,但更多地源于举止、谈吐、幽默感等个人特征。这一变量对态度改变之所以具有重要影响,也就在于人们倾向于模仿、追随自己所喜爱的人,较易接受其影响。需要强调的是,喜爱程度和相似性有着密切关系。一般来说,人们更喜欢同和自己相似的人相处,故而更易受其影响。T.C. 布洛克(T. C. Brock)曾于1965年做过一个有趣的实验。他在实验中让一些化妆品柜台的售货员劝说顾客购买一种化妆品,有的售货员充作有专长但与顾客无相似身份的人,另一些则充作与顾客有相似身份但无专长的人。结果发现,没有专长但与顾客有相似性的劝说者比有专长而与顾客无相似性的劝说者对顾客的劝说更为有效[①]。

二、传播特征与目标靶态度改变

传播特征的相关因素主要包括传达者发出的态度信息与信息接收者原有态度的差异、恐惧唤起以及论述的单双面性。

(一)传达者发出的态度信息与信息接收者原有态度的差异

一般认为,信息传递者的立场与目标靶或信息接收者原有态度的差距越大,那么说服沟通所引起的不协调感就越强,目标靶或信息接收者所感受到的压力也就越大。是不是目标靶或信息接收者所感到的压力越大,他们就越倾向于改变自己的态度呢?根据前面讲的社会判断理论可以推知,当传达者发出的态度信息与消费者原有态度的差异过大时,说服沟通过程中所传递的信息就会落入目标靶或信息接收者可接受区间之外而遭到拒斥,不可能再产生说服效果。尤其当目标靶或信息接收者在相关论题上有着高度的自我卷入时,差异过大的信息无疑会被视作

---

① BROCK T C. Communicator-recipient stimilarity and decision changed[J]. Journal of personality and social psychology,1965(1):650-654.

对自我价值的诋毁或否定,必然会因此而招致其防御性的拒斥。在现实生活中,我们经常会遇到这样的现象:当自己的立场与对方原有的观点差距过大时,自己越想劝服对方,对方的拒斥就越强烈。事实上,相关研究表明,当差距过大时,目标靶或信息接收者并不一定以改变态度来消除不协调感,很有可能会以怀疑信源的可信度或贬损信源来求得不协调感的缓解。而相比之下,中等程度的差异劝说效果最好,也就是说,其所引发的目标靶的态度变化量最大。

(二) 恐惧唤起

说服沟通既可以诉诸理性,也可以诉诸情绪。前者是指信息传递者力求客观地向目标靶或信息接收者说明其所持立场的正确性或先进性,以劝导目标靶或信息接收者改变原有态度,接受这一立场。后者则是指通过唤起目标靶或信息接收者的恐惧感来促使其改变原有态度。相比之下,有关诉诸恐惧情绪的态度改变研究相对较多。一般来说,在说服沟通中诉诸恐惧能够引起听众的注意,使之产生唤起状态,而唤起的结果往往能够提高听众对将要发生的事情的兴趣。詹尼斯和费什巴赫(Janis and Feshbach,1953)在实验中将被试分为三个实验组,其中,高度恐惧组的被试观看了一部彩色影片。在这部影片中,他们不仅看到了牙龈溃疡的可怕画面,还被告知牙龈感染有可能会导致心脏、肾脏等器官损坏的严重后果。中度恐惧组被试所观看的影片的画面并没有高度恐惧组那样夸张、可怕。用作比照的控制组或无恐惧组所看到的影片中并没有可以产生恐惧感的画面。结果发现,高度恐惧组被试对影片产生了深刻的印象,当下更为同意每天刷三次牙。而时隔一周后,研究人员却发现,控制组被试比其他两个恐惧组被试有更显著的行为改变。于是,研究者由此推测,过度的恐惧唤起之所以未能促成更大的态度改变,就在于其转移了人们的注意力,使其未能关注到说服沟通的信息内容[①]。这一研究表明,恐惧唤起有助于提升说服的效果,但要适可而止。如果超过一定限度,恐惧唤起就会适得其反,它有可能让人失去行动的能力或使人有意忽视、拒斥沟通本身。

在现实生活中,很多商业广告或公益广告都别出心裁地运用了恐惧唤起,以期能更有效地改变目标受众的态度。"吸烟有害健康"就是一例。再比如,在一个有关某一品牌高钙片的平面广告的创意中,创意者使用的要素是一根人们再熟悉不过的油条,但我们知道,中空的油条是十分松脆的。在平面广告中,看似一根骨头的油条的下方画龙点睛地浮现出促人联想的文案:"假如你的骨头像它一样……"除此之外,平面广告中再也没有有关产品优点及其疗效的文字介绍,所能看到的只有印在右下方的产品包装及出品厂商。不难看出,这个平面广告颇为巧妙地通过将不用钙片的可能后果比拟于中空而松脆的油条来造成一种恐惧唤起,以吸引消费者

[①] JANIS I L, FESHBACH S. Effects of fear-arousing communications[J]. Journal of abnormal and social psychology,1953(48):78-92.

的注意,进而改变他们原有的态度。

(三) 论述的单双面性

单面论述与双面论述实际上涉及的是在说服沟通过程中该如何安排信息内容的问题。具体而言,在说服沟通过程中,是陈述单方面的意见或论据效果更好,还是同时陈述正反两方面的意见与论据效果更好,这是信息传递者经常会关注的一个问题。一般认为,当所面对的目标靶或信息接收者文化水平相对较高,对相关知识或问题也较为熟悉时,信息内容安排以双面论述为宜。这样不仅可以让目标靶或信息接收者觉得信源所传递的信息更为客观、公正,由此更易于取得他们的信任,而且可以避免"强迫他人采纳"的嫌疑,以免激起心理防卫。相反,当所面对的目标靶或信息接收者文化水平较低,对相关知识或问题了解不多,信息内容安排以单面论述为宜。相比之下,单面论述较易导致短时、即刻的态度改变,而双面论述所引起的态度改变是长时的、稳定的。烟盒上的戒烟提示广告也是如此,"尽早戒烟有益健康""戒烟可减少对健康的危害"的说法相对温和,并没有彻底否定吸烟者购烟的行为,而分别从调动趋利动机和避害动机两个角度提出建议和告诫,以改变吸烟者的态度。

(四) 新颖与重复

新颖与重复实际上涉及的是一个与信息呈现频率有关的问题。一般认为,信息内容的新颖性能够使沟通更有吸引力,因为它经常会给人们带来一些积极的暗示——"较好"或"更有趣"。相反,如果信息的重复呈现超过了限度,就会使人心生厌烦,感到智力或决断能力遭到了低估或侮辱,进而会产生一些防御性反抗。例如,一些处在叛逆期的青少年多反感父母的唠叨,认为他们低估了自己的判断力和处事能力。

三、情境因素与目标靶态度改变

任何说服沟通过程都必定是发生于特定情境之下的,这些情境因素虽然并不直接卷入说服沟通的过程中,但不可避免地会对说服沟通及目标靶或信息接收者产生一些附带性影响。下面,我们就简单地介绍一下与此相关的两个主要因素。

(一) 预先警告

如果目标靶或信息接收者在接触到说服信息之前曾对信息传递者的劝说企图有所了解,他就有可能发展起予以反驳的论点,从而会增强其抵御劝说的能力。弗里德曼和西尔斯(Freedman and Sears)于1965年做过一项关于警告、分心与抵制说服沟通的实验研究。在该实验中,研究人员在一场报告开始前10分钟告诉一部分青少年被试,他们将去听一个关于为什么不许青少年开汽车的报告,而另一些青少年则在报告开始时才知道这一主题。结果发现,受到预告警告的被试组受报告影响的程度比未受到预先警告的被试组要小得多。事实上，预先警告并不总能够增强目标靶或信息接收者抵制说服的能力。研究表明，如果一个人并不十分信服他原来的观点，预先警告就会起反作用。还有研究表明，预先警告的作用与信息内容是否涉及个人利益也有着紧密联系。当信息内容与个人利益无关时，预先警告就能促使其态度转变。相反，预先警告则会阻挠其态度改变。

(二) 分心

分心是指目标靶或信息接收者由于受到内外刺激的干扰而分散注意力或注意力不能集中的现象。一般认为，适度分心有助于态度改变，因为情境中的某些"噪声"能够适当地分散目标靶或信息接收者的注意力，从而阻碍其集中精力去思考和组织反驳理由，由此产生更好的说服效果。例如，为了提升实际说服效果，许多广告创意都在其针对目标消费者群体的直接营销沟通中加入了适度的"噪声"——悦耳动听的背景音乐、幽默诙谐的广告情节及赏心悦目的镜头画面等。当然，值得注意的是，背景"噪声"不能过大，否则就极有可能淹没说服沟通的主旨，从而起不到实际的说服效果。

四、目标靶的特征与其态度改变

目标靶作为一个能动的复杂系统，其所具有的一些特征也必定影响到说服沟通的实际效果。下面，我们就来分析以下几个重要的影响因素。

(一) 对原有态度的信奉程度 (或自我卷入程度)

目标靶或信息接收者对其原有态度的信奉程度或自我卷入程度，往往会影响到其是否接受劝说。依照社会判断理论，在遭人劝服之前，目标靶或信息接收者就已围绕着自己在相关问题上的立场，在内心建构起了一个可接受区间，并以此作为一种心理尺度来比照其所接收的信息，而后根据两者差距的大小决定接纳还是拒斥。目标靶或信息接收者对原有态度的信奉程度或自我卷入程度越高，其所建构的可接受区间就越狭窄，可接受区间与拒斥区间的边界也就越清晰而坚实。与此相对应，目标靶或信息接收者对信息传递者所传递的信息与原有态度之间的差距就越敏感，在认知反应上就越倾向于抵制。事实上，我们每一个人所持有的一些态度自小便形成了，且已内化成为核心价值观的一部分。对于这些态度，我们通常具有较高的信奉程度或自我卷入度，它们也因此具有较强的抗变性，很有可能会保持终生。

(二) 预防注射

通俗而言，预防注射关注的是目标靶或信息接收者原有的信念和观点是否与相反的信念和观点作过交锋，是否也因此发展起了相应的防御机制。一个人原有的信念和观点如若从未与相反的信念和观点有过接触和交锋，就易于被信息传递者劝服而改变自己的态度。相反，他的信念和观点如果受过抨击，他就有可能在应对这一抨击的过程中建立起一定的防御机制,比如找到了更多的支持性论据或反驳理由,那么,他在以后与相反观点的论争中就具有较强的抗变性。

(三) 人格因素

人格因素是指人们在一定先天素质的基础上,在后天社会实践的过程中形成并发展起来的与其他人形成鲜明区别的独特而稳定的整体心理面貌。它作为目标靶或信息接收者所具有的独特心理面貌,必然会对信息传递者的说服沟通做出能动的反应。下面,就从自尊、智力及性别这三个方面简单地介绍一下。

1. 自尊。自尊是指个体对自身价值的主观估定。研究发现,低自尊者比高自尊者更易被说服,因为前者不太相信自己,遇到压力时较易放弃自己的意见。与此相反,高自尊者往往很看重自己的观点与态度,在遇到他人的说服或攻击时,常会将其视为对自身价值的挑战,故而加以抵制。

2. 智力。智力是指人们在认识过程中所表现出的能力,它主要包括观察力、记忆力、思维能力、想象能力与实践活动能力,其核心是思维能力。人们一般会认为,高智商者比低智商者更难以被说服(智商是由智力测验测得的分数衡量的),但迄今为止,这一观点并未得到研究证实。更多的研究表明,高智商者与低智商者在被说服的难易程度上并没有显著差异。但值得一提的是,高智商者较少受缺少一致性和不合逻辑的论点的影响,这是因为高智商者思维能力强,他能够相对较快地抓住信息传递者所提供论点中的纰漏而认为其不可信,而低智商者则很难做到这一点。

3. 性别。性别作为实际说服效果的一个影响因素,虽是个体与生俱来的生理特征,但同样是一种社会建构的产物,具有一定社会文化含义。在不同社会的不同历史时期,男女两性各自被赋予了不同的角色,换言之,同一社会文化对两性有着不同的社会期待。对于任何一个个体而言,他或她都将受到基于性别社会期待的塑造,从而获得不同的社会心理特征。研究表明,男性与女性在谁更容易被说服的问题上不存在显著差异,其差异主要与两性角色的专门化有关。比如在西方社会,从事金融、管理等工作的大多是男性,女性较少涉足这些领域,她们对与此相关的事务或问题往往缺少自信,故而较男性更易被说服。但在家务及孩子抚养上,女性较为自信,故而在与此相关的事务或问题上较男性更难以被说服(参见第十四章,社会性别)。

第五节 态度改变理论的新发展

20世纪80年代以来,西方社会心理学界在有关态度改变研究上取得了新的进展,由此相继提出了详尽可能性模型(elaboration likelihood model, ELM)、启发系统模型(heuristic-systematic model, HSM)、态度改变的协同模型等理论模型,由此进一步增进了人们对态度改变的了解。详尽可能性模型与启发系统模型同属于双重加工理论模型,其中,详尽可能性模型系由美国社会心理学家佩蒂(Petty)和卡西奥波(Cacioppo)共同提出。该模型认为,说服信息经由两条基本路径——中枢路径(the central route)与边缘路径(the peripheral route)——引发态度改变,这两条基本路径的根本差异在于被说服者对说服信息的精细加工水平:中枢路径以被说服者对说服信息的高精细加工为显著特征,边缘路径以被说服者对说服信息的低精细加工为显著特征。更为具体地讲,被说服者倾向于在中枢路径中主动地、深入地、细致地对与当前决策密切相关的重要信息(包括特性与事实信息)进行加工。在边缘路径中被动地、粗浅地对与当前决策不太相关的次要信息进行加工。至于何种路径在说服沟通中发挥作用,则主要取决于动机、时间及能力等三个方面的因素。通常来说,当被说服者有足够强的动机和能力,同时也有充裕的时间时,他/她便会选择使用中枢路径对其所接收到的说服信息进行加工,相反,当被说服者缺乏动机或能力,或者缺少时间时,他/她则会选择使用边缘路径对其所接收到的说服信息进行加工。基于中枢路径的深思性信息加工过程能够引发相对持久、稳定的态度改变,基于边缘路径的非深思性信息加工过程能够引发短暂、不稳定的态度改变。相较而言,前一种态度改变更具有抗变性,对反驳性说服具有较强免疫力,同时对后续行为具有较强的预测力。

启发系统模型系由美国社会心理学家雪莉·柴肯(Shelly Chaiken)提出。该模型认为,人们对说服信息有两种基本加工方式,即启发式加工(heuristic processing)和系统式加工(systematic processing)。其中,启发式加工是一种需要付出较少认知努力的简单的、片面的信息加工方式,系统式加工是一种需要付出较多认知努力的复杂的、全面的信息加工方式。前者通过使用简单决策规则或认知启发法,快速而简便地基于少量信息做出推理并得出结论,而后者则通过对相关详细信息进行综合性、分析性认知加工来做出推理并得出结论。这两种基本加工方式都会引发态度形成或改变,但是相较于通过使用系统式加工形成或改变的态度而言,通过启发式加工使用或改变的态度有着较低的稳定性,对反驳性论证的免疫力及对后续行为的预测力也不强。

总体来看,详尽可能性模型与启发系统模型有很高的相似性。具体而言,它们都倾向于认为人们通过双重机制来对其所接收到的说服信息进行或深或浅的加工,从而形成或改变某一形态。当然,这两种模型亦有不同,其中,两者最大的不同在于前者偏于强调个体因素与情境因素之于被说服者对说服信息的精细加工水平的影响,后者偏于强调人类个体对认知资源的节约倾向及其对说服信息加工的影响。

第四章
态度及其改变

专栏 4-1

谁来决定生儿子？

生育是中国传统文化的核心问题。而1980年以后的中国长时间实行了计划生育的人口政策。生育这一牵动着千家万户的事是否由育龄女性的态度来决定呢？她们的生育态度是否受到环境的限定与建构呢？几位社会心理学研究者发现，尽管国家整体实行计划生育政策，传统生育文化主要基调是"多子多福""养儿防老""男孩偏好"，但是生育行为看起来很多样。

具体细分生育态度背后的社会环境及其改变，研究者认为，随着社会转型与城市化的推进，中国社会具有四种不同类型的社区形态，包括城市化背景下的"村改居"社区、待拆迁改造的农村社区、"单位制"社区、社会流动中的"空巢化"农村社区。不同社区中的制度影响与文化规范具有强度差异，表现为二者匹配出的"强强"、"强弱"、"弱强"和"弱弱"四种形态，社区内制度与文化诉求也因此表现为相斥（强强）、主宰（强弱、弱强）或超越（弱弱）。身处不同社区类型的育龄女性对待生育的态度与行为也各具特点。

首先，研究发现，生育态度并不完全取决于育龄妇女的生育态度。相应的生育制度与生育文化约束着个人的行为，使女性的生育是"非意愿性"的。只有当冲破旧的制度和文化的束缚时，女性的生育态度才更接近本人的真实愿望。

其次，研究发现，当制度与文化的诉求相冲突时，人们的生育决策优先满足文化要求，通过与制度的博弈、协商、互构，躲避制度约束，守卫文化的边界，遵守"生育底线"。

最后，传统的生育文化在严格执行的生育政策的条件下也会出现新的形态。例如，在"单位制"社区中传统的"多子多福""儿女双全"的生育观念被建构为"独生子女光荣"的生育文化规范，而这一过程的实现依靠行政奖惩、工资制度、养老、医疗、托儿机构等福利体系辅助完成。

因此，女性的生育态度和生育行为选择应该放入制度与文化交互作用的背景中解读。在该研究中，研究者从计划生育制度及传统生育文化规范两个维度入手，根据两者作用力的强弱将影响女性生育决策的外部社区环境分为四类。

第一类：制度影响力强-文化规范力强，简称为"强强"类型。我国近40年的发展过程中，这一类型的社区有两类，一类是1980年到1990年左右农村间隔二胎政策出台前，在农村推行"独生子女"政策的阶段，这一时期的农村女性生育受严格计划生育制度限制，又不能摆脱"多子多福""男孩偏好"的生育观念，因此出现多种违反制度的"超生游击队"的行为对策。另外，随着我国近年来城市化的推进,出现所谓"村改居"社区,这类社区中,女性户籍为城镇居民,与城市居民受到相同的生育制度约束,只能生育一胎,而在生活方式及文化规范上还保留传统农村社区的特点,被传统生育文化规范限制。

第二类:制度影响力强-文化规范力弱,简称"强弱"类型。这种社区类型以城市社区及"单位制"社区为代表,在单位社区中计划生育制度影响力较强,通过行政干预、政策宣传、福利制度辅助、鼓励女性的职业卷入、树立先进典型等辅助性政策强化计划生育制度的执行力度,同时传统生育文化规范被弱化,建构出一种争当先进、少生、优生的新生育文化规范。

第三类:制度影响力弱-文化规范力强,简称"弱强"类型。20世纪90年代末农村社区出现频繁的社会流动使农村劳动力外流,农村呈现"空壳化"状态,同时计划生育政策对农民的约束力也逐渐式弱,计划生育制度在农村实施过程中对农民生育需求进行让步,满足农民生子愿望的"生育底线",表现为"间隔二胎"政策的推行,对超生现象进行象征性罚款等。另外,大规模的社会流动也使计划生育政策的执行力较差,对外出务工人员的约束相对减弱。在文化上,由于农村养老制度的不完善、对劳动力的需求、个人家庭经济水平的提升使得传统生育文化规范复苏,人们"生子""多生"的愿望逐渐强烈。

第四类:制度影响力弱-文化规范力弱,简称"弱弱"类型。"二胎"政策放开后的城市社区属于这种类型。这种社会情境中,女性的生育决策受个体水平因素决定:经济收入、身体状况、家庭在照料幼儿上的支援、个人和家庭生育意愿等,女性的生育行为更符合人口经济学的成本效用逻辑。这种情境中,制度与文化束缚式弱。

思 考 题

1. 态度与行为可能并不一致,为什么还要研究态度呢?
2. 如何测量某一特定群体对待某一事物的态度?
3. 从态度转变的角度分析一则广告的成与败。

拓展阅读

1. 津巴多,利佩. 态度改变与社会影响[M]. 邓羽,肖莉,唐小艳,译. 北京:人民邮电出版社,2007.

2. EAGLY A H, CHAIKEN S. Attitude structure and function[M]. Boston, MS: The McGraw-Hill Co. Inc, 1998:269-322.

3. PETTY R E, WEGENER D T. Attitude change: multiple roles for persuasion variables[M]. Boston, MS: The McGraw-Hill Co. Inc, 1998:323-390.

第五章　价值观

什么是价值观？
价值观有文化差别吗？
中国人真的是集体主义价值观吗？
现代价值观与传统价值观可以并存吗？

学习要点与要求

> **要点**：本章主要介绍了价值观的定义、内容分类、文化价值观研究和价值观的变迁。
>
> **要求**：①了解价值观的含义；②掌握价值观对态度、行为的影响；③从文化角度了解价值观。

价值观是人文、社会科学关注的焦点之一。哲学、经济学、伦理学、教育学、人类学、社会学、社会心理学等学科都在这一领域进行过不同角度的探索。例如：哲学关注价值观所反映的主体(人)和客体(事物和现象)之间的关系；伦理学关注价值观对人的行为的规范性；文化人类学关注价值观表达的文化特征；教育学关注影响价值观形成和改变的个体社会化过程及其教育干预；经济学关注人类经济行为的深层心理原因和类型；社会学关注社会结构及社会变迁对价值观的影响；社会心理学关注价值观的心理结构、过程、功能以及测量。这些研究相互补充和拓展，使价值观的研究一直在深入。价值观成为人文社会科学关注的焦点并相互影响这一事实，说明价值观本身具有跨学科特性，它是一个充满张力、渗透性和凝聚性的研究领域。

从社会心理学的角度看，价值观是个体的选择倾向，也是个体态度、观念的深层结构(参见第四章,态度及其改变)，它主宰了个体对外在世界感知和反应的倾向，因此是重要的个体社会心理过程和社会心理特征。价值观还是群体认同的重要根据——共享的符号系统，是划分群体的依据之一，因此又是重要的群体社会心理现象(参见第十一章,社会认同)。在社会变迁的背景下，个体和群体的价值观会表现出很大的变化(参见第十七章,社会变迁与社会心理变迁)。所以，它还是关注社会变迁的人文、社会科学家特别重视的社会心理标志。

第一节 价值观的定义

从社会心理学角度对价值观进行的研究可以追溯到20世纪二三十年代。例如，1926年，佩里(Perry)对价值观类型就进行了分类。1931年，G. W. 奥尔波特(G. W. Allport)和 P. E. 弗农(P. E. Vernon)出版了《一项价值观的研究》[①]一书。但是，对价值观是什么、价值观的构念是什么，仍然众说纷纭，观点零乱(Adler, 1956)。直到20世纪50年代，研究者们在价值观的基本定义上达成了共识，在区分了"值得的"(the desirable)和"想要的"(the desired)这两个概念之后，将价值观

---

① ALLPORT G W, VERNON P E. A study of values[M]. Boston: Houghton Mifflin, 1931.

定位于与"以人为中心的""值得的"有关的东西。这一共识的经典表达就是著名的克拉克洪(Kluckhohn,1951)的价值观定义:

> 价值是一种外显的或内隐的,有关什么是"值得的"的看法,它是个人或群体的特征,它影响人们对行为方式、手段和目的的选择①。

在有关"值得的"看法背后,是一整套具有普遍性的、有组织的构念系统,这套构念系统是有关对大自然的看法、对人在大自然的位置的看法、对人与人的关系的看法以及在处理人与人、人与环境关系时对值得做及不值得做的看法,克拉克洪称之为"价值取向"(value orientation)。

20世纪70年代M.罗克奇(M. Rokeach)开创性的工作是将价值观研究推向了新的发展阶段②。他认为,价值观是一般性的信念,它具有动机功能,而且不仅是评价性的,还是规范性的和禁止性的,是行动和态度的指导,是个人的也是社会的现象(Braithwaite and Scott,1990)。

经历了差不多70年以后,社会心理学家大都认为,价值观是社会心理学的一个独特的研究领域,它是比态度更抽象、更一般的具有评价性、选择性、规范性的深层心理建构,是文化成员共享的信念体系。

社会学家T.帕森斯(T. Parsons)则把价值观视为社会成员共享的符号系统(shared symbolic system)③,文化人类学家更将价值观作为某一文化类型的特征加以研究。在跨文化心理学兴起以后,又有大量的文化心理学的成果问世,其中不乏关于价值观的内容,例如关于民族性、国民性格(national character)的研究成果。这就把价值观的研究从个体层面扩展到了社会和文化的层面上,从而引发了许多关于个体价值观、社会价值观与文化价值观之间关系的研究。

一、个体价值观

个体价值观是指上面谈到的"价值体系"。杨中芳(1994)认为,该体系包括:①对人及其与宇宙、自然、超自然等关系的构想,对社会及其与其中成员关系的构想(简称"世界观");②在文化所属的具体社会中,为了维系它的存在而必须具有的价值理念(简称"社会观");③成员个人所必须具有的价值理念(简称"个人观")。这套价值体系给文化社会成员一个有意义的生活目标,确保社会制度稳定及正常运作,并给予其成员一套行为准则。

---

① KLUCKHOHN C K M. Value and value orientation in the theory of action: an exploration in definition and classification[M]. Cambridge, MA: Harvard University Press, 1951.
② ROKEACH M. The nature of human values[M]. New York: Free Press, 1973.
③ PARSONS T. The Social System[M]. New York: Free Press, 1951.

二、社会价值观

个体价值体系中关于个体与个体之间关系或个体与社会之间关系的部分,通常也被称作"社会价值观"(social values),但是它主要是指价值体系中有关"社会性"的部分,例如个体在小群体中与他人的合作、竞争等策略,而不是指社会层面的价值观。社会价值观(societal values)是指隐含在社会结构及制度之内的一套价值,这套价值的持有使现有的社会架构得以保持。社会制度在这里包括社会化、社会控制、社会规范及社会奖惩等。它通过规范、价值、惩罚等给个人带来外在压力,也通过社会价值的内化给个人带来就范的压力。为了表达清楚,我们可将个体价值体系中的社会价值观称为"社会性价值观",而将隐含于社会制度中的价值观称为"社会价值观"。

三、文化价值观

文化价值观是一个文化中的成员在社会化过程中所被教导的一套价值,大体上,这一套价值是共存于文化成员之中的。施瓦茨(Schwartz,1994a)也指出,不同社会中的成员在有意无意的价值社会化(value socialization)中表露出来的共同性(commonalities),反映出支撑和保持这一社会(society)的社会、经济和政治系统的文化的显要性。他在这里所说的价值社会化中表露出来的"共同性"就是一个社会文化中的"文化价值观"。

第二节 价值观的内容分类

价值观的内容分类是价值观理论的重要组成部分,通过分类可以找到典型的价值观类型。在价值观研究几十年的历史中,研究者基于不同的理论对价值观的内容分类有过许多探索。佩里(Perry,1926)将价值观区分为六类:认知的、道德的、经济的、政治的、审美的和宗教的;有人将其分类为:经济的、道德的、审美的、工艺、仪式的和社团的;奥尔波特、弗农和林德瑞(Allport, Vernon, and Lindzey, 1960)根据德国哲学家斯普兰格(Spranger,1928)《人的类型》一书对人的分类,将价值观分为六类并编制了"价值观研究"量表,详见表5-1。

表5-1 奥尔波特、弗农和林德瑞(Allport, Vernon, and Lindzey)的价值观类型

经济型	具有务实的特点,对有用的东西感兴趣
理论型	具有智慧、兴趣,以发现真理为主要追求
审美型	追求世界的形式和谐,评价事物是以美的原则进行的,比如对称、均衡、和谐等
社会型	尊重他人的价值,利他和注重人文精神

续表

政治型	追求权力、影响和声望
宗教型	认为统一的价值高于一切,信神话或寻求天人合一

罗克奇(Rokeach,1973)的分类突破了上述类型分类的框架,他将价值观分为"终极状态"与"行为方式"两大类,终极性价值观(terminal values)体现了人们认为最为值得的目标,工具性价值观(instrumental values)则为人们认为要实现这些目标所值得选择的途径和方式。每一类由18项价值信念组成[1],详见表5-2。

表5-2 罗克奇的价值观量表

终极性价值观	工具性价值观
舒适自在的生活	有抱负的
令人兴奋的生活	心胸开阔的
有成就感	有能力
和平的世界	欢愉的
美丽的世界	干净的
平等	有勇气的
家庭安全	宽容的
自由	愿助人
幸福	诚实的
内心的和谐	富于想象的
成人的爱	独立的
国家安全	智识的
快感	有逻辑
得救	有爱心的
自我尊重	服从的
社会认可	礼貌的
真正的友谊	负责的
智慧	有自制能力的

[1] ROKEACH M. The nature of human values[M]. New York:Free Press,1973.

这种划分体现了罗克奇对价值观具有层次优先性的认识。罗克奇通过对价值观两种维度的确定，表达了价值观作为"深层建构"和"信仰体系"与"行为选择"之间相互体现和相互依存的性质和关系。他的"价值观调查"量表使得价值观可进一步操作化，人们可以使用排序的方法表达他们认为哪一种价值更值得和更重要。

霍夫斯泰德(Hofstede,1980)认为，价值观是任何社会人类面对必须处理的基本问题的判别标准。他延续罗克奇寻找价值观维度的思路，通过对IBM公司在40个国家和地区的11 600名被试工作价值观的研究，确定了四个价值观判别标准，即四个潜在维度：权力距离、避免不确定性、个人主义与集体主义、男性或女性气质。他发现，不同文化区域的员工在这些维度上存在着显著的不同，可见这些标准可以有效区分不同价值观的文化类型[1]。

施瓦茨和比尔斯基(Schwartz and Bilsky,1987)对价值观的维度研究依据三条标准：①价值观既可以是工具性的目标也可以是终极性的目标；②价值观的中心可以是个人的、集体的或二者都是；③价值观与10个动机领域有关，这些领域存在于任何一种文化之中，因为它们源于3种普遍的人类需求，即个人的生物需要、社会交往的需要以及群体生存与福利的需要(Braithwaite and Scott,1990)。他们将价值观分为守旧、和谐、平等的义务、知识的自主、情感的自主、控制和阶序七类。

杨中芳(1994)将价值体系划分为三个大的层次：世界观(宇宙观、变迁观、人生兴趣、理想世界、社会/个人关系、社会的功能、理想社会结构、个人的地位、理想个人、理想人际关系)、社会观(组织制度、基本单位、社会阶层、人/群关系、社会规范、人际结构、人际规范、人际交往社会化、社会奖惩、社会维系、社会分配、社会公正)、个人观(与环境的关系、与社会的关系、人际关系、思维方式、行为准则、行为评价、自我发展目标、自我发展过程)。杨中芳的分类受到了罗克奇的影响，世界观的部分与终极性价值观有较多的一致性，同时，她显然注意到罗克奇的分类中的西方文化的核心因素——个体主义，因此，她的分类强调了个体和社会的关系[2]。

黄光国(1995)延续了罗克奇的分类框架，但是在原有的基础上根据自己的理论架构和问题，将人类社会中的价值观分为两大类：①关于个人行为方式的价值观，称作工具性价值观，分为道德价值观和能力价值观；②关于存在之目的状态的价值观，称作终极性价值观，分为个人性价值观和社会性价值观。他的分类不仅注重价值观的层级特性，划分了终极性和工具性，而且在工具性和终极性两个层面都

---

[1] HOFSTEDE G. Culture's consequences:international differences in work-related values[M]. Beverly Hills,CA:Sage,1980.

[2] 杨中芳. 中国人真是集体主义的吗?:试论中国文化的价值体系[J]. 中国社会心理学评论,2004.

抓住了社会与个体、情感与工具、道德与契约等分类所表达的两大价值分野,从而更有可能探索不同文化下的人类行为选择的观念。

第三节 社会/文化价值观研究

霍夫斯泰德关于价值观的研究使原本作为个人特征和态度的深层评价体系的价值观延伸到社会文化心理类型上。他的眼光超越了在社会心理学研究中占据主流地位的西方国家学者,从而推动了价值观的跨文化研究。

一、跨文化研究

前面提到,霍夫斯泰德发现了可以区分不同文化所强调的四个价值观维度:①"权力的距离"。他发现在这一维度上高得分的国家的个体容易接受专断的领导人和雇主,家长喜欢听话的孩子;而在低得分的国家,领导人或雇主比较愿意与下属商量,家长注意培养孩子的独立性。②"避免不确定性"。他发现,一些国家的人追求低风险和安全,而有些国家的人接受有风险的生活。③"集体主义-个体主义"。个体主义是指个体独立自主、自负其责、根据自己的兴趣选择职业而不依赖群体和他人,而集体主义则相反,个体倾向于与他人相互依赖。④"男性气质-女性气质"。他发现有些文化社会成员有较高的成就动机,更重视典型的男性特征,这样的社会竞争激烈、社会压力比较大。有些文化则更重视人际交流、和谐和相互照顾这些典型的女性特征。

霍夫斯泰德认为,文化的价值渗透到文化社会成员生活的方方面面,比如儿童的教养方式、成人的职业选择等。当然,他的划分是两极性的,更多的国家和地区处于这些维度的两极之间的某一点上,而不是某一极端上。例如,丹麦在权力距离方面(0.18)、避免不确定性方面(0.23)和男性气质方面(0.16)得分比较低,而在个体主义方面(0.74)得分比较高。这就意味着丹麦人不容易接受阶层差别较大的社会关系,更加崇尚平等,他们能容忍不确定的后果,且比较独立自主。而日本人在避免不确定性和男性气质上得分比较高,分别为0.92和0.95。这说明日本人需要明确的预期,希望减少生活中的风险,而且愿意获得成就和事业上、物质上的成功,参见表5-3。

表5-3 霍夫斯泰德工作价值观的跨文化比较结果(1980)

权力距离		避免不确定性		个体主义		男性气质	
奥地利	0.11	新加坡	0.08	委内瑞拉	0.12	瑞典	0.05
以色列	0.13	丹麦	0.23	哥伦比亚	0.13	挪威	0.08
丹麦	0.18	中国香港	0.29	巴基斯坦	0.14	荷兰	0.14

续表

权力距离		避免不确定性		个体主义		男性气质	
新西兰	0.22	瑞典	0.29	秘鲁	0.16	丹麦	0.16
爱尔兰	0.28	英国	0.35	中国台湾	0.17	南斯拉夫	0.21
挪威	0.31	爱尔兰	0.35	新加坡	0.20	芬兰	0.26
瑞典	0.31	印度	0.40	泰国	0.20	智利	0.28
芬兰	0.33	菲律宾	0.44	智利	0.23	葡萄牙	0.31
瑞士	0.34	美国	0.46	中国香港	0.25	泰国	0.34
英国	0.35	加拿大	0.48	葡萄牙	0.27	西班牙	0.42
土耳其	0.66	土耳其	0.85	法国	0.71	哥伦比亚	0.64
哥伦比亚	0.67	阿根廷	0.86	瑞典	0.71	菲律宾	0.64
法国	0.68	智利	0.86	丹麦	0.74	德国	0.66
中国香港	0.68	法国	0.86	比利时	0.75	英国	0.66
巴西	0.69	西班牙	0.86	意大利	0.76	爱尔兰	0.68
新加坡	0.74	秘鲁	0.87	新西兰	0.79	墨西哥	0.69
南斯拉夫	0.76	南斯拉夫	0.88	加拿大	0.80	意大利	0.70
印度	0.77	日本	0.92	荷兰	0.80	瑞士	0.70
墨西哥	0.81	比利时	0.94	英国	0.89	委内瑞拉	0.73
委内瑞拉	0.81	葡萄牙	1.04	澳大利亚	0.90	奥地利	0.90
菲律宾	0.94	希腊	1.12	美国	0.91	日本	0.95

注:数字越大,此倾向越强。

1991 年霍夫斯泰德又增加了一个新的维度,即时间取向。时间取向是对时间的价值评价与选择,反映在时间知觉广度上。一个人可能只关注此时此刻发生的事情,其时间知觉广度较小;有的人可能还关注已经逝去的过往或/和尚未发生的未来,其时间知觉广度比较大。时间知觉广度会给人们后续心理和行为带来不同的影响[1]。如果一个人的时间知觉里既包含当下也包含过去(或将来),那么过去(或将来)的信息在头脑中会更通达,而过去(或将来)与当下的心理距离更贴近,过去对当下和将来更可能产生影响。反之,如果一个人的时间知觉以当下为主,那么过去(或将来)与当下的心理距离更远,其信息较少影响当下。在有些文化中,人们的时间知觉广度比较大,既不忘过去,又重视未来,相比之下,在有些文化中,

---

[1] SHIPP A J, AEON B. Temporal focus: thinking about the past, present, and future[J]. Current opinion in psychology, 2019, 26(4): 37-43.

人们的时间知觉广度比较小,他们更重视当下。例如,纪丽君等人的研究发现,中国学生被试比加拿大学生被试的时间知觉广度更大[①]。

霍夫斯泰德提出的价值观维度简洁而丰富,被很多学者的研究所验证。特雷恩迪斯(Traindis)等人试图从霍夫斯泰德价值观维度中抽绎出最可能反映文化差异的"个体主义-集体主义"维度来进行文化比较,并发展出"个体主义-集体主义"量表。该量表涉及六种人际关系(夫妻、父母、亲戚、邻里、朋友、同事/同学)和七种假设情境(对自己为他人所作的决定或对行为本质的考虑、分享物质财富、分享非物质财富、对社会影响的敏感性、自我表现与面子、分享成果、对他人生活的情感介入)。他们的研究表明,东西方文化下人们价值观存在明显的差异,在"集体主义-个体主义"这一维度上,东方人相对处于集体主义的一极,西方人则处于另一极。尽管,许志超和特雷恩迪斯的分类受到质疑和挑战,但是,"个体-集体"维度的测量极大地推进了价值观研究,研究热度至今不减。

价值观的跨文化比较研究使一些学者将各个文化社会群体标识在相对位置上(mapping cultural groups),以便能够描绘出一个世界价值观全貌的地形图(geography of values)。例如,20世纪70年代起就有欧洲多国进行的"欧洲价值观调查",以后逐渐发展为"世界价值观调查"(world value survey),调查范围覆盖全球五大洲几十个国家和地区,时间跨度超过30年,内容不仅涉及价值观的结构体系的经济、政治、宗教、文化的比较,也涉及价值观的结构性变迁。参与调查和使用调查数据进行分析的人包括政治学家、经济学家、管理学家、心理学家、社会学家等多学科学者。

在全球价值观的研究中,施瓦茨(Schwartz,1992,1994a,1994b)等社会心理学家发展出了"Schwartz价值观量表"(Schwartz values survey,SVS)。这一量表囊括了57项价值观,用以代表十个普遍的价值观动机类型(universal motivational types of values)。表5-4是这十个价值动机类型及其说明。

表5-4 施瓦茨价值动机类型

动机类型	说明
权力	社会地位与声望、对他人以及资源的控制和统治,例如社会权力、财富、权威
成就	根据社会的标准,通过实际的竞争所获得的个人成功,例如成功的、有能力的、有抱负的、有影响力的
享乐主义	个人的快乐或感官上的满足,例如愉快、享受生活
刺激	生活中的激动人心、新奇和挑战性,例如冒险、变化的和刺激的生活

---

① 纪丽君,吴莹,杨宜音. 中国人的时间知觉广度[J]. 心理学报,2022(3):421-434.

续表

动机类型	说明
自我定向	指思想和行为的独立——选择、创造、探索,例如创造性、好奇、自由、独立、选择自己的目标
普遍性	指为了所有人类和为了自然的福祉而理解、欣赏、忍耐、保护,例如社会公正、心胸开阔、世界和平、智慧、与自然和谐一体、保护环境、公平
慈善	维护和提高那些自己熟识的人们的福利,例如帮助、原谅、忠诚、诚实、真诚的友谊
传统	尊重、赞成和接受文化或宗教的习俗和理念,例如接受生活的命运安排、奉献、尊重传统、谦卑、节制
遵从	对行为、喜好和伤害他人或违背社会期望的倾向加以限制,例如服从、自律、礼貌、给父母和他人带来荣耀
安全	安全、和谐、社会的稳定、关系的稳定和自我的稳定,例如家庭安全、国家安全、社会秩序、清洁、互惠互利

这十个价值动机类型之间的结构关系如图5-1所示。

图 5-1 施瓦茨等人价值动机类型之间的关系

S. H. 施瓦茨(S. H. Schwartz)的研究启发研究者思考两个重要的问题。第一,早期的跨文化研究基本上站在西方文化的立场上看待非西方人,而没有站在非西方文化的立场上看待非西方人。也就是说,价值观中所包含的文化合理性被忽视了,不同文化成员对某一种价值观在理解上可能出现的差异也被忽视了。第二,聚焦价值观文化差异的研究屏蔽了价值观的跨文化一致性的研究。此后,社会心理学家在两方面进行了积极的探索:①在进行全球性研究中,转而以文化中最为普遍的价值观因素作为研究对象,即文化社会通则研究和社会价值观的理想和现实的研究;②进行价值观的本土定向研究。

二、文化社会通则研究

当研究的视角落在文化相似性上,价值观的研究就出现了新的生机。2002年梁觉教授提出了"社会通则"这一多元文化视角下的社会共同信念模型。他和他的合作团队收集了40种文化中的成员的调查数据,找到了一组各类文化中的"通用信念",例如爱国主义、安全性、危机感和合法性。这些社会成员共同持有的信念是社会成员通过长期的互动和交流形成的,因此也会出现某一文化的相似的行为。社会通则就是文化普适的信念,它是人们实施或者理解自身行为的基本前提。它与价值观的差异在于,价值观认为某些目标或手段是好的、被渴望的、重要的,因而是值得的,带有评估和选择的含义。而社会通则描述了两个概念之间的联系,是价值观评估和选择的认知基础。例如,"绝对的权力滋生绝对的腐败"这一社会通则阐述了权力与腐败的某种联系,因而人们会选择限制权力这种价值观。

梁觉等人在研究中发现五个社会通则因素:①愤世嫉俗,是指人们在日常生活中和与他们相比更有权势的人相处时,期望得到的积极或消极结果的程度;②社会复杂性,是指人们对于个体行为的变化和影响社会结果的因素的判断;③付出获得回报,是指一个人对于持续努力最终将克服艰难险阻的信念的强度;④宗教信仰,是指对于信仰宗教而产生的积极的、个人的和社会性后果的评估,以及是否存在神灵的信念;⑤命运控制,是指人们相信人生中的重大事项既是命中注定的,也有可能是可被预测和改造的。参见图5-2。

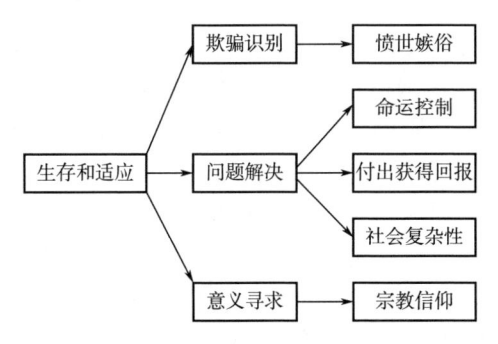

图 5-2 社会通则的五因素模型

三、价值观的应然与实然

美国社会心理学家豪斯（House，2004）从价值观的社会引领作用与现实社会共享程度这两个方面编制了新的价值观量表 GLOBE。这一量表分别测量人们的"应然"和"实然"的社会文化价值观。该量表一方面从人们心中关于"应该怎样"（what should be）来测量人们所持有的价值观；另一方面从人们认为周围人群"是怎样的"（what is/what are）来测量人们对于社会共享现实的感知，这一感知间接地反映了社会中实际流行的社会价值观。

这一量表包含四个维度。第一个维度是"集体主义"（collectivism），它是指社会制度鼓励和奖励集体分配资源和集体活动的程度，以及人们在组织或家庭中表现出自豪、忠诚和凝聚力的程度。第二个维度是"权力距离"（power distance），它是指权力分层和集中的程度，也就是赞同或不赞同权力不平等，认可或不认可权力等级的存在。第三个维度是"人文取向"（humane orientation），它是指社会鼓励或奖励人们对待他人公平、利他、友好、宽容、亲切的程度。第四个维度是"未来取向"（future orientation），它是指社会成员参与未来取向的行为的程度。该量表已在全世界几十个国家进行了测量，发现应然和实然在一定差距得分范围内的国家，人们的生活动力更强，而差距得分过高或过低的国家的人们，或因失望而放弃行动，或因满足现状而动力不足。豪斯的价值观研究探讨了价值观的社会属性，揭示了价值观作为社会群体共同信念的性质以及与现实状况的差异性，让我们更为清晰地看到价值观具有的动力性和导向性。

四、本土定向研究

关于中国本土价值观的研究最初源于使用外来量表或理念对国民性（民族性格）进行的研究（杨国枢，1988），但后来有学者开始检讨这种研究的不足，从理论架构和方法上开始突破照搬和照抄西方价值观研究的做法，同时开始寻找中国人价值观念的主要内涵。杨国枢指出，应从强加式的通则性客位研究（imposed etic approach）转向本土化的特则性主位研究（indigenous emic approach）。在这种认识下，中国港台地区的社会心理学界自 20 世纪 70 年代末开展了本土心理学运动，取得了不少有关价值观的研究成果。这些成果集中反映在《中国人的心理》（杨国枢，1988）、《中国人的性格》（李亦园、杨国枢，1988）、《中国人的价值观》（文崇一，1989）、《中国人的蜕变》（杨国枢，1988）、《中国人的心理与行为》（杨国枢、黄光国，1991）、《中国人、中国心》（杨中芳、高尚仁，1991）、《中国人：观念与行为》（文崇一、萧新煌，1988）、《中国人的价值观：社会科学的观点》（杨国枢，1994）和《本土心理学研究》等著作中。中国内地的社会心理学家也从 20 世纪 90 年代开始进行这方面的探讨。

然而，从整体上来看，中国人的文化价值观和社会价值观的特征是什么，至今仍未有系统的回答。从"自我概念"(self concept)的角度看，中国人的"自我"具有"家我""关系我""社会我""角色我""身分我"的特征(杨宜音，1995)。与西方人作为"在群体中的个体"(individual in the group)相比，中国人不够"个体化"；与西方人通过"自我类化"(self-categorization)建立对所属群体的归属感(sense of belonging)而成为"在个体中的群体"(group in the individual)相比，中国人又不够"群体化"。所以，中国人既会表现出以家为核心观念的凝聚力，又会表现出对家以外的事情不热心、散漫和自私。关注中国人研究的人都会发现中国人的这种两面性。事实上，关键的问题在于中国人有自己独特的"个体-群体"概念，有以"自己人"为特征的整合和协调两极的心理机制(杨宜音，1997)。因此，在"个体-社会"这一维度上，中国人可能处于中间的位置，并具有扩张到两极和收缩到中间的趋向。与西方人相比，中国人的价值观不够"终极化"，具有实用性、世俗性的倾向，也不具有西方人意义上的"工具性"，而通过对伦理价值的认同和遵奉将"终极性"和"工具性"统合起来。例如，"和为贵"这一价值观念深深渗透在中国人的行为里面，在人际交往中，中国人摸索了许多切实有用的办法来减少冲突的产生。所以，在"终极-工具"这一维度上，中国人也可能处于中间的位置。换句话说，中国人在这样的维度上是没有完全分化的，因而，使用那些试图在这样的维度上寻找差异或区别性的测量工具往往无法得出中国文化价值观的可靠结论。

正是基于本土心理学的视角，近年来一些华人社会心理学家开始试图发展出特殊的测量工具。其中，多年任教于香港中文大学的加拿大教授彭迈克(M. Bond)和他的同事在1987年发展出"中国人价值观调查"(the chinese value survey)量表，在这一量表中，彭迈克和他的同事不仅保留了价值观调查中的普适方面的内容，也包括一些反映儒家文化的价值观，例如重视传统、孝道、注重面子、谦虚。这些价值观在西方社会也存在，但是儒家传统更加强调它们。

一些价值观的本土研究另辟蹊径，例如，有研究借鉴中国人关于幸福感的理解，提出了"安适幸福感"概念，并延伸至"安适价值观"，将中国人对生活意义的理解，例如福禄寿喜、平安和谐、多子多福等纳入价值观的量表中。还有研究关注中国人关于"公私观""孝道""金钱观""幸福观"等，这些研究打通了文化价值观、社会价值观和个人价值观，揭示了价值观不同层次之间的关联关系。

第四节　价值观的变迁

价值观的变迁研究是将价值观置于时间向度之下。它与价值观的空间向度和文化类型向度的研究(跨文化、跨国家研究)是相互依赖的。在出现社会剧烈变迁、个人遭遇特殊经历等新的刺激因素时，价值观就有可能发生较大的变化。原有的价值观与新的价值观之间可能发生冲突、顺应,或部分冲突、部分顺应等种种现象(杨国枢,1995)。许燕、高树青(2022)综合分析了中国发生社会巨变的36年间4项研究数据,发现在1984—1989年,大学生政治型与审美型价值观位居前两位,与当时政治优先效应和追求真善美的社会改革开放的特征相吻合;1992年后国家工作重心转向发展经济,政治型和审美型价值观的排位下降,以后一直处在六类价值观的末尾,而实用型、社会型价值观位列前面。2001年后信仰型、科学型的排位比较稳定[①],参见5-5。

表5-5 大学生价值观演变趋势(1984—2020年)

年份	1	2	3	4	5	6
1984(60后)	政治型	审美型	科学型	实用型	社会型	信仰型
1989(60后)	政治型	审美型	科学型	实用型	社会型	信仰型
1992(70后)	实用型	社会型	政治型	科学型	审美型	信仰型
1997(70后)	社会型	实用型	科学型	信仰型	审美型	政治型
2001(80后)	实用型	信仰型	科学型	社会型	审美型	政治型
2003(80后)	实用型	社会型	信仰型	审美型	政治型	科学型
2005(80后)	实用型	社会型	科学型	信仰型	审美型	政治型
2007(80后)	社会型	实用型	信仰型	科学型	政治型	审美型
2008(80后)	社会型	实用型	信仰型	科学型	审美型	政治型
2009(90后)	社会型	信仰型	实用型	科学型	审美型	政治型
2012(90后)	社会型	实用型	信仰型	科学型	审美型	政治型
2014(90后)	实用型	信仰型	社会型	科学型	审美型	政治型
2016(90后)	实用型	信仰型	科学型	社会型	审美型	政治型
2017(90后)	实用型	信仰型	科学型	社会型	审美型	政治型
2018(00后)	实用型	信仰型	社会型	科学型	审美型	政治型
2020(00后)	实用型	社会型	科学型	信仰型	审美型	政治型

资料来源:许燕,杨宜音. 社会心理研究:下册[M]. 上海:华东师范大学出版社,2022:735.

近年来,价值观变迁与现代化过程的联系最为紧密。现代化变迁理论认为,伴随着经济发展、城镇化、工业化和服务业比重提升等现代化的进程,出现了一系列可以预测的社会变化,如更为富裕的生活、更为细致的职业分工、更加广泛的大众教育和大众传媒的使用,使得人们的思想观念逐渐由传统保守向更加世俗理性、开

[①] 许燕,杨宜音. 社会心理研究:下册[M]. 上海:华东师范大学出版社,2002:723-756.

放包容、更重视自由表达和社会参与的价值观转变。正是生产方式和生活方式的变化带来人们价值观的改变,但是,价值观的变迁轨迹并不一定是线性的和与西方发达国家日趋一致的[①]。这一点在社会心理学本土化运动中最早被注意到。杨国枢等人的研究发现,很多中国人是传统性和现代性"双高"的,并非接受了现代价值观,传统价值观就会被抛弃[②]。由此也可以看出,现代化本身不是一个简单的由"传统"走向"现代"的直线发展的过程。例如,杨曦关于中国人孝道观念变迁的研究发现,孝道在现代中国年轻一代人当中并未被舍弃,而拥有了新的含义和新的形式[③]。

时间变量所包含的意义是多重的,也就是说,社会价值观发生改变的新的刺激因素有很多。例如,大众传媒的扩大、商品生产与流通加快加广、生活消费的商品化、文化教育程度的提高、交通和信息的灵便、城乡隔绝的削弱、职业的可选择和可流动性、传统人际关系的演变、政治权威的弱化、西方价值观念的渐入等。其中最容易看到的变化多浓缩在青年一代身上,并且体现在两代人的差异之中。

在价值多元化的时代,价值观也成为划分群体的一种根据(比如消费主义价值观群体),它表现出价值观是群体认同和区辨的一种标志,即成为"心理群体"形成的标志。然而,仅仅以价值观来解释文化的差异和社会变迁也存在着不足。例如,个体主义-集体主义价值观在某一文化内部可能差异很大,而国家之间的价值观差异却小于某些国内差异。社会心理学家在观察双文化或多文化下生活的人时发现,文化并非闭合的系统,有些人可以在双文化或多元文化中,根据自己的经验,根据不同文化的社会预期来"自动切换"文化图式,从而在双文化或多文化社会中游刃有余(参见第九章,社会遵从行为;第十八章,文化社会心理学)。

关注价值观变化的重要性,不仅能帮助我们观察到现实中的价值观变化,而且能帮助我们理解中国传统文化的传承和演变,认识到它的生长点和吐故纳新的机理。

第五节 价值观研究的拓展

价值观研究历经百年,社会心理学家从最初关注价值观这个概念的内涵,到逐渐将其纳入社会文化脉络,再进一步以时代变迁和不同文化区域比较的视角揭示价值观与社会生活以及人们之间互动的机理,又反过来寻找全球共通的人类深层

[①] 高海燕,王鹏,谭康荣.中国民众社会价值观的变迁及其影响因素:基于年龄-时期-世代效应的分析[J].社会学研究,2022(1):156-178.
[②] 杨国枢,黄光国,杨中芳.华人本土心理学:下[M].台北:远流图书公司,2005:713-745.
[③] 杨曦.个体化与新家庭主义视角下的孝道观念演变[J].中国社会心理学评论,2021(21):99-114.

的基本信念。这一探索过程记录在价值观研究的历程中(参见图5-3)。

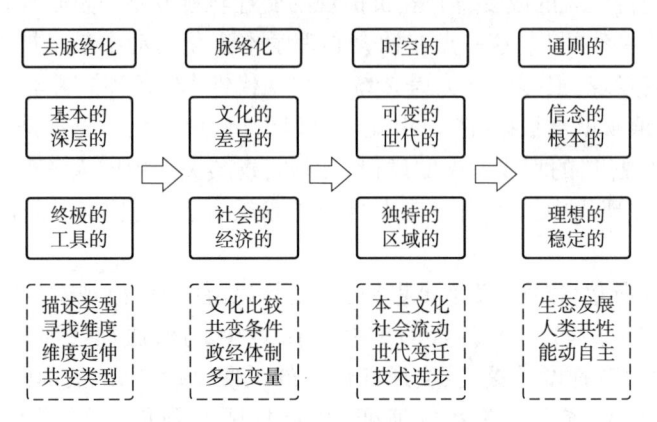

```
去脉络化        脉络化         时空的         通则的

基本的          文化的         可变的         信念的
深层的          差异的         世代的         根本的
   ↓              ↓             ↓             ↓
终极的          社会的         独特的         理想的
工具的          经济的         区域的         稳定的

描述类型        文化比较       本土文化       生态发展
寻找维度        共变条件       社会流动       人类共性
维度延伸        政经体制       世代变迁       能动自主
共变类型        多元变量       技术进步
```

图5-3 价值观研究的思想史过程

价值观研究至今方兴未艾的原因与价值观作为许多重要研究领域的解释变量有关。例如,从社会价值观具有的引导性、规范性特征延伸出关于人类道德行为的有关课题,这些发现解释了社会合作和亲社会行为中价值观扮演的角色。从价值观冲突和融合的角度,又可以观察到不同社会群体、社会关系所持有的价值观在接触、碰撞中生长出的价值观混搭、融合、对应等状态对于国际关系、城乡关系、职业关系、代际关系、种族关系、阶层关系、性别关系等的影响。在此基础上,理解价值观作为人类对于共同体建设诉求的心理基础,以及在人类面对未来、共同应对危机、发展科技和建设更美好生活的过程中价值观的定向性、选择性的意义,将有助于人类更深刻地理解自己到底需要什么(参见图5-4)。

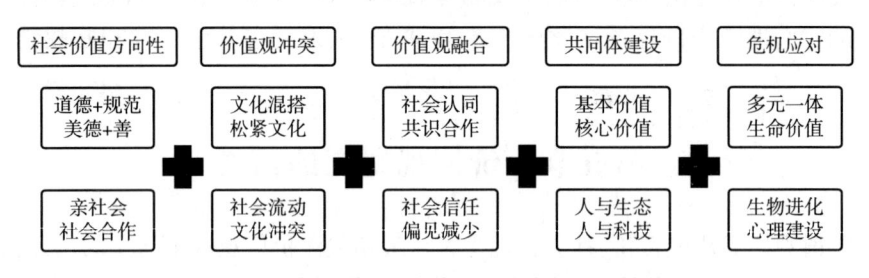

```
社会价值方向性    价值观冲突      价值观融合      共同体建设      危机应对

道德+规范        文化混搭        社会认同        基本价值        多元一体
美德+善          松紧文化        共识合作        核心价值        生命价值
   +              +               +               +
亲社会           社会流动        社会信任        人与生态        生物进化
社会合作         文化冲突        偏见减少        人与科技        心理建设
```

图5-4 价值观研究与社会心理学各研究领域关系

对中国本土文化价值观的研究,也将帮助我们更好地理解作为特有的文化心理资源的"和谐""谦虚"等价值观所具有的生命力。

专栏 5-1

杀富济贫还是杀贫济富：如何征税才能体现税收公正？

一、起征点之争：人们为什么在乎税收公正问题？

学过一些经济学知识的人都知道，税收具有调解器的功能：一方面，调节个人之间、家庭之间、地区之间、行业之间等不同群体的收入分配差距，实现社会平等；另一方面，调节人们及经济团体对于生产投入的力度或动机强度。在市场经济体制中，市场分配是根据资本、劳动、技术、财产等投入进行的。投入越多，收入也越多，遵循的是公平原则（也就是效率原则）。但是，这种收入肯定是有差距的，因为每个人的先天和后天条件不同，投入是不同的，或者说竞争的起点和机会是不同的。比如，有些人有幸获得大笔遗产；有些人智力比一般人高；有些人遇到了很好的投资机会，并且把握住了这个机会；有人不懈努力，掌握了特殊的技能等。比起那些没有特殊技能，正赶上社会动荡时代，被迫下岗或者身处底层社会，加上上有老下有小的人，前者与他们当然差距不小。而且，往往会出现一些人"锦上添花"，另一些人"雪上加霜"的状况。如果不进行收入调节，就会出现贫富两极分化，因此，政府必须通过税收这样的二次分配手段予以调节，以缩小收入差距，实现收入平等。

然而，政府在调节时会面临一个平等与效率的艰难抉择：如果政府追求平等，缩小收入差距，就可能挫伤一部分人的生产积极性。如果政府追求效率，加大收入差距，一部分有资源的人如鱼得水，而另一部分弱势群体就会感到社会不平等，挫折、愤怒、痛恨、失望和敌对的情绪也就随即产生。

政府对平等与效率的抉择也就是如何取之于民的问题。通俗地说，就是杀贫济富还是杀富济贫的问题。显而易见，税收体现着社会的公正观念，个人所得税的改革直接关涉富人和穷人、贫困地区和富裕地区人们的利益，社会中的每一个成员都会因此获益或受损。因此，其必然成为热点话题。

二、两种不同的税收公正观：人们在税收公正上的不同诉求

很多人在个税扣除标准的讨论中反对"一刀切"，另一些人则认为税法面前应该"人人平等"。一些人认为现在的起征点过高，另一些人则认为起征点过低会形成负面影响。那么，什么是公正的税收？什么是不公正的税收？

税收公正包括"税收平等"和"税收公平"两个方面，不同利益群体的诉求有所不同。一个社会需要这两方面的最佳匹配和组合，这样才能体现全社会各阶层、各地区人们的利益诉求。

什么是税收平等呢？税收平等是指税收能够体现社会平等。市场经济带来收入的差距，税收作为一种由政府进行的再分配必须缩小这一差距，使每一个人都能有基本的生活保障，这就要求通过征税，特别在个人所得税、财产税、遗产税方面让富人多缴一些税，穷人少缴一些税，体现所谓的"杀富济贫"。目前，在个税扣除标准的讨论中，一些人要求尽量提高个人所得税的免征额，就是出于让穷人尽量少缴税这个目的，如果照此办理，薪金收入低于这个标准的人就可以免征个人所得税了。

什么是税收公平呢？税收公平是指税收能够体现公平竞争，多劳多得，这实际上就是所谓的"效率原则"。它通过反对市场垄断、地区封锁、假冒伪劣来净化市场，最终实现一个优化的市场经济状况。这就要求不能够"杀富济贫"，在税收面前人人平等。例如，降低免征额，让穷人也要纳税，而且与富人一样按照收入的比例纳税。

由于中国区域发展不平衡，贫富地区同样收入的"含金量"其实不同，所以这场讨论不仅涉及起征点高低，而且涉及各地区是否统一标准的问题。有人指出，东部地区 5 000 元的月收入还不如西部地区 1 000 元的月收入。也有人认为，富裕地区就应该多纳税，让贫困地区早一点进入小康生活。因此，就出现要求贫富地区个税"一刀切"的想法。而反对"一刀切"的想法，其目的是防止让税收负担集中在富裕地区。

面对两种不同的公正诉求，如何找到一个大家都能接受和认可的办法呢？也就是说，公平与平等如何匹配？其中包含着对不同社会价值的判断。如果生产率是一个社会重要的目标，那么公平作为一个社会分配原则，其重要性就会增加；如果积极的人际关系或社会和谐是一个社会重要的目标，那么平等和需要的重要性就增加。对于一个发展中国家，这两者正如鸟之两翼、车之两轮，是不可或缺的。所以，这里就存在一个权衡问题：强调税收公平时，必须考虑到收入者的基本权利，包括生活基本费用、基本医疗保险、义务教育等，应对每一个人实行平等分配，这就是平等原则；强调平等时，必须在非基本权利方面，即发展的权利，包括荣誉、地位、职务、高消费的财物等，实行多投入多分配的公平分配，保持经济发展的活力，使中国作为发展中国家在经济全球化的背景下能够持续发展，这就是公平原则。

在当前，经济发展提高了效率，收入差距也越来越大，中国成为世界上收入差距最大的国家之一，因而导致了阶层的对立和相互的不满，所谓仇富现象就是在这个背景下产生的，也是大多数人要求提高免征额的原因所在。也就是说，多数人要求实现税收平等。所以平等应该优先于公平。然而，在强调平等优先时，不应该否定税收公平。如果简单地让富人多纳税，富人由于惧怕多征税，就可能将资金转移到国外或者消费掉而不投入市场，最终也会影响经济的发展。显而易见，仅仅实现哪一方面的公正诉求都是片面的。

三、形成社会各阶层都能够接受的税收社会公正观:分配公正、程序公正和惩罚公正不可或缺

税收公正的实现不仅依赖分配公正,而且需要有程序公正和惩罚公正来保证。因为分配公正涉及的是结果的公正与否,而结果的公正常常是不容易判断的。因此,程序是否公正就变得非常重要。一个决策是怎样做出的?依据什么?是否听取了多数人的呼声?是否考虑到弱势群体的利益?是否坚持了一个社会应该坚持的价值观和基本诉求?在纳税的问题上,人们会特别关注谁来决定纳税方式和扣除标准,纳税人的义务与权利是否相互匹配,税法是否被真正执行了,等等。

我们知道,任何规范和法则在某些情况下都会被打破。惩罚公正是人们对破坏规则的行为的反应。对破坏规则的人进行制裁是一种比其他公正感更古老、更普遍和对社会更有意义的法则。当社会规则被破坏时,被害者和观察者都会感到愤怒,他们都想责备和制裁破坏规则者。人们常常认为,对于破坏规则的人,仅仅恢复公正是不够的,还应该让他们受到惩罚。例如,一个人打了另一个人,这个人不仅要还击,而且要重重还击。一个小偷偷的钱就算被追回,失窃人仍难平心头之恨,因为失窃人遵守的社会规范受到了小偷的亵渎和破坏。对小偷进行惩罚,才能让受害者减少伤害。如果有人偷税漏税却得不到制裁,那么守法的纳税人也会感到不公正。很多人并是不简单地反对纳税的起征点高低,而是关注富人是如何富裕起来的,他们的纳税申报有没有人监督,如果有偷税漏税的情况,是否受到应有的惩罚。

可见,分配公正与程序公正、惩罚公正不能分离。这三个方面的完善是人们获得税收公正感的来源。

个人所得税是诸多税种中的一个,对贫富差别进行调节的税种还有遗产税、财产税、消费税、房产税、社会保障税等。不过,个人所得税涉及的人最多,影响最大。在实行过上千年"养儿当兵,种地纳粮,天经地义"的贡赋制度之后,中国人以现代税收公正观念来讨论个人所得税扣除标准问题,应该说是意义重大的进步,只有在改革开放的今天才可能出现。

思考题

1. 请从社会流行用语的角度举例说明价值观的变迁。例如,21世纪00年代、10年代、20年代各流行什么词汇?这些词汇反映了怎样的价值观,是否存在价值观水平的变化?

2. 有人说中国人的行为特征是一盘散沙,人人都是自顾自;也有人说中国人的行为总要顾及他人,因而是集体主义的。请说出你的判断和理由。

拓展阅读

1. 杨宜音.自我及其边界:文化价值取向角度的研究进展[J].国外社会科学,1998(6):24-28.
2. 杨国枢.中国人的价值观:社会科学观点[M].台北:桂冠图书公司,1994.

第三部分 人际的社会心理学

第六章 人际沟通

社会成员会受到人际沟通方式的影响吗?
社会成员的个人因素会影响他的人际沟通吗?
人际沟通有哪些类型?
人们会怎么选择人际沟通的方式?
影响个人人际沟通的心理、社会、文化因素有哪些?
影响人际沟通后果的个人因素有哪些?

学习要点与要求

要点： 人际沟通是在社会活动中，人们运用语言或非语言符号系统交流信息、传递感情的过程。本章介绍了人际沟通的基本模式、通道和种类、网络沟通的特征以及有效沟通策略与基本沟通技巧。

要求： ①通过对人际沟通的理解，认识信息传递如何影响人类生活的各个方面；②通过了解沟通模式、种类和特征，发现自身在人际沟通中的问题，并设法改善。

社会心理学之窗 6-1

社会交往片段

小李刚刚大学毕业，经过应聘程序来到公司上班。上班的第一天她就因为男上司的行为感到气愤和不解。经理让她来到经理办公室，房间里没有其他人在场。经理年纪很大了，一见到她，就长时间地握住她的手。她很不愿意这样与上司交往，但是有碍于上下级关系以及初来乍到而无法明示自己的不愉快。她赶忙对上司说："经理，您有什么吩咐吗？"她不知道这算不算性骚扰，自己究竟应该怎么办？（请注意，小李如何解读上司的非言语行为？她自己又是如何应对这样的行为的？）

一些病人和他们的家属曾经批评某医院"门难进，脸难看"。医院组织医护人员讨论改进医院的就医环境和服务。护士小黄因为对患者态度生硬受到批评。小黄一直不明白，究竟怎样与患者沟通才算"把患者当亲人"式的服务。她需要一直微笑吗？她并没有微笑的义务啊！（请注意，小黄如何理解医患之间的沟通？除了医疗护理上的专业工作，她需要提供怎样的一种情感服务？这种情感服务是如何体现在表情上的？小黄是如何解释这样的关系以及病人的要求的？病人和他们的家属是怎样期待的？）

在社会生活中，人与人之间的信息联系就是人际沟通。无论是慷慨陈词还是眉目传情，无论是漫不经心的举手投足还是颇具匠心的乔装打扮，无论是一唱一和还是充耳不闻，都是人际沟通的方式。人与人之间如果没有沟通，那么每一个人就是一座孤岛。只有实现了人际沟通，人的社会性才成为现实。

第一节　人际沟通的模式

一、人际沟通的基本模式

沟通是人与人相互影响的最基本方式。人际沟通(communication)是指在社会活动中，人们运用语言符号系统或非语言符号系统交流信息、传递感情的过程。

(一)五W模式

根据拉斯韦尔(Lasswell)和伯格纳(Gerbner)的观点，人际沟通主要涉及五个因素：①谁(who)；②说什么(say what)；③以什么方式(through what channel)；④对谁(to whom)；⑤产生什么影响(with what effect)。

这个模式也被称为"五W模式"。他们把沟通描述为从信息的发出开始，联结接收者的环环相扣的链条。这样的模式把人际沟通视为单向的、线性的现象。因此，在解释人际沟通本质的时候就显现出了一定的局限性。例如，在"说-听"过程中，说者自己对讲话的内容、表情、音调是自知的、可控制的。听者的表情、反应对说者也产生着影响。由此可见，人际沟通是双向性的，存在着相互影响的交流过程。

(二)人际沟通的模式

1. 编码译码模式(encoder/decoder models)。这是人际沟通的基本模式，参见图6-1。

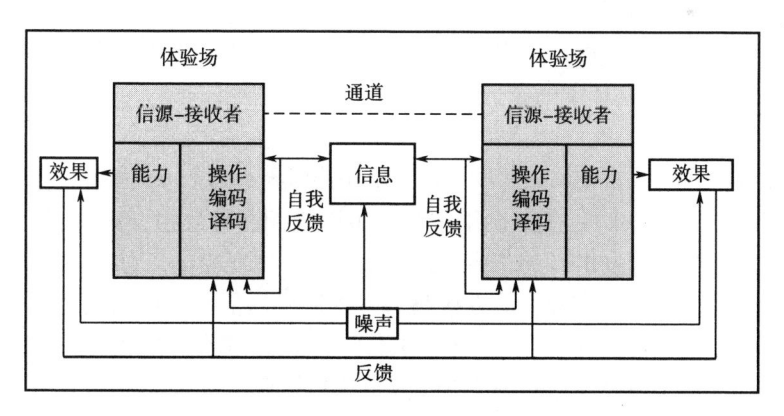

图6-1 人际沟通的基本模式

这个模式主要关注信息的流向和信息的发布与接收，并且把这些过程看成一个多重因素互动的过程。这些因素包括以下几个方面。

(1)信源-接收者(source-receiver)。信源-接收者指发送和接收信息的人。

由于每个人都一身二任,所以统称"信源-接收者"。这是信息传递过程中的两极。

(2)编码与译码(encoding-decoding)。当信息被发送过来时,接收者必须通过译码将外来的信息以自身的编码系统接收。如果接收者不能将外来的信息转换成为自己的编码系统,就成为"听琴的牛"。如果接收者拒绝译码,对方的信息发送过来后也会变成喋喋不休的无意义音节。

由于语言的障碍,人类沟通产生了很大的局限。应运而生的便是翻译这一职业和翻译软件。

编码是对信息的加工组织,其形式很丰富。例如,诗歌、音乐、电影、舞蹈、手语、绘画等都可以传递信息,而这些不同的形式也是信息编码的不同方式。

(3)能力与操作(competence and performance)。编码和译码需要具备一定的知识能力,例如对词汇的掌握、对表达习俗的了解等。

(4)信息(messages)。信息包括一切可以传递的符号或刺激。人们无时无刻不在有意或无意地发送信息。

(5)通道(channel)。通道是指信息传递的途径或方式。人们可以通过眼耳鼻舌身等感觉器官来感知和接收信息。面对面的信息传递方式往往是综合的,由说话人的口型、音调、体态、面部表情、语言等多个成分构成。多通道传递的信息比单通道传递的信息更加有效。

随着科学的发展,信息传递的工具也更加丰富。我国古代曾经使用峰燧上点燃狼烟或用快马接力传送军事情报。而现在有卫星通信、海底电缆、电视、广播、报刊、互联网、各种邮递服务、移动电话等许多种类的传递信息的技术方式,使得信息传递业已成为重要的产业。

(6)噪声(noise)。噪声指传递信息的障碍或干扰。人际沟通的噪声包括:①物理噪声,例如课堂环境嘈杂、光线暗淡、黑板没有擦干净等。②心理噪声,包括心烦意乱,接收者内心有与传入信息者相抵触的信息,如反感、保守等。③语义噪声,例如语言不同、语言歧义、俚语俗语、专门用语等。

(7)反馈(feedback)。在图6-1中我们可以看到两种反馈,其一是从信息接收者接收信息后给信息发出者的信息,这种反馈是一种双向的人际互动过程,因此,信息发出者也是信息接收者。对方接收信息的情况也是我们自我调整的依据。从对方的反馈中反观自己,而不一味地单方说个不停,才能有效地传递信息。其二是自我反馈。这种反馈是在给对方发出信息的同时,自己可以接收到自己发出的信息,自己对自己的信息发布也会形成判断,根据自己的判断,也可以发出自我调整的指令。

(8)背景(context)。背景包括信息传递的时间(场合、时间长短)、地点(光线、气温、距离)、条件(社会身份、角色、社会规范)等信息沟通过程的环境要素。

(9)体验场(field of experience)。沟通是双向的,因而沟通双方要分享体验在沟通过程中要形成共同的体验场,例如建立超越身份、年龄、知识、观点、态度差异的体验场,才可能进行有效的交流。

(10)效果(effect)。效果包括以下几个方面。

①信息传递。有研究表明,一个人除了8小时睡眠以外,其余70%的时间要用于人与人之间直接或间接的交往上。一般的沟通中,9%以书面写作的方式进行,16%以阅读的方式进行,75%以听取别人的谈话或是自己说话的方式进行。萧伯纳曾经说过,你有一个苹果,我有一个苹果,彼此交换,那么每个人只有一个苹果。如果你有一种思想,我有一种思想,彼此交换,我们每个人就有两种或两种以上思想。由此可见,信息传递具有重要意义。

②心理保健。美国心理学家曾经做过一个社会剥夺实验:将猴子置于不锈钢的房子里,隔绝猴子的一切社会交往。一段时间以后,这些猴子比起正常情况下生活的猴子具有更强的恐惧反应。友好的人际沟通可以使人通过交往保持良好的心态,感受到安全、亲密的情感和生存环境。

③保持人际关系。很显然,人际沟通是建立、保持、发展和中断人际关系的重要条件。没有交往,即便是有血缘关系的人也可能变得疏淡。交往包含正面和负面两个方向,原本不好的人际关系通过交往可能变好,原本好的人际关系通过交往也可能变坏。

2. 意图模式(intentionalist models)。与强调"信息"交流的编码/解码模式不同,意图模式强调沟通是一个交流意图的过程,信息本身是实现意图交换的载体或工具。意图模式的一个核心观点是:语言和人们意欲在听者那里产生的影响可能是不同的,即同样的一句话在不同的背景下,以不同的语气,由不同身份的人说出来所表达的意思通常差之千里。如果听者能正确地领会言说者的意思,沟通就能正常进行,否则就会遇到障碍。

3. 观点采择模式(perspective-taking models)。观点采择模式假定个体从不同的角度体验周围的世界,每个个体的经验在某种程度上依赖于他采取的特定的视角。在沟通过程中,说话者要试图采取听者的视角产生信息、传递信息和解释问题。沟通的顺畅程度取决于交流双方在多大程度上能采取对方的态度。

4. 对话模式(dialogic models)。对于前三种模式,说者的任务是产生能充分传递特定信息的话语;听者的任务是对说者的话进行加工,并通过这一过程正确识别和理解说者的意图。不过其共同的缺陷是忽略或没有足够重视沟通的互动特性。面对面的互动(或交谈)是沟通的主要形式。对话模式强调情境的作用,认为情境既是语言进化的场所,也是语言习得的场所。从互动诠释的角度看,沟通是一个实时、互动、有反应的动态连续的过程。

以上四种模式以不同的视角解释了人际沟通的特点,因而各有侧重。但是,它们都触及了人际沟通的实质。

二、人际沟通的实质

人际沟通从表面上看是信息在人们之间的传播和流动。实际上，它实现了个人与他人、个人与群体、个人与社会的相互建构。言语的或非言语的信息在编码和解码的过程中被使用者进行着意义的构筑、理解、共享、曲解、误解、消解等多重过程。作为符号传递过程，沟通是如何携带意义、创造意义的呢？从社会心理学角度看，沟通是一个解读意义的过程，也是一个建构意义的过程。在这些过程中，人与社会之间形成了互动关系，沟通双方的内心活动被联系起来，沟通双方的内心活动与社会、历史、文化也联系起来，人的社会性也被塑造出来。

以前面提到的大学毕业生小李为例。小李在与上司的初次会面中因为握手这一行为心生不快。对于握手这个举动究竟应该如何解读呢？小李是如何解读经理的行为的？小李将其解读为"性骚扰""下马威"，还是"领导热情"或者"自己受欢迎"呢？这需要根据小李的人生阅历、环境、对经理的了解、对该公司潜规则的了解等来判断。而经理打算通过这一举动传达的信息是什么呢？如果他一向用这样的风格与年轻异性下属交往，或者他处在一个特殊的环境中，结论可能会有不同。因而这不仅是一个非常依赖双方个人内心活动的过程，而且依赖沟通双方对意义的认定和共享。这种认定和共享与特定的社会文化又有着极大的关联。换言之，人际沟通需要沟通双方具备统一的或大体相近的符号系统。符号可以是语言的，也可以是非语言的。只有统一的符号及意义体系才能保证沟通的成功。

在人际沟通过程中，有可能产生特殊的沟通障碍。这种障碍与沟通渠道、符号本身无关，而是由社会、心理或文化因素造成的。由社会因素引起的沟通障碍，主要因为交流双方对交往情境缺乏统一的理解；由心理因素所造成的沟通障碍，主要由个体心理特征的差异决定；而由文化因素所引起的沟通障碍，往往是由沟通双方的文化特征（风俗习惯、宗教信仰、民族观念等）不统一引起的。

第二节 人际沟通的通道和种类

一、人际沟通的信息传播通道

追寻信息传播的过程，可以看到在人群中或者在组织中存在着的人际沟通的多种形式，参见图 6-2。

轮式沟通的特点是，人际沟通是通过中间人进行的。四周的人受到他的控制，因而对他形成依赖。四周的人很少沟通，群体气氛不协调，没有对群体的责任感。因此，人们对发布的信息的责任感会降低。手机短信或电子邮件的群发就是一种轮式沟通。Y式沟通是轮式沟通的简略形式，发布信息的对象比较少。链式沟通

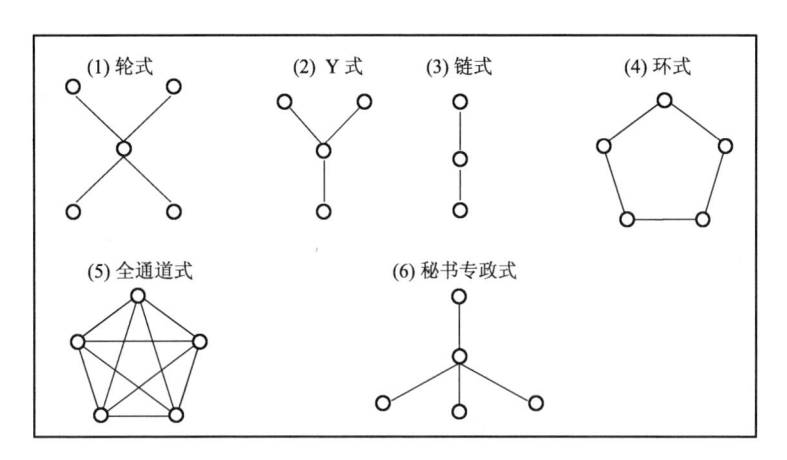

图 6-2 人际沟通的信息传播通道类型

是人际传播小道消息的典型途径。消息容易在口耳相传中出现变异,几经传播就变得面目全非。环式和全通道式沟通属于非中心形式的沟通,其特点是不需要依靠中心人物收集信息和传递信息,但是集中性和协调性比较差,气氛融洽,个体具有一定的主动性。环式沟通的缺点是收集信息困难。秘书专政式沟通在上下层信息沟通中增加了一个控制环节,即秘书"上情下达,下情上传"。这一沟通方式有较大的风险,因为秘书"一夫当关",控制了信息的传递。

二、言语沟通与非言语沟通

言语沟通是以语言为媒介的沟通。语言是文学、语言学研究的对象,而对于非言语沟通,社会心理学家有着比较多的关注和研究。

非言语沟通是以手势、身体姿态、音调、发音、节奏、音量、韵律、身体空间、触摸等言语以外的信息进行的沟通。

(一)非言语沟通的功能

1. 重复和强调言语的内容,表达其中包含的情绪。当我们强调某些要表达的内容时,我们会提高声音或者压低声音。例如,突然压低声音,说明所说的内容不宜公开,需要保密;在表示赞同的时候,人们频频点头。非言语沟通加强了言语要表达的内容,让对方更加关注和理解言语的重要性,它也帮助对方更确切地理解言语的内容。

2. 替代言语。非言语行为常常可以替代言语来进行表达。在有些情况下,不适宜用语言来进行交流,例如以鼓掌来表达赞许。旗语和裁判、乐团指挥的手势都是特殊场合下对言语的替代。有的时候,人们相互不语,双手却紧紧握在一起。有的恋人之间有了芥蒂,以相互不来往的行为替代了一种"不快"的言语表达。

3. 补充。非言语行为常常可以起到补充言语行为的作用,使我们传达给对方的信息更为完整和充分。例如,教授游泳、舞蹈或某项劳动技能时,除了用言语描述,还需要用身体语言来示范。又例如,当母亲看到孩子为一件事情痛苦难当时,会一边说着安慰他的话,一边把他拥在怀里。"拥抱"这一非言语行为所表达的内心情感往往比语言更为动人。

4. 隐匿或揭露。非言语沟通具有隐匿或揭露真实意图的作用。例如,人们用面部表情或特定的行为可以传达信息,也可以通过假扮某种表情或行为来迷惑别人。

5. 调整沟通过程。在双方交谈中,可以根据对方的非言语行为发布一些语言之外的信息。例如,通过人际距离的调整可以表示更加亲密或者更加疏远。可以边谈边做出一些动作,让对方发现一些暗示的线索。例如,有人不想继续在办公室里谈话,就一边穿外套,一边收拾公文包,做出一副准备离开的样子。此时,对方就能体会到他现在想尽快脱身。

(二) 非语言沟通的类型

1. 面部表情(facial expressions)。面部表达的内心信息是所有非言语行为中最丰富和最细腻的。达尔文在《人类和动物的情绪表达》(*The Expression of the Emotions in Men and Animals*, Darwin,1872)中强调,面部表情具有跨文化的共通性,即使处于不同文化中的人们,基本的情绪表达方式是相同的,因此,彼此之间可以根据表情正确地辨识出彼此所处的情绪状态。

艾克曼和弗里森(Ekman and Friesen,1971)将六种基本情绪表达的面孔(见图 6-3)带给从未接触过西方文化的土著部落的人们观看,让他们辨识照片中这些男人和女人的面部表情,结果发现,尽管这是美国人的照片,当地土著仍然能够准确地分辨出这些人的情绪状态。接着,他们又将当地土著的六种情绪的照片带回美国,让美国人辨识,得到了同样的准确率。于是,他们认为,人类有以下六种基本情绪表达的面部表情,这些表情是跨文化的,人们能够很快且准确地指出他们表现出来的情绪[①]。

图 6-3 中,上排从左至右为生气、恐惧和厌恶;下排从左至右为惊讶、快乐和悲伤。当然,面部表情不只有这六种。人们的情绪是非常复杂的,往往是悲喜参半、既恨又爱、又惊又喜的,因而有些情绪还需要伴随着其他言语或非言语线索才可以表达和辨别。不同情境的要求又会使面部表情受到人们的控制。这就使面部表情的辨识变得更为复杂,往往需要丰富的社会经验和敏感的内心体验能力。

不同文化深刻地影响着人们对面部表情的使用和理解。同样是快乐的情绪表达,有些文化中的特定场合就会对此有约定俗成的要求。例如,中国儒家文化要求

[①] EKMAN P,FRIESEN W V. Constants across cultures in the face and emotion[J]. Journal of personality and social psychology,1971(17):124-129.

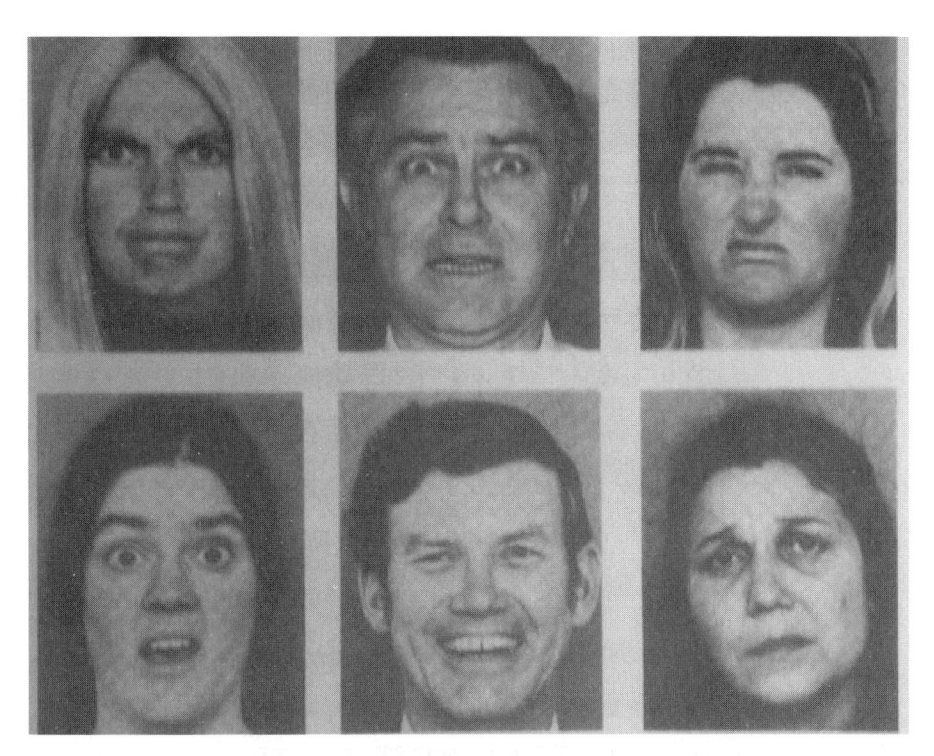

图 6-3 人类六种基本情绪表达的面部表情

女子笑不露齿。

2. 目光接触(eye contact)。目光接触与注视通常代表善意与兴趣。同样,我们对他人的目光也会很敏感。在日常生活中,我们常常用"装作没看见""回头率高""看得人发毛""两眼冒火"等来形容对他人目光的心理感受。我们也常常用与目光有关的成语来描述他人的内心特征和内心活动,如"直眉瞪眼""慈眉善目""暗送秋波"等。可见,目光接触对人际交流的作用有多么大。

3. 身体语言(body language)。身体语言包括手势(gestures)、姿势(postures)和动作(movements)。手势常常用来说明情况。例如,交通警察指挥交通有一整套规范的手势。人们使用部分或整个身体来展示内心的活动,传递信息。例如,点头哈腰、雀跃、肃立、双臂抱在胸前这些姿势传递出了不同的信息。手势、姿势常常混合使用,例如双手合十、头微微向下、眼睛微合、身体略向前倾,这样的身体语言我们通常在佛教寺庙中看到,它传达出僧人或信众的虔敬心态。

4. 服饰。在传统中国,服饰曾经按照社会地位做出规定,即所谓"人分三等,衣分五色""青衫司马""布衣之士"。现代社会,服饰作为一种文化象征也被不同社会群体或类别加以利用。例如,嬉皮士、雅皮士都各有自己的服饰特点。服饰可以帮助我们尽快地、简单地判断或发出信息。例如,上班族、学生、新郎、新娘的服饰是职业身份或者角色身份的符号,戒指则传达着婚姻状态的信息。丧礼上的丧服不仅可以表达亲属对死者的哀痛,在不同的丧葬礼俗中还表达出与死者亲缘关系的远近。服饰在国家、民族认同中也起到重要作用,不同的服饰表明了人们对本民族、本国家的认同,如图6-4所示。

图6-4 挪威的孩子们用传统服饰和国旗表明自己的国籍

5. 触摸。成人的皮肤面积约为两平方米,可以广泛地接收信息。肤觉是一切感官之母。一些低等动物缺乏感官,一切感觉均来自肤觉。皮肤能分辨刺激,最为敏感的是舌尖,其次是手指、唇、鼻尖、大脚趾、手掌、面颊、眼皮、额头、手臂、肩膀、腿、胸、颈项、背部。皮肤是人们的身体边界,因此,触碰皮肤有着社会文化的一些习俗和禁忌,需求上也有着情境和性别差异。当人们经过艰难的过程,终于取得胜利时,可能会忘乎一切地相互紧紧拥抱。这可能是平时相互之间很少有的身体接触。

6. 人际空间。美国人类学家E. T. 霍尔(E. T. Hull)创立了"表达空间学"(或"人际距离学",proxemics)。他认为,在与他人互动时,人们会下意识地运用四种距离:亲密距离、个体距离、社交距离和公共距离,参见表6-1。

表6-1 北美文化中的四种人际距离

亲密距离	50厘米以下
个体距离	50~125厘米
社交距离	125~350厘米
公共距离	350厘米以上

亲密距离一般存在于夫妻、情侣、亲密朋友之间。这样的距离便于人们轻声细语地进行语言交流和身体接触,还能闻到对方不易察觉的气味。一旦有其他人进入这样的距离所规定的范围内,人们就会感到不舒服,因感受到威胁而逃避或者做出拒绝的举动。

个体距离是一般朋友的交往距离。在这样的距离内,人们不大容易进行身体接触,但是,相互握手或者拍拍肩膀也不困难。这是一个容易进退的距离,适合朋友之间的互动。

社交距离是工作场合或其他较为正式的关系之间较多保持的距离。人们在这样的距离范围内相互不可能产生身体接触,彼此有自己的空间,也可以有相互防御的余地。

公共距离是公众场合人们保持的距离。课堂上的老师与学生、演讲者与台下的听众等都保持着这样的距离。人们在这样的距离范围内,关系较为疏远,充分的沟通相对困难一些。

人际距离有性别的差异。华东师范大学杨智良教授的研究发现,在陌生人中间,男对女平均距离为134厘米,女对女为84厘米,女对男为88厘米,男对男为106厘米。人际距离还有文化上的差异。一般而言,拉丁美洲人的人际距离比较小,欧美人、亚洲人的人际距离比较大。有些人认为,亚洲人对身体接触不太习惯,因此在冲撞性比较大的体育项目中,如足球、篮球上,成绩会比较差;而在乒乓球、羽毛球等项目上,就会发挥得比较好。图6-5显示了身体语言与人际距离。

图 6-5 身体语言与人际距离

人们对空间的要求也有方向上的差异。例如,人对前方的空间要求比较大。正前方可以给人形成压迫感,侧面可以减少压力,形成比较舒缓的关系。因此,人们在劝说、倾诉时可以选择侧面相对,而不要正面相对。而正面对人产生的压力和威慑可以用于法庭的设计中。

三、口头沟通与书面沟通

言语沟通有口头沟通和书面沟通。口头沟通方便灵活,我们可以从下面的诗中看到口头沟通的重要性。

故园东望路漫漫,双袖龙钟泪不干。
马上相逢无纸笔,凭君传语报平安。

(岑参《逢入京使》)

口头言语伴以手势、体态和表情,增加了传递信息的效果,缺点是保留的时间短暂,传递的准确性比较低。例如,在夜行军时传递的口令明明是"拉大距离",经过几十个人的口耳相传,到了队伍的后面,变成了"拉大驴"。小道消息来无踪去无影,经过人们添枝加叶,不断变形,成为流言。口头传承的民间故事、笑话、神话等往往有许多不同的版本,也是在不同讲述者口中逐渐演变的结果。

书面语言一般可以保留比较长的时间,可以反复阅读;缺点是对语言文字的依赖性大。有些先人遗留下来的文字至今没有被破译。另外,人们的文字修养不同,对语言的理解也不同。

书面语言有时也存在歧义,仅仅因断句不同,意思便会全然改变。下面就是一个例子。

无鸡鸭亦可无鱼肉亦可青菜一碟足矣。

可有两种断句:

无鸡鸭亦可,无鱼肉亦可,青菜一碟足矣。
无鸡,鸭亦可;无鱼,肉亦可;青菜一碟足矣。

现代科技的发展克服了一些口头语言或书面语言的缺点,并发展出一些口头语言与书面语言的转换工具,例如录音机、扩音机、电脑磁盘、移动硬盘、缩微胶卷等。这些新的介质可以保存口头语言,也可以为书面语言同期配音。

四、正式沟通与非正式沟通

正式沟通与非正式沟通分别应用在正式场合与非正式场合。讲课、演讲、报告、请柬都是正式沟通。闲谈、传闻、熟人之间发送的手机短信都属于非正式沟通。正式沟通与非正式沟通有一些约定俗成的规范。例如,法律文书、正式契约、公函有特定格式和用语,而一般的约定、通信就不必拘泥语句,以明白流畅为妥。

传言与流言都是一种特殊的非正式沟通方式。流言(rumor)是指来路不明、无根据的信息传播,被称为"无根之言"。在我国古籍中,"流言"二字最早见于《尚书·金縢》。蔡沈对《尚书·金縢》的注解为:"流言:无根之言,如水之流自彼而至此。"《荀子·致士》中有:"凡流言、流说、流事、流谋、流誉、流诉,不官而衡至者,君子慎。"中国20世纪40年代的社会心理学家孙本文称流言为"传闻未实之言"。

流言与谣言的区别是,谣言有明确的目的,特别是有意(恶意)发布的与事实相悖的虚假消息。流言则不一定。但是,二者都是缺乏真实或完整的事实根据的。奥尔波特和波斯特曼(Allport and Postman,1945)在《流言心理学》(*Psychology of Rumor*)一文中指出流言传播的特征有[①]以下几点。

其一,削平(leveling)。削平指把收到的信息简单化,削减细节、条件与背景信息,使得信息变得易于重复。

其二,磨尖(sharpening)。磨尖指选择和突出使信息接收者兴奋的部分信息和推测。

其三,同化(assimilation)。同化指与自己原有的经验、偏见、喜好等结合,接受流言的某些部分,同时根据接收者自己的理解和情绪,解释和加工原来的信息。

流言传播的条件是:缺乏可靠的信息来源;不安焦虑的心态背景;社会危机状态。

流言可能形成的后果是:第一,导致大范围的、持续的恐慌。所谓恐慌(panic),其程度超过焦虑(anxiety)、惧怕(fear)和恐惧(terror),并伴随有逃离动机的集群性的恐惧。第二,社会合作行为障碍。这是指流言可导致社会失去秩序,出现不该有的混乱。例如,"非典"时期,人们处于高度的紧张、压力之下,群体心理暗示、感染使情绪传递的速度非常快,因而,演变成为一种相互影响的群体行为。这时候"去个性化"的程度比较高,群体中他人的行为与情绪对个体自己的影响加大,这一区域的人的命运由于突发事件被联系起来了,这种采取与大家一致的行为就导致了抢购、传播流言的现象。从心理机制方面看,群体感染与暗示引起的是反复强化情绪的振荡与对理性的剥夺状况。

奥尔波特和波斯特曼(Allport and Postman,1945)在研究流言问题时,还研究了信息传递失真(distortion of information)现象。他们请一个人看一小段幻灯片,然后复述给第二个人,然后依次传递下去。到第五个人那里,仅剩下 30% 的原始信息。

专栏6-1

小道消息·社会恐慌·社会支持

在对人形成重大危机的突发事件到来之际,人们出于自我保护的本能和了解事情真相、形成判断和行为反应的本能,十分渴望得到充分的信息。假如在这时正

---

① ALLPORT G W, POSTMAN L J. Psychology of rumor[J]. Transations of the New York academy of sciences,1945(8):61-81.

式渠道的组织沟通与大众传媒沟通缺乏或失真,就会造成一个信息真空。对于渴求信息的个人来说,弥补信息缺失的办法就是采集来自他人的非正式信息,并且提供给同样渴望信息的他人,这就是通常所说的"小道消息"不胫而走的原因。

"小道消息"是通过人际方式传递的信息,这种传递的特点是容易使信息在复制过程中失真、变形。生活中这样的事例不算少。我们常常在晚会上做这样的游戏,一句话通过口耳相传、三传五传,就变得面目全非,令人捧腹。在传递小道消息的过程中,人们首先要简化所收到的信息,还会因人而异地或对它添油加醋,或对它轻描淡写,突出传播者自己认为有价值的信息。在这一过程中,就会出现信息的变形。

小道消息传播不仅容易使信息失真,在不明灾难来临时,这种传递方式还最容易把传递信息者个人的恐惧、不安等情绪融入传递过程中。因此,每一个听到小道消息的人同时是这一信息的复制者、加工者和传播者。个人的判断、感受、应对决策、行为反应都会对收到的信息进行重新组织。

在现代信息社会,小道消息的影响力已经今非昔比,一个城市一天就会有几千万条手机短信参与人际信息加工、传播的大军之中,早已超过了"一传十,十传百"的传播速度。于是,情绪的扩散、振荡、强化,使情绪从焦虑、恐惧到恐慌的升级就会在小道消息传播中越演越烈。从一个人那里听来消息,听者可能还会保持理性的判断,但是如果铺天盖地的小道消息都在传递一种情绪,人们就很难保持冷静,就会乱了方寸,最终导致社会恐慌的出现。而社会恐慌出现后,整个社会就会变得盲目、焦急不安、秩序混乱,无法进行应有的各种社会合作,包括完成在社会分工基础上的合作任务、服从社会权威、维护社会秩序等。

在面对如"非典""新冠"这样的突发事件时,个人不容易得到完整、准确的专业和宏观的信息,也不容易获得正确和恰当的应对知识。如果政府方面的正式信息渠道介入过晚,媒体粉饰太平、瞒报虚报甚至扭曲信息,就会导致官方的公信度降低,人们就觉得事情严重,需要分担、释放和消解恐慌,也就会依赖小道消息。

小道消息是不是只有负面作用呢?社会心理学的研究告诉我们,人们在社会生活中会逐渐建立起自己的危机应对系统,这就是"社会支持网络"(social support network)。社会支持网络一般由家人、亲属、邻里、同事、同学、朋友构成,为人们提供亲情、物质和信息上的支持,分担困苦和共渡难关。小道消息往往是在社会支持网络中传播的,它体现着人与人之间的信任、关爱和支持。小道消息的来源也因此被接收者所信任,其中的消息会起到质疑、补充正式渠道消息的作用。所以,如果小道消息的接收者和传播者能够在接收信息后对信息进行理性的、客观的分析,剔除不合理的成分,将自己适度的焦虑、积极乐观的情绪、发自内心的关爱和理性的分析融入发布的信息之中,利用人际信息传递的特点,将使信息的传播更有个性和情绪感染力。

当社会突发事件出现后，每个人都与整个社会息息相关，人们依赖的人际支持系统已经不足以抵御灾害，此时此刻，人们会意识到自己是整个社会的一员，自己的社会支持系统必须扩大，因此需要获得来自政府、各种组织和陌生人的救助，也需要参与救助他人。小道消息在这时可以与正式信息渠道衔接起来。例如，向公众表示自己的感触、分析和决定，传递自己的思考、信心，提出意见与建议，监督批评政府和专业技术机构，等等。

政府和媒体应该看到小道消息盛传的原因，针对小道消息不同的目的和性质区别对待，倾听民众的呼声，了解民众的心态，以降低传言的负面作用，发挥小道消息的积极作用。

新媒体时代，每个人都可以成为信息的采集、编辑和发布者，传播的广度已经与昔日的口耳相传形成天壤之别。新媒体背景下的网络沟通成为值得研究的新课题。

第三节　新媒体背景下的网络沟通

"新媒体"（new media）作为一个发展性概念，在不同时期有着不同的含义。新媒体是指一种继报刊、广播、电视等传统媒体之后发展起来的，以数字信息技术为支撑，以互联网、卫星网络、移动通信等为运作平台或渠道，以多媒体为信息呈现方式的新媒体形态。常见的新媒体形态主要有网络新媒体（例如门户网站、虚拟社区、电子邮件、即时通信、博客、微博等）、移动新媒体（例如以智能手机、平板电脑及其他移动设备为运作平台的短信、彩信、微信、报纸、电视等）、新型电视媒体（例如楼宇电视、公交电视、地铁电视、火车电视等）等。

就目前来看，固移一体的融合型宽带网络已成为各种新媒体（特别是移动新媒体）赖以依托的共同平台；终端移动性已成为新媒体发展的重要趋势。互联网应用大体上可以分为四类，即基础应用类应用（包括即时通信、搜索引擎、网络新闻、远程办公等）、商务交易类应用（包括网络购物、网上外卖、网络支付、旅行预订等）、网络娱乐类应用（包括网络游戏、网络音乐、网络文学、网络视频、网络直播等），以及公共服务类应用（包括网约车、在线教育、在线医疗等）。

网络新媒体与移动新媒体的普及及广泛使用正深刻改变着我们的生活方式，特别是沟通方式。正是在这样一个背景下，一种崭新的社会形态——网络社会——日渐成型。环顾一下我们大多数人的日常生活就不难发现，网络已经成了一个不可或缺的社会场域，与现实中的社会场域紧密交织在一起（为示区分，我们可以称前者为"网络社会"，后者为"现实社会"）。对我们大多数人来说，生活展开的过程在很大程度上就是在"线上"与"线下"两种社会场域之间进行转换的过程，即每天都要定时或不定时地、连续或间断性地选择使用固定网络或移动网络，以这样或那样的方式来休闲娱乐或与人沟通交流,例如在线购物、炒股、听音乐、看电影、看电视剧、看新闻、玩游戏、刷微博、刷微信朋友圈、与人聊天、参与会议、聆听讲座、收发邮件、浏览短视频、制作并发布自己所创作的短视频、在论坛中发起或参与某一话题的讨论等。从社会心理学的角度来看,网络社会已经成了一个重要的心理社会空间,在这一空间中,我们可以能动地进行自我呈现、自我建构,而网络沟通作为一种新兴的人际沟通形态,则为此提供了必不可少的支撑。那么,何谓网络沟通呢?我们将之定义为:人们以基于固定互联网的网络媒体(包括门户网站、行业网站、企业网站、政府网站、个人网站等)或基于移动互联网的网络新媒体(包括微信、微博、抖音等)为平台,以一对一(one to one)、一对多(one to many)或多对多(many to many)为形式,与他人所进行的实时性或非实时性的交互性沟通。下面就对网络沟通的具体特征以及其符号体系进行简要介绍。

一、网络沟通的具体特征

(一)超时空性

超时空性(或"时空分离性")是指人们可以借由网络,在沟通中超越时空的阻隔与限制,自由自在地进行互动交流。这一特征之所以存在,原因是网络媒体或新媒体的出现"从根本上打破了物理空间与社会空间之间的联结,使得物理位置(physical location)对于我们的社会关系的重要性大为降低"(Croteau and Hoynes, 2013)。回顾各种网络新媒体或移动新媒体尚未问世的年代,人际沟通及与之相伴随的个人性体验往往会限于一时一地。随着各种网络媒体或新媒体的普及及广泛应用,人际沟通才真正实现了时空的分离,越来越成为一件随心所欲的事情。例如,尽管同学或朋友远涉重洋,留学国外,但仍可以通过使用诸如 Skype、微信等即时通信软件进行沟通交流;只要有信号可用,从事远足、旅游、探险或科考活动的人士可随时随地在微信、微博,以及抖音、快手、哔哩哔哩(B 站)等短视频平台中分享自己的行程动态;分散在全国或全球各地、彼此未曾晤面的人们可以基于共同的兴趣和需求在网络平台上结群聚集。

(二)匿名性

匿名性(或"虚拟性")是指人们在网络沟通中可以凭借某一特定代号暂时性地隐匿其在真实世界中的部分或全部身份和特征。换言之,人们在网络沟通中可以相对自由地建构自己的身份,从而以某种虚拟的形象和身份与他人进行沟通交流。与此相对,在现实社会中,我们每一个人都有着确切的身份,它既可以是先天既定的,也可以是后天获致的。无论前者还是后者,社会都会基于这一身份对个人行为给予相应的期待,即所谓角色。人们正是在这种身份认同及社会期待的引导下展开自己的生活的。应当指出的是,在实际的网络沟通中,这一特征未必永久性地存续下去,例如,与现实生活中的实际群体相交叠的微信群就不具有匿名性特征。

(三) 自媒体性

自媒体性是指人们作为"个体传播主体",在网络沟通中能够利用以个人网站、微博、抖音、知乎、微信公众平台、今日头条号、小红书为代表的网络媒体或新媒体自主地进行信息发布,分享知识、新闻及自身的经历。诸如"甘德怀事件""温州动车事故""5·12汶川地震""重庆森林火灾""9·5泸定地震""新冠疫情防控"等社会事件背景下的微博、微信或短视频平台传播,诸如"罗辑思维""红燕来了""罗翔说刑法""不刷题的吴姥姥"等知名自媒体的不断涌现,以及为数不少的微信公众平台的成功开发与运营,足以表明网络沟通具有自媒体性特征。简单地讲,即便你并未利用诸如微博、微信、抖音之类的网络媒体或新媒体进行商业运营,但只要进行自主信息发布,你就已不仅是一名受众,还是积极进行自我呈现与自我建构的个体传播主体,那么,由此产生的网络沟通无疑具有自媒体性。从一定意义上讲,网络沟通的自媒体性特征在当前转型期迎合了个体崛起之势,它为草根阶层的身份建构以及社会参与降低了门槛,拓展了渠道。网络沟通的自媒体性在一定程度上可视为网络社会与现实社会彼此交叠、相互影响的一个表征。

(四) 开放性

开放性是指由于在网络空间中缺少诸如性别、年龄、相貌、种族以及社会地位等方面的可视特征(不能简单地理解为"匿名性"),人们在身体"缺席"的网络沟通中能够以一种更为大胆开放的心态与人进行沟通交流。这也是我们大多数人更愿意通过使用电子邮件、短信、微信与重要他人(例如领导)进行沟通交流的一个原因。就当前社会而言,如果说现实社会更多地以上下结构为主导,那么可以说网络社会则更多地以扁平结构为主导,这意味着同一个人在两个不同场域可能会有着不同的心态。进一步讲,网络沟通的开放性决定了网络社会中的社群(以下称"网络社群")并没有一个坚实而清晰的边界,这是网络社会与现实社会的差异之一。一般来说,网络社群的进入门槛相对较低,有的甚至就没有任何门槛限制,因此你可以基于自身的兴趣爱好、价值取向或社会认同相对自由地加入特定网络社群。

(五) 交互性

交互性是指网络沟通不仅能够实现便捷易用的人机交互,在此基础上还能够实现多样化的人际交互,即"一对一""一对多""多对多"。以"QQ空间"为例,该平台在向受众呈现好友新近更新的个人动态的同时,会通过人机交互告知彼此之间的亲密度及共同好友人数,以及他/她的哪些好友对其动态做出了什么样的评价,更有意思的是,它还会向受众呈现哪些好友关注了自己空间中的什么内容。在这样一种人机交互下,受众可根据实际需要灵活地对好友动态进行回应:或选择以"秘密评论"的方式进行"一对一"的互动,或选择以"我也说一句"的方式参与"一对多"的互动;或选择以"转发"的方式进行"多对多"的互动。与此同时,还可以回馈性地对那些关注自己的好友的空间进行关注。

二、网络沟通的符号体系

网络沟通与现实生活中面对面的直接互动不同，毕竟参与网络互动（或沟通）的任何一方所面对的无不是一台冰冷的计算机终端，其喜怒哀乐终究不能随同信息一起被传输至另一方。为了克服这一缺陷，更好地表情达意，人们创制出了在网络社会中被广泛使用的一整套符号体系。该符号体系主要包括网络语言、网络语气词及网络表情符号等。

（一）网络语言

网络语言是指在网络空间广为流行的语言，例如菜鸟、路过、粉丝、FT 等。这些网络语言并不是无源之水，它们总与现实社会中的语言有着这样或那样的联系。这些网络语言实际上是众多网民在现有语言的基础上采用简缩、拆分、合字、谐音、音译、比喻、引申、象形等手法进行的一种再创造，这一创造极大地方便了人们的网络沟通。为了更好地理解这一点，现举例如下：

1. 简缩。例如："BBS"就是"bulletin board system"的简缩，指"电子公告板系统"（国内统称"论坛"）；"ft"就是"faint"的简缩，指"晕"；"RPWT"就是"人品问题"的简缩；"PMPMP"就是"拼命拍马屁"的简缩；"何弃疗"是"为何放弃治疗"的简缩；"人艰不拆"是"人生已经如此艰难，有些事情就不要拆穿"的简缩；"不明觉厉"是"虽然不明白你在说什么，但是听起来感觉很厉害的样子"的简缩；"高大上"是"高端大气上档次"的简缩；"爷青结"是"爷的青春结束了"的简缩；"emo"是"emotion"的简缩，指代"抑郁了"；"九漏鱼"是"九年义务教育漏网之鱼"的简缩；"awsl"是"啊，我死了"的简缩（用以表达惊讶、兴奋、快乐等情绪）；"yyds"是"永远的神"的简缩；等等。这些减缩又会在使用中出现含义的转义和引申等。

2. 拆分。例如："弓虽"源于对"强"字的拆分；"女子"源于对"好"字的拆分。

3. 合字。例如："槑"（音同"梅"）系由两个"呆"合并而来（用以形容人很傻、很天真）；"壕"（音同"豪"）系由"土豪"一词中的"土""豪"两个字合并而来；"鎓"（音同"物"）系由"沃金"一词中的"沃""金"两个字合并而来（特指网游《魔兽世界》中的"沃金"这一角色）；等等。

4. 谐音。例如："斑竹"作为"版主"的谐音，特指 BBS 中某一版区的管理员；"大虾"作为"大侠"的谐音，特指网龄比较长的"资深"网虫，或者在电脑技术或文笔水平等方面特别出众且人缘较好的人；"54"作为"无视"的谐音，常被网民用于表达对他人的格外不屑；"集美"作为"姐妹"的谐音，常被女网民用作表达亲切的互称；"夺笋啊"作为"多损啊"的谐音，多被网民用于调侃对方开玩笑"直击要害"，说话一针见血；"蚌埠住了"作为"绷不住了"的谐音，常被网民用于表达自己在情感上受到较大冲击，快要撑不住了；"耗子尾汁"作为"好自为之"的谐音，常被网民用于劝诫他人,让他人自己看着办;等等。这些网络语言大多带有一定搞怪、自嘲或戏谑的意味。

5. 音译。例如:"粉丝"系由"fans"音译而来,特指某人的崇拜者;"博客"系由"BLOG"音译而来,特指一种网络共享空间等;"瑞思拜"系由"respect"音译而来,常被网民用于表达"厉害了,我很佩服"之意;"栓Q"系由"thank you"音译而来,常被网民用于表达"谢谢"或"很无语"之意;等等。这些形式简短且能够引发特定联想的网络语言极易为人们所记忆、传播。

6. 比喻。例如:以"灌水"喻指在BBS中发帖、回帖;借由"纯净水"(或水蒸气)喻指无任何实质性内容的发帖或回帖;以"潜水"喻指经常出入BBS,但不发帖只看帖子的行为;以"小趴菜"喻指实力不行的人;以"恐龙"喻指长相不好看的女孩;以"青蛙"喻指长相不好看的男孩;以"6馍"(安徽话)喻指男人的心忽冷忽热;以"舔狗"喻指(像狗一样)毫无底线地讨好他人;以"舔猫"喻指(像猫一样)讨好他人,但可以随时选择离开;等等。这些网络语言生动形象,它们因建立在一定的社会共识基础之上,也较易为对方所理解。

7. 引申。例如:以"寒"表达敬畏之意;以"闪"表达离开之意;以"硬核"(译自英文单词"hardcore")表达"很厉害""很彪悍""很强硬"之意;以"C位"(源自英文单词"center")指称各种场合中最为重要、最受关注的位置;以"佛系"指称无欲无求、不争不抢、不求输赢的人生态度[①];等等。

8. 象形。这一创造手法的运用多见于中国台湾地区网民偏好使用的火星文,例如:以"Orz"表示跪拜(五体投地);以"很S"表示某人说话拐弯抹角;以"种草莓"形容接吻;等等。由此可见,这种手法创造出的网络语言较为委婉,可借此淡化语言中可能带有的贬义或消极意味,以避免人际沟通中的尴尬与唐突,并能在特定语境下起到一种幽默讽刺的作用。该创造手法在大陆网民使用的网络用语中也很常见。例如:以"999"手势表示"6翻了";以"狼人"表示"比狠人多一点"(意指比狠人还狠的人);等等。

网络语言的创制源于现实生活,但其在很大程度上迎合了人们在网络空间中表情达意的需要。事实上,部分网络语言也往往会传入现实社会,出现在人们的日常言谈之中,例如"晕""faint""闪""佛系""C位""yyds"等。无论是网络语言在网络沟通中的普遍使用还是部分网络语言传入现实社会并被广为使用,它们都可视作一种流行。那么,这一社会现象背后潜隐的社会心理动机主要涉及以下两种。

第一,求异与求同的动机。人一般都有两种社会心理动机——"求异于人,以彰显个性"与"求同于人,以寻求归属"。这两种社会心理动机的此消彼长在很大程度上推动人们对新异事物的追求。这里的新异事物不仅包括以上所讲的网络语

---

① 汉语盘点:2018年十大网络用语发布。

言,也包括下面要讲的网络语气词、网络表情符号。

第二,认同建构的动机。青少年是网络或移动新媒体的使用主体。以青少年为典型代表的亚文化群体为建构一种自我认同,对现有的种种形式束缚多有一种反叛倾向,他们往往会通过创制出属于自己的符号体系(包括网络用语、日常用语、衣着装扮、兴趣爱好等),以求与其他群体(尤其是儿童群体与成人群体)形成鲜明区隔,从而界定自己所属群体的边界。

(二)网络语气词

现今在网络社会中广为流传的语气词主要有"哇"(中性化,带有吃惊、调侃的意味)、"哟"(偏女性化,带有调侃、吃惊或挑逗的意味)、"吧"(中性词,带有依从或建议的意味)、"嗯"(偏女性化,既有应和或敷衍对方的意味,又可传达女性特有的温柔)、"哦"(中性化,应和或敷衍对方)、"呢"(中性化,表达一种亲昵感)、"呀"(偏女性化,可借此传达女性特有的温柔)、"了啦"(偏女性化,带有嗔怪、撒娇的意味)、"的啦"(中性化,带有油滑、调侃的意味)等①。

同现实生活中的语气词一样,网络语气词作为一种虚词,虽不具有实质性意义,但能够辅助其他语言的使用,生动形象地表情达意。再者,从其使用的性别偏向来看,网络语气词于无形之中透射出了现实社会对性别角色的建构。

(三)网络表情符号

为了更好地表情达意,人们在网络互动中也发展出了一套表情符号,用以支持相互之间的沟通。常见的网络表情符号见表6-2。

表6-2 网络表情

网络言情	含义	网络言情	含义	网络言情	含义
:)	表示开玩笑的意思	:D	非常高兴地张嘴大笑	;)	眨眼睛笑
:|	抿着嘴唇笑	:]	傻笑	:-	难过的时候苦笑
~~:-(	极度愤怒,要爆炸了	:O	哇……	:<	难过的时候苦笑
:~)	笑出眼泪来了	~~>_<~~	大声哭、用力哭	(:-……	哇!好心碎哟
:-)	最基本的笑脸	:-D	非常高兴地张嘴大笑	;-)	眨眼睛笑
:9	舌头舔着嘴唇地笑	(:)-)	戴着潜水镜在偷笑	>:-	眉毛都竖起来了,我怕
(:-&	像是在生谁的气	|-D	呵呵笑	:~)	喜极而泣
|-)	笑得看不到眼睛	:-O	非常高兴地张嘴大笑	:-7	火冒三丈
(:-*	Kiss	^_<@_@	挤眉眼	:-?	抽烟斗

---

① 网络语气词[EB/OL].(2007-12-28)[2023-02-10]. http://www.69699.org/viewthread.php?tid=202522,2007-12-28.

续表

网络言情	含义	网络言情	含义	网络言情	含义
:-Q	吐舌头	>>d (ˊ_ˋ) b<<	戴着耳机正在听音乐	[:-)	戴着耳机在听音乐
:-P	吐舌头	:-x	嘴巴被封起来了	@%$%&	骂人的话
\(^o^)/	举手欢呼	p(^o^)q	双手握拳	>>@()@	鱼儿水中游
(:^(	鼻子被打歪了	:-\	媚眼，又撇嘴角	>-r	他在跟你扮鬼脸

资料来源：QQ表情大全［EB/OL］．（2007-12-28）［2023-02-10］．http：//www.wen8.net.

从表6-2可以看出，网络表情符号实质是对人们在现实生活中表情活动的简单描摹。从某种意义上来说，网络社会虽具有一定虚拟性，但它在很大程度上与现实社会具有一定同构性。事实上，这也是可以理解的，网络社会与现实社会毕竟都是由人类所创造出来的。

第四节 有效沟通的策略与技巧

相关研究表明，一个正常人每天在人际沟通上要花费60%~80%的时间，这其中包括见面打招呼、与人闲聊、打电话、发短信或电子邮件、参加会议、走亲访友等。同样，处理因人际沟通不畅或偏误所导致的人际摩擦也是最浪费时间的事情。无论是对个人还是对组织来说，有效沟通都是成功的重要保证。

一、有效沟通策略

有效沟通策略可以概括为：知彼知己，灵活应变。其中，知彼是一个对沟通客体（可以是个体，也可以是群体）进行精准分析的过程。这一分析过程旨在了解沟通对象的知识背景（学历、文化层次、专业背景）、心理特点（价值观、思维方式、工作风格、开放程度）及其在沟通问题上所持有的看法或态度（支持、中立或反对）等。知己是一个参照沟通对象进行自我定位的过程，它多涉及以下几个方面。

第一，我是谁？相比沟通对象，我处在怎样一个位置（社会地位）上？

第二，沟通对象对我的认同程度怎样，我对其有何影响力（职位权力或个人权力）？

第三，我自己对问题看法的客观程度如何？对目标问题考虑的深入程度和系统程度如何？它是否具备说服力？

第四，在沟通对象看来，我所欲传递的信息会有多大可信度？

在知彼知己之后，沟通主体就可以据此确定自己所应传递的信息内容、信息结构及相应的语言表达风格。其中，信息内容所关涉的是"我该传递什么信息"，即究竟站在对方的角度来分析问题还是较为客观中立地就事论事,抑或通过自我表露向对方讲述一些亲身经历。信息结构所关涉的是"我该怎样组织安排自己所欲传递的信息",即究竟从客观情况描述入手引出一般性看法,进而向沟通对象"灌输",还是"开门见山"地直接提出自己的看法;或循序渐进,展开正反两方面论述,引导对方做出判断等。语言表达风格则关涉的是"在语言上应以什么样的风格来与对方进行沟通",究竟以义正词严、声色俱厉的表达风格来与对方沟通,还是以言辞平和、表情平淡的表达风格来与对方沟通等。在确定所欲传递的信息内容及其结构之后,沟通主体就要考虑选择何种沟通渠道,参见图6-6。

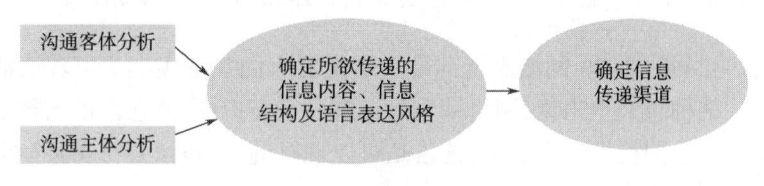

图 6-6 沟通策略分析

显而易见,人们在人际沟通能力上是存有差异的。在现实生活中,总会有一部分人擅长与形形色色的人打交道,这足以说明他们较其他人更善于与人沟通。斯奈德(Snyder,1979)就曾在其研究中确认出了一种与之密切关联的人格特质——自我监控(self-monitoring)。这一人格特质所反映的是个体根据其所处情境来监控、改变自己行为的一种心理倾向性。研究认为,人的自我监控力越高,他对情境性或人际性线索的响应速度就越快,即其具有较强的应变能力,能够在较短的时间内调整自己的心理与行为来适应外在情境的变化。与此相对,人的自我监控力越低,他对情境性或人际性线索的响应速度就越慢,其行为往往反映的是自己的态度及价值观。斯奈德、甘格斯坦德和辛普森(Snyder, Gangestad, and Simpson,1983)也曾在其实验研究中证实了自我监控与友谊之间的关系。在该实验中,高自我监控者与低自我监控者均有机会从一个不太受喜欢的乒乓球专家(同被试是朋友)与一个颇受喜欢但不是很擅长体育运动的朋友中选出一人,一同参与体育活动。结果发现,高自我监控者从中选择了那位专家朋友,而低自我监控者始终如一地选择了他们所喜欢的那位并不擅长运动的朋友。由此可推知,高自我监控者的选择是以外在情境为导向的,其更为关注的是朋友与活动情境的匹配程度。而低自我监控者的选择则是以内在自我为导向的,即以自己的态度为标准来进行选择。

二、基本沟通技巧

在沟通这一双向互动的过程中,其中的参与者互为传递者、接收者,即任何一方既要接收另一方传递过来的信息,基于自己已有的知识、经验对此建构起相应的理解,又要将自己由此做出的认知反应与情感反应反馈给另一方。通俗而言,人际沟通就是一个对话的过程。所谓的有效沟通,最终要归于"会听"与"能说"。这实际上也就是我们在这里所要讲的两种基本技巧——倾听与自我表露。

(一)倾听

倾听是一个积极接收对方传递的信息并加以充分理解的主动过程,它不同于被动地"听",要求沟通的参与者有着更多的自我卷入。这里的自我卷入不仅包括自己的知觉、态度、信仰,还包括自己的感情及直觉等。倾听的意义就在于:一方面能够更好地帮助听者厘清被听者的所言及所感,以便做出最佳的应对;另一方面则能够向被听者展示自己尊重、关注、分享对方所言的良好姿态,从而使双方的心理气氛更为融洽,促进彼此之间的深入沟通。总之,对沟通的参与者,倾听主要具有以下作用:博取他人的好感;了解与掌握有关信息;探清虚实,抓住对方弱点,以求有所准备;为自己寻找更为恰当的表达时机。

倾听并非易事,在日常人际沟通中经常会存在一些障碍性因素,或轻或重地阻碍了人们的倾听。这些障碍性因素可划归为三类。

1. 环境干扰。环境对人的听觉及其心理活动有重要影响。具体而言,环境中的声音、气味、光线以及色彩、布局,都会影响到人的注意力与感知。布局杂乱、声音嘈杂的环境将会导致信息接收的缺损。例如,你很难在一个人声鼎沸、觥筹交错的宴会上平心静气地去听一位朋友倾诉自己的往事。

2. 信息质量低下。在现实生活中,人际沟通并不总能够传递有效信息。这主要有以下两种情况。一种情况是,参与沟通的双方相互不满,以致在沟通过程中言辞过激或有过多的抱怨,甚至相互敌视。在这样的情况下,参与沟通的双方在愤怒、敌对等不良情绪的搅扰下往往难以传递出高质量的信息,这必然会影响到倾听的效果。事实上,这会使两人之间的矛盾冲突随之加剧。另一种情况是,参与沟通的一方或双方表达能力较差或缺乏表达的愿望。

3. 倾听者主观障碍。在人际沟通过程中,沟通参与者的一些主观因素同样会影响倾听的实现,进而导致沟通效率低下。这些主观因素主要包括个人偏见和以自我为中心的沟通方式。

在实际的人际沟通中,应如何克服这些主客观因素对倾听所可能造成的不利影响呢?以下是几点可供参考的建议。

第一,选择一个有利于倾听的安静、宽松的环境,让对方处于一种身心放松的状态。

第二,尽心倾听,不要轻易抢话或打断对方的讲述。由此可在充分掌握信息的基础上做出更为全面而准确的回应。总之,在倾听的过程中,一定要将注意力贯注在对方的言谈上,及时捕捉对方言谈所透露出的关键信息,准确把握其弦外之音或叙事脉络,从而了解对方是如何思考与看待相关问题的,以及其叙事模式背后的逻辑是什么。

第三,在积极关注对方言谈内容的同时,还要仔细观察对方的非言语表情,比如面部表情、眼神、姿势、动作等,从中可获取到丰富的非理性的情感或情绪信息,进而实现对对方的态度、情感或情绪更为精准的了解。这些信息通常是言语符号所难以承载的,它们也因此往往能够反映出人们最为真实的心理感受和最为内在的心理需求。

第四,在人际沟通过程中,要注意与对方的目光交流。适度的目光交流无形之中向对方示以积极关注,让对方感觉你确实对其讲述的内容感兴趣。相反,目光游移则往往会被对方看作心不在焉的表现。除了要进行目光交流,对对方的言谈还要适时、适度地做出回应,回应的目的主要在于鼓励或引导对方继续深入。这里的回应既可以是点头、微笑、拍肩膀等非言语的回应,也可以是言语回应。

第五,有效沟通应该围绕着焦点问题来展开。我们经常会遇到这样一个现象,两个人在沟通时东拉西扯,不着边际,最后要么绕回原点,要么离题越来越远。这就是没能抓住焦点问题或抓住焦点问题却未能做到收放有度的缘故。

(二)自我表露

自我表露(self-disclosure)也是有效沟通的一种重要技巧。它是指个体有意或无意地向他人披露自己内心的感受或一些鲜为人知的事实真相。这一概念最早是由著名人本主义心理学家西尼·朱拉德(Sidney Jourard)在1958年提出来的。他认为,自我表露既是健康人格的表现,也是自我调节的有效方法。一个人之所以能够自由地向别人披露自己的信息,因为他本身是一个心理健康的人,而自我表露反过来又能促进心理健康,即自我表露和个人主观幸福感之间具有双向的因果关系。

从其内容来看,自我表露既可以是描述性的表露(descriptive disclosure),即向他人披露一些与自己有关的事实,也可以是评估性的表露(evaluative disclosure),即向他人披露自己的意见和感受。一般来说,自我表露通常具有以下六种功能。

1. 宣泄(lead off)。我们总会在生活中遇到这样或那样的不尽如人意的事情,比如失恋、成绩下降、与人发生争执等,这些事情在给我们的适应(包括心理与行为两个层面上的适应)造成一定压力的同时,也会搅扰我们的情绪,从而使一些不良情绪积郁下来,导致一定程度的身心紧张。为此,我们往往会自觉或不自觉地选择一些颇有安全感的宣泄渠道,纾解自身的压力及与之相伴的负面情绪。其中一个重要的渠道便是在人际沟通中适时、适度地进行自我表露。我们每一个人都或多或少地有"一吐为快"的体会,即在向关系亲密、彼此信赖的同学、朋友或同事倾诉自己所遇到的一些烦扰之后,往往会感到心情舒畅。

2. 应对能力(coping abilities)。自我表露除了可以宣泄负面情绪之外,也可以用来帮助个体降低或消除内疚感或罪恶感。比如，2007年《南方周末》在其文化副刊中所推出的一档被冠名为"说吧，我的内疚"的栏目，为人们提供了一个自我表露的言论空间，以供人们通过撰文来追忆、痛思旧事，为当年的所作所为忏悔。事实表明，这一栏目颇受人们的欢迎。人们竞相在这里发文进行自我表露，以降低或消除自己的某种内疚感或罪恶感，来寻求心灵的解脱。

3. 自我澄清（self clarification）。自我表露是一个向外敞开自我、探索自我的过程，他人针对自我表露所做的反馈性评价将有助于自我澄清。具体而言，自我表露不仅使他人更加了解自己，又使自己能够采借他人的视角来重新诠释自己的行为，由此增进对自我的认识，特别是对相互矛盾的自我概念的信息进行辨析，从而获得统一和完整的自我概念。

4. 社会证实（social validation）。有些时候，我们对自己所持有的看法或观点并不自信——不知它是否正确，希望能够通过一定程度的表露来了解他人的具体评价。如果他人支持我们所表露出来的看法或观点，那么，我们的自信心就会因此而得到提升。反之，我们则会根据他人的评价来对自己进行修正。

5. 社会控制（social control）。社会控制实际上是个体以自我表露为手段所进行的印象整饰或印象管理，即个体通过有目的、有选择地向他人进行自我表露，来操控其对自己形成良好印象的过程。事实上，在这一印象整饰过程中，个体不仅会有所彰显，也会有所隐匿，甚至还有可能会进行虚构。例如，一个男孩为了给自己心仪已久的女孩留下良好的印象，在聊天中特地向其披露一些能够展现自己优秀品质的人生经历。与此同时，他尽力隐藏起对己不利的信息。

6. 关系发展（relations development）。人际关系的建立不是一蹴而就的，由彼此相识到发展成为亲密的朋友往往需要一个过程。研究与实践均已表明，适时、适度的自我表露在这一过程中发挥着重要作用，因为这些人际关系的建立在很大程度上取决于心理上的相互接纳。而心理上的相互接纳则是以自我表露为前提的。可以想象，如果一个人在人际交往中怯于或无意进行自我表露，那么，他也很难赢得对方的自我表露，这就意味着两人关系的发展至多停留在表面接触，而难以深入。与此相反，如果一个人在人际交往中能够适时、适度地进行自我表露，那么，他会引起对方的反响，并由此推动其进行自我表露。这一正向循环必然会使参与交往的双方能够更广、更深地敞开自我，从而在彼此之间的交流中增进相互理解。总之，自我表露对人际关系发展的助益体现在其能够有效地促进彼此之间的认识与了解（参见第七章，社会关系）。

谈到自我表露，就不能不提"乔哈里视窗模型"（Johari window model），也称"自我觉知的披露/反馈模型"（disclosure/feedback model of self awareness）。它是美国心理学家约瑟夫·勒夫特（Joseph Luft）与哈林顿·英格拉姆（Harry Ingram）于20

世纪 50 年代提出的有关人际沟通与觉知的理论模型①。该理论模型形象地将人的自我(或人际沟通信息)比作一扇窗户,并基于"自知-自不知"和"他知-他不知"两个维度,将自我(或人际沟通)信息划分为四个象限或区域,即"公开自我/公开区"(open self/open area)、"盲目自我/盲目区"(blind self/blind area)、"隐藏自我/隐藏区"(hidden self/hidden area)及"未知自我/未知区"(unknown self/unknown area),如图 6-10 所示。这四个区域的伸缩变化能够较好地刻画人际沟通所产生的结果。

在人际沟通初期,"公开自我/公开区"的"疆域"相对有限,但其作为既有共识,为人际沟通的顺利展开奠定了坚实的基础。随着人际沟通的逐渐深入,以及人际关系的不断发展,公开自我的"疆域"在"自我表露"、"恳请(他人)反馈"(feedback solicitation)及"共同发现"(shared discovery)等三种机制的推动下,不断沿着深度与广度两个维度向外扩展,从而使"盲目自我/盲目区"、"隐藏自我/隐藏区"与"未知自我/未知区"的"疆域"不断被压缩。此外,"他人观察"(other's observation)与"自我发现"(self-discovery)两种机制也会带来相应的变化:前者使"盲目自我/盲目区"得到扩张,"未知自我/未知区"被压缩;后者使"隐藏自我/隐藏区"扩展,"未知自我/未知区"被压缩。

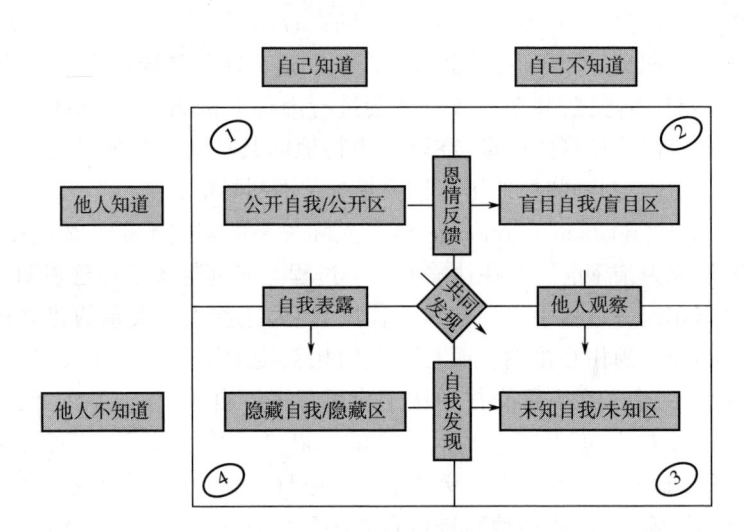

图 6-7 乔哈里视窗模型

乔哈里视窗模型对于自我认知的增进、和谐融洽的人际关系的建立、开放而有效的沟通的开展、强有力的团队的打造、团队凝聚力的增强、团队绩效的提升均具有指导意义。

---

① LUFT J, INHAM H. The Johari window, a graphic model of interpersonal awareness [C]. Los Angeles: UCLA, 1955.

专栏 6-2

"社会人"符号意义的变化——以小猪佩奇的传播为例

《小猪佩奇》是一部英国学前儿童动画片,情节围绕着一只名叫佩奇的小猪及其家人和朋友展开,全片包括诸如放风筝、捉迷藏、整理房间等幼儿生活场景。2015 年,《小猪佩奇》在中央电视台少儿频道以及优酷、爱奇艺等网络平台播出,受到小朋友及家长的喜爱。该片不仅给孩子带来快乐,也让成年人开始重新审视家庭、亲子互动、育儿方式、友情培育和生活情趣等。2018 年 3 月 1 日至 4 月 16 日,网络中有关"'社会人'小猪佩奇"的信息高达 37.9 万条,其中微博中就有 36.6 万条。很显然,卡通形象小猪佩奇的影响力已经远远超越了儿童及家长这些受众。

查看相关信息的具体内容,我们可以看到,有关"'社会人'小猪佩奇"的信息量之所以暴增,原因是"小猪佩奇"借助表情包、短视频等形式而得以广泛传播,更以"小猪佩奇身上纹,掌声送给社会人"等段子而爆红网络。非常有趣的是,不同于"穿黑貂、夹手包"的社会大哥以及"杀马特、洗剪吹"的时尚弄潮儿,小猪佩奇也以在幼儿动画片中稚嫩可爱的角色而被归类为"社会人"。

在这一概念与对象极其不对称的现象中,"社会人"究竟被理解为什么?当讨论"社会人"时,人们聚焦于其中的哪些具体特征,又对这些特征抱以怎样的看法?在"社会人"的符号表征由"大金链子""社会哥"到"'社会人'小猪佩奇"的转换过程中,小猪佩奇所表征的"社会人"含义与其他通常的"社会人"表征之间又具有怎样的关联与区别?此外,人们对"'社会人'小猪佩奇"符号意义的寻求过程也同一般情况有所不同。在使用小猪佩奇形象的一些物件表征"社会人"时,许多人实际上并不知道小猪佩奇最初被称为"社会人"的缘由。对此,这种原型缺失的表征建构究竟应该如何进行解释?

在网络传播的过程中,原先体现了不同社会群体之间文化审美差异的符号被进一步解构、杂糅和共享。在此过程中,媒介特别是以微博和短视频平台为代表的网络社交媒介究竟扮演了怎样的角色?这些媒介所创造的环境如何影响了这一图像的符号化与共享机制?

研究者采用内容分析法,根据新浪微博所提供的"高级搜索"功能,以"社会人"作为关键词,搜索了 2018 年 3 月至 4 月期间的微博内容。以获取到的 1 万条微博文本作为抽样框,进行抽样间距为 20 的等距抽样,共获得 500 条微博样本,依据微博中是否包含有关"小猪佩奇"的图文信息,我们把这 500 条微博样本分为两大类。首先,依据使用"社会人"字样而未提及小猪佩奇的文本,我们分析了网络语境中人们对"社会人"的理解,概括其中所蕴含的"社会人"特点。其次,依据"小猪佩奇"与"社会人"共现的情形,我们试图分析"小猪佩奇社会人"的符号在网络语境中的主要使用特征。

一、小猪佩奇的"社会人"含义

研究者关注的首要问题是:网络语境中人们如何理解"社会人"?社会学对"社会人"又是如何界定的?在"小猪佩奇"这一个案例中,二者之间存在何种关联?

在微博文本中提到的"社会人"可以分为两类,也就是普通"社会人"与特殊"社会人"。其中,前者具有复杂、独立和有担当、成熟、具有影响力、拥有经验等基本特征;后者主要是指黑社会成员,他们抽烟、喝酒、烫头,具有破坏正常规则、威胁、令人害怕等基本特征。

本研究把从这两条路径中所获得的"社会人"概念进行对照。结果发现,在网络语境中,人们对"社会人"的判断在一定程度上遵循了现实社会中的既有标准,这两种判断之间存在着交织映射的关联。特别在小猪佩奇被称为"社会人"的缘起阶段,这种关联依然被部分延续下来了。例如,在第132集《吹口哨》中,佩奇发现自己的爸爸在吹口哨,她也想学。爸爸告诉她,吹口哨是很难的,要花很长时间好好练习才可以达到。但是,当发现妈妈、弟弟、好朋友苏西都能很轻松地吹响口哨时,佩奇并没有为她们都掌握了这项技能而感到高兴;相反,她感到很沮丧。在这个情节中,我们可以看到,在家庭成员以及朋友之间的社会关系情境中,学习吹口哨变成了一个社会化过程。佩奇的弟弟乔治因为很容易就学会了吹口哨而获得肯定,并向佩奇炫耀。在这种场景中,会吹口哨被解读为社会化过程中所获得的经验、技能以及注意力资源,进而被当作判定"社会"与否以及程度高低的标准。同时,在该剧集中,佩奇对好朋友苏西的反应被解读为"塑料花姐妹情",也就是虚假的情谊。这也反映了社会中所存在的复杂虚伪的人际关系。

此外,在观看《小猪佩奇》动画片时,人们还发现,佩奇家住在山顶独栋别墅,她妈妈的口红经常是成套购买的,佩奇上的是高级私立幼儿园而且会拉小提琴……这些场景也被网友放置在现实情境中加以解读,并将主人公制作成表达"社会"含义的表情包而广泛转载使用。至此,小猪佩奇从卡通形象变身为"社会人"代表,被赋予了"社会人"的许多符号含义。

从符号学的视角看,"社会人"是作为声像系统的能指和意义及内涵的所指的结合,而且这种结合具有任意性(索绪尔,2004)。因而,同样是"社会人",它既能由"大金链子社会哥"来表示,也能和"小猪佩奇"共称。二者虽然能指不同,但所指的具体含义具有一定的连贯性。在这一个案例中,因为部分剧情符合人们对"社会人"的常识性理解以及社会学知识的限定,小猪佩奇被解读为"社会人"。

二、"'社会人'小猪佩奇"符号在网络语境下的意义"解放"

作为虚构的媒介图像,小猪佩奇引起了如此广泛的关注和社会化解读。这一现象背后,网络媒介究竟发挥了什么样的作用?这成为我们所要关注的第二个问题。也就是说,网络语境中人们对小猪佩奇作为"社会人"的符号解读会受到大众媒介的何种影响?其背后具体的心理机制是什么?

短视频平台"快手"和"抖音"上曾经发起过"佩奇小猪的挑战",约有3万人参与使用了"社会人"的主要装备——小猪佩奇文身贴纸和玩具手表。在小猪佩奇被塑造成"社会人"进而被广泛使用的过程中,"'社会人'小猪佩奇"的意义开始出现了分歧,该符号能指与所指的结构也开始有所分化并重组。

通过分析这500条微博文本,我们发现,有23条微博文本在使用"'社会人'小猪佩奇"时不仅包含小猪佩奇的表情包、奶片、文身贴纸、周边产品等能指,而且包含汽车、奢侈品、文身(夸张凶狠风格)等能指,以此指代"有物质基础的人"。同时,有326条微博文本只包含小猪佩奇的表情包、奶片、文身贴纸、周边产品等能指,以此指代在社交媒体中"占有时间、空间和注意力等媒介资源的人"。可以看出,"'社会人'小猪佩奇"符号原有的"社会人"含义已被颠覆,在人们的使用中从曾经指称的"陈旧"义务中解脱出来。

当今社会的一切都基本上被媒介化了。除了媒介所塑造的文化形态,还直接出现了媒介所造就的行动场域和社会场域。在面对现代化所带来的环境变化时,心理解离化(psychological dissociation)是一种重要的适应变迁的心理机制。所谓心理解离化,就是指在心理上将个别行为或事物之间的不同部分或方面加以分解与剥离,使其各自独立存在与运作;而经过心理解离的旧的形式或内涵也可能具有了新的功能或用途,新的形式或内涵也可能担负起旧的功能或用途。具体到"社会人"符号,我们发现,它既有大金链子、社会哥、奢侈品牌等旧形式,也有小猪佩奇这种新形式;新的形式或内涵还带来了新的功能或用途,即代表有媒介资源的人。在微博文本中可以发现"旧功能+新形式"的典型表现:"社会我佩奇,人帅话不多""自从拥有了社会人专享壁纸,老师同学们看我的眼神都带着一丝尊敬了"。同时,可以发现"新功能+新形式"的典型表现:"小猪佩奇小手表 and 文身贴,妥妥的社会人"。因而,通过心理解离化,"'社会人'小猪佩奇"所表征的在现实社会中较难获得、可用来表现社会身份地位的物质资源要素获得了部分保留,但更多地让位于网络语境中占据注意力的媒介要素。

在分析中可以看到,心理解离化过程影响了人们对该符号的使用。在这个过程中,人们使用"社会人"符号的范围更为广泛,界限也更为模糊,看待"社会人"的态度也更为宽容,从而弱化了对其旧的表征符号所持有的负面态度。同时,新的表征符号降低了人们对物质条件的聚焦,从而促使心理、文化层面更为先行。这种逻辑也可能扩展了人们对其他社会符号和信息的接受范围,改变了其所持有的态度。

摘编自:杨宜音、陈梓鑫、闫玉荣."社会人"符号意义变化:以小猪佩奇的传播为例[J].青年研究,2019(1):54-62.

思考题

1. 与西方人相比,中国人的人际沟通有什么文化特点?
2. 身体语言对有效沟通的影响有哪些?
3. 在人际交流中,如何更好地解读他人传达给你的信息?

拓展阅读

1. KRAUSS R M, FUSSELL S R. Social psychological models of interpersonal communication[M]. New York:Guilford,1996:655-701.

第七章 社会关系

为什么人类需要建立、保持和中断社会关系?
为什么有的人人缘很好?
爱与喜欢有什么不同?
婚姻中能否没有浪漫的爱情?
关系网是如何建立起来的?
在人际交往中,他人、社会是如何影响我们的?
在人际交往中,我们是如何影响他人的?

学习要点与要求

> **要点**：本章主要介绍了人际关系的建立、保持、发展和中断的原理，着重对亲密关系的特性做了分析；此外，对中国文化中的关系及关系网进行了文化心理学方面的讨论。
>
> **要求**：①了解人际交往的社会心理基础；②掌握人际吸引的原理和亲密关系的特点；③认识中国文化对人际交往的影响。

第一节 社会交往

有研究发现，到达一定的经济发展水平后，情感关系对生活满意度的影响往往比工作、收入、身体健康等对生活满意度的影响还要大。当人际关系中断或破裂时（有时是不可抗力导致的，有时是个人原因导致的），会极大地影响人们的生活状态。例如，亲人去世、离婚、失恋、朋友失和、家人对簿公堂，会使人们处在负面的情感体验中。

人际关系是如何建立、保持、发展和中断的？为什么人们如此需要与他人的和谐以至亲密的关系？我们将在这一节讨论人际关系（包括友谊和爱情）的一些现象和几种理论。

一、人际吸引的起源

(一) 亲和的需要(need for affiliation)

人为什么总想和他人在一起？心理学家贝克斯顿、赫伦和斯科特（Bexton, Heron, and Scott, 1954）在加拿大麦吉尔大学曾经做过这样的短时感觉剥夺实验：22名大学生志愿者被要求躺在一个无声的小卧室里面的床上，戴上不透明的风镜、纸做的护腕和厚厚的手套，头枕在泡沫枕头上，耳朵听不到声音。就这样，不到3天，学生们报告视觉模糊、不能集中精力、完成认知任务的能力退化。哈洛（Harlow, 1959）等人进行了一系列的动物长时社会剥夺实验，其结果可以很清楚地说明动物和人都具有这种社会亲和的本能。哈洛等人让刚刚出生的小猴子和母亲分开，持续一年，每一个小猴子的"家"都是一个装有人工做的"母亲"的铁笼。一种实验条件是，"母亲"仅仅是一个铁丝做的框架；另一种实验条件则是，铁丝框架做的"母亲"上面蒙着一层毛茸茸的布料，框架顶端还有一个简单的脸形图案。每一种"母亲"都有两种形式，一种是有奶瓶的，小猴子可以吸里面的奶液，另一种则没有。也就是说，小猴子有四种代理"母亲"，参见表7-1。

表 7-1　哈洛等人的实验设计

实验一	毛布和有脸型的铁丝"母亲"+奶瓶
实验二	毛布和有脸型的铁丝"母亲"
实验三	铁丝"母亲"+奶瓶
实验四	铁丝"母亲"

然后,他们观察小猴子每天接触这些代理"母亲"的情况。实验场景参见图 7-1,实验结果见图 7-2。

图 7-1　小猴子在实验中

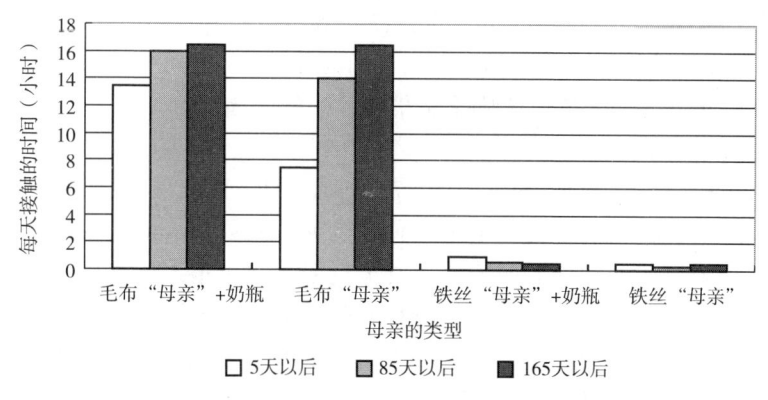

图 7-2　动物的长时社会剥夺:小猴子与母亲

可见,毛布和脸形对小猴子的吸引力比奶瓶更强。那么,动物和人的这种亲和动机从何而来呢?

人被定义为"社会性的动物"。希尔(Hill,1987)指出,人类具有亲和的行为动机,因为与他人在一起,可以得到以下好处:

1. 获得正向的刺激:满足乐趣、兴奋、愉快的本能。
2. 被他人注意:表现自己,得到肯定。
3. 得到情绪上的支持:得到他人的安慰、鼓舞。
4. 形成社会比较:认知和理解情境以及自己和他人的行为。

社会亲和的动机还可能帮助人们减少焦虑,实际上,合群的需要和独处的需要是交替出现的,当独处的时间长了,人们就自然渴望与人沟通;而总与人在一起,人们又会渴望有独处的时间和空间,即保持一个边界来容纳自己的隐私。所以,人们需要一个进退自如的人际关系。

(二)情境诱发的依附需要

除了动物的本能,环境也会诱发社会亲和的需求。沙赫特(Schachter,1959)进行了一项他人陪伴可以减少焦虑的实验。他告诉被试,实验的目的是测查电击后人的生理反应。对一个组的被试说电击可能很疼,但不会有永久伤害(高焦虑组);对另一个组的被试说不会有疼痛感(低焦虑组)。同时告诉两组被试,仪器需要调试,十分钟之后开始实验,可选择单独等待或与另一位被试一起等待。观察发现,高焦虑组有63%的被试选择与他人一起等待,低焦虑组有33%的被试选择与他人一起等待。就此结果,沙赫特提出了"分担焦虑假设"。沙赫特进行了后续的实验,试图发现是否仅仅有人和自己在一起就可以减少焦虑。在这个实验里,他对感到高焦虑的被试提出需要等待的要求后,提供了两种方式:第一种是单独等待或与另一个本组成员一起等待(高焦虑一组);第二种是单独等待或与一位准备见导师的研究生一起等待(高焦虑二组)。结果发现,高焦虑一组60%的人选择与同命运者一起等待,高焦虑二组100%的人选择独自等待。沙赫特的结论是,人们在处境不佳的时候需要陪伴以减轻焦虑,但是,只有患难之交、生死与共的同伴才更可能惺惺相惜,而处境根本不同的人则不是陪伴者的最佳选择。

(三)依恋风格

哈赞和谢弗(Hazan and Shaver,1987)通过问卷调查发现,成人有三种对自己和他人的基本信念,他们将之归纳为三种依恋或依附风格(attachment style),即安全型依恋、逃避型依恋和焦虑型依恋。安全型依恋的成年人最容易对他们的关系感到信任,并不对人之间的亲密感到恐惧或者担心。在需要相互帮助的场合,他们都会主动求助对方,信任对方会帮助自己,也表现出自然而然的相互依恋。逃避型依恋的成人害怕亲密,对自己的伴侣或伙伴会表现出距离或拒绝接近,在需要双方相互帮助或安慰时,逃避型依恋的女性倾向于不求助对方,而逃避型依恋的男性则倾向于不提供给对方支持和帮助。焦虑型依恋的成人,情感容易走极端,容易动感情,也容易嫉妒,渴望与伴侣融为一体。他们对自己的满意度比较低,对婚姻幸福的满意度也比较低。不同依恋风格的典型描述如表7-2所示。

表7-2 依恋风格

依恋风格	自我描述	有关自我、他人和爱情的基本信念
安全型	我很容易接近别人 我对相互依赖感到自然而然 我并不担心被人抛弃	我总能被别人喜欢 一般人都是好心人 浪漫的爱情是可以保持下去的
逃避型	与别人亲密我感到不太舒服 我感到我很难信任一个人 当别人与我太亲近时我会感到有点紧张 我的伴侣对我亲近,我觉得不太自在	我不是那种容易与别人相识的人 很难找到真正让我动心的人 浪漫的爱情一般不会持久
焦虑型	我总担心我的伴侣不是真正爱我 我发现别人并不能像我想象的那样与我接近	我常常怀疑自己 我很容易陷入爱情 我不容易结识他人

二、解释社会关系的一些理论

(一) 社会交换理论

社会交换理论是社会学家为研究人际关系从经济学中引入的(Homans,1961;Blau,1964)。该理论认为,人际关系的形成、发展基于人与人之间进行的社会资源交换。人们在交往中有意或无意地会计算自己的得失,交往双方会共同决定是否要进行交往和维持交往,会在交往中相互讨价还价。如果感到得失平衡就会心安理得,如果感到失大于得就会心生不满,如果感到得大于失就会感激不尽,或者希望通过回报来维持平衡。所以,人际关系就是一个给予和得到的关系(give and take relationship)。

(二) 人际资源理论

福阿和福阿(Foa and Foa,1974)提出了人际资源理论[①]。他们认为,人际关系中包含着各种资源的交换,这些资源可以对等交换的原因是它们一方面都是不可替代的,另一方面却又是可以进行比较的。人们在进行资源交换的时候,也会根据经济学的"理性假设"追求利益的最大化。他们将各种资源根据两个维度(抽象到具体、一般到特殊)做了定位。其中,爱是指各种形式的情感上的关心、使人感到温暖和舒适的情感交流;信息是指建议、意见、指导;服务是指有利于个人的各种服务;地位是指对个人地位的评价和判断;物品是指商品或者各种物品;金钱是指各种形式的有价值的货币。爱情和金钱在具体化维度上处在同一水平上,但是金钱是一般性的,而爱情是具有针对性的、特殊的。地位和物品在一般化上处在同一水

---

① FOA U G, FOA E B. Societal structures of mind[M]. Springfield, IL: Charls C Thomas,1974.

平上,但是物品更具体,而地位更抽象,参见图7-3。

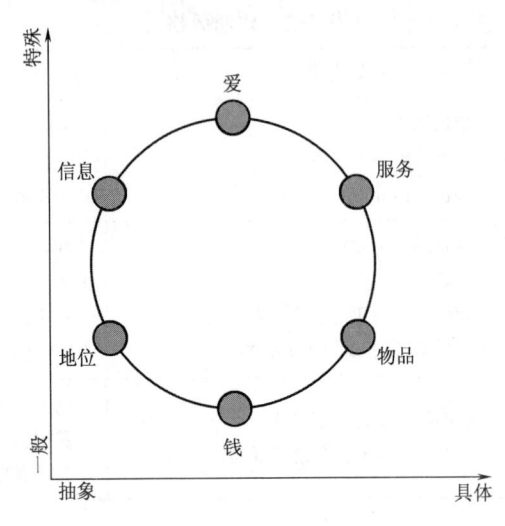

图7-3　U. G. 福阿和 E. B. 福阿(U. G. Foa and E. B. Foa)的社会资源理论示意图

(三)社会认同理论

社会认同理论从群己关系和群际关系的视角来看群体背景下的人际关系(Tajfel,1978)。也就是说,个体之间的交往不仅是两个人之间的交往,还是两个群体成员之间的交往。作为两个个体,他们之间可能并未形成相互的吸引,也没有资源交换的考虑,但由于都认同群体,就形成了同一群体中两个群体成员之间的关系(参见第十一章,社会认同)。

(四)人际关系发展的社会渗透理论

社会渗透理论(social penetration theory)从关系发展的角度来看人际关系(Altman and Taylor,1973)。该理论提出,人际关系的发展经历四个阶段:定性阶段、情感探索阶段、情感交流阶段和稳定交往阶段。在这个过程中,双方相互渗透,从而形成和发展了关系。所以,人际关系的性质就是一种社会性的相互渗透。

此外,还有一些解释人际关系形成的理论或研究角度,例如人际社会交换的公平理论、主观幸福感理论等。针对不同的人际关系类型,例如配偶关系、亲子关系等,社会心理学家也有一些专门的研究。以下我们介绍有关亲密关系的理论和发现。

第二节　人际吸引与亲密关系

一、人际吸引

什么人具有吸引力?我们可以从情境因素和个人因素两个方面来进行分析。

（一）情境因素

1. 接近性。两个人在地理条件上的接近可能会促成相互的吸引,这一点是显而易见的。我们常常看到一些好友或情侣是一起学习或工作的同学或同事。两个人不仅相互接触的机会比较多,交往中相互反馈更加及时,容易强化各种感受,而且可以更充分地相互分享亚文化(例如语言、习俗、情境)。

2. 熟悉性。熟悉的关键是接触频次,接触多了,就会产生"单纯曝光效应"(mere exposure effect)。心理学家请不认识中文的美国人评价是否喜欢一些汉字,结果发现,对呈现频率越高的汉字,他们的评价越倾向于喜欢。这就是所谓的"单纯曝光效应"。人与人之间相互熟悉,会让人们相互之间增加了解,形成比较准确的判断,互动的成功率更高,相互间可能会逐渐深入交往。然而,熟悉不是亲密的充分条件。接触越多,相互了解越深,也可能出现与亲密相反的情况。

3. 高原反应与厌恶感。在人际交往中,当我们熟悉并全面了解了对方,形成比较客观合理的判断后,可能不再喜欢对方,甚至会对对方产生厌恶。另外,因为人们对熟悉的东西感到没有新意,也可能会不再珍惜相互间的关系。

（二）个人因素

1. 相似性。相似性一般会为人际交往提供更多的机会和基础。例如在种族、宗教、语言、社会地位、经历相似的人之间,容易形成相似的态度与价值观、生活习惯和趣味。球迷可能在赛场观众席上找到同道,图书馆里的书虫也会发现竟然有和自己一样酷爱读书的人,爱吃辣味的人在一起谈论川菜真是津津有味,而爱车族一起分享香车宝马的信息时也让车本身增加了一些魅力。

拜恩(Byrne, 1971)曾经就此做了一个实验。他让被试填写问卷,回答其对一系列人物与事件的看法,然后根据他的回答编制"伪卷",告知第一组被试这是由将与他合作的伙伴所填写的,这些问卷的答案几乎与被试自己回答的问卷选择相同;第二组被试拿到的"伪卷"则不同,研究者编制了与第二组被试态度不同的问卷答案,然后请被试评价是否喜欢自己将要合作的人。大部分被试对态度相似的人评价高于态度不相似的人。拜恩和穆尔宁(Byrne and Murnen, 1988)后来又提出"吸引的两阶段模式",即经过两个阶段的筛选才会形成相互的吸引。

在第一阶段里,人们会注意判断他人与自己是否相似,如果不相似,可能导致排斥。如果有些相似,可能进入第二个阶段。如果仅仅是低相似,可能导致漠不关心,而高相似就会形成吸引而维持互动。

为什么相似可以有助于人与人之间的吸引？第一,人们倾向于认为与自己相似的人容易喜欢自己。而喜欢我们的人也会增进我们对他/她的好感。第二,人们之间有相似性,印证了我们自己的信念、态度和价值观。于是,相似性增加了人际互动,互动产生喜欢,喜欢又推动进一步的互动,从而让人们更加亲密。

2. 能力与犯错效应。一般有能力的人更容易引起人们的喜欢,例如一些名人,他们能力过人、成就显赫,往往受人喜欢和尊敬。不过,优秀的人与普通的人会产生很大的距离。心理学家发现在这方面存在一种犯错效应(pratfall effect)。阿伦森、魏勒曼和弗洛伊德(Aronson, Willerman, and Floyd, 1966)让被试听一段录音带,内容是一位男大学生应征参加校际"机智问答比赛代表队"的考试过程。对四组被试播放不同内容的录音带,这些录音带中呈现的男大学生回答问题的正确率有所不同,还有可能犯一些小错误。其中,第二组被试对这位男大学生的评价最高,第一组略高于第三组,第四组的评价很低。这说明人们喜欢白璧微瑕的人,这就是"犯错效应"。研究结果参见表7-3。

表 7-3 阿伦森、魏勒曼和弗洛伊德关于能力与犯错效应的研究结果

第一组	答对92%的题目,有些题目难度很大
第二组	答对92%的题目,并且不小心弄翻了咖啡杯,脏了自己的衣服
第三组	答对30%的题目
第四组	答对30%的题目,并且不小心弄翻了咖啡杯,脏了自己的衣服

3. 互补性。人格或其他方面的互补也会形成吸引。人们对自身的不足感到遗憾,会对具有相应品质者感到珍惜和喜欢。互补可以增进两个人之间的相互配合,每一个人可以得到更大的价值感,通过取长补短,得到完美的结果。这样,相互的依赖性更大,相互不可或缺,进而成为搭档,使关系变得稳固。

二、亲密关系与爱情

亲密关系(intimate relationship)概念在不同文化下的内涵和外延存在差异。在西方传统的教材中,亲密关系通常指个人体验到情感或身体上亲近的一种人际关系状态,相关章节讨论的也多为两性间的吸引、爱情等内容。相比其他人际关系,亲密关系双方的了解程度、关心程度、相互依赖性、相互一致性、信任度和忠诚度都更高。而在东方文化下,亲密关系的外延则广泛得多,可包括家庭、婚姻、恋爱和友谊等多重范畴。在此背景下,亲密关系既可基于血缘和亲缘等先赋身份而建立,也可源于后天交往而形成,在亲密、信任、义务等方面形成差序格局。

(一) 亲密关系

1. 自我表露:亲密关系发展的楔形理论认为,亲密关系一般是从表面到深层发展的,从接触的程度来看很像一个木楔的形状,因而也被称为楔形理论,参见图7-4。

2. 外表魅力。迪翁、贝尔伊德和沃尔斯特(Dion, Berscheid, and Walster, 1972)进行过这样一个研究,他们分别向两组被试展示了两幅长相不同的小女孩的照片,请被试回答,当有人告诉你这个7岁的女孩子正向一条睡着的狗扔石头,你会怎么

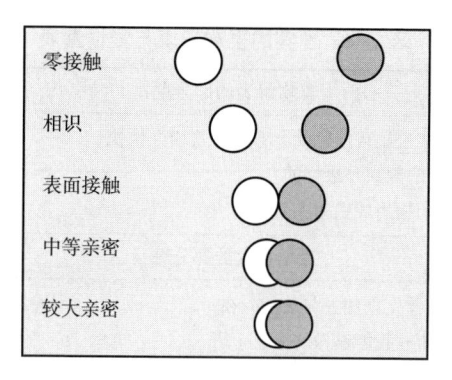

图 7-4　亲密关系发展的楔形理论

想？结果是,看到"具有魅力的照片"的人普遍认为,"她看起来是一个非常可爱的女孩,有礼貌,她能与同龄人相处很好,对她的冷酷不必当真",而看到"不具有魅力的照片"的人普遍认为"这个孩子很讨厌,是老师的麻烦,可能会向同龄人挑衅"[1]。

这个现象也被称为美丽刻板印象(what-is-beautiful-is-good stereotype)。在这种刻板印象的作用下,我们在加工信息时,会本能地比较喜欢那些符合时代审美标准的人,忽略、排斥或歧视那些不那么符合时代审美标准的人。于是会导致一些人担心受到排斥而过于重视外表,忽视内在品质的培养。这种刻板印象还会形成辐射效应(radiation effect)和对比效应(contrast effect)。前者指与漂亮的朋友在一起会受到尊重和喜欢;后者则指与漂亮的陌生人在一起会感到自卑。美貌的人一般被认为社交能力较强,他/她们长期被人注意,社交机会较多,同时存在"自我实现的预言"(参见第三章,社会认知)。另一方面,美貌的人无法判断他人评价的真实程度,自尊不稳定。美貌还给人带来压力,害怕别人说自己今不如昔、红颜已老,因此会花更多的时间维持外表,以便符合他人的预期。

(二)爱情

1. 喜欢与爱。罗宾(Robin,1973)认为喜欢(liking)与爱(love)是有区别的。强烈的喜欢并不等于爱。喜欢的成分是尊重和信任。爱的成分是:①关心(caring),即为对方做事;②依附或依恋(attachment),即相互厮守;③亲密(intimacy),即亲近和分享内在感受。根据这一区分,罗宾在1970年和1973年分别编制出"喜欢量表"和"爱情量表",参见表7-4。

---

[1] DION K K,BERSCHEID E,WALSTER E. What is beautiful is good[J]. Journal of personality and social psychology,1972(24):285-290.

表 7-4　罗宾的喜欢量表与爱情量表

喜欢量表的部分题目
(1)评价:大多数人只要与某某人短暂接触就会感到与其相处愉快。 (2)判断/尊重:我相信某某人的判断是最好的。 (3)信任:我认为某某人是一个相当成熟的人。
爱情量表的部分题目
(1)依恋:每当我感到寂寞,我首先想到去与某某人在一起。 (2)关心:我几乎为某某人做所有我能够做的事。 (3)亲密:我认为某某人是属于我的。

戴维斯(Davis,1985)提出了爱情的两个要素:①激情,即魂牵梦绕、排他和性渴望;②关怀,即倾其所有给予对方和偏袒对方。

2. 爱情的类型。心理学家发现,除了上述基本的构成因素外,爱情还有很多类型。

(1)哈特菲尔德的分类。哈特菲尔德(Hatfield,1988)将爱情分为两种:一种是狂热式的爱情(passionate love),这种爱情是几乎被另一个人占据的强烈情绪状态;另一种是友谊式的爱情(companionate love),这种爱情的特征是相互尊重、信任、了解,有对彼此相爱的信心,自我表露程度高,有难同担、有福同享。

(2)斯腾伯格的爱情三角形理论。斯腾伯格(Sternberg,1986)提出了爱情三角形理论(the triangular theory of love)。他发现爱情有三种主要成分:亲密(intimacy)、激情(passion)和承诺(commitment)。三种成分各为三角形的三条边,不同组合会呈现不同类型的爱情,参见图 7-5。

亲密=喜欢

亲密+激情=浪漫的爱

亲密+承诺=友谊式的爱

激情+承诺=虚幻的爱

激情=迷恋

承诺=空虚的爱

亲密+激情+承诺=完美的爱

(3)亨德里克的爱情风格理论。S.S. 亨德里克(S.S.Hendrick)和 C. 亨德里克(C.Hendrick)发现有不同风格的爱,并分别把它们命名为情欲之爱、友谊之爱、游戏之爱、现实之爱、占有之爱、利他之爱①。

---

① HENDRICK S S, HENDRICK C. A theory and method of love [J]. Journal of personality and social psychology,1986(50):392-402.

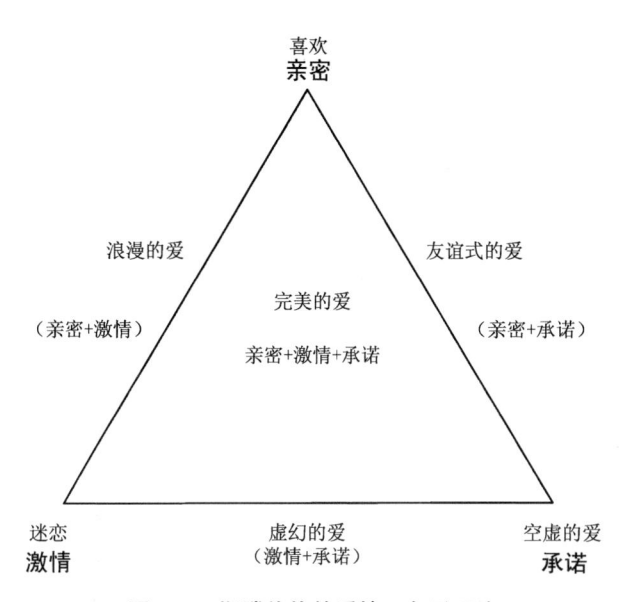

```
         喜欢
         亲密
          /\
         /  \
        /    \
  浪漫的爱    友谊式的爱
       /完美的爱\
      /（亲密+激情+承诺）\
  （亲密+激情）    （亲密+承诺）
    /              \
   /   虚幻的爱      \
  /   （激情+承诺）    \
 迷恋                空虚的爱
 激情                 承诺
```

图 7-5　斯腾伯格的爱情三角形理论

（三）亲密关系中经常出现的问题和关系中断

1. 经常出现的问题。

（1）沟通不良。在亲密关系中，由于存在男女性别差异、个性差异、两地分居等原因，沟通方式可能存在差异或沟通不充分，因而影响了亲密关系的保持和发展。例如，有些人对关系中出现的不满表达比较直接，有些则比较间接。有些人在不同的处境下无法直接表达而形成积怨，最终爆发时矛盾已经不容易化解。

（2）厌烦。由于亲密关系中的男女往往形成了固定的交往模式，因而双方逐渐感到乏味。这也是亲密关系出现问题的一个原因。

（3）差异渐大，难以弥合。建立亲密关系之初双方未发现的问题逐渐凸显出来，并且这些问题让双方难以忍受或无法改变，于是双方关系破裂。

2. 亲密关系的中断。莱温纳（Levniger，1979）归纳了中断亲密关系的 4 个判断标准。

（1）相互吸引力是否还存在。

（2）中断关系的障碍大小（经济、孩子、舆论、重要他人的意见）。

（3）是否有其他吸引（第三者）。

（4）公平性如何（共有关系还是交换关系双方的要求和感受是不同的）。

鲁斯布尔和泽姆布罗特（Rusbult and Zembrodt，1983）发现，在亲密关系出现危机时，有四种可能的应对方式：①表达；②离去；③忠实等待；④忽视。它们分为"积极或消极"和"建设或破坏"两个维度，参见图 7-6。

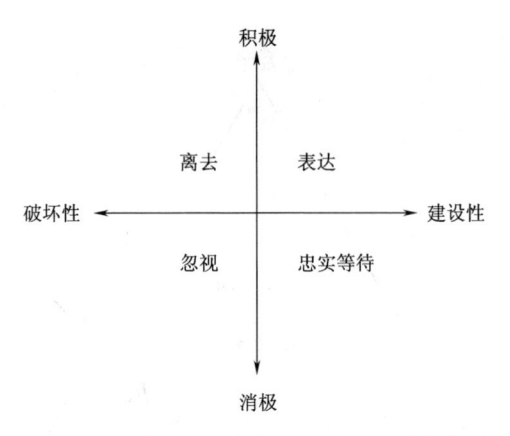

```
              积极
               │
       离去    │    表达
               │
破坏性 ─────────┼───────── 建设性
               │
       忽视    │    忠实等待
               │
              消极
```

图 7-6　亲密关系危机出现后的应对方式

三、孤独与人际冲突

(一)孤独

孤独(loneliness)与独处(aloneness)并不相同。后者是空间上、时间上没有与他人在一起,而前者是一种内心的情感体验,这种体验是由与他人建立亲密关系的需要没有被满足引起的。与孤独相关度比较高的心理因素包括以下几方面。

1. 心理特质,如害羞、压抑、内向、自我意识、对自己评价过低、把自己包得太紧,不向他人敞开心扉。

2. 社会认知倾向,例如,对他人过于严苛,对自己总用防御性的归因来自我保护,不敢承认现实。

3. 社会环境因素,例如:没有时间和机会与他人交往;与他人的交往都是擦肩而过,过于表浅;失去了过去亲密交往的伴侣或伙伴,例如丧偶、工作调动、转学、移民到新的国家等。

(二)人与人之间的冲突

人际冲突是指人与人之间处于对立的状态,表现为双方关系紧张、不和谐、敌视或争斗。冲突与竞争是有区别的。正常的良性竞争并不伤害对方,而且有明确的规则与程序,而冲突则可能伤害对方,或者以伤害对方为目的。同时,冲突双方可能并不遵守共同约定的规则,因而大多数冲突都会对双方带来伤害。

当人与人之间出现不满后,也可能并不直接导致冲突,但其中一方会感到一种不满与无法直接表达的无助感形成的混合情绪,这就是"怨"。怨的来源与社会规范、人际关系不由个人选择等社会环境因素有关,也与个人避免冲突的信念和性格有关。在中国社会文化中,人们崇尚"和谐"的社会理念,社会流动较少,先赋性(与生俱来)人际关系较为重要,因而在人际冲突中出现"怨"的可能性就比较大(彭泗清,1993)。不同角色关系人际冲突的表达方式详见图7-7。

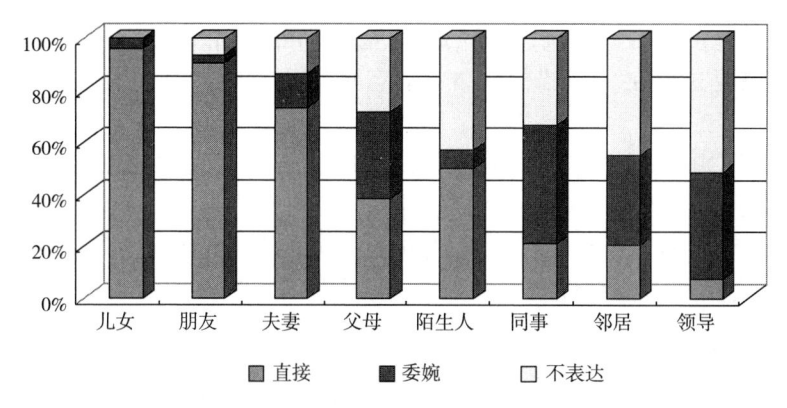

图 7-7　不同角色关系人际冲突的表达方式

一般冲突中,双方具有的合作性(cooperativeness,关注他人需要)和坚持性(assertiveness,关注自己的需要)可以导致五种冲突解决的模式或风格,参见表 7-5。

表 7-5　冲突解决模式

		关注他人的需要		
		高	中	低
关注自己的需要	高	合作		竞争
	中		妥协	
	低	顺应		回避

(三) 心理和谐与社会和谐

中国台湾地区学者黄曬莉[①]曾对中国人际和谐与冲突进行专门研究。她认为,和谐与冲突是中国社会人际心理与行为的核心问题之一。中国人最根深蒂固的追求便是和谐。中国人的和谐观分为三个层次,分别是宇宙观层次的辩证式和谐观、人伦社会层次的调和式和谐观和国家社会层次的统制式和谐观。对应上述三种和谐观,还有三种冲突观:失合式冲突,失调式冲突,失序式冲突。和谐是中国人"道德心"之反映,也是中国人"情理心""功利心"的展现。冲突使人处于道德劣势,情理上失去立场,甚至可能在个人、社会、生存等方面付出高昂代价。

和谐与冲突绝非固定不变的状态。和谐本身就有虚实两种性质。实性和谐指两人(或两个成分、两个单位、两种力量、两个群体等)之间统合无间、和合如一的和谐状态。虚性和谐则指表面上维持和谐,台面下却暗藏不和。冲突也同样有虚实之分。和谐与冲突总是动态变化的。和谐中可能发生冲突,冲突也能

---

① 黄曬莉. 华人人际和谐与冲突:本土化的理论与研究[M]. 重庆:重庆大学出版社,2007.

被化解从而恢复和谐。协调、抗争、退避、忍让乃化解冲突的基本方向。人际和谐与冲突就是这样在"关系"的脉络中动态转化的,以"和合"为始,"关系断裂"为终,详见图7-8。

"和"是中国人理想人格的境界。内外和合是自我实现的理想造型与意向,人际和合勾勒出群居生活的融洽与秩序,与人和合有利于日常行事。三种和谐观从着重心灵的境界向着重情理的境界,再向显示功效的境界转化。和谐观从动态的和合境界,逐渐加上节制性而以调节为重,最后因功效性考量而转为固定化、形式化。

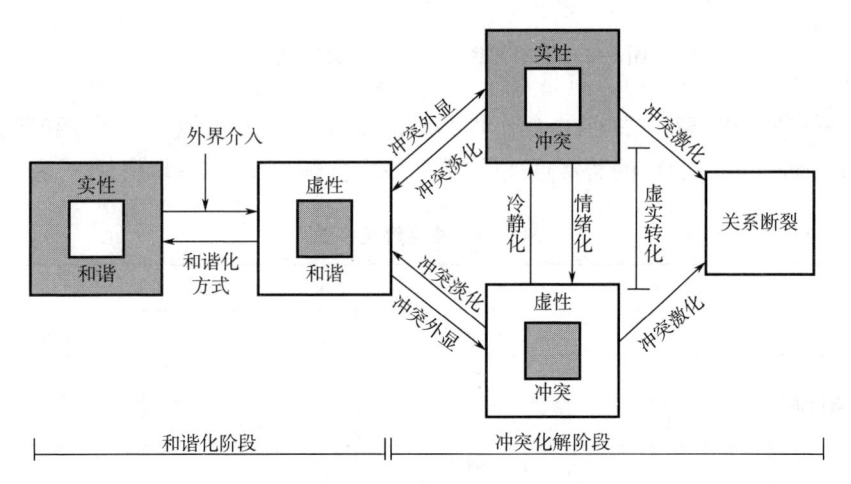

图7-8 中国人的人际和谐/冲突动态模式

此研究揭示了中国社会核心的价值观念、中国人知觉社会的独特视角和中国人相互交往所恪守的准则与理想的方式:社会和谐和人际和谐。"和谐"渗透在我们的血液中,表现在日常的行为里,最为寻常也最为深奥。从此意义上说,认识"和谐与冲突"的过程也是认识中国人、中国心的过程。

任孝鹏等(2009)认为,心理和谐是个体在处理自我、家庭、人际和社会问题过程中的主观体验和总体感受,包含自我状态、家庭氛围、人际关系和社会态度四个维度。自我状态指个体对生活、工作、个体特质、情绪情感等的感受与体验;家庭氛围指个体对家庭生活中的氛围和成员间关系的感受和评价;人际关系指个体在人际交往中对他人的认知和评价;社会态度指个体对社会现象的评价。在此基础上,他们编制了信效度良好的心理和谐测量问卷①。

---

① 任孝鹏,白新文,郑蕊,等. 心理和谐的结构与测量[J]. 华人心理学报,2009,10(1):85-106.

第三节 中国文化中的关系与关系网

一、关系的概念

自20世纪90年代以来,"关系"作为一个描述中国社会制度的关键概念被引入社会科学研究(例如:Kipnis,1991;陈介玄、高承恕,1991;杨国枢,1993;Smart,1993;李美枝,1993;翟学伟,1993;Yang,1994;Bian,1994;郑伯埙,1993,1995;阎云翔,1996;Xin and Pearce,1996;杨中芳、彭泗清,1999;彭泗清,1999;杨宜音,1995,1998,1999;张志学,1999;杨中芳,1997,1999)。

研究发现,"关系"概念具有下述三个主要特点。

其一,与角色规范的伦理联系。关系的角色形式化与关系决定论是"关系"的一大特征(杨国枢,1993)。就社会身份来看,特别是以亲缘身份来界定自己与对方的互动规范,使关系蕴含角色规范的意义。

其二,亲密、信任及责任。在关系角色化构成的格局中,关系是亲密、信任及责任的根据。在越相近的对偶角色中,相互之间关系应当越熟悉亲密、越信任、越相互负有责任,而亲缘关系的特性恰恰提供了关系与亲密、信任及责任的这种稳定的连带,从而也限定了亲密、信任及义务的发生局限在亲缘关系或准亲缘关系中(杨国枢,1993;Bian,1994;Yan,1996)。不同的亲密、信任、责任或义务形成了不同的心理距离,而关系正是这些距离的规定。这些依据血缘亲属制度做出的规定,使情感、信任及义务制度化,因此有了某种格局的性质,所以,关系是一种对于区分的规定与表达,关于关系的分类也就必然有区分远近亲疏的意味了。

其三,以自己为中心,通过他人而形成关系的网状结构。关系的形成以自我为中心(费孝通,1947,1985),从自己出发,由近而远,渐渐外推。A 的关系里有 B,B 的里又有 C,C 的关系里又有 D。这样,就形成了一个越织越密、越织越大的网,形成了牵一发而动全身的状况[①]。

正因为关系具有上述这些特征,相互交往的人们所持有的关系分类系统将直接影响其交往行为,关系的分类在日常生活中就变得极其重要。因为不同的关系包含着角色规定性与对偶角色中双方间的亲密、信任及义务的连带程度,区分关系,便可以选择正确的交往法则,预期交往的后果。

二、关系的识别与分类

人们形成社会关系的分类系统与解释系统是建立在文化基础之上的,而这些

---

① 费孝通. 乡土中国[M]. 北京:生活·读书·新知三联书店,1947/1985.

分类系统与解释系统影响着人们获得带有文化意味的生活体验。因此,寻找社会关系的分类系统也成为解析这一文化的重要途径。在分类系统的研究中,社会心理学家通常选择寻找社会关系的认知原型。原型(prototype)分类是结合了维度(dimension)分类和将关系视为不连续变量的类型(category)分类而成的方法,也就是说,每一个类型必须有维度分类的支持,由此形成"理想类型"。

西方社会心理学家曾经对人际关系分类的构成维度进行过比较多的探讨。例如,威什、多依奇和卡普兰(Wish、Deutch,and Kaplan,1976)将人际关系分为四个维度:友好合作/敌对竞争、平等/不平等、深度/表面、非正式的社会情感/正式的任务取向。克拉克和米尔斯(Clark and Mills,1979)提出了交换与共享两个维度(参见表7-6)。阿达莫普洛斯(Adamopoulos,1982)发现了三个人类普遍存在的人际关系维度:联系(紧密的人际联系/疏离的人际联系)、支配(支配/从属)、亲密(私密/正式)。伯贡和哈勒(Burgoon and Hale,1984)的划分包括五个维度:控制、亲密、沉静自若、正式化与形式化、平等(参见表7-7)。但是,西方人际关系更多地具有个人选择性,关系中的个人所具有的自我概念也与中国人不同(李美枝,1997)。

表7-6 克拉克和米尔斯(Clark and Mills,1979)的关系分类

交换关系	共享关系
关注公平	关注需求
立刻回报	可延迟回报
若无及时回报,有被剥夺感	若无及时回报,不会产生被剥夺感
关注对方的贡献	不很关注对方的贡献
并不因对对方有好处感到愉快	因对对方有好处而感到愉快

表7-7 伯贡和哈勒(Burgoon and Hale,1984)的关系分类

维度	内容
控制	主宰/遵从
亲密	爱/恨 包容/排斥 卷入的程度深/浅 信任的程度深/浅 深知/相似
沉静自若	个体的自我控制强/弱 舒适与放松的程度大/小
正式化与形式化	关系的群体性
平等	与他人公平的关系

第七章
社会关系

我国著名思想家、哲学家、教育家梁漱溟先生认为，中国是"伦理本位"的社会，自秦代以来，人与人之间的根本关系就是人伦、情谊和义务关系。既不同于将重点放在个人的"个人本位"，也不同于把重点放在社会的"社会本位"，中国社会的群己关系是"伦理本位"的。人生而处于关系之中。关系无论远近，皆有真情，并且因有情而有义。一切有关系的人之间都互有应尽之义。"伦理关系是情谊关系，亦是其相互间的一种义务关系。"①这种关系使得全社会的人相互勾连起来，形成一种环环相扣的关系网。

中国人社会关系的重要特征是与规范相联系的角色身份式伦理关系。这一点可以从五伦的表述——君臣有义、父子有亲、夫妻有别、长幼有序、朋友有信中清楚地看出来。杨国枢(1993)指出：

五伦是五组社会关系的"套装"，每组关系"套装"都有两套对立的"角色剧本"。任何进入关系的人，都必须依"角色剧本"来扮演。五伦是经长期的文化设计与演化所建构的形式系统，进入这个系统的人，必须设法抑制或隐藏很多个人特征，以可被对方、家族及社会所接受的程度融入角色，做到说所当说、做所当做的地步。(杨国枢，1993:99)

现代学者对中国人的分类大致都有五伦分类的特点，即认为，关系不仅强调身份与角色的匹配与符合，还强调角色之间在关系当中的地位差别。由亲向疏、从近到远排列这些角色身份，使之成为一个位差系统。最经典的分类是费孝通在"差序格局"概念基础上形成的"自家人/陌生人"的划分。费孝通(1947，1985)发现，中国人的意义单位是"家"，而在与所谓"外人"打交道时，则另外通行一种规则：

在我们乡土社会中，有专门作贸易活动的街集。街集市场不在村子里，而在一片空场上，各地的人到这特定的地方，各以"无情"的身份出现。在这里大家把原先的关系暂时搁开，一切交易都得当场算清。我常看见隔壁邻舍大家老远地走上十多里在街集上交换清楚之后，又老远地背回来。他们何必到这街集上去跑这一趟呢？在门前不是就可以交换的吗？这一趟是有作用的，因为在门前是邻舍，到了街集上才是"陌生人"。(费孝通，1947，1985:77)

同时，"家人"这个概念也并不单纯地等同于亲属制度所规定的那些关系。

"家"字可以说是最能伸缩自如的了。"家里的"可以指自己的太太一个人，"家门"可以指叔伯侄子一大批，"自家人"可以包括任何要拉入自己的圈子，表示亲热的人物。自家人的范围是因时因地可伸缩的，大到数不清，天下可以是一家。(费孝通，1947，1985:23)

社会心理学家在费孝通思想的启发下，提出了一些新的、更为心理学化的分类。

---

① 梁漱溟. 中国文化要义[M]. 上海：上海人民出版社，2005.

(一)杨国枢关于家人/熟人/生人的划分

杨国枢(1993)根据中国人的人际或社会关系的亲疏程度将中国人的关系分为三大类:①家人关系,指个人与其家人(父母、子女、兄弟、姊妹、丈夫或妻子及其他家人)之间的关系。②熟人关系,指个人与其熟人(亲属、朋友、邻居、师生、同事、同学及同乡等)之间的关系。③生人关系,指个人与生人(与自己无任何直接或间接的持久性社会关系的人)之间的关系。他说:

在家人关系中,彼此要讲责任(即责任原则),而不那么期望对方作对等的回报(社会交换的预期最低)。在熟人关系中,相互要讲人情(即人情原则),以双方过去所储存的既有人情为基础,以自己觉得合适的方式与程度,从事进一步的人情往来。因无血缘关系,人情的亏空或赊欠终有限度,自然就会期望对方回报(社会交换的预期中等)。至于生人关系实即无任何实质关系,彼此相遇或打交道,只能依照当时的实际利害情形而行事(即利害原则)。两者之间既无血缘关系,也无人情关系,因而比较会精打细算,斤斤计较,对给与取的平衡或公道相当敏感,对回报的期望也很高(社会交换的预期最高)。(杨国枢,1993:106)

杨国枢的划分基本上承继了费孝通差序格局的思想,并根据"对待原则"(讲责任、低回报性/讲人情、中回报性/讲利害、高回报性)、"对待方式"(全力保护、高特殊主义/设法通融、低特殊主义/便宜行事、非特殊主义)、"互依形态"(无条件相互依赖/有条件相互依赖/无任何相互依赖)以及"互动效果",详细论证了三种关系的类别。

(二)黄光国关于情感性/混合性/工具性关系的划分

黄光国(1988)以情感性-工具性的高低划分出三类关系:情感性关系(expressive tie)、混合性关系(mixed tie)及工具性关系(instrumental tie)。他认为,典型的情感性关系是家庭关系、亲友关系,在交往中遵循"需求法则"。典型的工具性关系是陌生人关系,在交往中遵循"公平法则"。典型的混合性关系是熟人关系,在交往中遵循"人情法则",参见图7-9。从上述他的关系划分的描述来看,他的分类结果也是"家人"、"熟人"及"生人"[①]。

(三)杨中芳关于既有成分/交往成分的划分

杨中芳(1997)将关系分为两个成分:"既有成分"和"交往成分"。前者指两人过去交往经验所积累的或正在进行的为社会上大家均认可的交往连带(例如同乡、同学、同事、莫逆之交)。后者指两人交往在工具交换(以达到交往的目的)与感情交流两个层次的状况。她进一步立论,关系中的情感来源有两个:一个是由既有成分中直接涉及的各种关系连带所隐含的、大家共知也共同期待双方共有的;另一个是双方真正所共有的。在这样的构想下,她将关系依其含有人情(应有之情)及感

---

① 黄光国. 人情与面子:中国人的权力游戏[M]. 台北:巨流图书公司,1988:7-55.

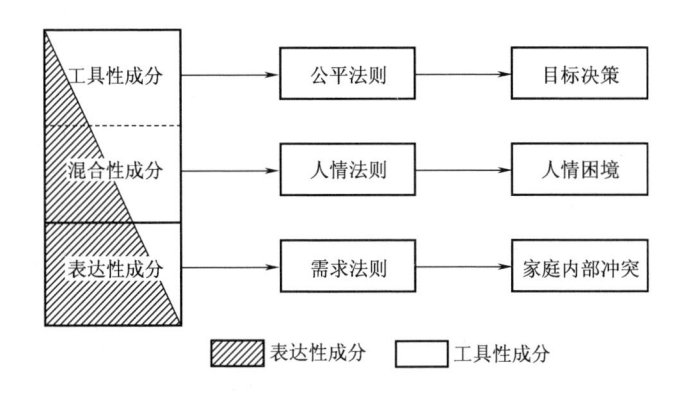

```
工具性成分  →  公平法则  →  目标决策
混合性成分  →  人情法则  →  人情困境
表达性成分  →  需求法则  →  家庭内部冲突
```

▨ 表达性成分　　□ 工具性成分

图 7-9　黄光国人际关系分类及相应的交往规则

情(真情)的多寡高低分为四类[①]。杨中芳的交往关系分类如表 7-8 所示。

表 7-8　杨中芳的交往关系分类

既有成分		交往成分	
		感情(真情连带)	
		高	低
人情 (义务连带)	高	自己人(亲情、铁哥们)	人情(恩情,交情)
	低	友情	市场交换

费孝通所谓"差序格局"是以自己以及亲属关系为中心"所布出去的网",用他的话来说,"这不是一个固定的团体,而是一个范围"(费孝通,1947,1985)。那么,范围的大小应该如何确定呢?

(四)杨宜音关于自己人/外人的划分

从静态来看,亲属关系中最为核心的概念是"家人",它与陌生人的显著区别在于家人关系带有由生育与婚姻带来的先赋性特征。家人是"生而与俱的人物","并不是由我们选择得来的关系"(费孝通,1947,1985)。进一步而言,由于传统社会缺乏社会流动,一般人交往最多的是家人,因此彼此更熟悉、情感上更亲密、相互更信任,这就是家人关系的交往性特征,这一特性是陌生人所没有的。而当我们看"熟人"这个概念的时候,就会发现,熟人应该有相当多交往的关系,但是没有亲缘连带。"熟人"这个类别与家人相比缺少先赋性,与生人相比,它拥有一定的交

[①] YANG C F. Psycho-cultural foundations of informal group: the issues of loyalty, sincerity, and trust[M]. New York: Cambridge University Press, 2000.

往性(仅仅熟悉并不一定导致人们相互之间以个人特性而产生吸引和喜欢)。反过来说,家人关系与熟人相比具有高先赋性,一般也具有高交往性。

于是,家人概念必须由先赋性与交往性共同来决定与说明。根据先赋性与交往性的程度,可以将关系分为四种典型的类别,即先赋性高且交往性高(如一般情况下的家人)、先赋性高且交往性低(如一般情况下刚刚建立的婆媳关系)、先赋性低且交往性高(如一般情况下亲密朋友)、先赋性低且交往性低(如一般情况下的陌生人)。对于这个由先赋性与交往性两个维度建立的分类,我们命名为"自己人/外人"分类。

这样的划分最重要的意义在于,我们从"自家人/陌生人"概念背后看到了"差序格局"边界的伸缩性与通透性究竟是如何形成的,所谓"外人"如何变成了自己人,"自家人"又如何被外推,最终形同陌路。这种改变的原因正是先赋性或交往性的改变。当一个有家人关系的人因交往上的原因被外推的时候,一个结果可能是被彻底逐出家门或降低关系的亲近程度(先赋性低且交往性低),另一个结果可能是保留名分,但是却已徒有其名(先赋性高且交往性低)。反过来,也可以看到这样两条通路:当一个陌生人想要变成"自家人"的话,可以通过婚姻、过继等形式获得较高的先赋性,然后通过交往得到先赋性高且交往性高的自家人关系;或者通过交往建立如同家人般的亲密、信任及责任感,成为"准家人"(先赋性低且交往性高),然后通过拟亲属关系(例如干亲)获得较高的先赋性。

我们在这些过程中可以看到"差序格局"揭示出来的"自己人/外人"的边界具有范围上的伸缩性与边界上的通透性。由此可见,中国人"自家人"的范围是依据先赋性和交往性的情况确定的。其中先赋性的亲属关系一般以中国传统的九族五服制度为边界。获得亲属关系的人(如媳妇进门)并不一定被夫家看成"自己人",但通过交往形成的"不是一个姓的兄弟"可能就被当作自己人而有难同当。"自己人"是中国人在先赋性的亲属制度上创造的交往空间,也是交往双方个人好恶的真情表达。

"家人"是"自己人"的出发点,也是一种特例。因此,我们往往以为,自己人就是自家人。在社会流动性较低时,亲属关系是我们最重要的社会关系,在熟人社会中生活,我们最常见到的正是"自家人"与"陌生人"的分别。当我们处在由陌生人组成的城市社会中,我们就可以看到"自己人/外人"划分的新的形态,例如"铁哥们/外人"。

杨宜音(2001)的研究发现,中国人的人际关系分类大致可以有下述层次,每一层次有亲属关系和交往关系两类。这两类关系中的任何一类都有可能因交往、缔结亲属关系或解除亲属关系出现层次之间的自上而下的或自下而上的改变。交往关系也可能出现向亲属关系方向改变,形成"拟亲属关系"。而亲属关系也有可能包含更多的交往性的内容,而不仅仅成为对行为的角色规定①,参见图7-10。

```
亲属关系/交往关系
家人/密友
近亲/至交
族亲/频繁交往关系
远亲/交往略多关系
更加远的远亲/一般或较少交往关系
```

图 7-10 关系的亲疏结构及两种成分

于是,我们可以看到一个动态的关系分类的系统,它既有社会角色的规定性,又有个体之间社会互动后的选择;既包含社会伦理规范的应有之情,又有个人体验到的真有之情,详见表 7-9。

表 7-9 "自己人/外人"分类及其相互间的互动

交往性关系		先赋性关系 应有之情、义务互助	
		高	低
真有之情 自愿互助	高	父-子 铁哥们 (自己人)	农村父母-嫁出女 挚友 (交往性自己人)
	低	婆-媳、城市亲戚 人情关系 (身份性自己人)	陌生人、外乡人 圈外人 (外人)

这种从心理距离来划分的类别是一种特殊的关系分类,由于它不仅仅由亲缘身份来构成,因此不能仅以亲缘身份系统(亲缘关系/非亲缘关系)囊括或代表。同时,它也不仅仅由交往以及交往引起的亲密程度决定,因此也不能仅用相互熟悉、吸引、喜欢等交往程度(熟悉/不熟悉、喜欢/不喜欢、爱/不爱)来囊括或代表。它同时存在于两个类别中,并且自成一个分类系统。它是在中国人日常生活中被视之当然的一种关系分类:"自己人/外人"。

"自己人/外人"的分类是中国人日常生活中司空见惯的分类,但是,这个分类

---

① 杨宜音."自己人":一项有关中国人关系分类的个案研究[J]. 本土心理学研究,2001:277-316.

往往被"家人/陌生人"分类所取代,有些人认为在家庭以外的社会场域中通行的"自己人/外人"分类不过是"自家人/陌生人"在其他社会场域中的泛化而已,因此被称为"泛家族主义"。其实,"家人/陌生人"只是"自己人/外人"这一分类的基本特例。因此,可以说,相较"家人/陌生人","自己人/外人"的概念更是解析关系的原型。

根据"自己人/外人"关系分类模型,我们可以看到以下几个特点。

第一,中国人的关系具有差序格局的特征,即从自我出发逐渐外推,由先赋性与交往性共同构成亲疏结构,形成"自己人/外人"分类。

第二,根据先赋性与交往性的改变,"外人"可以变为"自己人","自己人"也可以变为"外人"。除了单纯通过建立或解除亲属关系而出现的改变,这种类别上的相互转化也说明交往性有可能独立于先赋性而对关系分类格局的建构起到关键作用。

第三,交往性关系在社会流动相对频繁的社会生活中显得更为重要,由交往引起的熟悉、亲密、吸引以及工具资源的交换成为关系分类的主要依据,交往情境的不同形成了关系分类的情境性。

第四,交往性关系在独立于先赋性关系之后仍然被身份化。例如,"铁哥们"身份的出现在某种程度上代替了亲属身份的判别。

第五,关系同时包含情感成分和工具成分,并不因关系的亲近而减少工具性,也不因关系的疏远而增加工具性。

关系的构成成分包括情感成分与工具成分,在以"先赋性关系与交往性关系"作为关系的原型分类的两个维度解析情感的构成和形态之后,应对工具性的构成与形态进行同样的解析,而不能以情感性高来推断工具性低,反之亦然。由于关系不仅是表达性关系也是工具性关系(阎云翔,2000),因此,在"先赋性关系/交往性关系"的框架下,可以将工具性分解为"义务互助"与"自愿互助"两个成分。高义务互助与高自愿互助相互交织就是我们熟悉的"报"的概念,表现为"亲子关系""自己人""铁哥们"之间的代际互报、"两肋插刀"等;高义务互助与低自愿互助的交织就表现为"婆媳"之间的孝敬,一般亲属、熟人之间迫于维系关系而相互履行的互助义务等;低义务互助与高自愿互助的交织就表现为挚友之间的鼎力相助等;低义务互助与低自愿互助就表现为熟人之间的相互利用、对外人的排斥和欺负等。

在"差序格局"式的中国社会结构下,"自己人/外人"正是这一结构在社会心理图式上的表达,也是中国人在社会交往中为了保证社会资源的分配秩序、保持人与人之间亲密情感、信任和义务的稳定联系而形成的社会行动策略。

三、关系的建立和保持

在中国社会中,发展出了一系列的行为规范和交往技巧来建立和保持关系,如人情、面子、孝道、拿捏分寸等。这里我们以"报"的概念和送礼行为来进行讨论。

(一) 报及报答

"报"是中国人特有的社会交换的规范和观念,其特别性在于渗透在社会生活的各个方面,被制度化(礼)和情感化了,成为一种文化的表达载体和强化机制。"报答"成为推进关系发展的重要交往规范。

简单来看,报的中文词义是回复和往还,常用的词汇有报效、报恩、报答、报复、报应、报酬、报偿、报知等。报作为一种文化现象,受到了佛教因果报应观念的影响,一般包括三种主要含义。

1. 回报。回报主要是指对恩惠的感谢和反馈。例如成语中有"感恩戴德""感恩图报""知恩必报""饮水思源""受恩思报""滴水之恩涌泉相报""谁言寸草心,报得三春晖""人敬我一尺,我敬人一丈"等表述,都鼓励人们在得到恩惠后积极响应,给予回馈。

2. 报复。报复主要是指人与人之间受到伤害后的应对和反应。成语中有"以眼还眼,以牙还牙""人不犯我,我不犯人;人若犯我,我必犯人"等说法。此外,还有对待伤害的回报行为,如"以直报怨"或"以德报怨",指的是用正面的行为来应对伤害。

3. 因果报应。因果报应主要是指一种业报,强调的是事物之间存在的因果关系。成语中有"一报还一报""善有善报,恶有恶报""一分耕耘,一分收获""种瓜得瓜,种豆得豆"等说法。

报答是人类社会行为中普遍出现的行为规范,不过正如杨联升(1957)在《中国文化中"报""保""包"之意义》中指出的,"实际上,每一个社会中这种交互报偿的原则都是被接受的。而在中国,其不同之处是这项原则有由来已久的历史,高度意识到其存在,广泛地应用于社会制度中,而且产生深刻的影响"。

"报"与一般的社会交换有所不同,其差别体现在"报"的下述特性上。

第一,往还性。"报"强调的是往还,也就是"礼尚往来,往而不来,非礼也;来而不往,亦非礼也"(《礼记·曲礼》)。如果有来无回,就会被人们视作忘恩负义的小人行径。

第二,情感性。"报"包含着强烈的爱与恨。报恩充满了感激,而报仇则充满了仇恨,例如,"父母之仇,不共戴天""一日之师,终身为父"。

第三,增量性。"报"与市场交换不同的是它的增量。当受人恩惠后,中国文化强调要"领情",即了解这些恩惠上附着的人际情感,因此,恩惠不仅仅是恩惠,它饱含着提供者的亲情友爱。因此,回报的时候不仅要回赠好处和礼物,还要"还情"。回报的时候,就要通过增量来体现自己的领情。这就是我们所说的"报大于施"。

第四,延迟性。"报"与市场交换的另一个不同之处是它的可延迟特性。如果立即回馈反而可能表达出相反的意思,即不准备长期保持交往。若延迟一段时间再"报",说明在这段时间内双方依然有一种潜在的关系,这就是人们常说的"欠情"或者"人情债"。报答的延迟可以长达几十年,例如代际互报。

第五,区别性。"报"还要有差别,要根据差序格局来决定应该如何来回报。

第六,角色差异及规范。施与者如果不思回报,就会被人看作仁人君子。受惠者如果不忘恩德,增量回报,就会被看作知恩图报的人;相反,就会被视为"没有良心"的"白眼狼"。

"报"作为一种人际交往的规范,保证了社会行为的秩序,强化了社会整合,并且具有劝善的道德教化功能。

(二)送礼

很少有人从来没有送过礼,却不容易回答礼物究竟有什么社会心理意义。

1. 情感表达和流动的载体。在亲朋好友之间,礼物就像一个盛装情感的器皿,表达的是一种亲情和友情。如果没有这个容器,情感就无法传递、感受和保存。礼物的这种表意功能使它成为社会生活中不可或缺之物。重要的不是容器本身,而是容器中的内容。因此,人们常说:"千里送鹅毛,礼轻情义重"。

礼物把情感外在化、物质化,情感的性质和程度也会从礼物的贵重程度、稀有程度等方面表达出来。但是,可能出现的问题就是,过分强调礼物的市场价值,忽略或错解礼物的情感价值。

礼物被送来送去,就会流动起来。在熟人社会中,常常发生一个人的礼物在亲朋好友中间转了一圈,又回到自己手中的例子。礼物虽然回到手中,但情感表达的任务完成了,它所走过的轨迹就是一幅人际交往的网络图。

2. 熟人社会人际互动的推动者。送礼必然涉及礼物的馈赠和接受两方,根据报答的原则,送礼会连接还礼,还礼中包含增量,对于受礼人来说又被送礼,所以就要继续加倍还礼,于是,双方就会进入一个"施—报"的循环关系中。"滴水之恩,涌泉相报""你敬我一尺,我敬你一丈",容器中承载的情谊就这样愈发浓厚起来。在交往关系中,收到礼物这一方同时收到的是一份维系关系的责任,要通过还礼来完成这一责任。交往双方如果都遵循这样的规则,那么,礼物的流动就生生不息。

礼物的流动最终使熟人社会永远"熟"下去,不会止歇。不加入送礼大军的人虽无债一身轻,但无法在人情社会中生活。跳出礼物的循环往复,也会脱离人情社会,其中的取舍又往往使现代人感到尴尬和无奈。

3. 以礼行为的规范物。物品被冠以"礼"后已经不是普通的物品,而是一种具有特殊意义的符号,即具有"礼"性质的物品。而"礼"在我们的社会里强调"往来"。正像《礼记·曲礼》中的一句话所说:"礼尚往来,往而不来,非礼也;来而不往,亦非礼也。"然而,这样往来的目的是什么呢?

我们从礼物的流动中可以看到生人变熟,熟人更熟,社会关系像一张大网逐渐被织就的过程,其实,礼物的流动是为了更重要的一个东西。这一点古人早有认识。《诗经·卫风·木瓜》中就有这样的三段诗:

投我以木瓜,报之以琼琚,匪报也,永以为好也。
投我以木桃,报之以琼瑶,匪报也,永以为好也。
投我以木李,报之以琼玖,匪报也,永以为好也。

礼作为一种社会行为的规范,倡导了人与人之间要以"礼"的方式交往,而以礼的方式交往,便会增进人情,增进社会的凝聚力。所以,礼物是一种以礼行为的规范物,目的是社会的整合。就在送礼这样的日常行为中,人际行为就被社会规范化了,不会送礼变成了不会做人。然而,当礼物不是自然真情的容器,反倒成了应有之情的容器时,就会变得包装精美,腹中空空。

4. 表意性背后的工具性。在各种人际关系当中,我们可以根据关系性质将其分为"工具性关系"和"表意性关系"两种。工具性关系是一种为了某些实用目的建立的关系,关系不过是一种途径、一种工具、一座桥梁;表意性关系则是一种为了表达人与人之间情感而形成的关系,本身并没有功利性的目的。在人类生活中,人们往往同时需要满足工具性和表意性两种欲求,所以就会形成这样两种关系。在现实中,两种关系并不会在概念上作这样清晰的区分,而会相互缠绕。有的交往表面上是工具性的,但实际上表达了情感;有些则相反,乍一看好像一点功利色彩都没有,但背后包含着另外的目的。单从行为的方式也不容易判断。例如,对于商品的买卖,无论合作还是竞争,都可能会包含工具性和表意性两种成分。

作为一种载体,礼物既可以成为维系工具性关系的手段,也可以成为维系表意性关系的手段。人们普遍将礼物视为情感容器的认知定式,不仅会被人偷梁换柱,甚至会直接演变为权力的交换。买官鬻爵、行贿受贿,往往都是借送礼的方式进行的。这时的礼物容器里会有交易的算计,也会包藏祸心。礼物作为容器,仅仅是容器。

5. 礼物的货币化。作为物品的"礼",在现代工商社会渐渐从"物"的外壳中脱离出来,以货币的形式出现。货币是作为一般等价物的特殊商品,将礼物的功能扩大了许多。货币可以贮藏、流通、支付,以及直接标志出市场价值。因此,礼物货币化后也会离表意的初衷渐行渐远。

专栏 7-1

婆媳之间的关系为什么不易相处?

在各种家庭关系当中,婆媳之间的关系大概是最不容易搞好的了。不要说那些好不容易熬成婆的上了年纪的老太太聚在一起,谈的话题总是离不开儿媳妇的长短,就是那些离开娘家、迈进丈夫家多年的年轻女性,有空聊天的时候,也不免把聚会变成了声讨婆婆大会或者诉苦大会。处在婆媳之间的那位儿子兼丈夫,为了维系双方的关系,受过多少夹板气,陪了多少笑脸,编了多少瞎话,也是可想而知的。

为什么婆媳不大容易和谐相处呢?人们会想起弗洛伊德从婆媳对儿子兼丈夫的情感占有欲以及"恋母情结"等本能角度的解释。这里,我们尝试用社会心理学的视角来进行一番分析。

一、应有之情与真有之情

社会心理学的研究发现,中国人在对各种人际关系分类时,会采用一个双维度的标准。一个维度是关系中两个人身份角色的距离,另一个维度是关系中两个人的真情交换和义务履行的均衡。在一个家庭关系中,亲子关系是一种血缘关系。母亲与儿子、母亲与女儿、父亲与儿子、父亲与女儿之间都是血脉相连的。因此,亲子关系在注重父子轴的中国文化中显得非常重要。而家庭中的夫妻关系、兄弟姐妹关系相比之下其重要程度就会弱一些。作为人与人之间的交往基础,对于每一个人来说,这些关系都是与生俱来的,或者是由角色身份固定下来的。因此,我们对这些关系在情感表达上就形成了各自的区别。我国著名的社会人类学家费孝通先生称之为"等差之爱"。意思是说,在亲子之间、夫妻之间、手足之间都有来自角色身份规定的情感。这就是梁漱溟先生所说的"应有之情"。不同的关系有不同的伦理规范,也有不同的情感类型。

此外,抛开身份角色不说,当两个人在日常生活中不断交往,就会形成恩恩怨怨以及对于一个人的爱憎好恶。比如,当我们非常崇敬自己的父亲时,除了有一种儿女对父亲的敬重之外,还会因为他的个人品德而佩服他,有一种超越亲缘身份的评价。这就是"真有之情"。

一般来说,在家庭生活中,家庭成员不仅有很近的血缘关系,而且朝夕相处,会同时具有最切近的应有之情和最淳厚的真有之情。我们对家人会特别感到亲密、信任和有义务感。这就是我们往往毫不犹豫地把"家人"当成自己人的原因。

原本没有亲缘关系的男女由于相爱"走进一家门",主要是被"真有之情"推动的。然而,婚姻不仅带来了夫妻关系,而且带来了一大串家庭关系身份,新娘子一下掉进了一张关系网当中,需要四面应付。婆媳关系就是其中比较重要的关系。而对媳妇来说,婚前与夫家的人一般交往比较少,所以对丈夫是真有之情,而对公婆和夫家其他成员就只有应有之情。

应有之情是一种根据角色规定的情感,例如传统伦理中的父慈子孝、兄友弟恭等。这种义务之情由于仅仅出于义务,很容易让人言不由衷或敷衍了事。媳妇心里会想,我们之间没有交情,我不是你从小带大的,因为结婚,我就要对你百般照顾,我自己的父母我还没来得及孝敬呢,能做到现在这样我就很不错了。婆婆心里会想,你在我家里出出进进,就是一家人了,你应该像个儿媳妇的样子啊!一方强调真有之情,另一方强调应有之情,两方都不满意。

所以,要改善婆媳关系,特别需要看到一家人之间的情感联系不仅有应有之情,还要有真有之情。婆媳之间多交流,多合作,在共同生活中相互了解,相互感动,相互欣赏,让一点一滴的真有之情累积起来,这样才能让进了一家门的人最终成为一家人。

二、婆媳关系与母女关系

抱怨婆婆的媳妇或抱怨媳妇的婆婆常常忽视一个现象,那就是无论婆婆还是媳妇,她们的母女关系一定比婆媳关系要好。客观地说,被儿媳妇看作"恶婆婆"的人对她们自己的女儿疼爱有加,在她们的女儿眼里,"母亲""娘家"都是无法替代的情感港湾。"回娘家"成为出嫁女儿的一个特殊节日。反过来,被婆婆认为不懂孝顺的媳妇却对她们自己的母亲时常惦念,关怀备至。恰恰因为如此,婆婆和媳妇都会对对方不满。婆婆会感到媳妇对自己不如对她自己的妈妈好,媳妇会感到婆婆对自己不如对她自己的女儿好,由此结怨。婆婆看到媳妇与自己的儿子结婚,走进自己的家,就会本能地形成一种预期,即儿媳妇应该像女儿、儿子那样对待自己。可是儿媳妇往往因为缺乏真有之情无法做到这一点。儿媳妇婚后改口称婆婆为"妈妈",也会本能地将婆婆的行为与自己的母亲相比,形成婆婆应该像母亲那样的预期。当双方混淆了婆媳关系与母女关系的时候,往往会因为对方无法满足自己的预期而渐生不满。

不满的情绪出现后,婆婆和儿媳妇又都会出现一种归因偏误,那就是认为婆媳关系就是婆媳关系,永远不会变成母女关系。有的婆婆说"无论你怎么对她好,她也不会变成你的女儿的"。儿媳妇就更容易说"哪个儿媳妇是婆婆养大的,她怎么会对我像对她女儿那么好呢!"她们都不懂得通过对方的母女关系来看对方的情感和人品,来体会对方的真情。如果用真情来换取真情,婆媳关系就一定会与母女关系一样,成为家庭关系的新的情感支柱。

中国台湾地区学者许诗淇专门考察了华人和谐的婆媳关系,发现随着现代社会变迁、家庭制度的逐渐转变,和谐婆媳关系已经不局限于"情同母女"的传统理想模式,而呈现出许多不同以往的新样貌。除了"情同母女"之外,还有"情同姐妹""主从有序""工作伙伴"。这四种关系模式的核心和谐概念不同,互动方式及情绪感受也有很大差异。

"情同姐妹"式和谐关系的内涵是"成长共同体"。在此种关系模式下,婆媳双方地位较平等,没有显现上下垂直的权力关系。两人相处皆表现出最真实的自我,难免意见不合的时候,也能很快不计前嫌,恢复和谐关系,最后接受彼此差异。婆媳双方在日常生活中互相支持,并从与对方的互动中更加了解自己。两人好似共同成长与相互影响的命运共同体,情绪上充满相知相契、自由自在的感受。

"情同母女"式和谐关系的内涵是"喜欢做、甘愿受"。此种关系模式下,婆婆对媳妇宠爱有加、甘心付出,媳妇对婆婆则充满依恋之情,婆媳双方发展出好似感情深厚的母女关系。在父子轴的大家庭中,双方视彼此好似有血缘关系的家人,全家人相处和乐融融、温暖踏实。即便偶有冲突,也都不会放在心上,小矛盾反而成了日常生活的调剂品。

"主从有序"式和谐关系的内涵是"框限的义务取向"。此种关系模式下,双方内化"婆婆为主,媳妇为从"的人际义务,媳妇以顺从婆婆为主要互动法则。双方皆以父子轴家庭事务为先,以家务与家人照顾工作为主要的互动领域,遵循传统的婆媳角色伦理行事;添加的一些私人情分,是互动往来的润滑剂;双方尽量避免外显的冲突,至于内隐冲突则需要等待时机来化解。总体上在角色规范和情分中互动,感受安定、和顺的情绪。

"工作伙伴"式和谐关系的内涵是"弹性的功效取向"。在此种关系模式下,双方有各自的生活领域,彼此以理性沟通与功效考量为主要互动原则;基于家庭的最大功效,确定弹性、互补、有效能的合作模式;即便发生矛盾,也以事件的功效作为优先考量点;理性谨慎避免内隐冲突的产生。虽然也会添加人际往来的情分,使得婆媳关系充满理性平顺的和谐之感,但总体上就像工作领域合作愉快的伙伴关系。

在华人的"位阶尊卑"和"情感亲疏"构成的二维系统中,四种模式所处的位置显然是不同的(参见表7-10)。主从有序和工作伙伴是现代婆媳的主要和谐内涵。前者以传统的主从人伦为互动基础,仍遵循传统的上下伦理与权力观。后者则以女性同为家务与照顾之承担者为互动基础,一定程度上抛弃了传统主从权力观,婆尊媳卑的上下结构已产生松动。这表明华人现代社会中婆媳关系虽仍局限在角色名分的框架下运作,但现代社会权力的来源已越发多元化,教育程度、经济收入都是新的权力来源,婆媳可以在各自不同的领域中拥有不同的权力。因而婆媳双方以理性与功效考量为互动法则,不再在小小的家庭领域中做权力的争夺。婆媳表达人情的方式也随着时代的变迁而向以功效考量为主发展。多数的婆媳互动仍局限在家务与照护场域,但情同姐妹的婆媳关系突破此僵化结构,为婆媳关系的未来创造新契机。

表7-10　四种婆媳和谐关系在亲亲尊尊向度之上的相对位置

		位阶的尊卑	
		尊	卑
情感的亲疏	亲	情同母女	情同姐妹
	疏	主从有序	工作伙伴

三、娘家、夫家与自己家

在传统社会,女性离开自己生长的娘家,嫁到夫家,对于娘家人来说,已经是"一盆泼出去的水"。女性到了夫家,姓名被改变,或只保留娘家的姓氏,变成"王李氏""张刘氏",或本名前冠以夫姓,成为夫家父子轴上的一个配角。娘家已经不再是自己的家,为父母养老送终的真情表达受到了限制,而夫家也还不是自己的家,要对陌生人生出真有之情并非易事。因此,媳妇处在卑微的地位上,一熬就要几十年,直到成了婆婆,夫家才终于变成了自己家。

现代都市青年婚后一般不与父母同住,农村青年婚后"分家单过"的现象也越来越普遍。于是,婚后的媳妇就有了三个意味不同的家——娘家、夫家与自己家。自己家是一种以夫妻为主轴的家庭,维系夫妻感情的主要是真有之情,而不是血亲关系。一些已婚女性总把自己家排在第一位,把娘家排在第二位,把夫家排在第三位。一些已婚男性则把自己家排在第一位,把父母家排在第二位,把妻子的娘家排在第三位。这就是一些夫妻冲突的来源。很多夫妻争吵的理由往往是"你妈是妈,我妈就不是妈吗?"要求对方把顺序排列与自己相同。这就反映出在社会发生变迁的今天,尽管在家庭中夫妻轴的地位上升了,但是在我们身上,父子轴仍然有着相当重要的价值地位。

在现实生活中,我们看到两种协调婆媳关系的思路。一种是:如果夫妻感情深厚,妻子会把夫家也当成自己的娘家,把丈夫的父母当作自己的父母;丈夫也把岳父岳母当成自己的父母。另一种是:夫妻感情深厚,相互尊重对方对娘家的价值认定,体验对方的父子情深或母子情深,站在对方的立场上考虑问题和处理事情。这两种思路尽管有些不同,却都可以较好地协调婆媳关系引起的夫妻冲突。

思 考 题

1. 为什么有的人人缘很好?
2. 异性之间能够保持友谊吗?
3. 外人可以变成自己人吗?如果自己人可以变成外人,需要什么样的个人条件和环境条件?

拓展阅读

1. 杨中芳.中国人的人际关系、情感与信任:一个人际交往的观点[M].台北:远流出版公司,2001.
2. 黄囇莉.华人人际和谐与冲突[M].重庆:重庆大学出版社,2007.

第八章　助人行为与攻击行为

助人行为会受到社会和他人的影响吗？
社会成员的心理因素会影响其助人与受助行为吗？
为什么人们会相互帮助？
为什么有人在危难中不愿意伸出援手？
影响助人和接受帮助的因素有哪些？
助人的决策是如何做出的？
攻击行为会受到社会和他人的影响吗？
社会成员的心理因素会影响其攻击行为吗？
为什么有人会攻击他人？
为什么有人会相互攻击？
影响攻击行为的因素有哪些？
如何减少攻击行为？

第八章

助人行为与攻击行为

学习要点与要求

要点：本章介绍人类助人行为和攻击行为的理论，分析影响这些行为发生的生理、社会和个人因素。

要求：①了解在人际交往中发生助人行为和攻击行为的社会心理原因；②分析这些原因是如何形成和相互作用的；③思考在现实生活中如何避免攻击行为和增加助人行为。

第一节 助人行为

社会心理学之窗 8-1

吉诺维斯案件

1964年的一天晚上，在纽约皇家植物园（Kew Gardens）一个僻静的地区，一名叫基蒂·吉诺维斯（Kitty Genoves）的女青年正在沿着大街行走。突然一名男子从暗中袭击了她。她挣扎着，并大声呼救。经过一阵搏斗之后，她受了重伤。她设法从攻击者那里挣脱出来，一边大声呼救，一边沿着大街奔跑。几分钟以后，那位男子又抓住了她。搏斗持续了半个小时，她不断大声呼喊，直到最后被杀死。她的叫喊声和搏斗声至少被出事地点附近的建筑物中的38人听到了。许多人到窗前去看发生了什么事情，却没有人帮助这位女青年，甚至没有人去报警。（请注意，在这一情境中，哪些是情境对人的影响？如何影响？哪些是人对情境的影响？如何影响？）

吉诺维斯案件被报纸披露后，引起了公众的震惊：人们完全丧失了救助他人的良知了吗？为什么有人见死不救？

见死不救和舍身救人这两种现象在生活中都可以见到。那么，人类社会行为为什么有这样巨大的反差？用一个人冷漠或热情的人格可以解释吗？用一个人同情心的强弱可以解释吗？用自私或无私的价值观可以解释吗？用君子或小人的行为模式可以解释吗？用人性本恶或人性本善的观点可以解释吗？用一个人有无"利他基因"可以解释吗？

一、助人的基本动机

助人行为（helping）被社会心理学家界定为对他人有益的行为，因此它也是一种亲社会的行为（prosocial behaviors）或亲他人的行为（proothers behaviors）。

（一）亲社会行为的概念

亲社会行为是指一切对社会有积极作用的行为,包括助人行为、遵守社会规范行为、友善行为、公共参与行为等。助人行为又可以分为两类:一类是自愿帮助别人,并且不求回报的利他行为(altruism behaviors);另一类是具有某种目的的助人行为。

如果从是否亲社会的角度对社会行为的性质作描述的话,我们可以把社会行为想象为一个从利他到利己的连续体。在这个连续体中,可以看到双方互动中得利和受损的关系。纯粹的利他作为一极,纯粹的利己作为另一极。在表 8-1 中,第一行的三个水平都属于亲社会行为,而第二行的三个水平都属于非亲社会行为,甚至是反社会行为。

表 8-1 亲社会行为的水平

利他有损己	利他不损己	利他亦利己		
		损人不利己	利己不损他	利己有损他

利他行为是助人行为中亲社会水平最高的一种,一般具有以下五个特征:①自愿;②以利他为目的(其结果可能是利他有损己、利他不损己、利他亦利己);③不期望他人和社会的回报(只有自我报偿,如愉快、欣慰);④某方面的付出(如时间、财富、名誉);⑤对方得到好处和益处。

而其他助人行为的特征除了与利他行为的第四个、第五个特征相同,其他几个方面则不同。助人行为可能是非自愿的(例如有社会压力、责任性的),可能是出于利己的目的或者交换的目的,也可能是期望回报(包括精神的或物质的)的。

（二）亲社会行为的概念表征

寇彧和张庆鹏(2006)的研究发现,中国青少年对亲社会行为的理解不仅包括比较传统的助人行为的内容,例如分享、合作等,还有同情、体谅甚至微笑这样的内容。通过焦点组访谈,他们采集了 43 种中小学生认为是亲社会行为的表现,并且通过研究发现,中国青少年心目中的亲社会行为概念可以分为以下四类[①](参见表 8-2)。

表 8-2 亲社会行为概念表征

利他性亲社会行为	英勇行为、救助、发展技能、捐赠、照顾、帮助、赠送、体力支持
遵规与公益性亲社会行为	公益行为、协调关系、利群体行为、遵守规则、积极建议、完善自身、拾物归还、遵从习俗、家庭养育、提供信息、亲情行为、责任义务行为、体谅他人、公德行为、环保行为

---

① 寇彧,张庆鹏. 青少年亲社会行为的概念表征研究[J]. 社会学研究,2006(5):169-187.

续表

关系性亲社会行为	谦让、不伤害、关心他人、接纳、感激、爱护动物、道歉、安慰、合作、分享、增进友谊、借出物品、发起友谊
个人特质性亲社会行为	宜人、赞美他人、忠诚、讲义气、同情他人、宽容、慷慨

二、助人行为的理论解释

(一) 社会生物学和进化心理学

1975年美国动物学家、研究昆虫社会的 E. 威尔逊(E. Wilson)出版了《社会生物学:新的综合》一书,提出了一个新的解释社会生活的理论①。威尔逊认为,利他是生物的本能。他举了下述一些例子。

兵蚁在蚂蚁王国就表现了保护蚂蚁巢穴、抵御入侵者的自我牺牲精神。兵蚁一生的追求就是战死沙场。

在蜜蜂王国里,工蜂会用叮人的办法攻击入侵者。当它叮了入侵者以后,毒针就留在入侵者身上,而工蜂也为此献出了自己的生命。

一只鹧鸪看到狐狸走近他的幼崽,便会假装折断了翅膀,蹒跚地离开自己的巢穴。狐狸就会跟随它,认为可以轻易地杀死它。一旦它把狐狸引到足够远的地方,它便奋力飞去。它采取了调虎离山计,有时候是成功的,有时候有很大的风险。它可能会为了自己的后代丧生。

这样的例子很多,威尔逊从物种保存的角度来解释。工蜂、兵蚁身上有一部分繁衍的基因,它们不能直接生育后代,但它们是同族生育的保证,因此,保证蚁王的安全才能使自己的后代不绝。为了这个目的,工蜂和兵蚁要做一部分牺牲以便完成传宗接代的任务。因为根据达尔文的进化论,物种的进化是依据物竞天择、优胜劣汰规律的。凡是能够帮助一个物种保持和发展的基因都会在进化的过程中被保留下来。进化心理学(evolutionary psychology)就是从有助于物种进化的遗传基因角度来解释某些人类行为的。进化心理学家发现,动物往往帮助那些有保存基因价值的对象,这样的结果使得这一物种的传递更有可能。例如,动物通过"亲属选择"的方式来解决帮助对象的选择难题。在蜂巢前担任守卫工作的蜜蜂,通过辨认气味断定其他蜜蜂与自己血缘关系的远近,对于那些自己的"近亲"就容易放行,而对于所谓"远亲"就发出"蜂巢内没有空位置"的信息拒绝它们进入。一些研究者还发现,人类的互助行为似乎也受到亲属优先原则的支配。在生死关头,人们对亲属的救助多于对非亲属的救助。有研究者对一场灾难劫后余生的人进行访谈,发现他们在逃离火灾现场之前寻找他们家人的行为比起寻找朋友的行为要多。但

---

① WILSON E O. Sociobiology,the new synthesis[M]. Cambridge,MA:Harvard University Press,1975.

是这一理论无法解释在灾难发生时很多人抢救老人而不是孩子,也无法解释大学生为救老农牺牲生命的行为。在人们决定是否助人时,所受到的影响可能远比这一理论提供的解释复杂得多。

进化心理学还提出助人是一种社会适应性行为。只有相互帮助,一个物种才可能更好地战胜环境威胁,在竞争中胜出。这种以互助行为应对严酷环境的对策被保存在基因中并传递下去,就成为该物种得以生存的一种本能。不过,助人行为是否有基因作为基础还有赖于基因研究的进展。

(二)社会交换理论

社会交换理论以社会行为的成本和收益的经济计算来解释助人行为。社会学家和社会心理学家认为,有些人不仅为年幼的子女、多病的老人提供照顾,而且为素不相识的人提供帮助,因此,人与动物是有区别的。人与人之间的互助行为有一些动物所没有的动机,这就是社会交换的动机。在社会生活中,人们通行着互惠交换的原则。人人为我,我为人人。否则,助人的代价如果总高于预期得到回报的水平,可能就会让人感到得不偿失。可以看出,这一理论的预设是人的自利动机。根据这一理论,如果一些富有的人为了社会声望捐助贫困失学儿童,尽管他们的动机不指向贫困儿童,但是客观上帮助了他人,社会是应该用赞许来回报他们的行为的(Homans,1961;Blua,1964;Kelley and Thibuat,1978)。

(三)共情-利他假说

共情(empathy,也译"同理心")是指设身处地为对方着想,对对方感同身受的内心体验。心理学家巴特森(Batson,1991)的"共情-利他假说"为助人行为提供了另一种解释,即当我们能体会到他人的感受时,会激发出我们对他人的同情以及利他动机,从而帮助他人,改善他人的处境,并不考虑回报与代价。

让我们来看看巴特森(Batson)的实验。他将女性被试请到实验室并且进行个人情况和态度的测试,随后把她们的得分分为两组,告知她们一名叫作"艾琳"的被试还没来,请大家等待。他让这些先来的被试们阅读资料,内容包括实验目的和合作者的情况。阅读资料显示,这次实验的目的是研究"不愉快经历对工作表现的影响",两人编为一组,其中一人为学习者(记忆测验),另一人为观察者(负责进行电击)。合作者是一个叫艾琳的人。被试中一部分人拿到的资料所描述的艾琳与自己的情况和性情比较相似,另一部分人拿到的资料所显示的是艾琳与自己不是一类人。巴特森假设,感到艾琳与自己很相似的那一组人会对艾琳具有比较高的共情,另一组人共情会比较低。

随后,艾琳出现了,她当学习者。透过闭路电视,观察者可以看到艾琳的表现和受到电击的情况。在几次测验后,艾琳要求暂停,并告诉主试自己小时候有过电击的恐怖经历,但是会坚持实验。于是主试询问观察者是否愿意和艾琳调换角色。在此之前,实验者曾经以不同的指导语控制了被试逃离现场的可能性。这样,听到

"如果你认为已经收集到足够的信息,就可以随时停止"的指导语的被试归为容易逃离组;听到"必须完成全部任务"的指导语的被试归为困难逃离组。结果发现,高共情组的人多半愿意与艾琳交换角色,无论自己是否有机会逃离现场;低共情组的人看到别人痛苦时会逃离现场,如果实在不能逃离,才会考虑帮助他人[1]。

三、影响助人行为的社会因素

(一)旁观者

基诺维斯(Genoves)的案件(基诺维斯及案发地见图8-1)引起了两位年轻社会心理学家的关注,在得到消息的当天中午,他们就开始讨论。拉塔内(Latanè)回忆说:

约翰·达利(John Darley)参加了一场鸡尾酒宴会之后,来到我的住处闲谈。我们共同的话题是,许多朋友都问我们这些自称是社会心理学家的人,为什么纽约市民如今变得如此冷漠无情?

我们达成了一个共识,那就是基诺维斯命案之所以令人迷惘,原因在于不是一个或两个,而是有38人听到喊叫声却袖手旁观。(Latanè,1987)

他们假设,在场的人越多,每个人插手的可能性就越小。那些旁观者可能以为,一定早就有人报警了,自己不必再添乱了。这种现象被称为"责任扩散"(diffusion of responsibility)。对这个"他人在场引起责任扩散"的假设,他们设计了两个实验[2]。

图8-1 基诺维斯及案发地点

---

[1] BATSON C D, DUNCAN B D, ACKERMAN P, et al. Is egoistic alternatives to the empathy altruism hypothesis[J]. Journal of personality and social psychology,1981(55):52-77.

[2] LATANÈ B,DARLEY J M. The unresponsive bystander:why doesn't be help? [M]. Englewood Cliffs,NJ: Prentice Hall,1970.

第一个实验:让被试单独或与其他两个陌生人一起待在屋子里。这时,烟从墙上的一个小孔中被灌入房间。实验者希望观察到被试以多快的速度向实验者报告。结果发现,当一个被试单独待在房间里的时候,发现有烟,很快就产生报告的倾向。75%的被试在单独一人时在6分钟内去报告,其中有一半人在2分钟内就去报告了。而在他人在场的情况下,只有38%的人去报告了。

第二个实验:被试分别处于四种状态下:单独一人,与一个朋友在一起,与一个陌生人在一起,与一个态度消极的研究助理在一起。

最初一个女研究助理先请被试填写了一份调查表格,然后她说要在隔壁房间里工作片刻。在她离开房间几分钟后,被试开始听到从隔壁传来的声音,揉纸、拉开抽屉,然后好像从椅子上摔下来,而且好像受了伤。被试听到椅子被重重摔到地上,那位女性尖叫了一声,开始喊"哎呀,我的脚……我的天哪……我不能动了……我的脚……这个东西……"。喊叫持续了两分钟。结果发现,单独等待的被试中有70%的人以不同方式表示愿意帮助受害者。和一个朋友在一起的被试中,也有70%的人跑去帮助。与一个陌生人在一起的被试中,只有40%的人跑去帮助。与一个消极的研究助理在一起的被试中只有7%的人跑去帮助。

可见,他人在场减少了旁观者助人的可能性。在场的他人如何表现很重要。如果他人表现消极,人们的助人行为会减少,如果他人的表现积极,人们的助人行为会有所增加。

为什么有多人在场会减少助人行为呢?他们又设计了新的实验:

让被试坐在小房间内通过通信装置与他人一起参加讨论。在讨论过程中,其中一个人感到身体不舒服,说自己头晕。然后他的声音变得模糊不清,一会儿听到他的身体倒在地板上,之后就听不到声音了。由于真被试只有一个,其他人都是研究助理,所以实验条件为:①被试感觉在与一个人讨论问题;②被试感觉在与两个人讨论问题;③被试感觉在与五个人讨论问题。

结果表明,在第一种条件下,85%的被试很快做出了反应,另外15%的被试也在稍后做出了反应;在第二种条件下,只有62%的被试做出了反应;在第三种条件下,只有31%的被试做出了反应。两位社会心理学家将此现象称为"旁观者效应"(bystander effect),它是由他人在场引起的责任扩散导致的现象。

(二)人际关系的性质

上述拉塔内和达利研究的助人行为发生在陌生人之间。如果在熟悉的人中间,例如在家人、亲戚、朋友、邻居、同事之间,人们会不会有不同的表现呢?试想,如果自己的亲人生命受到威胁,一个人会不会挺身而出呢?社会心理学家关注了不同关系对助人行为的影响。例如,M.克拉克(M. Clark)等人把人际关系分为

"交换关系"和"共有关系"(参见第七章,社会关系)①。他们认为,市场交易中的人们是典型的交换关系,而家人是典型的共有关系。他们选择了两类被试(具有朋友关系或陌生人关系的被试)参加实验。研究中,研究者测量了被试注视灯光的频率。实验中设置了两种情境的灯光。第一种情境是:让被试认为,灯光的改变代表另一个房间内的配对搭档在实验作业上需要帮忙。这些被试实际上没办法帮助对方一起进行这项工作。实验的假设是,越关心自己搭档需求的被试,看灯光的次数会越多。第二种情境是:让被试认为,灯光的改变代表另一个房间内的搭档在实验作业上完成得很好,这项实验应是他们一起完成的,由对方代表来进行,并且可以从中得到均分的报酬。实验的假设是,越关心交换公平的被试,越关注灯光,因为需要记住对方的人情债有多少。在共有关系中,人们会关注对方是否需要帮助;而在交换关系中,人们关注的不是对方要不要帮助,而是对方给自己带来多少好处,自己应该记住以后还他多少人情。实验的结果见图8-2。

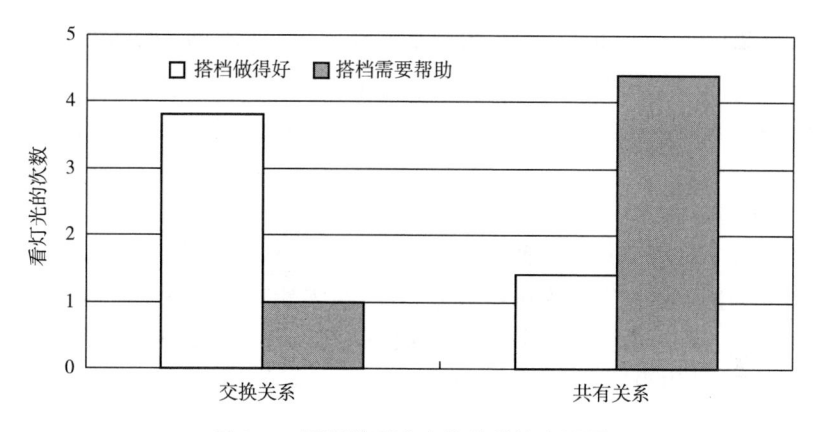

图 8-2 不同关系中人们的关注点不同

(三)亲社会行为的传递

一次助人事件还可能引发受助者和旁观者后续针对不同对象的亲社会行为,使发生在两人之间的互动转变为多人互动。这种现象被统称为亲社会行为的传递(prosocial transmission)。如图8-3所示,A首先帮助了B,B出于感激之情又帮助了A。这是直接回报。B还可能受A的感染和鼓舞,继续帮助其他人,将爱心传递下去。另一方面,旁观者C看到A的助人行为,也可能经由社会学习表现出对他人的亲社会行为。同时,C还可能由A帮助B的行为推定A是好人、值得帮助,因而在后续互动中对A表现出更多的亲社会行为。由此不难看出,亲社会行为的传

---

① CLARK M S, MILLS J. Interpernal attraction in exchange and communal relationships [J]. Journal of personality and social psychology,1979(37):12-24.

递涉及多种机制的联合作用。

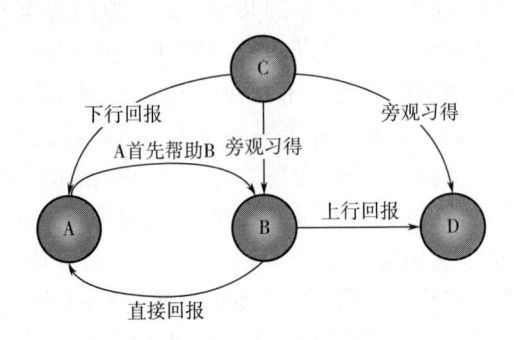

图 8-3 亲社会行为的传递①

四、影响助人行为的个人因素

什么个人因素会影响助人行为呢？是否有人具有乐于助人的性格？助人行为是否仅是一时的情绪状态的结果？社会心理学家发现，一个人的价值观念、移情能力、决策过程、当时的情绪状态以及是否处在闲暇时间等因素都会对助人与否产生或多或少的影响。

（一）助人信念

乐于助人的确可能来自一种价值观和信念尤其从长期的、各种各样的助人行为中可以看到这一点。一个人乐善好施，处处急人所难，帮人所需，从中体会一种内心的满足，这就是内心信念的作用。这样的助人者乐在其中，因而不会斤斤计较，也不会过多关注受助人是否可以与自己形成共有关系或交换关系。

（二）共情

有研究发现，人很早就形成了共情能力。如果给 1 岁的孩子戴墨镜，让他体会黑暗，然后给他的妈妈戴上墨镜，他就会用手把妈妈的墨镜抓下来。这就是共情能力。人与人之间相互体会，才可能感受他人的处境。

（三）内疚

社会心理学家还假设，人们感到内疚的时候会增加助人行为。因为人们需要通过做好事来进行补偿，以减轻内疚感。有研究验证了这一点。

一个被试走在马路上，一位实验者从他身旁擦肩而过。此时，实验者手中的卡片纷纷落在了地上。看上去，卡片是被试碰落的。这时，被试往往会弯腰帮助捡拾卡片。在另一种条件下，在马路上行走的被试偶然碰落了实验者手中的几本书，实验者马上自己捡起来，并且表现出不高兴的样子。随后，另一位实验者在这位被试

---

① 许燕，杨宜音. 社会心理研究[M]. 上海：华东师范大学出版社，2021.

面前掉了一堆卡片,且不是被试碰掉的,但是由于先前碰掉过别人的东西,所以被试仍然帮助实验者捡起了那些掉落的卡片。

(四)闲暇或匆忙

人们是否有空闲也影响着人们是否对他人提供帮助。1973 年,研究者选择了一些大学生作为被试,先在一座楼里告诉他们,要他们到另外一座楼里进行演讲。其中一部分人有较为充裕的时间准备,另一部分人则没有时间准备。实验是在两座楼之间的道路上进行的。路上恰巧有一个人倒在地上呻吟(研究助理扮演)。结果发现,时间充裕的被试中有 2/3 的人停下来帮助,而时间不充裕的人中只有 1/10 的人停下来帮助。

(五)决策

拉塔内和达利的研究发现,人们面临紧急情况决定采取什么行动一般经过五个阶段,参见图 8-4。

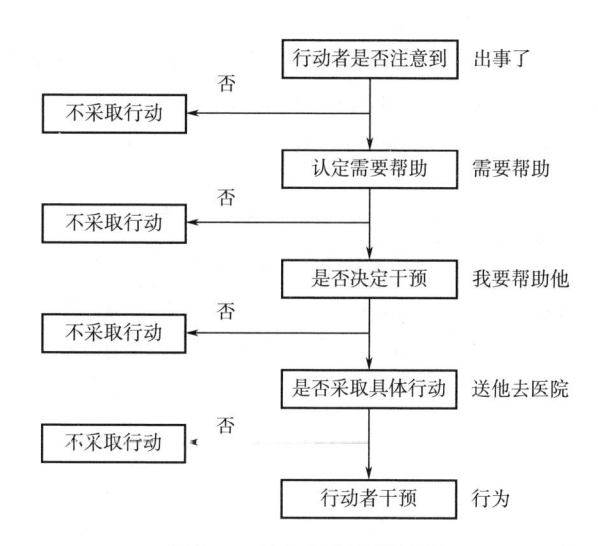

图 8-4 助人行为决策过程

在这五个从知觉、意向到行为的环节中,无论哪一个环节出现了中断,助人行为都不会发生。

美国学者佩里亚文提出旁观者计算模型(bystander-calculus model)解释助人决策过程[①]。她认为,旁观者看到紧急情况时会计算(助人或不助人)成本,助人的成本包括时间、精力、人身安全等,不助人的成本包括罪恶感、谴责、因移情而愧疚等。旁观者帮忙救助,因为相比助人成本,不助人的成本太高。而旁观者冷漠现象

---

① PILIAVIN J A, DOVIDIO J F, GAERTNER S L, et al. Emergency intervention [M]. New York: Academic Press, 1981.

发生的原因是他人在场减少了不助人的成本。

(六) 受助者的特征归因

受助者由于什么原因而身处困境？这也是人们需要进行判断的。也就是说，要判断其是否值得同情。乔治(George,1992)发现，一个人的朋友由外界不可控的原因造成学业上的困难，比起个人原因导致的困难，会得到更多同情和帮助(参见第三章，社会认知)。

社会心理学之窗 8-2

零点网上调查系统1998年9月进行的"网民社会援助观"调查结果显示，网民最同情在困境中的青少年，其中赞成"每个人应该奉献爱心，力所能及地帮助弱者"的人最多，同时只有2%的回答者对1998年的特大洪灾表示不关心，六成多的人表示乐于用行动奉献爱心。调查结果按大类显示，困境儿童（包括失学儿童、孤儿、流浪儿童）获得的同情度最高，达到45%；经济困难者（含灾民、没钱治病的人、贫穷的农民和下岗工人）占29.6%；身体疾患者（残疾人、精神病人、艾滋病患者）占9.2%（见表8-3）。

表8-3 最值得同情的人（多选）

序号	类别	占比(%)	序号	类别	占比(%)
1	失学孩子	24.9	9	下岗工人	3.9
2	孤儿	13.4	10	卖淫女性	2.0
3	灾民	10.7	11	精神病人	1.4
4	老人	9.9	12	文盲	1.4
5	没钱治病的人	9.8	13	吸毒者	1.3
6	残疾人	7.3	14	艾滋病患者	0.5
7	流浪儿童	6.7	15	乞丐	0.1
8	贫穷的农民	5.2			

资料来源：汝信，陆学艺，单天伦.1999年中国社会形势分析与预测[M].北京：社会科学文献出版社,1999:101—120.

一般认为，如果一个人因为制度性原因、他人或环境而陷入困境，那么这个人是值得帮助的。如果由于个人原因，特别是个人好吃懒做甚至带有欺骗目的，人们就不会同情他们。例如，对于艾滋病人，如果人们将艾滋病归因于他们的不良性行为，而不是意外感染，就会拒绝帮助他们。而对于贫困失学儿童、孤儿、灾民和老人

等,人们就比较容易形成恻隐之心。

此外,受助者是否愿意接受帮助、对受助的反馈、是否会感激助人行为等也都影响着助人者的感受。

五、帮助与被帮助

一般而言,人们会因帮助他人而感到愉快,而接受别人的帮助也会如此。例如,在车祸中被他人送到医院抢救,在迷路的时候得到他人的指点,在自己没有意识到的危险情境下被人提醒,等等。被他人帮助的人,一般情况下会心存感激,并且会把这些温暖传递给他人。但是,并不是所有帮助都会给人带来正面的感受。以下研究不仅让我们看到助人行为是发出者本身的选择,还让我们看到被帮助者的反应,是双方共同建构了帮助与被帮助这一相互影响、相互建构的关系。

（一）归因

被帮助的人在被帮助情境下会进行两种归因。其一是对自己处于需要被帮助处境的判断,其二是对助人者行为动机的判断。如果前者的归因是自己需要帮助的处境源自特殊的事件、特殊的困难,例如天灾人祸、先天的残疾等,而不是个人不够努力,那么接受帮助就可以让被帮助者在感激之余仍然保持对自己的正面看法,并对自己度过灾难、克服困难持有信心。相反,如果个人对自己的困难处境的归因是他人的错误或失误,那么他很少有感激之情,反而会心安理得甚至心生不满。

助人的动机也是被助者关注的因素,以此决定是否接受和感激这些助人者。如果被助者发现助人者的助人行为并不真正在于帮助自己,而在于助人行为之外的东西,就会感到气愤。例如,以助人行为换取其他社会资源,以被助者作砝码进行其他交易,等等。

（二）自主和自尊

抗拒理论(reactance theory)认为,接受帮助会让一些人感到失去自由或者自尊受到伤害,因而会拒绝被帮助或者会在无奈中接受帮助,而内心并不愉快(Brehm and Brehm, 1981)。例如,一些接受他人资助的家庭生活贫困的大学生被要求在媒体上向捐助人表示感恩,一些受助者被要求披露家庭的贫困状态和一些隐私,这都让一些人感到被贴上了贫困的标签而抬不起头来。一些救助者因为提供了帮助而要求被救助者服从自己的要求或偏好,要求被救助者按照自己的意愿办事,这会使被救助者感到丧失了自由。

（三）回报

从社会交换理论来看(参见第七章,社会关系),人们得到帮助时,也会想到对方的帮助代价有多大、是否应该回报、如何回报等问题。如果判断对方帮助行为的代价很大,而自己无法报答,就有可能拒绝这些帮助。当判断帮助可以被回报,受助者就会愿意接受这些帮助。因此,了解救助者的回报意愿对于接受帮助者进行判断很重要。在朋友之间,相互帮助是很常见的,这是因为朋友间对帮助动机有正面的判断,同时,对有稳定关系和有机会回报的预期、了解回报的方式等也让人可以安心接受帮助。

六、群际亲社会行为

虽然亲社会行为通常发生在人际互动中,并具体表现为互助、合作、分享等形式,但由于每个人都拥有多重身份认同,所以当施助者和受助者基于不同社会群体成员资格而互动时,个体心理层面上的亲社会动机和心理行为模式也自然获得了群际互动的性质,并被称为群际亲社会行为。

群际亲社会行为受到很多因素的影响。例如:①感知危险性。研究发现,感知到的疾病传染性与致死程度会通过状态共情影响人的亲社会行为决策,相比于低致死非传染病的情况,低致死性传染疾病使人们负向预测状态共情,从而减少亲社会行为表现,而高致死非传染病使人们正向预测状态共情,从而增加亲社会行为表现[1]。②心理需求的满足程度。有研究发现"个人怀旧"有助于基本心理需求的满足,进而正向预测群际亲社会行为[2];少数人群体的内群精神利益满足可以减少外群体投射,进而促进他们对多数人群体的积极态度[3]。③群体认同。共同内群体认同激发了外群体与内群体的感知相似性,进而增加对外群体的帮助[4]。④文化心理结构。一般来说,集体主义强调人际互依与社会责任,因而会促进亲社会行为,但由于不同群体的集体主义对亲社会行为作用路径有所差异,因而在中国文化下,集体主义更可能对群体身份相关的特殊亲社会行为起到促进作用,而对指向陌生人的一般亲社会行为作用很有限[5]。

群际亲社会行为的初始动机可以是多重的,如痛苦感知、感恩图报、追求正义等[6]。但从根本上说,其发生与发展基于当事双方对群际关系和相关行为规范的

---

[1] 路红,邓雅丹,郭蕾,等.疾病风险感知对群际亲社会行为的影响:移情的中介作用[J].中国社会心理学评论,2011,8(17):56-73.

[2] 常保瑞,谢天.个人怀旧对群际亲社会行为的影响:基本心理需要满足的中介作用[J].中国社会心理学评论,2020(17):34-55.

[3] 王锦,寇彧.少数人群体精神需求的满足促进对多数人群体的积极态度[J].中国社会心理学评论,2020(17):74-89.

[4] 孙涛,梁芳美,赵玉芳.共同内群体认同对群体帮助的提升作用及其机制[J].中国社会心理学评论,2020(17):16-33.

[5] 吴胜涛,高承海,梁肖幸子,等.集体主义与亲社会行为:群体认同的作用[J].中国社会心理学评论,2020(17):193-203.

[6] 徐华女,钟年.志愿者帮助HIV感染儿童的初始动机[J].中国社会心理学评论,2020(17):145-170.

认知与理解。亲社会的群际关系有依赖定向和自主定向两种典型形式①。前一种情况下，施助者强调内外群体的差异，特别是内群体的独特性，通过为受助者提供直接的问题解决方案来稳定或扩大群际阶层差异，进而获得受助者的长期依赖。后一种情况下，施助者强调群际共性，可以容忍不同群体之间的多样性，通过为受助者提供解决问题的工具来尊重他的自主价值及独立尊严，试图在利他主义框架内缩小阶层差异，建立良性群际关系。也正因为如此，群际亲社会行为未必都具有建设意义，也不全能获得受助者的感激和接纳。例如，有研究发现②，当老年人认为年轻人尊重自己，则既愿意接受年轻人的帮助，也愿意给年轻人施以援手；而当老年人认为年轻人看不起自己，则对其给予帮助的目的就会特别敏感，只有感觉对方是真心帮助自己时，才愿意接受帮助。

在社会变迁不断加强、社会流动日益频繁、不同群体与文化传统间交流和互动愈发复杂的新时期，群际亲社会行为作用于群际关系的社会与心理机制，建设性群际亲社会行为的影响因素和促进策略，都是未来值得深入研究的重要议题。

第二节 攻击行为

社会心理学之窗 8-3

青少年犯罪的低龄化

2005年3月14日星期一早间新闻报道：美国一名四岁儿童因被弟弟激怒，拿出母亲提包里的手枪，对准两岁弟弟的太阳穴，枪杀了他。

这个四岁儿童为什么会在被激怒后以此种方式回敬他的弟弟？是本性使然还是后天学习造成的？母亲包里有枪这件事在多大程度上决定了这场悲剧？对枪杀一个人的意义，一个四岁孩子会有怎样的理解？（请注意，在这一情境中，哪些是社会环境对攻击行为的影响？如何影响？哪些是人对攻击行为的影响？如何影响？）

青少年犯罪的低龄化屡被提及，但是，如此低龄的杀人犯实为罕见。为什么人类会有攻击行为？战争的硝烟在21世纪到来后依然没有散尽，恐怖主义成为各国共同面对的问题。这是一种什么样的攻击行为？

---

① 张庆鹏,寇彧.群际互动中的亲社会行为：全球化浪潮下的"群性光辉"[J].中国社会心理学评论，2020(17)：1-15.
② 林之萱,杨莹,寇彧.老年人的元刻板印象及其对社会互动的影响[J].心理发展与教育，2020,36(6)：686-693.

一、解释攻击行为的理论

尽管人类已经走过上万年的进化历程,人类社会中的攻击、侵犯、伤害行为,恐怖事件、暴力事件、骚扰事件仍不断出现。社会心理学将有意伤害他人的行为定义为攻击性行为(aggression)。这种行为引起了他人的身心痛苦,并且是有意为之的。根据攻击性行为的目的可以将其分为工具性攻击(instrumental aggression)和情绪性攻击(emotional aggression,)两类行为。前者会给被攻击者带来痛苦或挑战,但是这不是攻击者的最终目的,而只是达到其他目的的手段,例如,在攻击性的游戏或竞赛(拳击、足球)当中,当双方理解共同认定的规则时,攻击变成了游戏。后者也称敌对性攻击(hostile aggression),其目的就是伤害他人。大多数这类攻击都是由愤怒引发的,因而被称为情绪性攻击。

如何解释人类的攻击行为?在此我们介绍三种理论。

(一)本能论

已有研究表明,攻击是动物在进化过程中为了传递生命而产生的本能行为。例如,动物有领地意识,人有人际空间,如果侵犯了这一边界,都很容易形成敌意。弗洛伊德认为,人具有生的本能和死的本能,而死的本能是一种与生俱来的破坏和毁灭的原生动力,它存在于人的潜意识当中,如果不加控制,就会外显为攻击行为。

(二)挫折-攻击说

贝尔科维奇(Berkowitz,1989)提出的"驱力理论"认为,人如果不能达到某些由内驱力形成的需求或设定的目标,就会产生挫折感(frustration),而挫折感的排解方式之一就是将其转化为攻击驱力。也就是说,攻击行为是失败后的情绪发泄[1]。

(三)社会学习理论

班杜拉(Bandura,1959)等人认为,攻击是直接经验和观察学习的结果。他们认为,一个人选择行为方式(例如是否选择攻击性行为来发泄不满),受到社会学习过程的影响。如果一个人经常看到暴力行为的发生,他怎么能不仿效呢?例如,儿童的童年经历会影响到其成年以后行为方式的选择。一个在家庭暴力严重的家庭中长大的孩子,会比其他孩子在长大后更多地使用暴力来管束自己的孩子。因而,攻击性行为是一个后天习得的行为倾向[2]。

让我们先来看看有哪些生理、自然和社会环境因素及个人因素会影响攻击行为。

---

[1] BERKOWITZ L. Frustration-aggression hypothesis: examination and reformulation [J]. Psychological bulletin,1989(106):59-73.

[2] BANDURA A,WALTERS R H. Adolescent aggression[M]. New York:Ronald Press,1959.

二、影响攻击行为的生理因素

(一)生理特质

在动物行为学家洛伦兹(Lorenz,1974)的著作《攻击与人生》出版以后,似乎越来越多的研究发现,生物体内的状况影响人们对外界的反应。例如,脑前叶、下视丘、杏仁核与攻击行为的启动与控制有关,用电流刺激这些部位会导致动物向比自己体积小的动物进行攻击。血清浓度较低的人比较有可能产生攻击冲动,雄性激素水平高的人或人在雄性激素水平高的时期会有攻击性倾向。有一项研究就发现,暴力罪犯身上的雄性激素水平明显高于一般人。由此也可以解释,男性一般比女性的攻击性强。对美国、瑞士等不同文化中儿童玩耍的观察也发现,男孩子之间的推、撞、打的行为比女孩子多很多。1986年拉什顿(Rushton)等人对296对同卵双生子和277对异卵双生子攻击行为的追踪测量也发现,同卵双生子之间的攻击性相似程度高达0.40,而异卵双生子的攻击性相似程度只有0.04。出生后被他人收养的暴力罪犯的儿子,攻击性倾向类似其生父,而不是其养父[①]。这些研究发现是不是验证了谚语——"龙生龙,凤生凤,老鼠的儿子会打洞"呢?

(二)生理水平

有些罪犯是在酒后肇事触犯法律的。酗酒引发的攻击性行为是很常见的,因而有些国家会限定饮酒的年龄。研究发现,饮酒本身并不直接导致攻击行为,但酒精可以唤醒人的一些本能的反应,减少其对遵守社会规范的意识。比如,我们会发现,有的人酒后变得话多,说起来滔滔不绝;情感丰富的人会在酒后变得更加敏感多情;而那些攻击性强的人会在酒后变得更具有攻击性。所以,酒精的作用可能在于缓解社会规范的束缚压力,因而并不是攻击行为的罪魁祸首。

如果我们观察动物感到痛苦后又无法逃离的情况,那么,我们就会看到"困兽犹斗"的现象。研究者在大老鼠、小老鼠、狐狸、猴子、蛇、浣熊、龙虾的实验中都得出了这样的结论。所以,人如果处于不舒服、痛苦、焦躁不安等状态时,也有可能用攻击行为来释放这种焦虑或转移这种痛苦。

当外界自然环境使人的身体和心里感到不舒服、痛苦和焦躁不安时,发生攻击行为的可能性也会上升。卡尔史密斯和安德森(Carlsmith and Anderson,1979)曾对美国79个城市在1967年至1971年所发生的动乱做了系统分析,发现夏天发生的动乱、暴力犯罪的案例数量远高于秋天。在全年的谋杀和抢劫案中,发生在夏天的案件比例也高于秋冬季节。安德森(Anderson,1996)等人让被试在温度不同的房间做实验,华氏90度以上的室温中的被试比正常室温的被试有更强的攻击欲望,

---

① RUSHTON J P,FULKER D W,NEALE M C,et al. Altruism and aggression:the heritability of individual differences[J]. Journal of personality and social psychology,1986(50):1192-1198.

对陌生人有更多的敌意,参见图8-5。

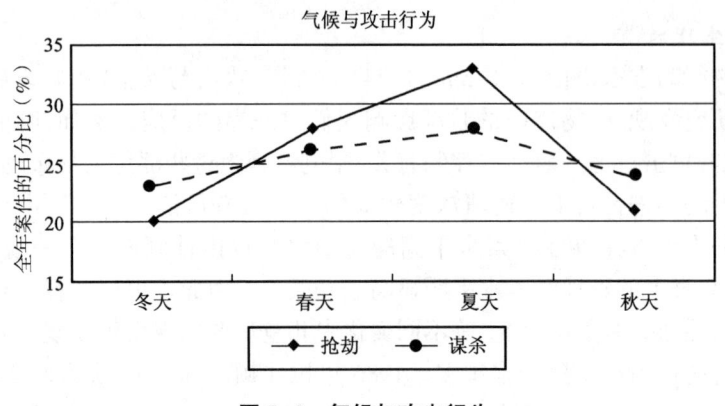

图 8-5 气候与攻击行为

三、影响攻击行为的社会因素

社会环境中有什么因素会影响攻击行为的发生概率?

(一)环境中唤起攻击行为的线索

贝尔科维奇(Berkowitz)曾经提出过一个"线索唤起理论"。他认为,在人们感到挫折或被激怒后,并不一定产生攻击行为,如果环境中有唤起攻击行为的线索,例如手边有武器或有可以使用的工具,就会让人受到引导。贝尔科维奇(Berkowitz,1967)等人让两组大学生分别在放有枪和放有羽毛球拍的房间里参加实验,大学生在合作伙伴犯错后以电击方式惩罚对方,随后故意激怒大学生,研究发现,有枪房间里的被试电击他人比没有枪(有羽毛球拍)的房间里的被试电击他人更多。实验结果如图8-6所示。

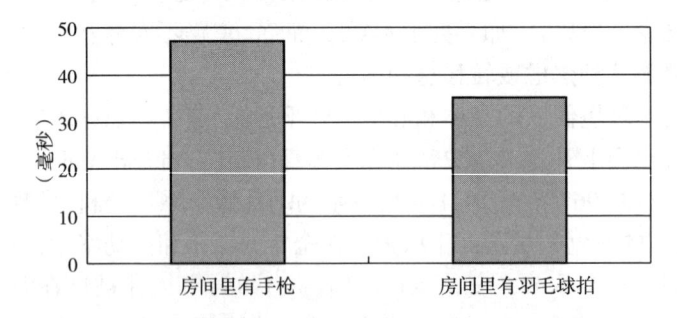

图 8-6 愤怒的被试平均被电击的持续时间

阿彻(Archer,1994)曾经请各国的少年阅读一个冲突的故事,让他们写下故事的结局。美国的青少年倾向于写出暴力的结局,内容也会涉及与枪有关的场景。

因此研究者认为,武器诱发了人们采用暴力解决冲突的想法①。4岁的美国男孩知道妈妈包里有枪,这可能诱发了他的攻击行为。

(二)挫折

挫折-攻击(frustration aggression theory)理论主张,当一个人意识到自己无法实现自己的目标后,做出攻击性反应的可能性会提高。一项研究发现,小孩通过铁丝网看到房间里面有许多好玩的玩具,但是无法得到。经过漫长的等待,小孩被允许拿到这些玩具。另一组小孩没有受到控制,直接就可以拿到玩具。受到挫折的那些小孩拿到玩具后非常具有破坏性,他们把玩具往墙上摔、用脚踩,表现出更大的攻击性。

但是,挫折并不会直接引起攻击,可能因受到条件的限制而被隐藏起来。例如,意识到力不从心,或者自己会吃亏。但是,这种潜伏的挫折感可能会在其他情境中转化为攻击行为。我们常见的"迁怒"就是一种。

(三)挑衅与报复

当人们受到别人的攻击(比如侮辱、挑衅)后,自然会对这一行为作一个归因。如果我们确信这是无意的或另有原因的,一般情况下都不会采取报复的行为策略。如果归因于对方的敌意,就会使用"回敬"或"报复"的社会规范——"人不犯我,我不犯人,人若犯我,我必犯人";"善有善报,恶有恶报"。这些规范的背后是恢复公平的愿望。

(四)模仿

许多家长采用体罚的形式教导孩子,他们说,"棒下出孝子"。这种信念大多是从上一代传承下来的。班杜拉(Bandura,1961,1963)做过一个实验,可以说明攻击行为有可能是通过模仿形成的。他让一个成年人当着儿童被试的面用力击倒一个充气娃娃,这个娃娃被打倒以后会再次弹回来。这个成年人于是就不停地打这个娃娃。开始用手,后来用脚,再后来找到棍子敲,边打边骂。此后,孩子们再玩这个娃娃的时候就发生了类似的攻击行为。他们模仿这个成人的方式对待娃娃。而另外一组没有看到成人攻击行为的儿童被试对那个娃娃几乎没有攻击行为。

在传媒发达的社会里,电视节目、报纸杂志、电子游戏里充斥着暴力的内容,这样的环境对人发生攻击性行为究竟有多大影响呢?它宣泄了攻击的本能还是强化了攻击行为以及提供了模仿的对象?大量研究得出的结论主要有以下几点。

1. 媒体暴力降低了人们对暴力行为的控制能力,认为暴力是一种可以利用的解决冲突的方式。

2. 媒体为人们提供了模仿、学习以暴力方式处理纠纷和发泄不满的例子。

3. 长期接触媒体暴力,会使人对暴力行为麻木不仁,降低恐怖感受,不会采取

---

① ARCHER D. American violence:how high and why? [J] Law studies,1994(19):12-20.

积极措施制止暴力。

利博特和巴伦(Liebert and Baron,1972)在一项研究中,让一群小孩观赏一部暴力警匪片的片段,另外一群小孩看一部长度相当的非暴力影片(运动方面)。然后,小孩子们可以到另外一个房间与另外一群小孩玩。那些观赏了暴力警匪片的小孩表现出的攻击性远远大于观赏运动片的小孩。1987年的另一项研究也发现,观看暴力影片对原本就具有比较强的攻击倾向的孩子影响更大。在这项研究中,研究者先让老师对孩子进行攻击性倾向的评定,再让孩子们观看充满暴力的警匪片或者车技竞赛的运动片。然后,让所有人玩曲棍球。观察发现,观看了警匪片的高攻击倾向的孩子的攻击行为高于没有看警匪片的高攻击倾向的孩子以及低攻击倾向并观看了暴力警匪片的孩子。这项研究让我们了解到,如果一个人不具有攻击倾向,即便看了警匪片也不一定就会变得具有攻击倾向。然而,大量的长期观察提供了一个结论:长期接触高暴力的媒体信息,会改变人的攻击倾向。美国1995年的一项统计资料显示,12岁的孩子平均看过的电视暴力画面竟然已经超过10万个。这种媒体暴力的接触势必会对孩子造成不良影响。电视暴力对攻击行为的影响如图8-7所示。

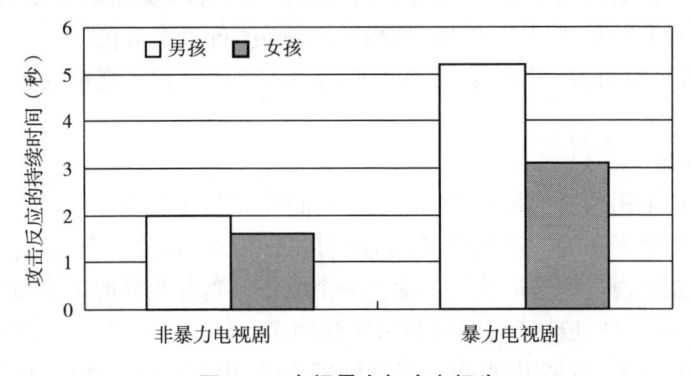

图8-7 电视暴力与攻击行为

人类攻击性行为不仅出现在战争中,也经常出现在日常生活中。目前家庭社会学和女性研究都很关注家庭暴力问题。家庭作为传统的私领域,其中的暴力行为往往让人们熟视无睹,甚至认为是理所当然的。丈夫打妻子,家长打孩子,大孩子打小孩子,在过去的文化脚本中被理解为合理的行为。有一种解释是"打是疼,骂是爱"。这样的文化脚本没有将这样的暴力解释为攻击行为,相反,将其解释为一种权力和权利。

大量的媒体暴力还出现在互联网上。由于网络的匿名特性,一些人在网上突破道德禁忌,体验颠覆社会规范的快感,例如语言攻击、盗窃他人密码获得财物或信息资源以及一些电脑黑客攻击他人的电脑。因为新的社会空间的出现,攻击行为的方式也有所改变和增加。

学校心理学的研究者也发现,较多出现在学校的攻击行为是所谓"欺负人"的霸凌行为。身体高大的学生或者性格外向的学生常常欺负那些身材矮小、性格内向的学生,让他们为自己服务,或向他们索要想要的东西和钱财。

四、影响攻击行为的个人因素

尽管处在具有各种攻击性行为的社会下,并非人人都会轻易受到影响。从个人的角度我们可以看到,解决纠纷和释放愤怒都有合理的渠道。例如,协商、调节的方式,根据法律或社会规范裁决的方式,等等。并且,过度的、不适当的攻击可能会受到各种惩罚和制裁,考虑到攻击的后果,人们将会有所控制和收敛。从认知和情绪的角度看,人们决定是否攻击对方,会经过一些信息加工过程和情绪的介入,例如对对方攻击行为的归因、对回应后果的是非判断、对维护自尊的需求强度等。

(一)敌意归因偏误(hostile attributional bias)

在人际冲突中,一般人不会轻易发出攻击性行为,在确认对方具有敌意的时候才会"以牙还牙,以血还血"。在进行归因时,一些人往往会对对方的攻击行为作敌意归因,确信任何行为都是有目的的,而不是无意为之。或者当人们认为对方为敌后,无论对方是善意的还是恶意的,都认为是恶意。也就类似于"狗嘴里吐不出象牙来""黄鼠狼给鸡拜年"式的归因。

(二)自尊

研究发现,高但不稳定的自尊往往会使人对威胁更加敏感,从而导致人际冲突和攻击性行为。这类人的攻击行为出自自我保护的动机。

(三)发泄

弗洛伊德用"水压"来解释攻击行为。他认为,任何愤怒都会累积,如果不能随时发泄,就会积攒到一定时候爆发,其表现形式可能是疾病,也可能是极端的暴力。因此,"宣泄"(catharsis)是必要的。

总而言之,影响攻击行为的因素是多重的。个人的攻击倾向、情绪和情感处境、对社会规范的遵守程度、归因方向等都会影响个体是否会选择攻击行为。另外,社会提供的环境如果是一个充满暴力的环境,人们浸润其间,日久天长,也会不知不觉用这样的途径来摆脱愤怒和获得英雄感。

专栏 8-1

人类的反社会行为从哪里来?

一、社会生物学的解释和社会学习理论的解释

反社会行为与亲社会行为相对应,是一种攻击他人或社会的行为,对社会有消极作用,例如暴力行为、侵犯或攻击行为、伤害他人和破坏社会秩序等。

　　人类的亲社会行为和反社会行为从哪里来呢？一般有两种解释。一种解释来自社会生物学方面,其观点主要认为亲社会行为来自人类保存和传递种群遗传基因的生物本能,而反社会行为则是人类在保存种群基因的过程中不可避免地与他人发生冲突时本能地表现出的攻击性反应。例如,为了繁衍后代和种群群体的利益,工蜂和兵蚁都会本能地牺牲小我,舍生忘死;母兽为保护幼兽与敌兽厮杀。另一种解释来自社会心理学中的社会学习理论,其观点主要认为,社会行为均来自对他人行为的模仿学习和强化学习。

　　从四岁男孩杀害自己弟弟这一案例来看,他的行为不是在与其他物种或种族的竞争中为了保持自己的种族基因而形成的反社会行为。那么,这种行为就更适宜用社会学习理论来解释。

　　社会学习理论的创始人美国社会心理学家班杜拉指出,人类可以通过观察他人的行为和结果而学到复杂行为反应,而不必每一件事都亲自体验。这就是说,人类有通过示范行为学会他人经验的能力。

　　媒体、书籍、周围人的行为方式,都会成为人们重要的模仿对象。在电视节目中,经常会出现世界各地的恐怖事件报道、有暴力情节的影视作品,这些内容都很容易让儿童认为"英雄"的形象是与用武力征服他人相联系的。另外,电脑游戏的普及使大量具有宣泄情绪功能的战争游戏让很多青少年迷恋,他们在游戏中体会自己控制他人、攻击他人的成就感和力量感。

　　二、社会学习的影响力:持久性与睡眠者效应

　　人们常说,近朱者赤,近墨者黑,就是说耳濡目染会给人以影响。这种影响年深日久就会显现出来。例如,美国一项长达22年的研究发现,211名8~9岁的男孩最喜欢的三个电视剧具有暴力倾向。在这些孩子长到18~19岁时的调查显示,儿童时代的偏好与他们青少年时代的侵犯行为水平有显著的正相关关系。又过了12年,研究者再次测量了这些人的侵犯性水平,仍发现与他们儿童时代的暴力电视片的偏好有显著的正相关关系。

　　许多人认为,孩子在观看暴力影片或其他节目的时候,并没有表现出什么攻击性。但是我们会发现这样的一个现象:小孩子在学习说话的时候,会突然说出一些当下大人并没有教给他的词汇。这就是所谓的社会学习的睡眠者效应。孩子也许有一天看到过妈妈包里的手枪,感到过好奇,但是当时并没有什么不恰当的反应。但是,在接下来的日子里,他看到一些成人是如何用枪攻击别人的。他就理解了枪的用途,学会了对愤怒的应对方法就是攻击引发他愤怒的人。当他被激怒时,手枪就像一个刺激物一样,在冲突的情境中激活了他的想象。他就会用模仿来的方法释放自己的愤怒。所以,是成人把一个孩子变成了一个具有攻击性行为倾向的"睡

狮"。当它沉睡的时候,我们不要以为它还是一只"小猫"。

三、让儿童模仿什么

无论以什么名义,我们这个世界的暴力和武装冲突都太多了。四岁男童杀害两岁弟弟的事情再一次以血腥的形式给我们敲响了警钟。成年人让儿童模仿什么,成为我们应该反省的问题。早在1967年,美国的传播心理学家就对电视节目进行过内容分析。他们分析了1967年和1968年10月1日至7日下午4点到10点以及星期六早上8点到11点的娱乐节目。他们把节目分为三类:第一类是犯罪-西部-冒险节目,其中暴力内容最多,96.6%的节目里包含暴力;第二类是卡通节目,涉及暴力内容的节目高达93.5%;第三类是戏剧节目,涉及暴力内容的节目也有66.3%。在183个节目中,展现了1 215个暴力冲突;在455个主要人物中,241人偏好暴力(参见刘晓红、卜卫著《大众传播心理研究》,2001)。

虽然遗传基因不易改变,人类的攻击本能和亲和本能难以控制,但社会学习过程是可以被控制的。如果我们的社会加大力量强化捐助行为、救助弱者行为等亲社会行为,树立一种和谐友爱、尊重生命的社会价值观,那么,攻击本能就会受到抑制,亲社会行为就会增多。

思考题

1. 请分析无偿献血行为:哪些社会因素影响了献血者的行为?哪些个人因素影响了无偿献血行为?如何影响?为什么会形成这样的影响?

2. 从一个人孝顺父母的行为可以推测其对陌生人伸出援手的行为吗?哪些社会因素影响了其对陌生人的帮助?哪些个人因素影响了对陌生人的帮助?如何影响的?为什么会形成这样的影响?

3. 助人行为和攻击行为与一个人的价值观有哪些联系?

4. 足球比赛是一种对手之间的攻击行为吗?如何使竞赛双方不产生敌意?

拓展阅读

1. 章志光. 学生品德形成新探[M]. 北京:北京师范大学出版社,2002.
2. GEEN R. Aggression[M]. New York:McGraw-Hill,1998.

第四部分　群己和群体的社会心理学

第九章　社会遵从行为

社会成员会受到社会规范的影响吗？
社会成员会影响社会规范吗？
一个社会的规范是如何形成的？
人们会遵从社会的规范吗？
人们会参与、强化社会规范的建构吗？
人们会消解、颠覆社会规范吗？
影响参与建构、遵从社会规范和消解、颠覆社会规范的因素有哪些？

第九章

社会遵从行为

学习要点与要求

> **要点**：本章介绍了社会规范的形成、遵守的社会心理学规律以及从众现象的社会心理学机制。社会遵从行为既是个体社会化的重要机制，也是社会动员的重要机制。
>
> **要求**：①从群体、社会与个人之间相互影响的角度理解社会遵从行为和不遵从行为；②从个人社会化与社会控制及动员的角度理解社会遵从行为的利弊。

社会心理学之窗 9-1

从众行为举例

电梯的门开了，里面的人一律面朝一侧站立，好像约定好了一般。新来的人上电梯见到此状以后，也面朝那一侧站立。（请注意，在这一情境中，哪些是规范对人的影响？如何影响？哪些是人对规范的影响？如何影响？）

一走进诊所，只见里面的人排成一条长龙，都只穿着内衣，手里抱着外衣，他们神情自若，静静等待，仿佛早就懂得了这里的规矩。新来的人好像也心有灵犀，迅速脱掉外衣，在队尾的长椅上坐好。（请注意，在这一情境中，哪些是规范对人的影响？如何影响？哪些是人对规范的影响？如何影响？）

如果有人没有按照交通信号灯的指示过马路，而此时也没有车辆，唯独自己一个人遵守规则，就会感到有压力，好像自己是一个不懂得变通的人。（请注意，在这一情境中，哪些是规范对人的影响？如何影响？哪些是人对规范的影响？如何影响？）

在某些城市禁止燃放烟花爆竹之后，年底辞旧迎新时，仍不时有鞭炮声响起。（请注意，在这一情境中，哪些是规范对人的影响？如何影响？哪些是人对规范的影响？如何影响？）

第一节 社会规范的形成与执行

人类以群体生活的方式存在，因此面临社会成员行为的协调与合作问题。在城市拥挤的大路上，如果没有行车和行走规则，每个人很难预测众多行人的行走方向和速度，就很难彼此协调。在大城市，交叉路口因信号灯失灵，车辆行人挤作一团的情况很常见。排队上下车提高了上下车效率也是人所共知的。可见社会规范在社会生活中不可或缺，可它为什么会存在，又是如何形成的呢？

一、社会规范的形成

社会心理学家把在社会生活中个人遵守社会规范的现象称为"相符行为"或"遵从行为"。社会心理学家采用实验法对这种现象进行了观察。

1936年，M. 谢里夫(M. Sherif)利用视错觉做了一个游动光点的实验室实验研究。在黑暗中，一个光点出现后，因为缺少一个稳定的参照物，人们会有这个光点在移动的错觉。就像我们在仰望星空时，会感到那些星星飘忽不定。谢里夫请被试走进一间暗室里，被试的前方呈现一个光点，然后要求被试判断光点移动的距离。如果房间里只有一个被试，他的判断是根据自己的体验做出的。有的人认为光点只移动了1~2英寸(2.54~5.08厘米)，有的人却认为光点移动了10英尺(3.048米)。大家的判断相差悬殊。第二天，被试被安排与其他几个人一起进行游动光点的判断，各自大声说出自己的意见。于是情形大变，大家的判断渐趋一致，参见图9-1。

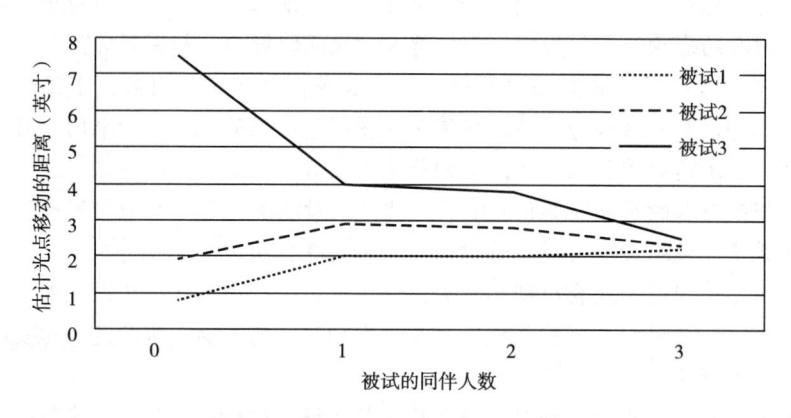

图 9-1 谢里夫的游动光点判断实验

那么，这样的趋同判断会不会是一个人的权宜之计呢？即人们不愿意公开反对他人的意见，所以，这样的顺从是否仅仅是公开的顺从(public compliance)，而不是私下的接纳(private acceptance)呢？谢里夫的研究发现，在上述实验以后，被试被再次邀请单独参与游动光点的判断，他们的答案竟然不太会偏离群体已达成的一致答案。这说明，经过小组判断的过程，群体规范(group norms)渐渐形成了。这种规范一经形成，在每个被试再度进行独立判断时仍然表现出规范对个人判断的约束。

随后，有人在实验做了一年之后再次邀请被试重复进行单独判断，结果仍然与以前群体达成的一致意见差不多。这说明，在我们的社会生活中，社会成员常常需要依赖他人共同来界定事情，不仅知道对方的意见，而且知道对方知道自己知道他的意见,并且会自愿接受群体的结论,认为这是一种共识。特别在信息暧昧不清、情况相对紧急、别人可能是专家的特定情境中,人们更容易通过相互的认可形成行为的规范,并遵守这些规范,这就是规范的一般形成机制(norm formation)[①]。

二、社会规范的执行

社会规范的形成可能是约定俗成的,也可能是服从代表这些共识的权威,特别是通过法律法规形成的。社会成员的行为决定了这些规范会被执行还是会被颠覆。一般情况下,大多数人会执行社会规范吗?狄更斯(Dickens,1934)从观察日常生活入手来回答这个问题。他对汽车司机在对面有来车、十字路口出现停车信号后的反应进行了现场系统观察。他一共观察了2 114例这样的情况,发现有四种反应类型:立即停车、明显减速、稍微减速、不减速。其百分比的分布如图9-2所示。

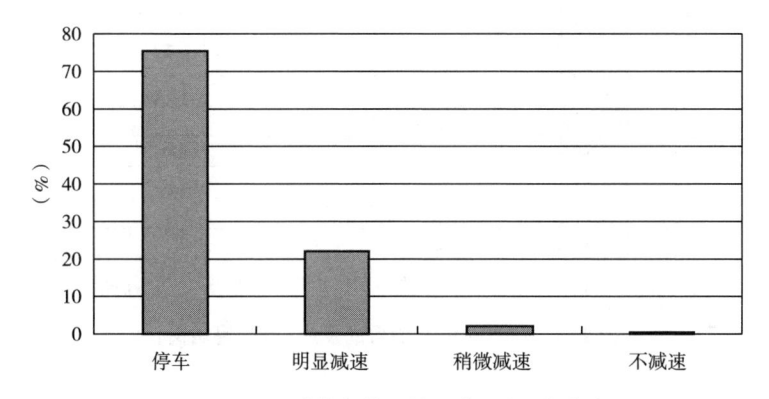

图9-2 司机对停车信号的反应(对面有来车)

在狄更斯研究的基础上,奥尔波特(Allport,1937)发现,人们对社会规范的遵奉不呈正态分布,而呈躺倒的"J"形曲线,因此提出了社会规范遵奉"J"形曲线的假说(J-curve hypothesis)。图9-3给出了工人上班的守时行为曲线。

从这条曲线中可以看出,绝大多数人会遵守某一社会规范,有一些人会小程度偏离这一规范,只有极少数的人会完全不遵守这一规范。

接下来狄更斯对在有交通警察监督的情况下司机们对停车信号的反应进行了观察。在观察到的102例中,有交警监督时停车的比例比没有交警监督时停车的比例高约20%,如图9-4所示。可见,规范执行的社会监督是一个重要的影响因素。

---

① SHERIF M. The psychology of social norms[M]. New York:Harper & Row,1936.

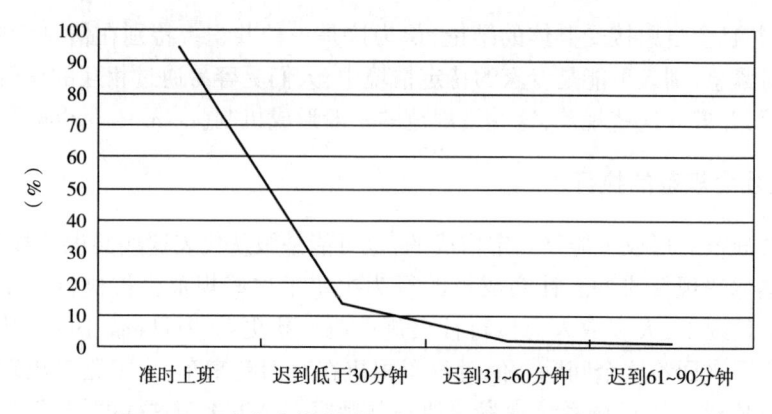

图 9-3　工人上班的守时行为（1 277 例；Dickens,1934）

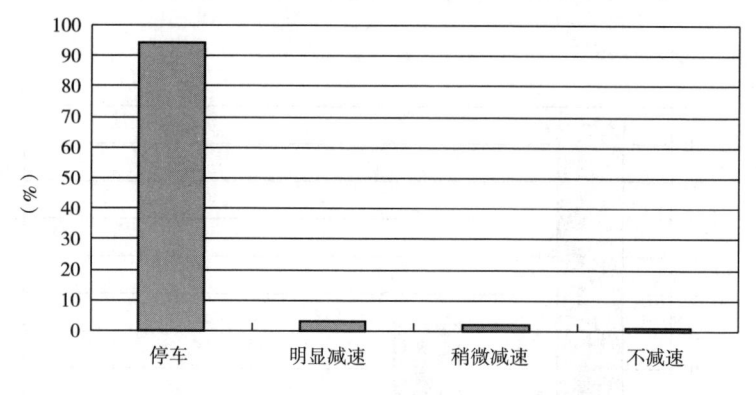

图 9-4　司机对停车信号的反应（有交警站岗）

在某一特定情境中,如果半数以上的个体做出同样的行为,则以这一行为表现出来的规范来衡量行为是恰当的,可以预期会发生相符行为。我们可以回想关于城市禁放烟花爆竹规范被执行的情况(参见专栏 9-1)。

为什么一个社会成员会执行社会规范呢？我们可以从下述几个方面进行思考。

第一,强制执行(如果不这样做,则……)。人类社会的许多社会规范的目的是维持一个社会的秩序和正义,因而,这些规范往往以法律法规的形式出现。为保障社会大多数人的基本权利,社会成员建立起一系列的制度来规范行为。在一个社会中,这类规范是被强制执行的。

第二,自我认可(这样做是对的,所以……)。当社会成员认识到一项社会规范的必要性和正确性,就会自愿接受规范对行为的约束。

第三,群体认同(大家皆如此,我……)。在社会生活中,如果周围的人都遵守社会规范,而自己也是这个社会中的一员,就会形成一种与他人保持一致的动机,以便维护自己的成员资格和履行成员的义务。

第四,条件激发(当我想起……,则……;小心!那边有警察!)。有些对规范的遵守是条件性的。在某种环境下,人们遵守规范的动机被触发,就会导致这样的行为出现;而有的时候,这种条件不具备,就会出现违背规范的行为。例如,有警察在场和没有警察在场,司机们的行为就会有所不同。

第五,变通的思维方式(假如……,就可以换个方式……)。在日本或中国香港地区,你常常会看到,即便周围没有一个人,街上恰巧没有任何车辆,行人一般也不会闯红灯。这些行人对穿行马路的规范自动执行,因而不会因为条件的改变而改变。而在中国内地,我们常常看到被称作"中国式过马路"的现象,即如果没有妨碍,人们会自行调整对规范的遵守情况。采取这种变通的做法的原因可能是对规范意义的真实理解,也可能是人们在强大的压力下被动执行规范,因此一旦松绑,就不会再执行规范。

社会心理学家西奥迪尼(Cialdini)、雷诺(Reno)和卡尔格伦(Kallgren)区分了两类规范。其中一类是描述性规范(descriptive norms),另一类是命令性规范(injunctive norms)[1]。描述性规范指大多数人的典型做法,例如过马路时,虽然交通指示灯没有变,但等候的行人已经越来越多,大家潜在地感到法不责众,就会突破原有规范的制约,出现"闯红灯"的行为,这类遵规行为是社会规范的"实然(is)"层面。命令性规范指某文化下大多数人赞成或反对的行为标准,是社会规范的"应然(ought)"层面。社会规范并不总对行为产生影响,只有当个体在特定情境中"聚焦"到某一个社会规范时,它才会显著地影响个体行为[2]。我们将在下一节介绍几种重要的社会规范。

第二节 几种重要的社会规范

社会规范是社会认可的行为方式,它基于社会共识,因此包含着一定的社会价值观念,也是价值观的一个重要的社会引导和社会规范属性的体现(参见第五章,价值观),反过来说,对社会规范的遵守也是对价值观的认可。

一、回报的规范(reciprocity)

回报是一种社会交换的规范。人们都喜欢那些热情给予自己帮助的人,并且愿意投桃报李。在市场上进行交易,也一定要恪守公平,童叟无欺。

---

[1] CIALDINI R B, TROST M R. Social influence: social norms, conformity, and compliance [M]. Boston: McGraw-Hill, 1998.
[2] 韦庆旺,孙健敏. 对环保行为的心理学解读:规范焦点理论述评[J]. 心理科学进展,2013(4):751-760.

在中国文化里,受到社会关系性质的影响,回报的社会规范与西方文化有些不同,即在进行社会交换的过程中,回报行为中含有情感的成分和维持关系的功能,并且情感的因素和关系维持方面的动机会影响工具性的、对等的、交换的回报行为。这一点我们在第七章"社会关系"中已经有所介绍和讨论。

社会心理学之窗 9-2

分享举例

一个男孩有一大一小两个苹果,他准备分给他的弟弟一个苹果。弟弟拿了那个大苹果,哥哥抗议道:"你为什么拿那个大的!"

弟弟说:"那你想拿哪一个?"

哥哥说:"当然是小的。"

弟弟说:"那不是正好吗?"

弟弟不懂得挑一个小苹果回报哥哥的慷慨和谦让。

二、社会承诺的规范(norm of social commitment)

在生活中,人们都愿意与一诺千金、信守承诺的人打交道。莫里亚蒂(Moriarty,1975)就研究了承诺规范被执行的情况。他在一个日光浴海滩与游客攀谈,然后拜托他们为自己看管收音机。有些游客答应下来,有些人就不予理睬。几分钟以后,莫里亚蒂的实验助理假装来偷。许诺的人当中有95%的人试图阻止小偷;而那些没有许诺的人,只有20%的人出面干涉。

一些商业营销正利用了承诺的规范来推销产品。这种利用人们坚守承诺心理的营销策略被称为承诺的低球(low-ball)技术。这种策略是:先用优厚的条件引诱消费者动心,让他们作出承诺,再用种种理由提高价格,迫使消费者接受真正的高价格。西奥迪尼等(Cialdini et al., 1978)对此做的小实验是这样的:他们先征得一些同学参与实验的承诺,然后告诉他们这个实验要从一大早开始。从一开始就知道实验要在早上六点就做的同学中,只有31%的人表示愿意参加实验。而那些先同意参加实验、后被告知实验开始时间很早的同学中,却有56%的人信守了承诺。这部分人就是被低球手法"击中"的。

承诺是通过限制自身的其他选择来获得对某一选择的锚定,从而获得他人的信任。言而有信使以后的社会交往变得更为顺畅。

三、依从的规范

假如你打算为残疾人募捐,假如你在假期打工成为推销新产品的业务员,假如你需要紧急帮助老师在同学中间招募填答问卷的志愿者,采用什么样的说服策略

社会心理学之窗 9-3

信守承诺

武秀君是一个辽宁省本溪县滴塔村的农民,2002年12月14日的一场车祸夺去了她丈夫赵勇的生命。武秀君在整理遗物时发现,几年来,发包方拖欠大量工程款,造成赵勇拖欠大宗外债270多万元。同时,发包方欠了赵勇300多万元。面对丈夫的突然离世,在年迈的公婆和未成年的儿子面前,她没有逃避,毅然选择走上了替夫还债、养家糊口的道路。

在此期间,有人给武秀君出主意:不承认这些债。武秀君却说:"人去世了,但债不能死。"丈夫未尽的责任,全部由自己来承担。武秀君先拿着欠条和账本挨家核查,以自己的名义重新给人家打欠条。有的账目不清,武秀君亲自去核对。有的债主没有找过她,她就主动打电话找人家。2003年初,武秀君一个人来到本溪,开始了挣钱还债的历程。她学着男人的样儿,竖起一个小牌子,写上"油工"二字,等候装修的业主挑选。10天后,武秀君挣了5 000元钱。其后几个月,武秀君开始自己找生意。因为她做的活让业主很满意,生意逐渐好了起来。2003年7月,武秀君赚了5万元钱。她把这些钱送到了当初讨债堵在家门口的那些人手上。

武秀君的诚信赢得了人们的尊重。赵勇的朋友打电话找武秀君,主动提出给她活干。赵勇以前的工人也表示愿意跟着她。从此,武秀君带领那些以前跟丈夫干活的工人承揽工程。在赵勇去世后的4年里,武秀君还清了300多笔欠款,共210多万元。虽然还有60多万元没有还完,但她坚信,只要全家人齐心协力,一定能把这些钱还上。(据新华社沈阳2007年12月6日电)

会比较好呢?说服他人依从自己的要求,可以运用一些技巧,这些技巧背后的社会心理学效应引起了研究者的兴趣。例如,美国社会心理学家发现了劝说过程中的"门面效应"(door in the face effect)。西奥迪尼(Cialdini et al.,1975)先询问大学生是否愿意陪管教所青少年去动物园参观。询问的结果是有17%的人同意。然后他们换了一种方式来尝试。在没有提出上述这个要求之前,他们先提出一个听起来很大的要求:"我们目前正在招募志愿者,担任青少年管教所的辅导员。这项工作没有薪水,每星期需要工作两个小时,至少要服务两年时间,你有兴趣担任这项工作吗?"可以想见,绝大多数大学生摇摇头。就在他们表示拒绝的时候,研究人员马上说:"我们还有另一个计划,也许你会有兴趣参加。"然后询问他们是否愿意陪管教所的青少年到动物园参观。结果,同意这项请求的大学生是第一种情况的3倍,即51%的人同意了。产生这个结果的原因是:当拒绝别人的要求后,一个人的自我形象会有一些不完美,人们就愿意用一个小的牺牲来对自己的形象进行修补。

不过,这种说服人的策略效力十分短暂。

西奥迪尼指出,如果要诱发门面效应,必须满足以下三个条件。

第一,开始的要求必须大到足以被拒绝,但不至于引起憎恨及怀疑。

第二,必须在对方拒绝后给出对第二个要求让步的机会。

第三,第二个要求必须与第一个要求有关,并由最初提出大要求的人提出,并对接受小要求的人作出赞赏的评价①。

还有一种策略叫作"登门槛效应"(foot in the door effect)。这种策略简单地说就是"得寸进尺",也就是先提出一个对方可能同意的小要求,然后再提出一个你真正希望他接受的大要求。弗里德曼和弗雷泽(Freedman and Fraser,1966)进行了一项研究,测试屋主是否愿意在他们的院子里放一块"小心驾驶"的告示牌。当他们直接询问时,只有17%的人同意。然后他们换了一种策略:他们的研究助理先去问另一个小区的屋主是否愿意在一份安全驾驶的倡议书上签名,结果是大多数人欣然同意。两个星期以后,另一些助理再次上门询问他们是否愿意在自家的院子里竖立一块"小心驾驶"的告示牌。牌子的大小与上一个小区的牌子一样大,接受过上一个要求的人中,大约56%的人接受了这一要求。

图9-5是两种说服策略效果的比较。

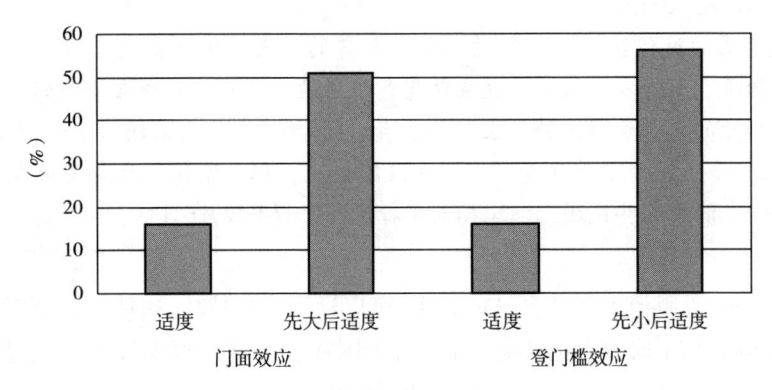

图 9-5 两种说服策略效果的比较

四、服从的规范

1961年,德国纳粹官员阿道夫·艾希曼(Adolf Eichmann)被抓获。他曾经把几百万欧洲犹太人、吉卜赛人、同性恋者、共产党人、精神病人等杀害在纳粹集中营里。在法庭上,他为自己辩解,说他在战争中犯下的罪行不过是听命于上司。他是军人,而军人是以服从为天命的,即便杀害无辜也只能如此。他说自己并不特别反

---

① CIALDINI R B, VINCENT J E, LEWIS S K. Reciprocal concessions procedure for inducing compliance: the door-in-the-face technique[J]. Journal of personality and social psychology, 1975(31): 206-215.

感犹太人。在家里，他是一个很好的人。在认识他的人的印象中他并不是一副凶神恶煞的杀人魔王的模样，他不过是一个普通的官员而已。

这样的事情引起了社会心理学家 S. 米尔格拉姆（S. Milgram）的注意。艾希曼尽管已经被处以绞刑，但是在类似事件中表现出来的对权威的服从以及道德责任与服从权威的关系使他陷入深深的思考。他想知道，人类是由服从权威的本能控制行为的还是以独立的道德判断控制行为的。

米尔格拉姆首先进行了实验。他招聘了 40 名 20~40 岁的男性被试。他们当中有售货员、邮递员、高中教师、工人、商人等。他告诉被试需要他们协助他进行一个有关学习的惩罚研究。两人一组，其中一人做教师，另一人做学生。在进行字词学习的过程中，如果学生忘记所学的单词，教师可以对他实行一定程度的电击。要教的词汇类似于"好天气""蓝盒子"。教师面对的仪器刻度板上有 15V—450V 的标志，15V—60V 旁边写着"轻度电击"，75V—120V 旁边写着"中度电击"，135V—180V 旁边写着"重度电击"，195V—240V 旁边写着"强度电击"，375V—420V 旁边写着"危险剧烈电击"，435V—450V 旁边写着"XXX"。

实验开始之前，每个做教师的被试都尝试了 45V 示范电击的滋味。主试告诉被试，学生每错一次，要加大一个电击档次。当作为教师的被试表现出犹豫的神态的时候，主试便说"请继续"。实际上，学生的角色全部由实验助手扮演。学生实际上并没有受到任何电击，但是会在电击达到 75V 时表现出较轻度的反抗，从 90V 开始自言自语地埋怨，120V 时大声诉苦，135V 时发出呻吟，到 150V 的时候表现出强烈的反抗并说"我不想做实验了！"，而到了 285V 的时候尖叫，315V 时已经不能回答问题。实验者要求教师 10 秒钟不见学生回答问题就按照误答继续电击，并且说明后果由实验者来负责。350V 以后，学生没有任何反应。助手们与被试相隔一道板墙。实验开始后，被试在听到继续电击的命令时，学生也在大叫、敲墙，做出一个比一个严重的受伤害反应，但是尽管这样，仍然有 26 个被试（65%）把电击上升到 450V 的高度，平均最大电击量是 360V。在听到学生痛苦喊叫之后，仍然有 80% 的被试继续进行实验，而 14 个被试不同程度地拒绝服从实验者的命令。

研究助理的反应

75V：喔！

90V：喔！

105V：喔！（更大声）

120V：喔！喂，这真的会疼！

135V：喔！

150V：喔！实验人员，够了！我要离开这里了。我告诉你，我有心脏病，现在我的心脏有点疼了。我不想做了。让我出去。

165V：喔！让我出去！（大叫）
180V：喔！我疼得不能忍受了。让我出去！（大叫）
195V：喔！让我出去。让我出去。我的心脏疼。让我出去！
210V：喔！实验人员！让我出去。我受够了，我不想再做实验了！
225V：喔！
240V：喔！
255V：喔！让我出去！
270V：（痛苦地尖叫）让我出去。……（重复）听到没有？让我出去。……（重复）
285V：（痛苦地尖叫）
300V：（痛苦地尖叫）我决不再回答了。让我出去。……（重复）
315V：（更凄厉地痛苦尖叫）我告诉你，我拒绝回答。我不做了。
330V：（尖叫声延长）让我出去……（重复）我告诉你（歇斯底里），我不做了，让我出去。……（重复）

主试的指令

#1：请继续。

#2：这个实验需要你继续。

#3：你绝对要继续下去。

#4：你没有选择的余地，你必须继续。

上述指令总是按照先后顺序下达的。只在#1无效时，再使用#2。如果下达#4之后，被试仍然抗拒，实验终止。实验人员的声调一直维持坚定，但并非不客气。

特殊指令：如果被试关心学生可能受到永久性伤害，实验人员就说，虽然电击有点疼，但是不会造成永久性伤害，所以请继续（必要时，接着使用#2、#3、#4指令）。

如果被试说，学生不想继续，实验人员就说，不管他喜不喜欢，必须继续下去，一直到他全部答对为止（必要时，接着使用#2、#3、#4指令）。

米尔格拉姆描述了一个被试在实验中的表现：

我看到一名成熟的商人，面带微笑，自信地走进实验室。但是在20分钟内，他却被整得浑身抽筋，哑口无言，失魂落魄，几乎到了精神崩溃的地步。他不断地想要拔掉他的耳机，扭动他的手臂。他甚至把拳头搁在额头上，喃喃自语："啊！上帝啊！停止吧！"尽管如此，他仍继续对实验人员所说的每一句话做出反应，服从到最后。

（Milgram，1963：377）

由此我们需要探讨影响一个人服从的原因都有哪些。

影响服从的原因之一：服从者个人因素。涉及道德、政治因素的时候，人们是否服从权威，并不完全取决于服从心理，而与价值观有关。米尔格拉姆使用科尔伯格（Kohlberg）的道德判断问卷（前习俗水平、习俗水平、后习俗水平）对被试进行了测量,发现道德发展水平处于第五、第六阶段的被试有75%的人拒绝服从,主动停止电击;处于第三、第四阶段的被试只有12.5%的人拒绝服从。

此外,在进行有关人格测验时发现,服从的被试具有明显的权威人格特征,重视社会规范,主张对违反社会规范的人严加处理和惩罚,表现出对权威(包括专家)的个人迷信和盲目崇拜。正因为如此,德国前纳粹官员艾希曼的辩解是不能够被采纳的。一个心智健全的人有义务遵守基本的社会道德规范,而司法制度正是对社会公正最严肃的维护。专制统治下或专家社会下人们普遍形成的服从心理倾向特别值得警惕。

影响服从的原因之二:命令者的权威性。在强调上下级服从关系的社会中,命令者的权威越大,越容易出现服从现象。米尔格拉姆在一项后续研究中向被试说明实验研究是一项重要的科学实验,并由一位有声望的心理学家来主持,这就增加了被试服从的程度。这一研究也表明,有效监督与制约权力的社会制度设计对保证社会公正至关重要。

影响服从的原因之三:情境压力。米尔格拉姆又把实验中学生的位置改在教师旁边,使教师可以看到学生的痛苦状态,于是,教师的服从行为降低到40%。这一研究发现,人们明明知道在伤害他人的时候仍然有可能服从权威,但是当人们亲眼见到被伤害者时,心理压力加大,会减少服从的行为。

权威在场与否也影响服从的反应。米尔格拉姆(Milgram,1963,1965)将实验者和被研究者的关系分为三种:①主试和被试面对面地在一起进行实验;②主试交代任务后离开现场;③实验要求全部由录音播放。在第一种情况下,服从超过另外两种情况的3倍;在第二种和第三种情况下,有人会弄虚作假,欺骗研究者。

第三节 从众行为

随波逐流是一种常见的社会现象,也经常被称为"羊群效应",是人所具有的社会属性的反映。随波逐流是代价最小的社会行为选择方式,特别在情境中所需信息不充分时,人们往往会选择跟随大多数人的选择。例如,在陌生的地方选择就餐的小饭馆时,人流拥挤或线上点赞多的店铺可能就代表其口碑不错。

1951年阿希(Asch)认为,在"随大流"这一司空见惯的现象里存在着某些值得深究的社会心理机制。有知识的人在他们能够把握判断对象时是不会从众的,只要他们能够亲眼看清楚事物,了解它们的全部,就一定会经过独立思考作出判断。也就是说,阿希想探讨在信息并非暧昧不清的环境里,人们对社会共识或规范的遵守会受到什么因素的影响。于是,他进行了自己的"群体压力"研究[①]。

---

① ASCH S E. Effects of group pressure upon the modification and distortion of judgments[M]. Pittsburgh:Carnegie Press,1951.

一、阿希的从众实验研究

阿希让 7 名被试围坐在桌子旁边，共同观察两张卡片上的线段是否是等长的。两张卡片如图 9-6 所示。判断线段的实验现场如图 9-7 所示。判断顺序及人员位置如图 9-8 所示。

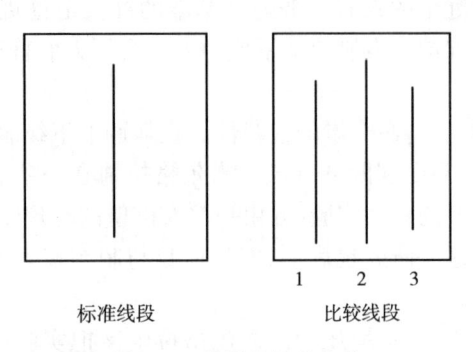

图 9-6　线段比较的卡片

图 9-7　判断线段的实验现场

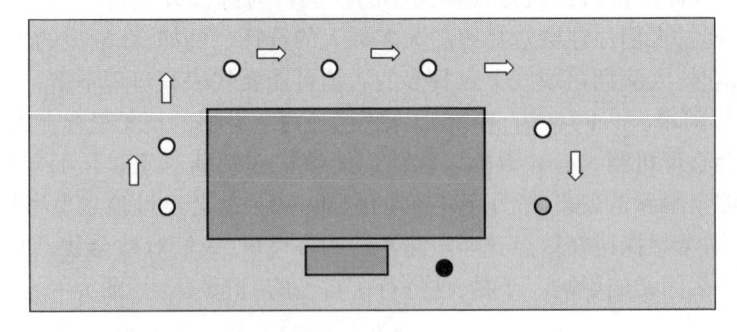

图 9-8　判断顺序(顺时针)及人员位置

实验内容包括判断18套线段比较卡片。作为实验助理的6个假被试在18次的比较中要提供12次错误的答案。在几轮判断结束后,真被试发现自己的判断与其他人不一致。过了不久,真被试开始怀疑自己的判断,并开始接近他人的意见,甚至表现出"英雄所见略同"的样子。事实上,6个实验助理有意识地选择了错误的答案,制造出一种潜在的压力。阿希通过这个实验证明了从众现象的存在,即在人类社会中有这样一种现象:个人由于真实的、臆想的群体压力使自己在认知上、行动上与大多数人趋向于一致,这就是从众现象(conformity)。实验的结果是,只有24%的人坚持自己的观点,保持自己独立的判断。大多数人都会放弃自己的想法,遵守团体的规范。

在实验结束后,实验者询问被试决定从众的原因,并将其归纳为四个类型,即真从众、假从众、真不从众和假不从众。

二、从众的种类

第一,表里一致的从众(真从众):对自己的判断没有信心,依赖他人的判断;随波逐流、人云亦云,对他人的意见心服口服。

第二,表里不一致的从众(假从众):行为上与群体保持一致,内心却相信大多数人是错误的,自己是正确的。不过迫于压力,不愿意特立独行,在行为上采取与大多数人一致的做法。这时,人们往往要对自己的行为作一些合理化的解释,例如寡不敌众、人微言轻、"留得青山在,不怕没柴烧"等,以使自己心安理得。假从众是暂时的,当环境发生改变的时候,或当离开原来的环境、没有群体压力的时候,这些人就会表露出自己真实的态度。这是一种口服心不服的状态。

第三,表里一致的不从众(真不从众):这样的人或表现出高度的自信,或顽固僵化,口不服心也不服。那些高度自信的人也必须承担不从众的后果。

第四,表里不一致的不从众(假不从众):表面上不服气,心里却和群体倾向是一致的。有人碍于面子、地位、自尊心等,在内心已经不再坚持,表面上仍不肯放弃自己的意见,是心服口不服。

传统中国文化强调对权威的服从和对环境的适应,因而发展出一整套个人应对群体压力的心理平衡术,例如"好汉不吃眼前亏""君子报仇,十年不晚"等。同时,人们甘心屈从,会创造出一些个人的空间表达自己的自主性。一旦从众的压力减小、危险降低,就会凸显个人的自主判断。

三、影响从众的因素

人们什么时候比较容易屈服于群体规范的压力呢?我们可以从群体的特征和个体的特征两个方面来看。

(一) 群体方面的因素

1. 群体规模。1969年,米尔格拉姆等人在纽约的一条繁华的大街上进行了一项现场实验。他们要求研究助理分别以1人、2人、3人、5人、10人、15人的群体规模,在行走中停下来抬头向马路对面的一座高层建筑的某个窗口观望。与此同时,在附近设立几架摄像机记录当时路人驻足观看的情景。结果见图9-9。

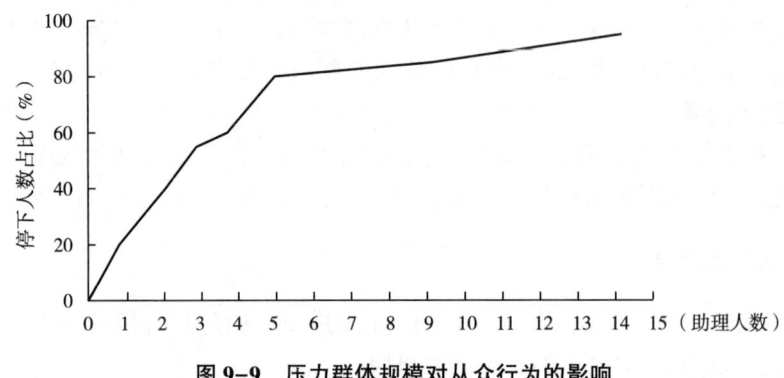

图9-9 压力群体规模对从众行为的影响

可见,一定的群体规模会在某种场合影响他人的从众行为。这里面有一种与他人保持一致的动机[1]。

2. 群体一致性。如果一个群体的意见不一致,从众的数量就会有明显的减少。阿希(Asch,1955)曾经对他的从众实验进行了新的设计。修改的部分是,他让6个扮演假被试的研究助理中的1个在判断中始终给出正确的答案。此时,真被试发现,群体中不止有一个人的意见与群体多数人的意见不一致,结果真被试的从众表现降到了6%。

其原因在于,每当出现不一致的时候,人们对多数人的信任程度就会降低,即减弱了把多数人的意见作为信息来源的依赖性。如果有人采取的意见与自己的判断相同,也会增加个人对自己判断的信心。同时,由于有了另外一种声音,这种不一致分担了他偏离群体规范的压力,人们那种持独立意见的孤单感受也降低了,被孤立的焦虑得到了缓解。

3. 群体凝聚力。个体会为了群体的利益而与群体保持一致。有人以新的方式重复进行了阿希的实验。这一实验以五个小组相互竞赛的形式来进行,规定出错最少的小组可以得到奖励。因此,被试会放弃自己的主张,并且主动把偏离群体的压力解释为实现群体的共同目标。在社会生活中,我们也很容易看到,个人为了

---

[1] MILGRAM S, BICKMAN L, BERKOWITZ L. Note on the drawing power of crowds of different size[J]. Journal of personality and social psychology,1969(13):79-82.

维护群体的利益而接受"少数服从多数"的集体生活准则,尽管这种从众是与个人的初衷相违背的。

(二)个体方面的因素

1. 责任感。当一个人把自己的意见表达出来以后,他就对自己的意见负有责任,这是一种使人不轻易放弃自己立场的约束力量。1955 年,两位心理学家 M. 多伊奇(M. Deutsh)和 H. B. 杰勒德(H. B. Gerard)研究了责任感与从众的关系①,他们对比了四种情况。

(1)无任何外在承诺或表现。被试无论有什么想法都缄口不语,只听别人是怎样判断的。

(2)在别人做出反应之前,先将自己的意见写在"魔术本"上,从而建立一个最低限度的"私下责任"。"魔术本"是可以重新书写的记录板,被试决定不保留上面的字迹时,可以随时不留痕迹地擦抹掉。在这种条件下,被试写出自己的意见,然后听取他人的判断,最后说出自己的判断,并把"魔术本"上的字抹去。

(3)被试把自己的意见写在纸上,这张纸由被试自己保存。

(4)被试把自己的判断写在纸上,签名并上交。

研究结果如图 9-10 所示。

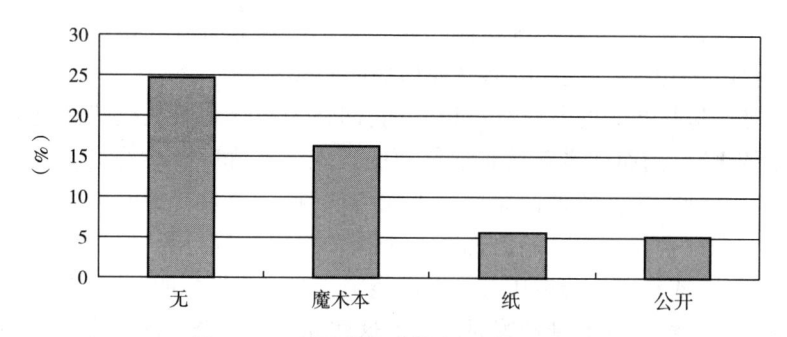

图 9-10 不同责任感状态下的从众水平

这四种条件下,责任感依次由低到高,从众量由高到低。当人们签名后,责任意识清晰,人们便倾向于坚持自己的判断,维护自己的尊严,不愿意出尔反尔。

2. 群体认同。群体与个体的心理联系直接影响到个体采取的决策。如果个体对群体的归属感很强,有强烈的内心承诺,也会以群体的目标为目标。这也是群体凝聚力的个人原因。

3. 个性差异。个体的自信心、知识、思维方式、场依存性或场独立性的性格等

---

① DEUTSCH M, GERARD H B. A study of normative and informational social influence upon individual judgment[J]. Journal of personality and social psychology,1955(51):629-636.

个人特性将影响从众。

总结起来,我们可以把影响从众的因素作概括,如图 9-11 所示。

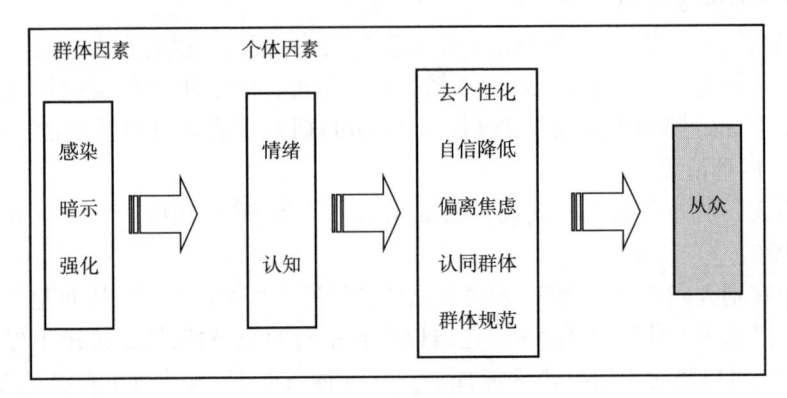

群体因素: 感染、暗示、强化 ⇒ **个体因素**: 情绪、认知 ⇒ 去个性化、自信降低、偏离焦虑、认同群体、群体规范 ⇒ 从众

图 9-11 从众的心理过程

我们在聚众闹事中看到过从众的力量,在革命运动中也看到过从众的力量。一个人在群体中总会受到他人的影响或影响他人。有些与群体一致的行为是理性选择的,而并不一定是在压力下出现的,例如由于群体承诺、认同而保持与群体的一致性。所以,群体行为的心理机制是很复杂的。并非只有群体影响个体这一个方向,也有成员与群体建立心理联系而形成的积极从众。

早期社会遵从行为的研究有一种倾向,即认为从众和服从权威都是放弃个人理性判断的产物,因而这些都是非常负面的现象。这背后潜藏着主流社会心理学的个体主义和理性主义的理论立场。不能否认,社会遵从行为的研究揭示了人们在群体压力和社会权威下可能出现的去个性化和服从等行为,但是我们也应该看到,从众、服从、依从等社会遵从行为也可能来自对群体目标的认同、对群体成员身份的认定和对等级秩序的维护等原因。而这些原因正是个体社会化的一些重要的心理机制。个体通过从众、服从和依从他人和社会的要求,并通过社会学习,逐渐学习和内化社会规范,保持与社会规范的一致性,成为社会期望的成员。这在一定年龄、文化和社会中是社会适应所必需的。另外,社会遵从行为也是社会动员的重要机制和社会控制的重要手段。社会采用各种正面和负面的标签来界定这些发生在具体历史、文化、社会背景下的行为。而从社会心理学角度看,其中的心理机制是相同的。

对社会规范的遵从行为每天都在发生,分析其产生的社会环境和个人特征才能够更好地理解它们。在不同的文化、历史、社会环境下,对这些行为的社会评价并不相同,就像对"好孩子"的标准各有不同一样。从社会心理学的角度看,这些行为反映了个人与社会(群体)之间的某种心理影响和心理联系。如果注意观察,我们可以在身边看到不少这样的现象。

专栏 9-1

规范的建构与颠覆：大城市烟花爆竹禁放令的背后

在节日和婚庆特别是除夕夜时燃放烟花爆竹，在我们国家已经有很长的历史，而某些大城市出台禁放令也已有十余年了。禁放还是取消禁放，一直是一个争论不休的话题。截至 2006 年，全国 282 个禁放鞭炮的城市已有 106 个在实施禁放后又重新有限开禁。在禁放的那些年，每当新年将至，一方面有大批人员走街串巷，严阵以待；另一方面震耳的爆竹声不绝于耳，此起彼伏。

有网友归纳，主张禁放和反对禁放两种意见旗鼓相当。其中主张禁放的主要理由是，城市人口密集，燃放鞭炮制造噪声，引发火灾，伤害人身，浪费资源，污染环境；反对禁放的主要理由是，春节燃放鞭炮是我国的传统习俗，没有鞭炮声少了节日气氛。据报道，过去已明确禁放的城市有半数以上实行有条件解禁。这也成为反对禁放的一条理由。

如果说在车流滚滚的大街上，红绿灯是一种通行规范，指导人们根据公认的规则各行其道，令行禁止。那么，禁放令就是一种节日行为规范，指导人们避免噪声、火灾和其他伤亡。它由政府发布，代表着一种公共的意志，因而要求人们对它听命服从。可是，为什么人们面对权威而不服从呢？

我们可以假设违抗禁令的几个可能的原因。第一，禁放令不合情理。人们在决定行为时，会综合考虑合情、合理、合法三个方面。第二，别人放自己也放。燃放烟花爆竹，看得见听得到，因而成为态度沟通的一个绝好方式，不用谋面，不需要语言，就可以知道大家是否是"同一战壕里面的战友"。只要有一个人以身试法，就会有他人感到找到了同道而跃跃欲试。于是，挑战法令的压力就会降低。第三，黑夜提供了一种天然的保护。黑灯瞎火，没有人能看见，违抗行为处在一种匿名状态。等到管理者赶到，爆竹已经上天。因此，管理禁放的成本过高，使得政府的这一禁令处境尴尬。

如果超过半数以上的人做出同样的行为，表现这一行为意愿的规范将会被人较好地遵守，也就是说，我们可以根据这一社会规范来预期人们的行为。但是，如果超过半数以上的人做出不遵守某一规范的行为，那么这一规范将面临被人们消解或颠覆的命运，它就会成为"聋子的耳朵"。

禁放令体现了一些人的意志，违抗行为也体现了一些人的意志。这大概就是人们常说的"水能载舟，亦能覆舟"的道理。民意是公共生活中社会规范的基础，但是，民意中包含利益的表达、政治力量的对比和态度的偏好。当人们生活在社会中,就必须学会采用正当的程序来决定自己的公共行为规范,这样才是理性的和有效的。红绿灯的管理方式被城市人所接受,因为大多数人从中受益。因而,重要的是通过提示、暗示和参与来培养人们遵守规则的习惯。而是否禁放或限放,就需要政府部门倾听民意,通过一定的方式由一个城市的人们自己来决定。在这里,民意调查、讨论争辩、商量妥协、尝试实施都是公共生活中形成、修改和选择社会规范所必不可少的。

思考题

1. 从社会遵从行为的角度来观察和分析时尚(例如减肥瘦身、时装等)的流行是如何发生的。在时尚的流行过程中,哪些是规范对人的影响?如何影响?哪些是人对规范的影响?如何影响?

2. 服从与态度转变的关系是什么?

拓展阅读

1. TURNER J C. Social influence[M]. Pacific Crove,CA:Brooks/Cole,1991.

2. CIALDINI R B, TROST M R. Social influence:socialnorms, conformity, and compliance[M]. Boston:McGraw-Hill,1998.

3. MCLLVEEN R,GROSS R. Social influence[M]. Mahwah,NJ:Erlbaum,1999.

第十章　合作、竞争及冲突解决

社会成员会为何进行社会合作或社会竞争？
社会成员的社会合作与竞争会受到他人怎样的影响？
社会成员如何解决冲突？

学习要点与要求

要点：本章主要介绍了他人在场对工作绩效的影响；个人在群体背景下的社会惰化现象；合作与竞争的策略；冲突及其解决方式。

要求：①了解社会情境下个人的工作绩效如何受到他人的影响；②思考群体内合作行为发生的条件；③认识冲突的原因和解决方案。

社会心理学之窗 10-1

他人在场压力现象

开学典礼上，李龙龙作为新生代表上台发言，众目睽睽之下，他按照写好的稿子念，却还是结结巴巴的。下台以后，他发现自己的衣服都被汗浸湿了。（请注意，李龙龙是天生怯场吗？他人在场是不是导致他紧张的原因？）

刘老师走进教室，发现不知道为什么今晚来补课的进修班学员特别少，教室里稀稀拉拉坐着大约10个人。刘老师是一个口才很好的人，喜欢在大庭广众之下演讲，即兴发挥，妙语连珠，看到听众目不转睛，聚精会神，不时点头或者微笑，他就越讲越来劲。今天见到学生那么少，他知道自己的这一堂课不会讲得很精彩了。（请注意，他人在场对刘老师和李龙龙的影响有什么不同？）

社会心理学家发现，在竞争性比赛中，运动团队在主场比在客场发挥得要好。例如，一项研究发现，无论是职业足球比赛还是棒球、橄榄球比赛，球队在主场赢的比例均高于在其他场地的比赛。这种主场优势在篮球比赛中更为明显，某职业队在主场获胜的次数占全部获胜次数的65%，而非主场比赛获胜只占35%。对1976年至1977年的美国职业篮球联赛进行分析发现，即使是比赛排名最后的球队，主场获胜的比例也达到60%，而即使是最终的冠军，在客场的表现也相对不好。因此社会心理学家得出结论，主场作战是球队表现良好的重要影响因素。（请注意，主场优势是如何发生的？运动员球技的发挥会因为观众的支持程度不同而不同吗？为什么有些场次中，队员们反而因为在主场竞技而倍感压力？在主场，队员们怕丢面子，怕国人失望，怕破坏自己的形象而拘谨，这会不会抵消主场优势？主场对运动员究竟意味着什么？运动员又是如何调整自己的状态，如何应对和利用这种影响的？）

人类生产力的提高很大程度上依赖分工的出现，而分工又是以合作为前提的。然而，合作是怎样建立起来的？人多是不是一定导致工作效率高呢？众人在一起合作如何避免"吃大锅饭"或者"搭便车"现象呢？人们在社会活动中是否会形成冲突呢？冲突出现后怎样有效地解决呢？在讨论合作的特性之前，先让我们从最

第十章 合作、竞争及冲突解决

简单的他人在场现象开始讨论人们如何在工作中与他人相处。

第一节　社会助长与社会干扰

一、社会助长与社会干扰的概念

社会助长(social facilitation)是指意识到别人(包括别人在场或与别人一起活动)引起的行为效益的增加。与此相反的一种现象是别人在场或与别人一起活动引起的行为效益的减少,即社会干扰(social interference)。

最早关注这种现象的社会心理学家是第一章提到的 N. 特里普利特(N. Triplett)。他在 1897 年研究了他人在场对工作效率的影响。他通过对骑车人车速的比较测验发现,在骑车 75 英里(约 120.7 千米)的测验中,一个车手单独骑车,车速为每小时 24 英里(约 38.6 千米);有人跑步陪同,车速为每小时 31 英里(约 49.9 千米);有人骑车与之竞赛,车速为每小时 32.5 英里(约 52.3 千米)[1]。

1916—1919 年,奥尔波特比较了不同的工作任务的社会助长程度:①在字词表中画出不发音的字母;②简单的乘法运算;③反驳某人的观点。结果发现,前两项工作中,他人在场比单独一个人进行工作的效率要高;而在进行后一项工作时,他人在场却使工作效率降低了。1920 年他让 9 名被试在不与别人竞争的情况下,对内容相同的短文写出反驳意见。结果发现,从完成作业的数量上看,其中 6 个人和大家在一起工作时比自己单独做效果要好一些;另外 3 人则相反,自己单独做要比和他人在一起做效果要好。奥尔波特把作业的质量分为三个等级来评价:第一种是情感性的反驳,并非以理服人;第二种是引用权威人士的观点,加上实例,但是没有独立见解;第三种是抓住要害,反驳有力,思路清晰。研究结果见表 10-1[2]。

表 10-1　共同作业与单独作业的工作效率比较

实验条件	效果好的人数	作业质量与人数分布		
		感情用事	引用权威	独立见解
共同作业	6	6	4	3
单独作业	3	3	4	6

如何来解释这种现象呢? A. F. 奥斯本(A. F. Osborn)认为,群体背景有所谓

---

[1] TRIPLETT N. The dynamogenic factors in pace making and competition [J]. American journal of psychology,1898(9):507-533.

[2] ALLPORT F H. The influence of the group upon association and thought [J]. Journal of experimental psychology,1920(3):159-182.

"智力激励"的作用,即个人在群体中与其他成员相互诱导和启发,会激励人的发散思维,使群体能够找到解决问题的新办法。这种方法也被称为"脑激荡术"。R. B. 扎荣茨(R. B. Zajonc)认为,人类和其他动物一样,天生有一种被同类其他成员唤起的倾向[①]。

而有些研究并不支持这种观点。邓尼特(Dunnett,1963)也做了一项研究。他请科技人员在两种情境下对两个难题提出解决办法。一种情境是独立思考,另一种情境是4人一组的讨论。结果发现,在独立思考的情境下,科技人员提出的办法多于团体思考提出的方法,而且创造性更好。邓尼特认为,在群体中采用智力激励法,个人常常注意别人怎么发表意见、发表什么意见、与自己有什么不同,于是自己发表意见的机会就会减少,正在进行的思考也被迫中断。他认为,群体对个人有一种干扰作用。泰勒(Taylor,1958)的研究也得出了相似的结论。他要求被试在12分钟内提出建议,越多越好。问题是:①说服欧洲的旅行者到美国来;②劝超重的人节食。他把被试分为4组。结果发现,参加讨论的人们提出的建议少,而独立思考的人们提出的建议是参加讨论的人的2倍。针对这两种不同的研究结论,H. C. 林格伦(H. C. Lindgrem)认为,不应该简单地强调或否定智力激励法。他在1965年曾经使用两个能力相当的大学生组进行实验。一组是实验组,先采用智力激励法进行群体讨论,然后要求被试独立思考。另一组是控制组,始终进行独立思考。结果发现,实验组提出的建议无论在质量上还是数量上都显著优于控制组。因此他认为,在群体中进行智力激励,具有预热效应。交流的气氛活跃,使思维处于活跃积极的状态,有助于创造性思维的展开。然后让人独立思考,深入要解决的问题,这样的效果会更佳。

社会助长和社会干扰的机制是什么呢?扎荣茨认为,他人在场之所以有社会助长作用,原因是他人在场是一种隐含的竞争情境,增加了人们的行为内驱力;他人在场又使得个人行为情境变为评价情境,这时人们的表现是有意义的自我表现,希望得到积极的评价。N. B. 科特雷尔(N. B. Cottrell)的研究让这一观点得到了实验支持。他让被试在三种情境下完成一件熟练工作。第一种情境是独立完成,第二种情境是与他人合作完成,第三种情境是与一些被蒙住双眼的人一起工作。结果发现,第一种情境和第三种情境下工作效率是相同的,第二种情境下工作效率高于第一种和第三种情境下工作效率。这就说明他人在场也就是评价的"在场"[②]。

---

① ZAJONC R B. Social facilitation[J]. Science,1965(149):269-274.
② COTTRELL N B. Performance in the presence of other human beings: mere presence, audience, and affiliation effects[M]. Boston:Allyn & Bacon,1968:91-110.

第十章 合作、竞争及冲突解决

二、社会助长与社会干扰的主要原因

他人在场为什么会同时引发两个相反的现象呢？社会心理学家试图探讨其中的原因。他们发现，他人在场仅仅是现象，因被评价而产生的忧虑才是原因。

(一)评价忧虑(evaluation apprehension)

作为一个社会成员，人们在乎自己如何看待自己，也在乎别人如何看待自己，希望得到别人的重视和赞同，因此担心别人如何评价自己。当人们预期自己能够成功地完成任务或者已经有过相当的经验时，有评价的情境会使人做得更好；当人们预期自己可能失败，情况就会相反。这就是新生李龙龙和一向口才很好的刘老师对他人在场做出截然不同的反应的原因。换言之，社会助长还是社会干扰，不仅取决于他人是否在场，更取决于个人是否在内心形成被他人评价的忧虑。

对此，S. 鲍尔蒂什(S. Bartis)等人做了以下实验：一组人知道自己的工作表现要受到评价，另一组人知道自己的工作表现不被评价。要求他们完成两类任务：一类是简单的任务，即"尽可能多地举出小刀的用途"；另一类是复杂的任务，即"尽可能有创造性地举出小刀的用途"。研究发现，评估情境降低了人们的创造性(参见图10-1)[①]。

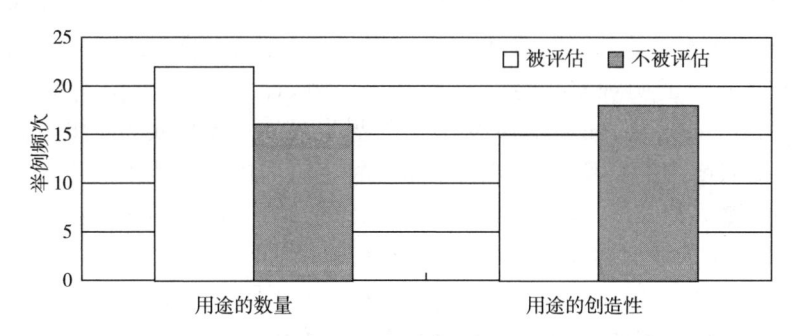

图10-1 评价焦虑对一项简单/复杂任务的影响

(二)分心(distraction)

社会干扰的机制是指他人在场引起责任扩散，使被评价者精神不集中。当一个人在室内工作时，环境安静，因而不去注意工作以外的因素，但是他人在场就会成为环境中的噪声，干扰人的思维，使其工作效率降低。

有研究者在一根玻璃管里放进一只蜈蚣，当它看到其他玻璃管里面也有蜈蚣时，跑得比其他玻璃管里没有蜈蚣的时候要快。假设蜈蚣不关心其他蜈蚣的评价，

---

① BARTIS S,SZYMANSKI K,HARKINS S G. Evaluation and performance：a two-edged knife[J]. Personality and social psychology,1988(35)：521-530.

如何用评价焦虑解释这种社会干扰呢？于是，研究者提出了影响社会干扰的另一个因素，即"分心冲突"或"分心焦虑"。

分心冲突或分心焦虑是指，当人们同时注意两件事情——完成任务与他人评价或者任务之外的其他信息时，可能会出现两个反应相互冲突的情况，从而引起焦虑。关于前面提到的重大运动赛事中主场优势有时候失灵，分心冲突应当是原因之一。

从社会助长和社会干扰现象中，我们很容易看到社会情境与个体之间的相互影响和相互建构的关系。他人在场作为一个事实，是否对个体形成助长或者干扰的作用，还要看个体对这一情境的意义解释和内心处境。如果解释为重要的、有可能是负面的评价，压力和评价忧虑就会成为行为干扰因素；相反，如果解释为重要的、肯定是正面的评价，激励就会成为行为助长因素。如果个体专注于工作任务本身，社会干扰就会减少；如果个体分心，就会影响个体完成任务。

第二节 社会惰化

社会惰化(social loafing)是另一种社会合作中的现象，即个体在群体合作的工作中比起自己单独工作，其工作动机和努力程度都降低的现象。俗话说这是一种"出工不出力""滥竽充数"的"偷懒"行为。因此有人把这个概念翻译为"社会捞混"。

许多研究都证明现实中存在这种现象。例如，兰德塔、威廉姆斯和哈金斯(Latane, Williams, and Harkins, 1979)让一组男生参加一项公共场所中人们所能造成的最大分贝噪声的实验，男生们被要求在特定时间内尽可能地高声欢呼。研究分别测量了2人组、4人组和6人组发出的音量。结果发现，人数越多，声音也越大，但是平均每人发出的音量却在降低。如何解释这种现象呢？

社会影响理论(social impact theory)认为，社会惰化由群体情境下的责任扩散所致。当个体单独工作时，他往往要承担全部或绝大部分责任，不可能出现责任扩散。而在群体情境下，责任扩散则是不可避免的。一般来说，在群体活动中，个体绩效较难辨识，被评价的可能性也比较低。一旦个体意识到这一点，就极有可能投入较少的心力，继而出现社会惰化行为。群体规模越大，社会惰化发生的概率也就越高。人们往往会产生"在这样一个大群体中，少干一点，也没人会注意到"的念头。社会惰化的发生与个体在群体活动中所感知到的绩效可辨识性或被评价的可能性的降低所导致的责任扩散有关。

唤醒降低理论(arousal reduction theory)认为，社会惰化的发生与个体的唤醒水平有关。具体而言，在群体情境下，当个体所面对的工作相对简单时，其唤醒水平和投入程度也相对较低，这极易导致社会惰化。相反，当个体所面对的工作相对复杂时，其唤醒水平和投入程度就会有所增加，社会惰化发生的可能性也就相对较低。

努力的可缺省性(dispensability of effort)理论认为,社会惰化的发生与个体对自身可贡献程度的评价有关。在群体活动中,如果个体觉得他们的努力对群体的整体绩效并不重要或无足轻重,他们就极有可能采取"搭便车"的行为。那么,社会惰化现象也就由此产生了。比如,某些团队工作任务的划分相互关联的程度不高,团队的成功往往取决于那些表现最好的个体的努力程度及其能力的发挥。这就使得那些自认为能力较差的个体往往会认定自己对群体绩效的影响较小,努力程度的可缺省性较高,那么,他就很有可能会投入较少的心力。

努力的比较(matching of effort)理论认为,社会惰化的发生与有关努力程度或工作效率高低的社会比较有关。即在群体情境中,当个体发现群体中的其他成员努力程度较低或工作效率不高时,就倾向于将之归因于他们能力较差或者工作动机水平较低,并由此产生"所有的人都得到相同的报酬,为什么我要付出更多呢"的想法,进而会降低自身的努力程度。另外,个体也可能会因担心他人"搭便车"而使自己的利益受到损害,进一步降低其努力程度。这种彼此缺乏信任的群体氛围及个体在有关努力程度的社会比较中存在的归因偏差,往往是导致社会惰化现象发生的重要原因。

自我注意(self-attention)理论认为,社会惰化现象的发生与个体自我监控水平有关。所谓自我监控,也就是指个体将自身的活动作为认知客体,使之成为注意的焦点,并与先前预设的标准不断进行比较,并针对其中所出现的偏差进行调整。当个体单独工作时,其自我监控水平相对较高,不易发生社会惰化的现象。相反,当个体在群体情境下工作时,其自我监控水平就会有所降,社会惰化的现象也就会随之发生。

集体努力模型(collective effort model)是一种期望-效价理论,即从动机中的两个因素对社会惰化现象进行分析。期望-效价理论认为,个体努力工作必须具备以下两个条件:①期望,即相信"多劳多得""一分耕耘,一分收获"的投入回报逻辑,一旦自己干得好就会有相应的报偿;②效价,即这份报酬正是自己所看重的,是值得的和自己想要的。卡劳和威廉姆斯(Karau and Williams,1993)发现,在团体合作的情境下,期望和效价都出现了改变。一个人工作时,期望和效价都比较明确,而团体合作时,这两点都不容易变得十分清晰。因为合作要依赖很多人的共同努力,人们可能意识到自己的贡献淹没在团体中,最终的报偿不可能完全与付出等值。因此,人们就会感到在无形中被剥夺了。

根据上述理论,社会惰化的效应在一些情境下会增强,而在另一些情境下会减弱。其影响因素包括:①群体的规模。如果群体规模不大,成员之间容易相互观察,个人的工作情况能够被评价,成员就很少有机会出现社会惰化的行为。②合作的任务对每一个人来说都很重要。如果一个合作团体共同面临一个困境,需要大家齐心协力完成任务,那么大家就会全力以赴,并不计较其他人的工作投入。③分工明确。每一个合作者都有不可替代的作用,各就其位,各司其职,因而每个人的贡献都是独特的、清楚的。这样个人的责任和贡献都很清晰,个人责任意识水平就会提高。④报偿合理。尽管是合作,如果工作报偿是根据贡献决定的,奖勤罚懒,合作成员也会接受。⑤团队的合作传统。当一个团队有合作的传统或群体文化,团体成员已经形成了合作的规范,也可以减少社会惰化现象的发生。

第三节 竞争与合作的策略

竞争是个人或群体要求胜过对方成绩的对抗性行为。合作是两人或两人以上的群体成员为了实现共同的目标,同心协力完成工作任务的行为。因此,竞争与合作既是人际关系中要研究的问题,也是群体和群际关系中要研究的问题。

一、经典实验

(一)纸锥实验

1951年A.明茨(A. Mints)做了一个实验,他要求被试利用手里的线绳把拴在另一端的纸锥从一个瓶子里拉出来,瓶口的宽度可以通过一个纸锥。瓶的底部徐徐注水,要求被试在纸锥沾水之前把纸锥从瓶口拉出来。研究者给了他们充足的时间,如果每一位被试按照一定的顺序拉出,时间是充裕的,但是由于被试都急于拉出自己的纸锥,没有协商的过程,所有的纸锥挤在一起,当水不断注入锥形瓶,纸锥都被水浸湿了,一个也没有被拉出来。后来研究者将被试分成两组进行比赛,这样每个小组的成员配合密切,顺利拉出了所有的纸锥①。纸锥实验示意图参见图10-2。

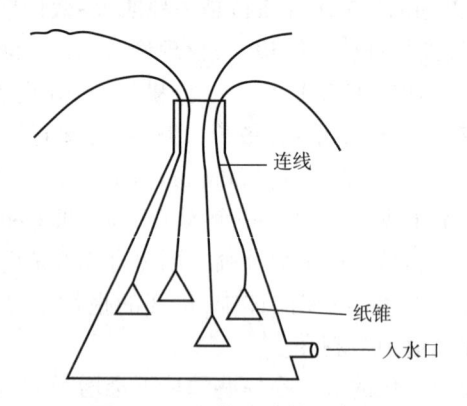

图 10-2 纸锥实验的示意图

---

① MINTZ A. Non-adaptive group behavior[J]. Journal of abnormal and social psychology,1951(46):150-159.

第十章 合作、竞争及冲突解决

(二)卡车游戏

卡车游戏是多伊奇和克劳斯(Deutsch and Krauss, 1960)设计的。两个人参加游戏,两人各扮演一位运输公司的经理。每一方都要尽快把货物从出发点运送到目的地。双方都有两条路可走,一条是迂回的路,另一条是近路。近路的中段是双方共同使用的道路,但这条路是单行线,只能从一个方向通行一辆车,而双方的运输线路是相反的。运费收入按时间计算,时间越短收入越多,所以双方都想走近路。如果双方不合作,又都想走近路,就会在单行路上相遇,若互不相让的话,必然有一辆车后退,这样就浪费了时间。相反,如果轮流使用近路,双方都会得益。卡车游戏示意图参见图10-3。

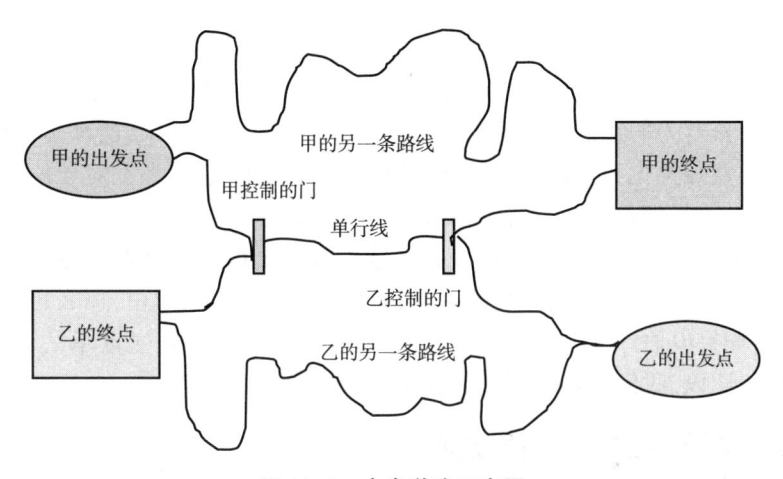

图10-3 卡车游戏示意图

很显然,最佳的策略是合作。两个人一人一次使用捷径。但结果是,大多数被试采用了竞争的策略。他们宁可狭路相逢,然后一方退回,另走比较远的路。在第二局仍然如此。最后双方因互不相让而耽搁时间,也就丧失了本来可以得到的双赢分数。

(三)囚徒困境(prisoner's dilemma)

囚徒困境是被社会学、管理学和伦理学广泛引用的一个实验。在这项由卢斯和拉法(Luce and Raiffa, 1957)提出的研究中,甲乙两个人被怀疑有合伙盗窃行为。由于证据不足,警察采取了一个办法。他把两个人分别监禁,然后对他们说:"我们还没有充分的证据定罪,但是我们可以问你的同伙。我们相信他会揭发你的,这样做对他有好处。如果他揭发了你,你将受到15年的监禁,而他将会立功赎罪,获释出狱。如果你们二人都认罪,可以得到从轻处理,每个人减刑5年,各监禁10年。如果你们都不认罪,我们可以按照流浪罪处罚你们,各监禁1年。你应该揭发你的同伙,这样你马上就可以出狱。"这两个囚徒可以推测到,警察也对他的同伙说了这番话。根据上述条件,我们得出如表 10-2 所示的矩阵模型。

表 10-2　囚徒困境

		囚徒甲	
		不承认	承认
囚徒乙	不承认	甲乙都被判刑 1 年	乙被判刑 15 年 甲被释放
	承认	甲被判刑 15 年 乙被释放	甲乙都被判刑 10 年

囚徒困境是社会合作面临的最大难题。古今中外,人类社会的许多制度安排(包括法律和社会规范)都是为解决这个困境设计的。因为这个模型简化地表现出了人类合作行为的最为核心的要素和影响因素。假设囚徒甲、乙都是理性的人,都以个人利益最大化为决策依据,同时必须考虑对方的决策,那么对于两个囚徒来说,最好的办法是都不承认,这样得到的处罚是最轻的。如果一方承认,另一方最好也承认,否则会受到更加严厉的处罚。这里就会出现一个个人理性与集体理性的平衡问题。双方需要判断对方的决定,如果甲相信乙决不坦白,那么自己最好也坚持到底;如果甲估计乙迟早坚持不住,那么就会先下手为强,主动承认,至少损失会小一些。所以,我们需要分析影响合作或竞争策略的因素。

二、影响合作或竞争策略的因素

有很多因素影响人们之间采用什么策略进行互动。其中,奖励结构、沟通模式、信任、价值观、文化因素等引起了研究者的关注,他们的发现让我们对人类的合作与竞争行为有了进一步的理解。

(一)奖励结构

如果一个人的获得意味着另一个人的失去,这就是竞争性的奖励结构。例如,奥林匹克运动会中的金牌获得者就是排他性的,其他人只能是银牌、铜牌获得者或者无奖牌可获。在这种奖励结构下,如果想得到奖励,就一定要竞争。

如果个体之间或群体之间通过合作才可以得到奖励或达到目标,那么这种奖励结构就是合作性的。例如,一支球队需要通力合作才可能取胜,每位球员在自己的岗位上表现得越出色,整个球队越可能获得成功。在这种情况下,球员之间就要互相配合,而不能互相争抢。人们常常以家庭、小团队、国家等为合作单位而与其他家庭、其他团队或其他国家进行竞争。在合作单位内部,人们共担风险,共享成就,形成积极的人际关系。

还有一种奖励结构是非竞争性的奖励结构,即个体之间的关系是相互独立的,互不影响。例如没有名额限制的考试,只要达到一定标准就可以通过。这样的情境并不引发个人之间或群体之间直接的、排他性的竞争。

一般情况下,奖励结构可能并不明确,需要人们进行决策,这就会受到其他因素的影响。

(二) 指导语

如果是个体之间的竞争,那么个体容易采取对抗性策略;如果是团体竞争,团体内的个体就容易采取合作的策略而"一致对外"。因此,提高群体内部士气的一个办法是树立外敌。这里所谓的"指导语"就是利用奖励结构对行为加以引导,主动规定行为的情境。这在组织管理和社会动员上是非常重要的操控手段。

(三) 信息沟通

如果双方有条件进行沟通,商议最有利于双方的策略,就可以减少竞争付出的代价,达到双赢。威克曼(Wichman,1970)发现,当没有沟通时,两人的竞争性最强;当两人可以彼此交谈但不能见面时,竞争性中等;当两人可以见面交谈时,竞争性最低。在没有沟通时,大约40%的人倾向于合作;当可以进行语言交流时,合作的倾向就提高到70%。沟通可以使人们相互承诺,彼此了解,讨论两人的配合方案,这样,合作的可能性就会大大增加。

(四) 信任

如果信任对方的性格敦厚,将会遵守游戏规则,那么,人们就会采用合作的手段。如果对对方不了解,人们将会交替采用竞争与合作的策略进行试探。

(五) 性格

多疑、贪婪的人很难与人合作;轻信他人的人容易上当吃亏;斤斤计较的人不容易从长计议。双方性格各异,如果不能准确理解他人,可能影响双方的合作。

(六) 信念与互惠性规范

如果有人坚持"宁可我负人,不可人负我",采用自私的策略,那么就无法与人很好地合作。那些愿意利他也利己、利他不害己、利己不害他的人,更容易和他人在一定程度上合作。

在博弈的情况下,最初一方的竞争策略往往引发对方也采取竞争策略;而合作策略会鼓励和引导对方也采用合作策略,形成一种相互报答的默契。如果希望变冲突为和谐,一般要采取让步的策略,但是这种让步不能让对方错解为软弱可欺。因此,根据沃尔(Wall,1977)的研究,让步不能过大和过快,而要逐渐进行。如果对方有了回应,那么就要用高于对方的让步对对方的善意进行强化,不断示好,直到双方达成合作的默契。不过,如果对方一开始就气势汹汹,打算以势压人,那么让步就会被利用。

(七) 共识

遵守规范和坚持信念的认知心理基础是共识(consensus)。一个人本身是理性的,知道对方是理性的,对方也知道这个人知道他是理性的,是坚守同一种信念和规范的。这就是"我知我,我知你,我知你知我,你知我知你知我",并且所知的内容是一致的,这就是"共识"的内容和认知基础。

(八)文化

有关跨文化的研究表明,美国的被试在进行博弈游戏的实验时一般采用竞争策略,中国被试一般采用合作策略。在比较墨西哥儿童与美国儿童的研究中,研究者也发现美国儿童有更强的竞争倾向。研究者认为,美国文化强调个人的成就,并且对失败作内部归因,因此,美国人更倾向于采取竞争策略而不是合作策略。他们强烈地认为个人对后果要自负其责,个人能力是成败最重要的解释变量。而东方文化更加强调环境和他人与个人的互动,强调一个人除了要看到此时、此地、此事之外,还要看到长远的后果。因此,东方文化中的个人倾向于采用合作的策略,最大程度地做到双赢,并且将这样的成功理解为成就。

三、社会合作行为

游戏中的两难困境只是社会生活的缩影,在日常生活中常常出现类似的两难困境,例如为公还是为私、为当前还是为长远、小团体还是为更大的团体。这些冲突情境被称为"社会两难困境"。

社会两难困境(social dilemma)是指在某种情境中,对个人有利的短期行为对个体来说是合理的,但最终会导致对自己的未来或者对所有人形成负面后果的困境。例如,采用 AA 制一起外出吃饭的一群朋友,究竟应该怎样点菜呢?点比较贵的菜还是比较便宜的菜呢?如果点比较便宜的菜,有人就会搭便车;如果点比较贵的菜,自己就搭了别人的便车。在缺水的城市里,究竟是不是应该改变自己的用水习惯来为整个城市节约用水呢?

社会学家、经济学家、大众传播和社会政策的研究者都在尝试运用社会心理学家的发现,通过税收、物价、公共服务等制度设计的方式引导人们的行为,使个人的暂时利益和长远利益、个人利益与群体利益达到某种平衡,以形成更多的社会合作行为。

第四节 冲突及其解决

一、冲突及其影响因素

当人们意识到个人的利益或本群体的利益受到威胁,就会与影响到这一后果的人或群体发生冲突。冲突(conflict)是人类社会不可避免的现象,它的范围非常广。从分析水平上看,冲突可以分为三种:①个人内在的冲突,例如角色冲突、认知冲突、目标冲突、价值观冲突等;②人际冲突,如夫妻冲突、上下级冲突、邻里关系冲突、亲子冲突等社会角色之间的冲突以及同一角色中不同人员间、群体成员间的冲突;③群际冲突,如族群冲突、民族冲突、国际冲突、阶级冲突等。一般而言,冲突是指一种个人之间或群体之间形成的对立关系和过程。冲突常常会不断升温和加剧,从小的摩擦、不满到怨恨、愤怒直至势不两立、你死我活、不共戴天。

冲突包括以下三个要素:

第一,对立性(opposition)。这是指个体间或群体间的对立利益关系。双方都坚信对方将会或者已经损害了己方已有的利益。

第二,匮乏性(scarcity)。这是指双方都关涉的利益资源是有限的,如果不争取,自己的利益就会严重受损。

第三,阻挠性(blockage)。这是指实际干扰行为的产生使单方或双方形成冲突。冲突的具体形式有很多,包括言语冲突或行为冲突、暴力或非暴力冲突等。

细分冲突的类型,我们可以看到为资源和利益产生的冲突、为观点和看法产生的冲突以及情绪性的冲突(黄囇莉,2007)几类。

在生活中,经常可以看到这样的现象:出现利益冲突的双方可能并没有发生激烈冲突,但一些本来不应该出现冲突的情境反倒导致了不应有的冲突。是什么影响了冲突的解决和冲突的升级呢?

研究者发现,错误的归因是一个原因。误解对方的动机往往是冲突升级的根源。如果把已经出现的矛盾和对立归因于对方故意损害自己,那么,人们一般都很难容忍,便常常采用报复或其他行动以恢复自己认为的公平。如果归因于对方能力不足(例如不明就里、缺乏知识),可能就会出现原谅、宽容对方的反应,不去计较。如果归因于对方以外的其他人或者情境因素,可能会出现冲突对象的转移、替代或者自认倒霉的反应。

归因的错误可能来自不良或不足的沟通,包括具体相关信息的沟通和对文化背景的理解。有些人的行为本意并非想得罪对方,但是,不良的沟通可能成为导火索,最终引发对方的强烈不满。在沟通方面,第三者或中间人的斡旋和调解作用十分重要,对事情症结的把握和高超的沟通和交往技巧往往可以化干戈为玉帛。

对对方的偏见也可能造成冲突行为改变的困难。冲突双方一般出现的情况是,双方都认为自己的观点是唯一正确的,而对方的观点出于私利却又不肯让步。这种认知偏差一方面使自己的立场变得固执,另一方面夸大了双方的冲突,而难以找到和解之路。在冲突中,强势一方往往更容易出现这种认知偏颇。例如,家长对于没有完成作业的孩子,往往会认为他贪玩,而不是学业负担过重。

人格特质也可以对冲突行为做出一定的解释。例如,有些人格类型的人更倾向于选择竞争策略,脾气更暴躁,更容易被激怒,更主观,而另一些人格类型的人则更倾向于选择合作策略,脾气更温和,更沉稳,思考更全面,更关注分析对方的情况。

二、冲突解决的策略及方式

冲突是一种非常负面的体验，即便压倒了对方，也会付出相应的代价，对双方的影响都非常大。一般情况下，人们在面临冲突时会采取不同的应对策略。托马斯（Thomas, 1976）提出了应对冲突的两个维度，即冲突中人们可能倾向于肯定自己的维度和可能顾虑人际关系保持的维度。这样就可能出现五种情况：①如果倾向于肯定自己而不顾虑关系（高-低），冲突一方就会选择竞争策略；②如果肯定自己的倾向较弱，顾虑人际关系的倾向也很弱（低-低），冲突一方就会选择退避策略；③如果冲突一方倾向于肯定自己，也倾向于顾虑关系，冲突一方就会选择协调策略；④如果冲突一方倾向于顾虑关系而不肯定自己的追求，那么则可能选择配合和通融的策略；⑤处在这些策略中间的是对各方面利益的妥协，也可以称为中庸的策略。在此基础上，黄曬莉（1999）经过研究发现，华人化解冲突有四种方式，即竞争、协调、退避和忍让（参见表10-3）。

表10-3　实性冲突化解方式的结构分析

		顾虑对方的利益和意见	
		少	多
追求个人的利益和意见	多	竞争	协调
	少	退避	忍让

在所有解决冲突的方法中，谈判是一种积极的方式。

（一）谈判

谈判也称作协商，是指冲突双方通过提出要求和相反的建议，经过反复讨论，最终达成双方共同接受的解决方案的沟通方式。谈判可分为正式和非正式两种。正式谈判需要正规的程序和规范，而非正式的谈判可能仅仅通过几句话商量一下。谈判中往往使用派出代表、交换意见、争论或辩论意见、妥协或协调、达成协议或谈判中断/破裂/结束这样一系列程序。最为规范的谈判辩论大概要数法庭上双方的辩论了。最为常见的谈判则可能是商务谈判。

谈判的目的是降低对方的期望，使之接受我方的要求。实现这一目标的策略通常有：①站在双赢的立场上，提供对双方有利的方案，使对方了解如果要维护自己的利益，必须尊重另一方的利益；②告诉对方自己还有其他选择，或者可以经受这次不合作的损失；③提出建设性的方案，使谈判双方不局限在你输我赢的思维方式中。也有人在谈判中使用不道德的方式，如提供虚假信息蒙骗谈判对手、用非法手段窃取情报等。

（二）同舟共济

当冲突双方为各自的利益争执不下时，解决冲突的另一个方式是通过设立更高级的目标来缓解矛盾。例如,不同制度的国家在反恐、环保等问题上达成一致意见,建立新的利益共同体,就可能形成一定的合作,减少敌意。

这一方法也被称为超级协调目标(super-ordinate goal),是通过设立超越群体类别的目标形成团结和合作完成的。

(三)引入第三方

第三方的介入可以避免谈判双方的直接冲突,安排谈判进程中的各个细节,改善双方的关系,带来一些新的观点和方法。更重要的是,第三方可以保全双方的面子。

(四)追求和谐、求同存异、从长计议的辩证思维

在东方文化中,人际和谐、社会和谐是重要的价值观,为了保证和谐相处,人们便愿意放弃一些利益,给对方一些面子,达成相应的妥协。这种做法看起来做出了一些让步,但是从长远看未必就是坏事。中国传统哲学强调中庸之道,认为应该用辩证的思维来看待得失。这样的思维方式对于冲突的解决是非常有帮助的,往往可以化解矛盾,促成变化,互利合作。

专栏 10-1

中庸实践思维与纠纷调解
——以一个土地合同纠纷和解案为例

西村的宋嘉与宋楚河是本家人。2003年,宋嘉租了宋楚河在村头的2亩①地,用来建羊场养羊。双方约定宋嘉以每亩地每年150元的价格租地,租期到土地变更时日止。合同签订后,宋嘉在租的土地上养羊,宋楚河收取着地租,双方一直相安无事。转眼过去10年,中国的土地价格发生了巨大变化。2003年每亩地每年150元的租金,在当时当地算是正常的市值。但是到了2013年,每亩地每年的租金在西村以及邻近的地方已达到了1 600元至2 000元不等。宋楚河屡次要求宋嘉涨地租,而宋嘉一直不同意宋楚河的请求,坚持要以合同约定好的地租支付租金,双方因此产生了纠纷。2013年宋楚河在协商未果的情况下起诉了宋嘉,开始了诉讼历程。

由于对立双方在利益与立场上的分歧并互不妥协,案件进行了两轮共四次的诉讼,历时四年。诉讼的第二轮,一审法院支持原告的要求,判令上调了土地租金:每亩地每年1 000元。然而,由于被告律师抓住了一审法院在履行程序上的漏洞,向高级人民法院申请审核。一审判决被中级人民法院撤销,发回重审。在这种情况下,重审法庭接手了此案,并在庭长与原告李律师的多次调解下,本案件最终以和解告终。

---

① 1亩≈666.67平方米。

在调解的过程中,由于双方分歧较大,调解颇费周折。调解人李律师两头进行说和,相继有四种方案被提出,如上调地价、置换土地、折价赔偿等,但又先后被原告或被告否决,最后回到了由原告最初提出的上调地价的方案。经过调解人采用"中庸"思维所做的一番交涉,双方最终达成了调解协议。

一、对两端利益的认知:全局思维

中庸实践思维的基本特征是"执两端而允中","允中"要以认知上的"执两端"为前提。从社会心理学的角度而言,"执两端"是一种全局思维的运用,即以客观和广博的视野认知和理解对立双方两端的利益,并探索对立双方两端所具有的区分与联系。

在对这场土地合同纠纷进行居中调解的过程中,作为调解人的李律师首先将纠纷的争议焦点、起因、当事人双方的意图与差距做了详尽的了解,以一种全局思维认知对对立双方的情况进行信息收集与分析。

通过对纠纷和当事人的现场了解,调解人寻找到了当事人双方隐藏在表面利益之下的潜藏利益。从纠纷的表象来看,这就是原告与被告因土地租金是否上涨问题而产生的利益分歧。原告依据公平原则要求上涨租金,而被告依据契约精神拒绝上涨租金。然而向下深挖,调解人发现了隐藏在双方表层利益之下更为根本的利益。

调解人发现,虽然从表面上看,对立双方具有完全相悖的立场,但是在表象之下,原告、被告双方未必是截然对立的。原告更为关心的是与他者相对比现状上的不公平,以及由此所带来的名誉与利益受损等问题。而被告最为关注的是这块土地未来的所属权问题,他期待未来能够将这块具有"宅基地"功能的土地据为己有,故而他需要一直保持对土地的租赁状态,以等待原告土地承包期满,村委会能够将这块土地的使用权进行变更。当然,以最小的代价租赁此块土地亦是被告关心的范围,但优先性与前两者相比较低。总之,作为调解人,只有全面而深入地认知两方的纠纷起因、差距、关注焦点与利益优先项,才可以在此基础上进行整合,找出冲突双方的利益连接点,提出整合性方案,以达成和解。

		原告更关心	被告更关心
		(表层)	(表层)
		地价上涨	地价保持不变
重要性	高	(深层)	(深层)
		现状不公平	土地未来所属权
		太丢人、被欺负	维持租赁的状态
	低	利益受损	最小的代价

原、被告双方的关注焦点对比

二、调解的方式与策略:整合折中

调解共识并非一朝一夕能够达成的。就如同在这场纠纷之中,四种方案先后提出又被否决,各方通过不断地"试错",最终找到一种恰如其分的方案。这种方案能够将矛盾的甚至对立的双方利益进行协调、整合,进而使得双方回到原有的平衡状态。调解的过程就是调解者运用其中庸实践思维进行整合与折中的过程。那么究竟在这场土地合同纠纷中,调解人具体是如何协调对立双方的利益,以何种方式说服双方,达成共识的呢?

(一)对损失的凸显:削减进取性

调解人劝服当事人双方接受经过折中的上调地价的方案。那么调解之初,就需要降低对立双方的预期目标,这是使双方接受折中方案的关键性一步。首先调解者通过凸显诉讼行为已经带来或者将要带来的损失,即利用个体对损失规避的倾向来达成目的。心理学研究表明,以丢失10元钱和挣到10元钱为例,损失所带来的痛苦要比等量收益所带来的愉悦大得多,所以人们强烈倾向于规避损失。在调解中,调解人正利用了此种倾向。

与被告沟通的时候,一开始调解人就说:"你看你们这个案子打了几年了,你们双方花的军火都不少。我说该到你们两个都收兵的时候了。我说收兵就是你们两个都和解和解,折折中。如果你要继续再打,我说宋楚河(原告)绝对还得再给(跟)你(来)打两场(官司),是这个事不?甚至再打两场的期间,就要闹你。你租地租不好,租不踏实,是不是这事儿?你从一个穿平跟鞋,叫你穿个半高跟鞋,行不行?往上涨一涨就行了,你还想怎么样?"(摘自对李律师的访谈)

针对被告为维护自己的利益而不想上涨租金的行为,调解人首先凸显了其四年来对这场官司的花费,并暗示未来如若继续进行诉讼所将要承受的损失,包括"军火"的损失,以及租地不能"踏实"的损失。针对原告坚持上涨租金为800~1000元的要求,调解人提到打了几年官司的结果总是输的经历,又试图让原告见好就收,降低预期,从而试图软化双方在冲突中固执己见、不依不饶的心态。

(二)对参照点的调整:重获满足感

纠纷双方之所以坚持自己的观点而不妥协,除了基于总体利益需求的考量之外,也与他们所持有的参照点有关系。预期理论认为,人们在对得益或损失进行判断和评价时,往往都隐含着一定的评价参照标准,即所谓的"参照点"(reference point)。个体所具有的参照点潜在决定了其将某特定结果视为收益还是损失,进而影响其随后的决策过程。决策者在做决策时关注的是相对于参照点的改变,而不是财富的绝对水平。参照点是可以变动的,盈亏是一个相对概念而非绝对概念。在不同的决策框架下,个体会产生不同参照点,决策结果相对于不同参照点便会有不同的盈亏变化,这种变化会改变人们对价值的主观感受。

可以发现,原告、被告对于当前地价的认知存在着不同的参照点。如要劝服对立双方达成折中,调解人需要对这些参照点按照需要进行适当的调整,使当事人有一个新的"坐标体系",去重新衡量利益得失,以获得心理满足感。

调解人就对被告说:"宋兄,你最多想出多少钱?(被告说出 300 元)……我说你旁边的邻居都一亩地 3 000 元,你这一亩地 300 元,十亩地才 3 000 元,你这个差得也太多了,差距太大……我说这么的,你再往上涨涨。"

被告认为,原告的土地基本上是毫无成本地从村委会得来的,所以参照原告的几乎零成本投入,他认为自己给原告每亩 150 元地租,对于原告而言无疑还是获益的。当被告提出可以将地租上涨到每亩 300 元时,为和原告的预期拉小差距,调解人将他者的地租价格引入,作为新的参照点。其意图是:一方面说明 300 元相较于他者而言地价之低,需要被告参照他者做出进一步的让步;另一方面预示着,就算被告上涨一些地租,其所付出的代价也比他者的 3 000 元少,参照他者的地租,被告应将地租上涨到 500 元视为收益而非损失,这就使得被告获得了心理上的平衡。

而对原告而言,原告之所以觉得地价太低不公平,原因是原告与他者进行了比较。别人租地地租每亩为 2 000 元,而自己的地租只有 150 元,就算上涨到 500 元,也较之他者过低。原告是以他者作为参照点的,故而对比自身则只有损失。调解人的劝服策略则是将原告的参照点从他者转变为历时的自我。以前是"平跟鞋",现在是"半高跟鞋",以前是 150 元,现在是 500 元。同样是 500 元,心理感受是不同的,前者是损失,而后者是获益。除此之外,原告的另一个参照点是熟人社会里的名誉与脸面,就像原告之前说的"太丢人""好像是欺负我似的",脸面问题是原告除了利益之外较为关注的另一个参照点。在乡村熟人社会中,被告迫于压力将地价小幅度地上涨,参照之前拒绝上涨地租导致原告名誉与脸面损失,原告总算争得了"面子"。可以说地价的上涨激活了原告的另一个重要的参照点。

(三)对未来的预设:预期最终受益

在本案中,双方在纠纷中的关注焦点是有差异的。虽然表面上看,二者的纠纷是围绕着地价是否上涨产生的纠葛,但深挖下去则可以看出,原告更关注的是地价不公平的问题,而被告更为关注的是这片土地未来的所有权问题。原告、被告具有不同的利益优先项,这才使得被告能够在对自己而言优先性较低、而对对方而言优先性较高的地价问题上做出最终的退让。双方通过调解达成的协议为:除了上调了地价之外,还将原协议规定的租期从原有的到土地变更时日止更改为到 2022 年 12 月 31 日为止。这一变更的意义在于,双方对于这一租期时限的变更具有不同的诠释和考量。

参照点可能是决策者的现状,也可能是决策者的期望或目标。被告的最终目标是获得土地的承包权,其最主要的参照点是一种期望而非现状。将土地租期变更到 2022 年,对于被告而言意味着,在 2020 年国家土地变更时被告还处在租赁期范围内。由于那时被告还实际上占用着土地，被告预设在国家承包权变更时自己会享有对这片土地的优先承包权。

而调解人对原告的说服显示出他试图将原告的参照点也转移到对未来的期待上。只不过调解人对于未来的诠释与被告是不同的。调解人预设国家土地承包会具有延续性，这就意味着2020年以后的土地承包权将还会在原告手中。所以将租期更改到2022年，则意味着2022年原告即可合法地解除与被告的土地租赁关系。调解人通过这种预设激活了原告对未来的参照点，使得原告更能够满意；又揣摩了被告的意图以及其对政策的解读，最终使被告也能够接受对租期时限的变更。两者对于未来的预设虽然截然不同，但却并不阻碍双方通过一种方案达成"和合"，虽然这种"和合"终究只是暂时的和不稳定的。

从这场纠纷的解决过程中可以看到，作为调解者，如何将原本对立的双方当事人弥合到一起而达成调解的目的，是一门精巧的艺术。调解者在调解过程中运用的是一种中庸实践思维，通过在对立双方之间穿梭往来以实现用"中"之策。

调解人的用"中"之策，最为鲜明地体现在调解者对纠纷双方的说服策略上。调解者将原本具有工具理性的、秉持利益最大化的双方当事人"拉"向一种过犹不及、恰到好处的中庸状态。在此案例中，调解人的用"中"策略首先体现在对双方所期待目标的削减上，通过凸显纠纷持续有可能造成的利益损失，利用当事人的损失规避倾向，使对立双方都产生一种对自我目标的节制。其次，调解人通过改变双方各自原有的参照点，以使他们重新评价新方案所产生的损益，使双方重获满足感。最后，调解人通过对未来进行预设，使原告产生一种面向未来的预期。相应地，被告亦存在一种对未来的不同预期。调解人巧妙地将两种不同的预期通过整合方案连接了起来，以一种"和而不同"的状态使得双方最终达成了暂时的和解。

作为一个调解人，在调解纠纷双方的冲突过程中，往往具备一种转化他者的能力。具有这种能力的调解人通常是一个双文化个体，他们接触并掌握了两种文化，一种是具有形式理性的法律文化，另一种是以"情理"为核心的地方性知识。从某种意义上讲，调解人是两种文化之间的"摆渡人"，深谙两种文化规则和意义，并能够在两者之间整合折中、转换自如。调解人既要懂法律，又要通情理，具备"执其两端"的中庸实践思维，只有这样才能在乡土社会与法院两个场域中游刃有余，处理好乡土社会中复杂的民事纠纷。

摘自：赵静，杨宜音．中庸实践思维与法院的纠纷的调解：以一个土地合同纠纷和解案为例[J]．学术论坛，2017(2)：140-145．

思考题

1. 如何在你的专业领域利用社会干扰或社会助长的效应?
2. 竞争与合作的发生与哪些因素有关?
3. 如何克服"吃大锅饭"的现象?
4. 谈判应该注意哪些环节?

拓展阅读

1. 黄囇莉. 华人人际和谐与冲突:本土化的理论与研究[M]. 重庆:重庆大学出版社,2007.

2. GILBERT D T G,FISKE S T,LINDZEY G. The handbook of social psychology[M]. Boston,MS:The McGraw-Hill Co. Inc,1998.

第十一章　社会认同

当"我"与"我们"相联系的时候,"我"会有什么改变吗?

当我们把"他"与"他们"相联系的时候,"他"会有什么改变吗?

区分了"我们"与"他们"之后,"我们"和"他们"分别会有什么改变吗?

学习要点与要求

> **要点**：社会认同是指个体与某一社会身份建立心理联系的历程和结果。本章系统阐述了社会认同的概念、社会认同过程发生的条件、基本的心理历程和心理效应，简要介绍了社会认同研究的主要应用领域以及社会认同理论产生的背景和理论价值，讨论了中国人社会认同特有的心理机制。
>
> **要求**：①了解社会认同的基本概念、基本条件、心理历程和心理效应；②认识社会认同理论具有的理论意义和应用价值。

自20世纪之初当代社会心理学诞生时起，个体与群体（包括社会类别）的关系就一直是社会心理学家争论的主要问题（Turner et al.，1987），到了20世纪70年代中期，欧洲社会心理学家从群际关系（intergroup relations）、群体过程（group processes）以及群体成员身份（group membership）的角度对这一问题做出了回答，开辟了一个新的社会心理学研究领域——社会认同，并以此形成了一个独特的理论视角。以这样一个视角，他们重新审视了社会心理学近百年的研究成果，做出了开创性的贡献。目前，社会认同理论已经成为社会心理学的宏大理论之一，相关的研究不再局限于欧洲，应用的范围扩大到国家认同、种族认同、族群认同、政治认同、组织认同、职业认同、性别认同、文化认同等诸多领域。

第一节　社会认同的概念

一、社会认同的定义

简单地说，社会认同（social identity）是指人们对社会身份的认同。身份是人们很熟悉的概念。当人们成为群体成员或社会类别中的一员（例如女性、石油工人、导游、小学生、海外华人、城市居民、青年、基督教徒等）时，才可能以某种身份进入社会生活，获得社会的归属感和价值感，而由群体成员身份带来的归属感和价值感是每一个人自我概念形成与发展的重要组成部分。

认同（identity）的词义是"相同"（the same），指同一性、整一性、个别性、独立存在或一种确定的特性组合。社会认同也被称为社会身份认同，是指一个社会成员意识到并接受这样的一个事实：自己是某一个社会群体或社会类属中的一员。换言之，人们意识到自己与一些人是相同的，可以划归为一类人。一个大学生说"我是男生"，意味着他明白自己具有男性特征，与其他男性在性别方面是一致的，因而是大学男生类别中的一员。

成为群体的成员或类别中的一分子，不仅会具有来自社会制度的安排或与生俱来的特征(例如具有某一个国家的国籍、属于某一种族等),也必然伴随着相应的身份获得的心理过程,即社会认同过程(social identification,也被译为"社会身份认同过程")。这个心理过程是个体与某一社会身份建立心理联系(psychological link)所经历的历程。它包括以下三个方面:①认识到自己的群体身份,即自我理解为群体的成员;②伴随积极的或消极的情感卷入和增强;③理解和共享该身份的社会价值评价意义,其中既有内群体成员与自己形成的共识,也有外群体评价的嵌入。例如,一个人认识到自己是男性,会形成自我肯定的情感体验,在某些场合,会感到自豪、有力量、优越、有归属感等,而这些感受是通过性别社会化过程逐渐建立起来的(参见第十四章,社会性别),其中包含着在社会发展的一定阶段中人们对性别的社会意义的理解(例如男性优越),也包含着对女性身份的社会意义的理解(在对比中理解男性身份的社会含义)。社会心理学家发现,认同社会身份会极大地影响人们的情感、思想和行为。那么,归属于某一个群体或社会类别意味着什么?这种归属会影响人们生活的哪些方面,又是怎样影响人们生活的?

二、社会认同与角色和身份

每一个社会成员都有社会身份。这些身份告诉人们,自己并不是孤身一人,而身处一个巨大的社会系统中。随着对社会生活卷入程度的不断改变(加深或淡出),社会身份的种类也会逐渐增加或减少。在不同的情境中,有些身份会因时、因地、因事件凸显出来,而有些则隐身而去。有些身份并不具有社会评价的意义,而有些身份则由社会的、他人的评价来定位,形成声望和地位系统。

社会学家和社会心理学家提出的角色理论(role theory)揭示了人们如何按照社会期望的脚本(script)行动,并且将社会的脚本与自己的脚本相互协调,适应性和创造性地担当角色。身份是与角色相关联的一个概念,在很多场合和语境下,两个概念常常被混用。"角色"和"身份"都是个人与社会的联结点。细分的话,"角色"概念更专注于个体如何接受、领会和符合社会的预期,让人们各就其位,各司其职,并且创造性地建构他所扮演的角色,具有规范和互动的意义;"身份"概念则专注于在一个社会结构中、在社会形成一定的层次之后个体被赋予的地位意义,以及社会类别化之后个体被赋予的尊卑、高下、贵贱、价值大小等认知和评价上的意义。而对身份的认同则是一个个体的社会心理历程,它更侧重在身份认同的过程中群际互动产生的动力意义。社会认同理论将理论的焦点放在人们如何将自我与某个身份类别联系起来,联系起来后会发生什么变化或后果等问题上,因而将重点放在"群体成员身份"(group membership)上,而非社会结构中的地位身份上。

三、自我认同与社会认同

自我认同(self identity)与社会认同(social identity)是两个相互依赖的方面。

作为心理过程的自我认同(self identification)，是指一个人在个人发展历程中经过社会化，将自己的生理特性、社会特性和心理特性与自己本身建立同一关系的过程，而这一过程也是一个人与周围社会环境建立深层的心理关系的过程。通过社会生活，才可能形成完整、统一的自我概念，从而获得一个人的自尊。自我认同是对"自我"的发现，这一发现把"自我"与和自己相似的其他人区别开来。从这个层面上看，自我认同也被称为个人认同(personal identity)。当一个人发现了"我"的唯一性和独特性，也就在一定程度上回答了"我是谁？"这一问题。

社会认同则被定义为个体对自己作为群体成员而属于某些特定的社会群体，以及对伴随而来的情感意义及价值意义的了解(Tajfel and Turner, 1985)。换言之，就是指构成一个人自我概念中源自一个人社会群体成员(或群体类别成员)身份的那部分。可见，自我认同不可能脱离社会认同，因为人们关于自我的概念在很大程度上与对社会角色、社会类别的知觉和认识相互关联。

让我们来尝试描述一下自己。也许，你的第一句话就是"我是某某大学的学生"。在这个描述中可以看出，一个人的自我描述无法脱离对自己社会身份和社会类别成员的认识。在社会心理学自我研究中普遍使用的 TST(twenty statement test)自我量表中，人们对自我的描述往往是从社会角色开始的，例如"我是一个律师""我是一个贫穷的人"等。一般人们对自我的描述可以分为以下八类，参见表11-1。

表 11-1　自我描述的类型

特征	例句
先赋性特征	"我是一个男人""我是一个19岁的女孩"
社会角色特征	"我是一个学生""我是一个医生"
兴趣与爱好特征	"我喜欢运动""我是一个集邮爱好者"
自我定向特征	"我是一个可以完成博士学业的人"
社会阶层和类别特征	"我来自一个贫困家庭"
自我意识特征	"我是一个好人"
内在信仰特征	"我是一个主张民主的人"
存在性特征	"我是一个与众不同的人""我是一个有魅力的人"

TST研究发现，年龄与性别是人们自我概念中最核心、最重要的成分。人们的描述八成以上与年龄有关，七成以上与性别有关。因为年龄与性别拥有先赋的和初级的属性，其边界很容易划分，男性对应女性，青年对应老年，并且不易因个人的原因产生变化。而且，很多其他特性会直接或间接地与之产生联系，类别的特性相当稳定。同时，性别和年龄在社会分工中很重要，不同性别、不同年龄的人，其社会的角色期望、社会地位和社会经历差别会很大。当我们了解到一个人的年龄和性

别后,就可以在一定程度上对这个人的行为作出一定的预期和判断。在每个人的知觉系统中,都有对性别、年龄的刻板印象。当然,由于年龄与性别的重要性,人们在可以匿名的场合非常愿意摆脱它们对自己行为的规定性。例如,在互联网上以虚拟身份交往的人们最愿意隐藏和改变的就是性别和年龄。

四、社会认同的最佳区分理论

社会心理学家发现,一个人会由于与众不同而形成自我概念,也会由于与众相同而形成我们概念。后者是指一个人对某些群体的归属,即社会认同,回答"我们是谁?"这一问题。而回答"我们是谁"的时候,也把我们之外的人囊括进另一个概念——"他们"之中。

在个人认同与社会认同之间,人们总力求达到平衡,即:一个人虽然想要与众不同,特立独行,但是不能处处与他人格格不入,那样会郁郁寡欢。人需要合群,需要被别人接纳。这就要在个人认同与社会认同之间达成平衡,而这个平衡点被美国社会心理学家布鲁尔(Brewer)称为"最佳区分点",参见图11-1。

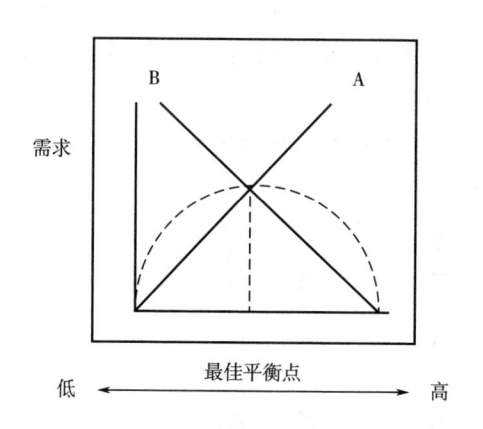

图 11-1 社会认同的最佳平衡点示意图①

注:横坐标为个体被类别化的社会环境,纵坐标为个体的需求。B 为同化,A 为区分。半圆周为合成的满意度。

从图11-1可见,社会认同来自人类两个基本的需求,一方面人们需要通过区分"我"与"我们",满足独特性的需要,另一方面也需要通过区分"我们"与"他们",满足归属感的需要。当某一需求为主导时,即可分别出现一定水平的个人认同或社会认同,而当二者之间达成平衡时,身份认同达到平衡状态。这一理论被称

---

① BREWER M. The social self:on being the same and different at the same time[J]. Personality and social psychology bulletin,1991(17):475-482.

为"社会认同的最佳区分理论"。

五、共同内群体理论

2001年加特纳(Gaetner)和多维迪奥(Dovidio)出版了《减低群际偏见:共同内群体认同模型》一书,系统阐述了这一社会认同理论研究的新进展。他们通过一系列实验研究发现,可以通过建立共同的上位群体身份(例如树立共同目标、统一群体标志等),改变个体知觉到的原有的内群体边界,在重新类别化的作用下(参见第十五章,社会偏见与歧视),将原有自称的表达内群体感受的我们(us)和原有内群体成员眼中的外群体(them)转变为与自己相同的、处于新的共同的内群体成员(we)。换言之,原有的A群体和B群体被知觉为一个共同的内群体,尽管两个群体依然存在某些差别,但其成员对边界的理解改变了,他们优先大的身份,也保持原有小的内群体身份特征。共同内群体认同打破了内群体与外群体的边界,不仅增加了对原有外群体的积极情感,减少了外群体偏见,而且强化了一些成员之间的亲社会行为,提升了宽恕、和解、理解等感受。

在实验中,实验主持人将参与者分为两组,先分组讨论问题,建立内群体意识。然后,以几个不同条件进行问题解决的行为观察:①分组对面坐在长桌周围,即AAAA对BBBB,如图11-2(A)所示;②混合编组1,即ABAB对ABAB,如图11-2(B)所示;③混合编组2,即AABA对BBAB,如图11-2(C)所示。

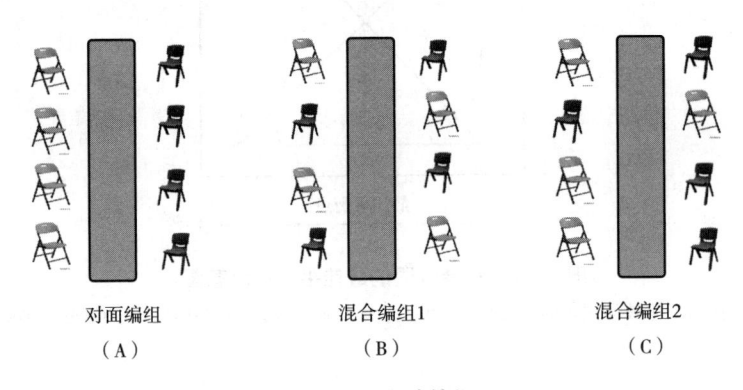

对面编组　　　混合编组1　　　混合编组2
（A）　　　　　（B）　　　　　（C）

图11-2　实验编组

来源:根据实验设计绘制。

实验结果发现,混合编组1的合作行为最多,外群体偏见最少。混合编组2次之,对面编组最差。

共同内群体概念与我国儒家倡导的"和而不同"的原则有着异曲同工之妙。正如苏国勋在论述"和而不同"时指出的那样:"和而不同"是指在保持自身独立性的情况下与他人团结、合作,以达到真正意义上的整体和谐。"和而不同"以简约的形式高度概括了古代中国人的共同理念,对于我们今天在全球化背景下处理不同文化传承之间的关系、建构一种全球化共生文化具有重要的借鉴意义[①]。

共同内群体概念体现出的"共生",本来是指生态学平衡意义上的共栖关系(symbiosis),进而在人际、群际和国际之间引申为共存/共处的关系(co-existential relationship)。对于和谐社会建设来说,建立相互依存的"共生"的共同内群体文化(inter-existential culture)十分必要。

第二节 社会认同的基本心理历程

为什么简单的分组就会导致人们出现内群体偏私(ingroup bias)呢?个体如何与群体建立一种心理的联系呢?其中经历了怎样的心理历程呢?社会认同理论从社会知觉的角度将社会认同的心理机制分为三个基本过程。

一、社会类别化(social categorization)与自我类别化(self categorization)

类别化是一种便捷的认知策略。人类对于各种信息都要进行类别化处理,目的是对所处的环境进行组织化,以便更迅速和更好地适应环境。

社会类别化是将一类人根据一定的社会属性划归为一个类型的认知过程。自我类别化是指个体将自己与某一类别建立心理联系的过程,经过类别化过程,个体成为这一群体或类别的一员,他人被归为另一群体或另一类别中的一员,两类人之间便形成了心理群体的关系。

类别化的过程受到三个方面的影响。

(一)易取性或易得性(accessibility)

易取性是指在一般情境下提取类别的便利性。一些社会身份具有明确的性质,类别边界清晰,因而具有较高的易取性,例如,性别类别、职业类别、种族类别等。这样具有知觉易取性的类别,也就是心理现实与社会现实相互关联紧密的类别,可以用心理群体的实体性(entitativity 或 entity-like)程度来表达。高实体性的群体会被感知为真实的社会现实存在,高实体性勾画的群体边界会更为牢固,而群体的认同感也会更为强烈,所负荷的认知/情感/价值含义也会更为显著,而群体成员挣脱这一身份的难度也会更大。

(二)对比的适用度(comparative fit)

在进行类别化时,群体或类别间的对比适用度高,被个体选择使用的机会就会比较大。一个类别可以对应所有这一类别之外的所有事物,也可以对应某一相近但有差异的事物。例如,白马可以对应所有非白马,也可以对应黑马。在社会生活

---

① 苏国勋,张旅平,夏光. 全球化:文化冲突与共生[M]. 北京:社会科学文献出版社,2006:102-103.

中,人们已经建立了大量的适用度较大的社会群体或社会类别,例如穷人与富人、农村人与城市人、儿童与成人、男人与女人、老师与学生、上级与下属等。

(三)规范切合度(normative fit)

一种社会群体或社会类别一般都具有一定的社会期望和行为规范。如果每一类人的行为非常符合社会的规范和预期,那么这些人被归为一类的可能性就比较高。例如,一个人努力学习,遵守学校制度,尊重教师,那么,他从行为特征上就会被识别为学生。

文化心理学的研究也发现了类别化上的文化差异。例如,尼斯贝特(Nisbett,2003)的研究发现,东亚人与北美人在事物分类上有着不同的倾向。例如,东亚人倾向于将熊猫、猴子、香蕉三者中的猴子和香蕉分在一组,而北美人很少这样分类,他们把熊猫和猴子分在一组。东亚人在进行类别化时会较多地考虑分类对象之间的功能关系和相互之间的影响,而北美人则更偏重考虑事物之间的类属和逻辑。这也影响了个体与群体之间建立心理联系的方式和机制。

二、社会身份定位或认同(social identification)

对群体类别进行划分的同时,个体把自己的信息与这一划分相联系,因此形成自己社会类别的所属定位。这一过程就是将自我与社会类别建立归属联系的过程,也就是社会身份定位或认同的过程。这一过程导致个体的个别性、特殊性隐退,而群体的身份凸显。然而,这种去个性化(depersonality)与在临时性群体中的非理性状态不同,它不是去责任意识的,而是以群体或类别的责任意识取代了个人的责任意识。个体获得了"群体我"和"群体自尊"。

三、社会比较(social comparison)

此处的社会比较是将各种群体或类别信息进行比较,因而与社会心理学家费斯汀格(Festinger)的社会比较理论讨论的重点有所不同。后者是人际比较,比较的是"我"与"他",因此,实质是比较"我"与"我们";而前者是比较社会群体,特别是我群体和他群体,也就是"我们"与"他们"之间的比较。通过社会比较,群体成员形成了本群体或本类别的心理独特性(psychological distinctiveness)。

自我类别化、认同定位和比较的结果是个人获得"内群体"和"外群体"的概念。由内群体概念,个体形成群体自尊、归属感和内群体偏私,即为自己所属的群体特征感到自豪,在行为和态度上偏向自己所属的内群体。由外群体概念,个体形成对外群体成员的排斥和负面的刻板印象。

社会认同理论的核心是探讨社会类别化的心理机制,也就是探讨个人如何与一个或多个社会类别、社会群体建立心理联系的过程。社会认同的心理过程会发生在一切社会类别当中,例如语言、宗教、年龄、性别、地域、国家、党派、职业、阶级阶层等。

社会类别化是社会认同的核心心理机制,因此这一概念在20世纪80年代被发展成为社会认同理论中的自我类别化理论(self categorization theory,Turner et al.,1987)。这一理论上的推展将社会认同理论更加系统化,突出了个体与群体之间的心理联系这一社会认同理论的核心观点。

第三节　社会认同的条件与身份管理

如果说人们同时具有自我认同和社会认同的需要,那么什么时候社会身份认同会凸显出来呢?换言之,什么是激活社会身份认同的条件呢?

一、激活社会身份认同的条件

社会心理学家发现,群体成员或社会类别身份意识容易因下述三种情况被激活。

(一) 群体名称或标志

群体身份常常有一些象征符号,这些符号的出现可以诱导、明确和强化群体成员的身份意识。例如,美国密歇根大学以该大学英文第一个字母"M"作为学校的标志。这一标志出现在学校的各个地方,使学校的老师、学生和职员都能常常意识到自己是该校的一员。亚洲人的黑头发、黑眼睛、黄皮肤就会使亚洲人意识到自己的种族身份。如果有人叫你"新生"或者"法律系的",一个边界马上就出现了:你会意识到自己属于新生,和所谓"老生"有明确的区别;如果你在法律系就读,那么,对方的称呼一下子就把你和全体法律系的人归到一个类别中了。常见的社会类别或群体的标志有:激活国民意识的国家名称、语言、国旗、国徽、国家版图、国歌、民族图腾与象征物(如中国的龙)、历史遗迹(如中国的长城)、自然景观(如中国的长江、黄河)、重大科技创造(如中国的四大发明)、重大事件(如中国的抗日战争)等,激活团队意识的校服、工作服、特殊的服饰(如少先队的红领巾)、各种厂标、徽章、歌曲,激活职业身份及等级的职业制服(如军服、警服),激活地域意识的语言、方言(如粤语)、穿着、习俗(如使用筷子而不是刀叉吃饭),等等。这些象征物可以起到提示个人所归属的群体的作用。有些象征物还起到规范人的行为的作用。例如,警察身穿警服时,警服就会提醒其处处要按照警察的行为规范行事。

(二) 外群体成员的出现

当个人所归属的群体被标识出来时,也潜在地形成了一个群体的内外边界。个体归属的群体被称为"内群体"(ingroup),而与之对应的群体被称为"外群体"(outgroup)。例如,我们称祖国为"我国"或"本国",而祖国以外的国家则为"外国"

或"他国";称自己供职的单位为"本单位"而其他单位为"外单位"。当外群体的成员出现时,个体内群体身份会被自然激活。教师面对学生群体,就会意识到自己从事教育工作的职业身份。在讨论会上,如果一些人对某一观点持赞成意见,而另一些人持反对意见,就会形成一个临时的"意见内群体"。

(三)成为少数人

麦奎尔(McGuire)与他的同事请在校的学生用五分钟时间描述他们自己。在对这些资料进行编码后发现,这些学生的性别如果在家里属于少数的话,他们更倾向于提到自己的性别(McGuire,McGuire,and Winton,1979),研究结果如图11-3所示。

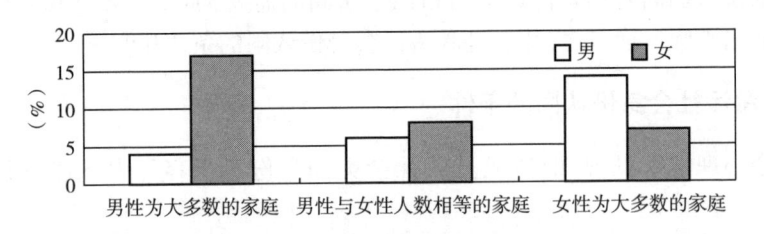

图11-3 在自我描述中提到性别的反应

此外,在群体之间存在歧视的情况下,个体更倾向于意识到自己的那些被歧视的特性。例如,女性更倾向于意识到自己是女性;在北美国家,黑人更倾向于意识到自己是黑人;社会地位高的人倾向于认同自己的个别性和与众不同的方面,而社会地位低的人倾向于认同自己所属的群体。也就是说,作为少数族群,低社会地位的信息更容易激活有关群体成员或社会类别身份的意识。

(四)冲突或竞争的情境

对唤起社会认同影响最大的因素莫过于群体间的竞争或冲突。两军对垒让双方都清晰地了解对手是谁,自己是谁。因为各自的利益是相互对立的,更因为冲突强化了利益和立场的差别。在学校组织的辩论赛上,尽管正方反方是抓阄决定的,但双方也会很快进入角色,据理力争,形成团队和观点双重的对抗。

(五)强化

对身份的认同还来自有意无意地强化。例如,一位女性企业家参加了女企业家联合会,不仅经常参加联合会的活动,还担任了一些职务。这样,她就会时常想到自己的女企业家身份。大学生小李和几个同乡同学放假坐学生专列,持学生票回家,他和同学们坐在一起,聊着学校中发生的事情,这时候小李会意识到自己的大学生身份。

二、社会认同的最简群体范式

早在1961年,谢里夫(Sherif,1967)就以夏令营男孩子们的行为为例,进行了群体形成与群体冲突的研究。研究发现,两组男孩子与自己的同伴经过一系列共同活动之后,会形成群体的规则,产生领导者,并获得群体的概念(参见第十二章,群体)。这一研究说明,交往、共同活动、目标一致是构成群体的基本条件。

欧洲的社会心理学家固然承认谢里夫这一经典研究的地位,但是他们没有满足这一研究得出的结论,而继续推进关于群体形成机制的研究。比较早的研究是泰菲尔(Tajfel)等人做出的。他们在实验中发现了群体形成的基本条件可以减少到只对人们进行分类,就足以产生群体的内外区隔和偏私现象。因此,这一研究被称为"最低限度群体情境范式",又被译为"最简群体范式"(minimal group paradigm)研究。他们让64名14~15岁英国中学男生通过投掷硬币而随机分别进入"X组"或"W组"。这两个组并没有什么特别的特征(如群体标志),这些男孩子相互之间也素不相识,不存在相互冲突的历史,不存在群体之间的刻板印象,也就是说,这是一种"最简组间情境"(minimal intergroup situation)。被分派进入各自的小组之后,男孩子们有机会将一小笔钱(不是真正的钱币,而是15这一数字)分给另外两个人。其中一个人被标定为"W组第49号成员",另一个人被标定为"X组第32号成员"。结果发现,仅仅一个群体的区分本身就引起了男孩子们对本群体的偏私倾向。他们在分配中表现出明显的不公平,给自己所属组的成员平均8.08点,而给另一组的成员平均6.92点(Billig and Tajfel,1973)。这一实验后来被重复了很多次,结果依旧。

由此看出,人与人之间的相互依赖和吸引不是群体形成的必要条件,因为这些实验设计的条件恰恰控制了那些可能作为结果解释的其他因素。看起来,他们喜欢自己群体的人只因为这些人是内群体成员,而不因为内群体成员是一些特别与自己有关的人。因此,"最简群体范式"的研究表明,在特殊个体之间的吸引和相互依赖并不是群体形成的必要条件,而一个共享的群体成员关系足以使人形成他们之间的吸引。

社会认同出现的条件是内外群体的区别。当区别的标志出现或社会情境中对比的线索比较凸显时,可以激活人们归属内群体的心理需要,诱导个体进行社会认同。

三、边界可渗透性

边界可渗透性(permeability of group boundaries),是指个体离开现在所在的群体,然后加入其他外群体的可能性,即个体可以因各类原因透过群体的边界,进入另一个群体。具有边界可渗透性的群体一般属于非实体性群体,或处于实体性群体的边缘。例如,我国是一个多民族国家,有一些少数民族在长期的社会历史变迁中形成了杂居或混居的状态。民族间不仅有贸易上的往来,也出现族际通婚、语言混杂、跨族宗教等情况。这些宗教、语言、贸易、结亲因素如同一座座桥梁,促进了群际交往和认同改变。

从社会阶层的角度也可以看到,人们从一个阶层向另一个阶层的流动也说明该社会的阶层结构有流动的通道。例如,我国古代实行科举制度,通过科考而非世袭选拔官吏,就是打通阶层边界的一个渠道。

并非所有的群体都具有边界可渗透性。在有些情况下,社会群体会对希望进入本群体的"外来"者做出强烈的排斥反应。特别在文化差异比较大的群体之间,一方一旦发现对方的"渗透"对本群体重要精神信仰的纯洁性形成了某种威胁,便会将其视为"污染"而极力反对和排斥。

四、身份威胁及其应对策略

(一)污名身份威胁及其应对

污名(stigma)是一种负面的刻板印象。身份污名指感受到自己的某种身份受到了负面刻板印象的威胁。一般而言,在这种情况下,人们会尽可能设法摆脱这一身份,从而不再受到心理压力和威胁。例如,学校里的"差生"可能会选择拼命补课来改变身份归属。但有些身份因各种原因无法放弃,于是便会发展出一些接纳或反抗的应对策略,例如合理化、补偿、转移、区隔。例如,有些城市管理人员被市民和小贩诟病,但无其他职业可选,于是发展出自己的身份协商之道。他们通过对工作性质的工具性和表达性的区分,积极或消极地对自己的职业身份做出了以下防御性的心理应对:①合理化,"我们是城市卫士,是执法单位";②补偿,"我们是政府序列,而且素质在提升";③转移,"我们代表市民的利益";④区隔,"职业虽然不如意,但也是一个养家的饭碗"。

(二)双文化身份威胁

在双文化环境中生活的人,例如跨文化移民,有可能通过整合主客两种文化来应对身份威胁。他们发展出一种能力叫作"双文化认同整合"(bicultural identity integration,BII)。具有双文化认同整合的个体将主流文化与本群文化看作和谐相融的,而不是彼此冲突和相互分离的。这种整合能力越高,人的双文化情境的适应性越好,并具有更高的生活满意度和创造性。BII 有两个独立维度:冲突-和谐维度(cultural conflict/cultural harmony),主要指双文化个体对两种文化冲突性的情绪感知;混合-区分维度(cultural distance/cultural blend),主要指双文化个体对两种文化差异性的知觉[①]。

---

① 杨晓莉,鲁光颖. 开放性在认同整合与创造力关系中的调节作用[J]. 宁波大学学报(教育科学版),2020(2):111-119.

第四节 社会认同的效应

当人们寻求积极的身份认同时,社会身份认同的心理过程就会带来一些特有的后果或效应。

一、类别的加重效应

当人们认为一些因素之间的相似性较大,而另一些因素之间的相似性也较大的时候,人们就倾向于将这些因素作为两个类别分开。在此基础上,人们会不自觉地夸大两组因素的差别。这就是所谓类别的加重效应(accentuation effect)。例如,在图11-4中,人们一般会很容易地区分字母和数字而忽略字母L和数字8在色谱上的相似性。

```
            E  L
              8  9  6
   红 ←――――――――――――→ 蓝
```

图11-4　类别化对信息加工的影响

在"代沟"现象中,我们就很容易看到两代人之间常常夸大代际差异,这就是加重效应的现实表现。

二、内外区隔与内群体偏私效应

正如泰菲尔(Taifel)和特纳(Turner)发现的,当人们将自己界定为某些群体成员时,他们会对该群体做出积极的评价。在与外群体的比较中,积极的社会认同使得本群体成员更加偏好自己所属的群体,更加积极地看待自己所属的群体。研究表明,在大学运动队赢得一场比赛的胜利后,学生们更有可能穿上带有学校标志的服装和用"我们"这个词语去描述比赛的结果(Cialdini et al.,1976)。

形成"我们感"以后,人们就会很盲目地喜欢内群体成员。其逻辑是"是我们的人,就是可爱的人"。群体成员往往看不到本群体成员身上的缺点、错误,即便看到了也尽可能为其辩解,进行外部归因,形成本群体服务的归因偏误(group-serving attributional bias)。人们对外群体也会形成归因偏误,在对立的情况下,经常会对外群体的缺点、失败进行内部归因。

三、内群体成员典型性效应

当个体经过自我类别化,建立了与群体的心理联系之后,往往以为自己具备内群体成员的典型特征,并认为其他内群体成员也与自己一样,具有典型的内群体成员特征。在很多场合,人们倾向于认为自己是内群体的代表,这被称作"自我刻板印象化"(self stereotyping)。例如,赵志裕等人在一项研究中使用时装和化妆品广告中的男女模特照片启动中学生的性别身份认同。在随后请这些中学生做自我介绍时,男生特别强调自己具有刻板的男性特征,而女生则特别强调自己拥有刻板的女性特征(Chui et al.,1998)。这种自我刻板印象一方面会约束个体做出更加符合群体规范的行为,与群体特征保持一致,减少个人特征的显露,强化社会身份认同;另一方面,会使原本只有比较薄弱的社会真实性基础的刻板印象逐渐演化为社会实际状况。换言之,这种效应有可能导致"自我实现的预言"效应的出现。

内群体成员典型性效应也会使一些人对群体内的某些代表寄予特殊的希望,认为大家应当荣辱与共。例如,人们对参加各种赛事的代表格外关注,倾尽心力地支持他们,从而忽略了这些代表的真正代表性。而代表们也会感到心理压力很大,自己的参赛成绩关乎众人的脸面,稍有闪失,就会觉得自己"无颜见江东父老"。

四、外群体同质性效应

几年前,在南京街头曾经发生过一个外国人因身穿印有"给中国人10条告诫"内容的T恤衫而引起周围中国人极大不满的事件。T恤衫上面印着"不要盯看外国人""不要老跟外国人说HELLO、OK""不许外国人住便宜旅馆不合理""对外国人收费与中国人同等""不要说移民留学或换钱的事"等10句中文。在众人的抗议下,这名外籍男子被送到当地派出所,脱下这件T恤衫,在承认了自己的错误后才被群众放走。这件事引起了大众的关注。有人觉得这是外国人对中国人的侮辱,为了维护中国人尊严,一定要提出抗议。从社会心理学的角度看,这件事情表现出典型的外群体同质性效应。这一效应是指由于社会认同的缘故,外群体成员"看起来都一样"。例如,中国人动辄提到美国人如何如何,而对中国人自己来说,要想用一句话总结"中国人"是怎样的,其实是一件很困难的事情。这就是说,人们对内群体成员的特性更清楚,而相对较少地了解外群体成员。当判断态度、价值、人格特质和其他个性特征时,人们倾向于认为外群体成员更相似。因此,看到上述外国人的行为,就会感到受到了外国人的侮辱而义愤填膺。

普林斯顿大学的研究人员让在4个不同"饮食俱乐部"的学生给自己的组员和其他3个组的成员做人格评估,例如"内向-外向"。结果表明,学生们对自己的组员的评价比对其他组员的评价更加多样化(Jones, Wood, and Quattrone, 1981)。当内群体和外群体是持久真实的群体(而不是实验室中的)并且内群体规模较大时,这种效应更为强烈(Mullen and Hu, 1989)。

对内群体的认同也会产生自我刻板印象和对他人的刻板印象以及一些偏见。这些认知和情感上的倾向,在一定的社会、经济、文化条件下,可能会在污名化(stigmatization)的作用下引发歧视与偏见行为,会造成不同群体或类别成员的消极对立,从而影响社会群体间的和谐关系。因此,在一些情况下,引导人们"去类别化"(放弃类别化,de-categorization)、"再类别化"(重新进行类别化,re-categorization)、"类别细化"(找到类别中的亚类别,sub-categorization)以及"跨类别化"(寻找内外群体的联系和共同特征,cross-categorization),是减少群体间冲突的一些办法。

五、自尊的提高

当一个人归属为一个群体,会形成"群体我"(collective self),群体其他成员获得的成绩也会让他感到自豪和骄傲,并且感受到作为这一群体成员的自尊,即"群体自尊"(collective esteem)。例如,当中国运动员在国际比赛中获得好成绩,国旗升起,国歌被奏响,中国人就会为此感到自豪和骄傲。因为,中国运动员是"我们"的代表,他们的好成绩就是"我们"的好成绩。在外国人面前,我们因这些运动员的表现而更有尊严。因而,各国运动员在国际比赛时都会力争"为国争光",各国的观众也会努力为本国运动员欢呼鼓劲。这是一种"喜欢我们自己"的效应,这种感受也提高了自我的价值感。

六、社会认同与降低不确定性

在人类生活中,面对来自自然界和社会环境中的不确定性和风险,人们发展出很多应对方式,例如利用科技手段、信奉宗教等。其中,归属群体通过为人们提供社会身份而帮助人们获得认同感,界定了个体的自我以及个体在社会中的定位。一个人如果了解了"我们"是谁,便可以明确自己归属的社会类别或群体的行为特征和规范,保持与本群体的一致性,融入群体,与群体成员同舟共济,因此社会认同是一种应对风险的方式。同时,了解与"我们"相对应的外群体——"他们"是谁以及"他们"的特征,可以较好地预期他人的行为,从而减少不确定性带来的威胁和风险。

英国的社会心理学家霍格(Hogg)对此提出了"不确定性-认同理论"(uncertainty-identity theory)。他指出,人们都会努力构建一个连贯且有意义的世界观,面对来自环境中的各种不确定性,一方面会积极迎战,另一方面会设法回避。社会认同给人们提供了一种认知策略,即获得一种群体身份的原型,该原型为人们的行为提供了被广泛认可的规范,让一个群体成员明了应该(ought)如何行事,这样就减少了不确定感。

实体性(entitativity)是群体的一种属性,基于群体的明确边界、内部同质性、社会互动、明确的内部结构、共同目标和共同命运,人们更容易变得"群体化"(groupy),更容易有强烈的保持该群体成员身份的动机。例如,有些民族有明确的饮食禁忌文化和礼俗规范,因而极为清晰地显示了群体的边界特征。实体性越强的群体对其成员降低不确定性的作用也就越大。反过来我们也更容易理解,不确定性强的环境会导致群体特别在意本群体的实体性,不允许自己所属的群体特征被"污染",群体的边界也就难以渗透。

更为重要的是,人们以各种具体的社会身份进入社会生活,在承担这些身份责任和满足社会期待的同时,获得了生活的现实感以及生存的价值。各种群体身份具有相应的来自自我和他人的价值评价,这些评价建构了人们的生活意义。例如,对母亲身份的认同,使女性体验到抚养、关照子女的感受及责任和自身的生命价值。

社会认同是个体对自己作为群体或类别成员归属于某些特定的社会群体或类别而经历的情感体验和获得价值感的心理历程。理解社会认同概念的关键在于将社会心理现象放在群际关系的背景下思考,而不仅仅放在人际关系的背景下思考。例如,母亲对子女的慈爱,不仅是她本人对这个孩子的慈爱,还包含作为"母亲"(与非母亲相对应)这一身份对"子女"(与非子女)这一身份的类别间关系。

第五节 社会认同研究的应用领域

经过50年的理论积累,社会认同理论的影响力逐渐扩大,并且在各个领域中得到广泛应用。随着研究的增多,该理论对于社会心理学的学科发展所具有的意义也渐渐彰显出来。

社会认同研究可以应用在组织凝聚力、国际关系、族群或族裔冲突、职业流动(如跳槽)、社会影响(如从众)、社会运动、宗教行为和社会变迁等许多方面。下面介绍国家认同和文化认同两个方面的研究应用。

一、国家认同

现代民族国家(nation-state)概念不同于传统的地域或民族概念,指近代以来形成的以民族为基础的政治共同体。在经济全球化的过程中,国际关系在人们社会生活中日益重要,国家的发展和强盛也越来越影响到个人的生活状况。一个人不仅要与自己周围的人打交道,还要以某一国家国民的身份与其他国家的国民打交道,在经济、政治、文化等各个方面主动或被动地卷入全球化的过程中。中国制造的产品远销世界各地,一国发生的事件可能很快在万里之外的国家引起振荡。在日常生活中,可以看到人们为本国的体育健儿在国际赛事上获奖夺冠而欢呼雀跃,可以看到人们为做出移民他国的决定而奔波,可以看到本国派出技术人员或医务人员参加外国的救灾行动,等等。这些已经融入我们日常生活的现象都与国家认同有关。

二、文化认同

一般而言,人们对于自己祖国形成的认同,也伴随着对本国语言(包括方言)、习俗、民间信仰、历史等文化方面的认同。然而,在国际移民和迁徙发生之后,一些人或被迫或自主来到另一个国家、民族和文化中生活,他们中的一些人获得了移入国的国籍,一些人接受了移入国流行的饮食、服装和生活方式,还有一些人使用移入国的语言进行人际交流,甚至有一些人放弃了自己原来的宗教信仰,选择皈依其他信仰。在这种情况下,一个非常现实的问题是,这些移民还是原来意义上的国民吗?

以马来西亚的华人为例,生活在那里的华人,祖上大多来自中国的福建、广东和海南,经过几代人的努力在异国他乡生存发展,后来获得马来西亚国籍,成为马来西亚公民。然而,他们中的很多人仍然执着地学习和使用中文,保持着中华文化的传统。"华人"身份对他们来说意味着什么呢?研究者在东南亚对海外华人的实地研究发现,大部分马来西亚华人保持着很强的中华文化认同。经过历史的演变和对现实处境的适应,原本与祖籍地认同、原国籍认同、方言认同、习俗认同等密切关联的文化认同,在异国他乡逐渐分化和独立出来。海外华人的文化认同主要由四个相互关联又相互独立的要素组成:①文化范畴认知;②文化自我确认;③文化价值承诺;④海外华人的文化卷入。文化认同这种与国家认同、方言认同、习俗认同等相独立的性质表现出文化认同强大的动力性,为移民在适应当地环境的同时保持自身特征提供了心理资源。在调查中发现,大部分马来西亚华人乐意公开承认自己的华人身份;关注祖籍渊源和祖籍地的发展,特别为现代中国的发展强盛而感到自豪;对中国传统文化情有独钟;积极参与华人社会的公共事务;坚守以中华文化价值为基础的为人处世之道;强调通过保持中华语言应用及教育,传递和强化文化的认同①。

社会认同是个体与某一社会身份建立心理联系所经历的历程。一方面,在群际关系的背景下,社会认同过程很容易被激活;另一方面,社会认同使现实存在的群际关系被知觉到,从而形成一系列心理效应。社会认同是一个重要的社会心理学研究领域,已经成为当前社会心理学中的宏大理论之一。

第六节 中国人社会认同的特殊心理历程

一、关系化与类别化

从文化心理学的视角我们看到,在讨论中华文化背景下个人与他人、个人与群

---

① 陈午晴. 海外华人文化认同的建构:一个社会心理学分析框架[J]. 社会心理研究,2002(4):1-13.

体的心理联系时,应注重"关系"这一中国文化中特有的文化心理机制(参见第七章,社会关系)。换言之,个体与群体建立心理联系的机制不是"认同",而是建立"关系"。在这里,"关系"的意义不仅是分类和伦理角色、信任和义务,还是个体与他人及群体联系的心理机制。那么究竟"认同"(类别化)还是"关系"(关系化)才是中国人"我们"概念形成的社会心理机制呢?我们可以尝试通过个体的自我概念特征来寻找答案。因为,当我们探讨个体与群体建立心理联系的社会心理机制时,特有的文化/社会/历史的影响将会体现在自我概念的特性上(参见第二章,自我)。

中国人在日常生活中经常使用"自己人"作为"我们"概念的代名词。"自己人"是与"外人"相对应的概念,一般指在某一需要进行关系分类的场合下与自己关系紧密的某个人或某些人。因此,"自己人"既是一个关系概念,也是一个分类概念。而这一分类并不是简单根据个体之间的共同性进行的,而是对关系进行的分类。正由于"自己人"概念的特殊性质,它可以成为我们理解中国人群己关系心理机制的重要概念。

在不同的情境场合下,根据关系的不同,不同的人会被划为"自己人"或"外人"。而如何分类关系,什么关系的人是"自己人",什么关系的人是"外人",就成为中国人社会认知中最常用的知识,影响着中国人的日常生活体验和社会行动。

从中国人自我概念的边界特征上,我们看到与自我相通的"我们"概念具有两个核心特征:边界的通透性和范围的伸缩性。边界的通透性是指在不同的时间与情境下,"自己人"的边界不是像铁板一样坚硬而闭合的,而存在一些可供出入的"门"。作为"自己人"或"外人"的他人,在互动交往的过程中常有进出,使得边界之内(或边界之外)时而是这些人,时而是那些人。范围的伸缩性是指在不同的时间与情境之下,被包含在个体"自己人"范围里面的"他人"的数目是不同的,因此,"自己人"的范围也是时而大、时而小的。隐藏在这一时而大、时而小的"自己人圈子"背后的是一个具有自主性的"自我",它掌控了一个人对环境的适应和创造。

费孝通(1947)和梁漱溟(1987)都曾指出,中国人没有团体概念或团体概念很薄弱。但是,可能的情况是,在关系作为主要的人际交往方式、差序格局作为社会结构的主要特征的社会中,"自己人"必然成为主要的"我们"概念。而当社会流动出现之后,可能会形成另一类"我们"概念,即通过认同而形成的类别式"我们"概念。

杨宜音等人在马来西亚华人文化认同历程的研究中发现,马来西亚华人的文化认同历程有三个主要线索:①由祖籍地认同、亲属认同发展演变成为华人群体社会、经济、政治利益认同;②由附着在祖籍地认同和亲缘认同之上的方言认同发展演变成为以普通话和简化汉字为标准的语言认同,表现为华校、华文报社的建立和发展;③由宗教认同、习俗认同发展演变成为信仰认同、价值观认同,表现为华人对中华民间习俗、民间信仰的保持以及价值观念的坚守和发扬(杨宜音,2002)。马来西亚华人的实践让我们看到:

首先,在脱离家庭关系外出到异国他乡的情境下,个体没有传统意义上的关系来依靠,而以行业、地域、姓氏宗祠组织为依托,形成个体与华人社会的联系。因此,这一联系的依据是华人的种族文化特征。经历了一定阶段后,这一特征逐渐被建构起来,个人从家乡带来的细微差异被新形成的共识所取代。在这里,多元文化的社会环境是华人保持文化族群身份的外在要求。作为华人的身份认同最初往往不是华人本身要求的,而是被他人要求的。在马来西亚种族特征鲜明的社会里,华人无可避免地要保持自身的文化特征。

其次,华人社会在这样的情境下形成正式组织,因而华人个体能够意识到自己是其成员,并通过参与华人社团来保持自己的成员身份。当华人以特有的文化作为自己的族群特征时,能够体验到认同带来的自豪感和自尊。

最后,马来西亚华人的文化身份认同影响了其他社会类别化过程,带有社会类别文化化倾向。

由此我们可以发现,中国人不仅具有关系式的"我们"概念——自己人,也具有类别式的"我们"概念,后者同样注重内群体的共同性和外群体的差别性。当个体因文化特征被他者化归为一个类别时,将会通过形成文化共识来保持这一类别的成员身份。这一"类别化"过程在关于香港回归中国时期的港人身份认同研究中也可以看到①。

二、双重的"我们"概念

如果说"自己人"式的我们概念体现了一种中国社会特有的"差序格局",类别式的"我们"概念体现了一种西方社会普遍存在的"团体格局"的话,那么可以假设,中国人"我们"概念的生成机制是双重的。换言之,中国人可能有两种路径可以达到自我与他人的联系:一种是具体的他人,根据先赋性的规定性和面对面的互动来判别和建立这种心理联系;另一种是较为抽象的他人,根据类别特征的凸显来判别和建立这种心理联系。因此,前者经历的心理历程可以称为"关系化",而后者称为"类别化"。当外群体出现后,类别化凸显;外人出现时,关系化凸显。因此,启动这一机制的条件是把他人视为外群体还是外人。由此可见,在中国人"我们"概念的形成中存在着根据双重途径的情境启动,我们称之为双通道情境启动机制。图11-5为双通道情境启动机制示意图。

---

① 赵志裕,温静,谭俭邦. 社会认同的基本心理历程[J]. 社会学研究,2005(5):202-227.

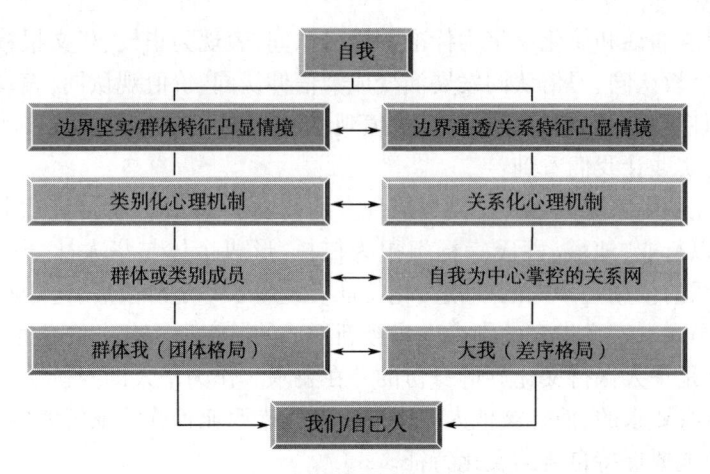

```
                        自我
          ┌──────────────┴──────────────┐
    边界坚实/群体特征凸显情境    ↔    边界通透/关系特征凸显情境
          ↕                              ↕
     类别化心理机制              ↔     关系化心理机制
          ↕                              ↕
     群体或类别成员             ↔    自我为中心掌控的关系网
          ↕                              ↕
     群体我（团体格局）          ↔      大我（差序格局）
          └──────────────┬──────────────┘
                      我们/自己人
```

图 11-5　双通道情境启动机制

为什么中国人在连接个人与他人和群体/类别时会出现双通道结构？因为在中国传统社会流动较少的生活中，中国人较多地面对人际互动，亲缘关系是交往中情感、信任、责任的尺度，因此在判断他人与自己远近亲疏、上下尊卑方面有丰富的认知经验。中国人的权力游戏和日常生活都因此而呈现圆融的、拿捏的图景。中国人社会生活最高、最成熟的境界是自由地拿捏个人与制度之间的分寸——随心所欲不逾矩，是社会伦理文化体制内的自由最大化。中国社会的差序格局的文化特征与社会结构使生活在其中的人们拥有特殊的自我概念边界，这个边界看起来使我与我们相通、我们与他们相通、我与他相通。这就导致我、我们、他、他们四组概念的不分化或欠分化，其中的机制不仅仅是类别化，还有关系化。类别化的后果是类群的出现，关系化的后果是关系网的出现。

类别化是人类普遍的知觉模式，但是，对"有关系的人"和"没有关系的人"这两类人进行类别化之后，中国人将类别作为关系化的基础。关系化后，又常被类别角色化和先赋化，交往的意味又会淡出（杨宜音，2001）。这是一个双通道结构，调节这一结构的思维方式应当是中庸实践理性。在现代生活中，类别化的生活经验和制度建设显得日益重要，因为类别化往往与普遍主义的行为原则相联系，关系化往往与特殊主义的行为原则相联系。

在中国人"己"概念的对应下，"群"的意义也变得复杂。首先，有关系的他人被包容进自我的边界而形成自己人，自己人之间构成关系网。其次，在自我的边界坚硬化时，由独立个体组成群体或相似个体组成类别。最后，我与我们之间有分有合。而在这样的"群""己"意义规定下，群与己的联系必然有两种心理机制：①关系化；②类别化。

社会心理学家发现，人们选择的个人与群体连接机制会由于社会文化历史的原因形成"定锚"（anchoring），也就是说，在长期社会活动中，个体究竟通过认同还是通过关系建立群己关系,会有一定的倾向性,从而影响人们形成路径依赖,而使认同或关系演变成为价值取向。这就与另一个脉络的研究——价值取向研究有了联系(参见第五章,价值观),例如倾向于尊尊亲亲的关系价值或倾向于对群体的认同价值。当然,这些价值取向并不是截然分离的,而是相互缠绕的,受到来自深层的文化、社会、历史的建构。

专栏 11-1

解读明星的百姓缘

2005年,媒体上"超女"的热浪还没有消退,两位观众熟悉的影视小品演员高秀敏、傅彪英年早逝的新闻就上了许多报纸和网站的头条。人们正在唏嘘感慨时,紧接着就看到他们的葬礼分别在长春和北京举行的报道。

两位明星的丧礼最引人注目的不是有多少影视大腕、名人前去吊唁,而是许许多多平头百姓自发前去悼念和告别。电视画面上,八宝山公墓吊唁厅前老百姓举起的白底黑字、写着"彪哥走好"的字牌,在长春的大街上手持鲜花肃穆而立的人群和按照当地风俗吹奏的唢呐声,都给人很深的印象。

一个人辞世,他或她的亲属和生前友好前来告别,这是最寻常不过的事情。中国人相信,阴阳两界并不是截然分开的。送葬也是送行,亲朋的祝福可以让逝者在另一个世界平平安安。但是,那么多与傅彪、高秀敏不沾亲不带故的老百姓为什么会加入送葬的队伍中呢?

一、"他演的都是我们"——熟悉的陌生人与我们感的形成

在大众传媒发达的社会,电影演员和影视小品演员通过媒体迅速让观众熟悉起来。观众通过影视作品、各种谈话节目、社会参与活动等,了解到演员的演技、品行和个性。这些演员成为明星,更成为"熟悉的陌生人"。

在众多观众熟悉的明星中,高秀敏、傅彪还有另外一些特点,即他们演出角色的平民化。他们在作品中扮演的大多不是皇亲国戚、历史名人或者高官显贵,而是那些生活在社会底层的平民百姓。平民百姓不一定个个那么气宇轩昂、飘逸标致,他们中间有些人可能看起来窝囊、"面瓜",有些小算计,耍些小心眼。不过,这些人爱家顾家、怕老婆又爱老婆、有情有义。他们不会假模假样、虚头巴脑、趋炎附势。当演员表现了这些平民的日常生活,观众就会特别把这些明星划到自己人的边界里面,好像与这些演员有许多共同之处和共同语言。在这样的明星和老百姓之间,生活中的那些喜怒哀乐看起来都是可以相互传递、相互分享和分担的。这种现象被社会心理学家称作"我们感"现象。

"我们感"是人们在知觉社会类别后的情感反应。当一些人认为彼此之间具有相似的特征,并且与另外一些人形成鲜明的对照或差别时,就会形成类别意识。例如,在中国这个封建制度长达几千年的国家里,等级制度森严,社会结构中上层与下层有着不同的文化传统,官与民的生活是完全不同的。因而,"老百姓""平头百姓""平民"这样的类别化的标签就很容易凸显出来,它们指称一类与"达官贵人"不同的人群,也成为人们为自己定位的重要选择。我们常常会在一个普通人参与公共事务时听到人们说:"一个平头老百姓,瞎操什么心,也不看看自己是谁!"还会听到领导叮嘱自己的下属说:"要严格要求,不要混同于普通的老百姓。"这些说法都可以证明官、民是两个容易凸显不同的社会类别。它往往会形成社会心理区隔,两者的社会角色期待不同,行为规范也会有所不同,所以也会成为对社会行为差异的合理解释。人们会自然而然地认为,他是老百姓,所以他会这么做事。

尽管演员的社会地位、收入水平、生活方式可能与普通老百姓相差悬殊,但是其银幕形象与老百姓没有差别,一举手,一投足,都表现了小人物的所思所想、所爱所恨,这就让观众感到他们与自己有情感联系——"他"或"她"是"我们"中间的一分子。

有一位前去吊唁傅彪的观众说"他演的都是我们"。因此,这样的明星故去当然会牵动百姓的心。

二、"他们把老百姓的事都演活了"——"我们感"需要表达和尊重

任何一个类别的出现都需要进行表达,来说明这一类别存在的意义和价值。在社会的公共参与相对匮乏的情况下,通过社会参与和政治参与来表达自己,对底层百姓来说是不容易的。因此,他们需要代言人,需要表达的途径和机会。一方面,"我们感"形成之后,"我们群体"或"内群体"的成员会认为自己就是这一群体的典型代表,或者任何一个内群体成员都可以代表自己;另一方面,电影、小品等影视作品通过大众传播网络,覆盖面极大,在这样的媒体中艺术地再现老百姓的日常生活,不仅将日常生活的趣味增强了,而且将老百姓的生活典型化了,在屏幕和舞台上"过着"老百姓"身边的日子"的高秀敏、傅彪们就自然被视为老百姓的代言人。

电影和小品让身处底层的老百姓有了表达自己生活理念、价值选择、生活方式偏好等的机会。这些蕴含在日常琐碎生活中的真情实意、尊严和价值都可以通过演员的表演,以艺术的形式登上大雅之堂,表明这一群体在社会上有了一席之地。高秀敏、傅彪以及在他们身后的一大批导演、编剧及其他影视工作者经过努力,表现出对普通人生活的理解和尊重,因此,满足了这一群体的自我展现、自我肯定和与他人沟通的需要。

演员"把老百姓的事演活了",成为老百姓形象和内心的代表。被一个愿意尊重自己并代表自己的人代表,是一件有尊严和令人满足的事情。爱他就是爱自己,这就是老百姓热爱高秀敏、傅彪的原因。

三、"看得见、摸不着"——媒体时代的人际沟通与人际感情表达的方式

老百姓通过什么途径能够与这些为他们表达他们的喜怒哀乐的演员建立起情感联系呢?这还要归功于大众传媒搭建的传播和沟通的平台。大众传媒作为一个中介,使现代人的人际沟通、情感传递的方式都发生了巨大的改变。在大众传媒时代,人们可以接受自己对一个看得见、摸不着的人喜爱的情感,并不认为自己在"单相思"。人们可以充分了解自己喜爱的演员,包括他们的好恶、兴趣、性格与气质等。反过来,演员也可以通过各种传媒提供的机会了解到自己被喜爱的程度,了解到自己演出作品的成功与失败。他们会受到观众的鼓励、安慰和指导。这些原来面对面的沟通如今变成了间接的、通过传媒的沟通。这一以媒体为中介的人际沟通和人际情感的表达有了一些新的特点。

首先,大众传媒使明星与观众之间接触的程度更大。比起那些比较少的面对面的人际接触机会,观众通过比较持久和多样的银屏接触,情感卷入也会更多,与此相应,演员的压力和心理满足感也会更大。

其次,观众更关注的是表达自己的喜好而不是得到演员的直接反馈。观众喜好的强化不再仅来自与演员的直接互动,更来自其他观众与自己相同的感受,以及演员对自己喜好的进一步满足。例如,傅彪参演的《甲方乙方》《没完没了》《不见不散》《一声叹息》等新年贺岁片,高秀敏连续多年在春节晚会出演的《卖拐》《卖车》等小品,给观众期待,也给观众以满足。

最后,群体类别化被进一步典型化。媒体推出的"我们群体"的代表,使"我们群体"的特征更加典型。观众会更加注意这些典型的大明星扮演的"小人物",而忘记周围许许多多真实的小人物。当扮演小人物的大明星意外辞世,观众会特别悲伤,那种悲伤的程度可能远远超过对身边小人物不幸命运的悲伤程度。

由此看来,观众与傅彪、高秀敏不能说是不沾亲不带故的。他们有许许多多的心灵交往,有许许多多的感情卷入,就像亲朋好友,尽管这些情感的形成和表达是单向的和被间接强化的。

思考题

1. 社会认同理论对我们观察和理解社会行为有哪些启发?
2. 社会认同理论是否适合用来解释中国社会"关系网"的形成?

拓展阅读

1. TURNER J C, HOGG M A, OAKES P J, et al. Rediscovering the social group: a self categorization theory[M]. Oxford: Blackwell Publishers, 1987.

2. BREWER M B, HEWSTONE M. Self and social identity[M]. Oxford: Blackwell Publishing, 2004.

第十二章 群体

什么是群体？
群体可分为哪些类型？
影响群体绩效的因素有哪些？
与个人决策相比，群体决策有哪些优缺点？
个人是如何影响群体行为的？
群体是如何影响个人行为的？

学习要点与要求

> **要点**：本章主要讲述了群体的定义、特性、分类及其与个体的关系；群体绩效的内涵、群体互动过程中的效应；群体决策的定义、优缺点、两种偏差及其常用技术。
>
> **要求**：①掌握群体的定义、特性和分类；②了解群体绩效的内涵、群体互动过程中的心理效应；③掌握群体决策的定义、优缺点和偏差，了解群体决策的常用技术；④理解群体与个体之间相互影响的具体过程。

第一节 群体的概述

一、群体的基本特性

（一）群体的概念

群体（group）也称"团体"，是指人们彼此之间为了一定的共同目的，以一定方式结合在一起，保持较为持续的相互作用，在心理上存在共同感并具有情感联系的两人以上的人群。通过这一概念界定可以看出，有无共同的群体目标、持续的相互作用、明确的角色分化及归属感是判断某一人群聚合体是否可称为群体的重要标准。事实上，在现实生活中存在着诸多因某种时空因素上的机缘巧合而聚合成的类群体以及统计意义上的人群类别，例如在十字路口等绿灯过街的人群、电影院中的观众、车展上涌动的人流、投资股票的股民等。诸如此类的人群或类别既没有持久的共同目标、持续的相互作用，也没有明确的角色扮演、分工及归属感，因此，很难将其看成群体。当然，这并不绝对，在特定的情形下，类群体也有可能会转化为群体。例如，在一个电梯里的乘客并没有什么互动，也没有比较强的共同感，是一个临时性的人群，但是，一旦电梯出了故障，电梯里面的人就会通过排除故障、联系维修人员寻求营救、相互安慰和合作结成一个临时性的群体。如果需要持续的互动，这个临时性的群体还会逐渐形成一定的结构，并且有明确的分工或角色。所以，群体的概念一般包括：①有明确的成员关系；②存在持续的社会互动；③具有共同的群体目标；④有一定的群体意识。

（二）群体的结构

群体在发展过程中会形成一些结构来完成群体的目标，而这些结构主要通过规范（norm）、角色（role）和地位（status）构成。规范是界定群体成员行为的标准，也是社会或特定机构对群体成员行为的要求和预期。规范一旦形成，群体成员就知道自己作为群体成员应该做什么和不应该做什么。当群体成员遵守这些规范时,群体才得以维系,不至于解散。例如,一个工厂的车间班组中,每个工人每天上下班要打卡记录出勤情况,要完成一定的生产任务,通过计时或计件领取工资。按时上下班、按照生产规程完成生产任务、领取工资,这些都是工人的工作规范。为了完成群体的目标,就需要群体成员分工合作,因而群体成员就要扮演不同的角色。例如在这一车间班组中,工人有自己的岗位工作要求,完成定额和技术要求,而技术人员要检验产品质量,提供工艺设备方面的保障,管理人员要制定各种操作规章,提供安全和劳动保障等,每一个角色都有一些特殊的规定。在车间班组这样的群体中,为了提高群体的绩效,还需要有管理者和被管理者形成的群体内部的地位结构,例如工段长高于小组长、小组长高于班组成员这类"科层制"管理结构。不同的职位可能带来不同的声望和权威,以及领导-下属关系、下属-下属关系等。

除了正式组织中的地位之外,一般群体中还会形成非正式的地位结构。例如,有一些德高望重的群体成员,尽管没有担任正式群体职务,但是在群体中依然可能一言九鼎,具有一定的影响力。在对大学生班级结构的研究中,研究者发现,在班级正式组织之外,还存在着一些可以被称作"领袖"式的人物。这些人有号召力,周围总会簇拥着一些人。在班级中还有一些人可能会"抱团"而形成相对封闭的小团体,另外一些人可能是独往独来的"独行侠"(杨宜音,1986)。

影响群体结构的因素还有群体的凝聚力和群体内部长期形成的文化。一个群体不同的规范、角色和地位结构对群体的整合状况有直接的影响。例如,军队这样的群体有着严格的角色要求、行为规范和地位区别,但是,这仍然不能保证这是一个无坚不摧、无往不胜的战斗组织。只有具有凝聚力的群体才有高昂的士气和有效的行动力量。因此,每个群体成员对群体目标的认可、对保持群体身份的积极态度都是形成群体凝聚力不可或缺的要素。群体内部长期的互动会逐渐形成该群体特有的文化,例如我们分别称企业和校园中特有的群体文化为"企业文化"和"校园文化"。群体文化作为群体行为的背景因素潜在和缓慢地影响群体成员的行为。

二、群体的分类

依据不同的标准,可将群体划分成不同的类别。常见的分类有以下几种。

(一)大群体和小群体

按照群体规模的大小,可将群体划分成大型群体和小型群体。虽然大小群体很难从成员数量上进行区分,但它们之间仍存在着一些明显的区别。一般来说,大群体的成员相对较多,彼此之间的关系比较松散,直接的人际接触与沟通相对较少,由工作规程、工作任务和目标而发生的间接联系相对较多。小群体的成员相对较少,彼此之间面对面直接互动的机会相对较多,这在无形之中提升了成员在人际互动中卷入的深度。大群体中也会因交往疏密的不同而产生多个小群体。在日常生活中很容易观察到,只要是超过7个人以上的聚会,大家聊天的话题不一会儿就会逐渐分散,形成 2~3 个小圈子。

(二) 实属群体与参照群体

按照个体的实际归属情况,可将群体具体划分为实属群体和参照群体。实属群体也就是个体实际归属的群体,个体在该群体中拥有一定的地位(既可能是组织所赋予的正式地位,也可能是因具有教育、年龄、性别、技能、经验等特征而获得的非正式地位),并扮演相应的角色,依照群体规范(正式规范或非正式规范)与其他成员展开互动。

参照群体则是个体在形成自己的态度、价值取向及判断标准时用以参照的群体,那么,其所持有的价值取向、判断标准及态度也就由此构成了个体的参考框架,为个体在特定情境下的行为定向提供了引导。确切地说,参照群体并不一定是个体实际归属的群体(当然,参照群体既可能是现实存在的群体,也可能是想象中的群体),但肯定是其常常用来比照的群体。例如,青少年仰慕的光鲜耀人的歌星和影星群体、企业每年评选出的业绩卓著的先进集体及某连队战士所敬仰的英雄人物等群体都可以称作参照群体。按照参照群体影响广度的不同,又可将其细分为规范参照群体(normative reference group)与比较参照群体(comparative reference group)。前者提供规范与定式,对个体的价值观或行为有着广泛影响。例如,对于一个儿童而言,原生家庭便是一个重要的规范参照群体,它在生活的方方面面都对儿童的社会化产生深刻影响。后者仅仅对一小部分的态度或行为有所影响,它为个体评价自己、他人、相关事件提供了标准和出发点。例如,在生活方式上,你觉得邻居的家庭装修、衣着装扮、休闲娱乐等颇令人艳羡,值得模仿,那么,这个邻居所属的一类人就是一个比较参照群体。总之,这两种参照群体都是很重要的,规范参照群体往往会影响到个体一整套基本行为模式的发展,比较参照群体则会影响到个体的特定态度与行为表现。

一般来说,每一个人都会有若干个参照群体,他也往往会根据问题性质的不同而选用不同的参照群体。这里涉及和谁比、比什么的问题。例如,调查显示,很多大学生会和自己的中小学的同学比,主要比学业、专业、学校、未来可能的职业等;很多中年人会和熟人比较家庭和职业这两方面;老年人倾向于和同龄人比健康、比子女。社会上很多排行榜、排名都为社会比较提供了参照对象。其中社会身份认同过程中的比较、选择、类别化和身份认定等心理过程为此提供了心理基础(参见第十一章,社会认同)。当然,不同参照群体的影响力也是各不相同的。也有人按照参照群体性质的不同,将其分为肯定性参照群体和否定性参照群体。肯定性参照群体是指个人从中为自己汲取正面的价值、信念的参照群体;否定性参照群体则是指个人把它的价值定向和自己相对立起来的参照群体。

选择地位高或低的群体作为参照群体就会带来两种不同方向的社会比较:向上比较与向下比较。向上比较是选择在某些方面比自己所属的群体地位更高的群体进行比较,反之即向下比较。向上比较可以给人们带来改变自身处境的行为动力,也会让人们感到沮丧和不满。向下比较则可以给人们带来宽慰和自足,因而也可能会降低改变自身行为的动力。选择向上比较或向下比较与个体的价值观和自我保护策略有关,也与其社会地位归因与预期有关。从被比较对象角度看,当一些人意识到自己在另一些人的社会比较中被选择为向下比较的对象时,会因此卷入"看得起""看不起"的纠结中,在"鄙视链"中挣扎;也有一些人因为意识到自己在另一些人的社会比较中被选为向上比较的对象时,会产生自鸣得意、独领风骚的优越感。

(三) 正式群体与非正式群体

按照群体的组织属性,可将群体划分为正式群体与非正式群体。所谓的正式群体也就是指组织正式承认的群体,例如高等院校各个处室的人员构成的工作群体、企业各部门的人员构成的工作群体等。它一般有着明确的编制、组织形式、规章制度及工作规程,每一位成员在其中也都有着明确的分工、责任、权利和义务。在这一类型的群体中,成员主要从事组织所规定的活动,并受到正式的奖惩制度的激励和约束。

非正式群体是人们基于相互之间的人格吸引、共同的利益、兴趣或志趣自发形成的群体,例如各种同乡会、战友联谊会、户外运动爱好者协会、消费者协会等。实际上,由活跃于 BBS 同一版区、QQ 群、MSN 或 BLOG 群的网友构成的群体也可以被看作一个虚拟的非正式群体。与正式群体相比,非正式群体没有硬性的定员编制和固定的规章制度。再者,其成员之间心理相容度较高,在交往中情感卷入较深,由此建立起的关系也较为密切和牢固。

(四) 血缘群体、地缘群体及业缘群体

根据维系群体成员纽带性质的不同,可将社会群体划分为血缘群体、地缘群体与业缘群体。这三者分别是以血缘关系、地缘关系和业缘关系为纽带的。其中,血缘群体包括家庭、家族、氏族、部落等具体形式。地缘群体包括邻里、同乡、社区居民等。业缘群体则包括各种各样的社会经济组织、政治组织和文化艺术组织等。

(五) 初级群体与次级群体

依据群体成员间关系的亲密程度,可将社会群体区分为初级群体和次级群体。其中,初级群体也称首属群体,是一种规模相对较小,有多重功能(比如,生产功能、生育功能、教化功能、休闲功能及社会整合功能)的群体,例如家庭、邻里、朋辈群体等,它们均具有两种或两种以上的功能。初级群体成员之间具有相对较多的面对面的直接互动,他们也往往在互动中有着较为强烈的情感投入,并最终会在频繁、充分的互动中发展出亲密的关系。亲密关系的建立再加上初级群体角色分化程度不高,使得每一位成员难以被替代或置换。如有意外的缺员或置换,将有可能引起群体的动荡和不安。再者,初级群体的整合与维系并非通过诸如法律之类的强制

性的社会控制手段来实现,而主要依凭风俗、习惯、伦理、道德等非强制性的群体控制手段来实现。

次级群体通常是一种规模相对较大、功能较为单一的群体,例如各种正式组织、社区、学校、公司、政府中的工作群体等。与初级群体相比,次级群体成员之间的面对面的情感性互动相对有限,较难发展出亲密的关系。人与人之间多是一种非人格化的、先前就预设好的角色关系。在这一群体中,人与人的互动多以达到具体的工具性目标为宗旨,而不以常见于初级群体中的情感表达与情感支持为目的。

当然,随着社会的现代化转型和社会分化日益加剧,社会的开放性与流动性日益增强,初级群体的一些功能开始发生外移,例如,家庭这一典型的初级群体所具有的教化功能就在很大程度上移交给了学校,生产功能也由于家庭成员从事不同的职业而消解,甚至很多消费活动不再以家人为单位进行。与此同时,初级群体成员之间的关系也日趋松弛。这导致初级群体萎缩,次级群体在人们的社会生活中正越来越占据主导地位。当然,这一发展趋势也推动了社会的进步。它主要体现在以下三个方面:第一,赋予个人更多的选择自由。反观初级群体占主导的传统农耕社会,每一个人的"生命史"多随着其降生就已被预设好了。而时至现代工商业社会,每一个人的"生命史"的"撰写"真正交由个体所掌控,即人生何往将取决于个人从众多可能性中所做出的自主选择。第二,促进更大范围内的社会整合。第三,促进社会分工的进一步精细化,有助于提高工作效率。值得一提的是,该发展趋势在推动社会进步的同时带来了新的挑战,即它在无形之中增加了社会控制的难度以及满足个体对亲密情感需求的难度。

(六)统计群体

统计群体也可以称为类别群体,即因共同属性而构成的群体,例如性别群体、年龄群体、不同收入水平群体、地域群体、种族群体、民族群体等。统计群体的特点有:①群体规模一般较大;②一般缺少成员之间的现实层面的互动;③成员与群体的联系是通过成员对自身某些特质的接纳和类别化实现的。例如,大学生群体是一个类别群体,一个大学生不太可能与所有大学生进行面对面的互动,但是他或她将自己视为这一类别的一员,在某些方面与其他大学生有着一致性(参见第十一章,社会认同)。

三、个体与群体的关系

个体是一个与群体彼此相对、相互解释的概念。个体与群体不是彼此孤立的,而是相互依存的。从个体来看,个体离开群体,便意味着其将失去与社会的联结,无以依存。换言之,群体总能够基于特定的目标将单个的个体有机地整合起来,使其与社会建立起联系。当然,正如前面所讲的那样,与每一个体发生联系的群体并不是单一的,它们之间往往会有所交叠。例如,对我们大多数人而言,我们所归属的群体主要有原生家庭、亲属群体、同学联谊会、同事群体、私交甚密的朋友群体及某些类型俱乐部或协会等。这些群体构成了同一个体与社会联系的不同节点。这些联结的建立能够充分满足个体的各种社会需要,比如爱与归属的需要、自尊与尊重他人的需要及自我实现的需要等。更值得一提的是,在这些并存的联结中,总会有一部分联结(比如原生家庭、亲戚或朋友)能够为个体应对其在适应社会环境或追求个人成长与发展过程中所可能遇到的种种挫折或困难提供重要的社会支持与物质支持。我们可以想象,若离开了这些重要的支持,个体就将难以安身立命。再者,群体为个体的心理发展提供了重要的参照点。这主要体现在以下两个方面:其一,"以人为镜鉴己"是发展自我意识的重要途径。也就是说,如果没有在群体中的与人互动,个体就无法通过他人的反馈来更好地认识自己、评价自己(参见第二章,自我)。其二,一旦离开对群体的参照,个体就很难形成与其所处社会文化环境相一致的价值取向和行为规范(参见第五章,价值观;第九章,社会遵从行为),那么,个体社会化进程就将因此而严重受阻。

从群体来看,没有个体,群体就无以形成。个体的人口统计学特征、个性心理特征直接影响到群体的特点与状态。当然,值得注意的是,一旦处于这一微观的社会环境之下,个体的心理及行为就将获得一种与其独处时不同的状态。具体来说,通过归属于一定社会群体,个体在心理上不仅能够获得归属感,也能够形成角色感,增强自我力量感。尤其当个体刚刚迁入一种亟待适应的崭新的社会环境时,这些心理特征的表现更为显著。至于在行为上,个体则会表现出以下几个特征。

首先,顾虑倾向。顾虑倾向是指个体在特定的情境下采取某些社会行动时,总要或多或少地顾虑到相关群体中其他成员的感受或评价。例如,一些大一新生平时在与自己同室的同学交谈时常常侃侃而谈,轻松自如。而在班内公开演讲时,他们则会感到很紧张,往往一反常态,面红耳赤,张口结舌。这在很大程度上可归因于其对自己期望值过高,希望能够以自己在公开演讲中的良好表现赢得同学们的认可,自信心却相对不足。每当公开演讲时,这种较强的顾虑倾向就极易导致紧张和焦虑,从而影响其正常发挥。

其次,规范倾向。规范倾向是指当个体面对模棱两可的情境不知所措时,往往会以自己所属群体中的大多数人的态度或行为表现作为自己的参照标准。例如,你在做本科论文设计的时候,对某些格式规范要求不太清楚,学校也没有就相关格式给出一个统一的标准,在这种情景下,你就会参照其他大多数人的做法。

再次,从众倾向。从众倾向是个人迫于真实的或臆想的群体压力使自己在认知上、行动上与大多数人趋向一致。"从众"是一种比较普遍的社会心理和行为现象。例如,在一些大学校园里有一种风气,许多同学看到自己所认识的为数不少的老乡、同学、朋友忙于谈恋爱,深感一种压力,觉得"自己不谈恋爱,就低人一等",于是,也迫不及待地"跳"进了"爱河"。这实质上就是一种从众现象。

最后,去个性化。去个性化是指在群体行为中个体将自我融入群体,不再有个性的意识,也不再有个人责任意识,而以群体的行为作为自己行为的依据。这一特点在大规模的群体行为中表现得最为突出。例如,在体育馆内的球赛现场,观众被竞赛强烈吸引着,并且为自己支持的球队欢呼呐喊,伴随着比赛的进行,扣人心弦的场面一再强化观众的类别意识,让每一个人失去对自身个人特征的明确感受,而更多地体会到"万众一心""群情激昂"的状态。在这种时刻,如果本群体成员做出一些非理性行为,认同该群体的观众也会跟从。事后离开现场,人们往往会对自己的过激行为难以理解,不明白平时轻言细语或者温文尔雅的自己为什么会把饮料瓶子扔到赛场中央,为什么用口哨抗议裁判的裁决。

第二节 群体绩效

一、群体绩效的内涵

群体绩效是指达成群体目标的状况和水平。对于群体目标的实现包括内部和外部、短期和长期、物质和精神等多个层面,因而这是一个内涵十分丰富的概念。具体来说,它主要包括集体任务的完成情况或工作成果、群体生产率、群体外部利益相关者的满意度和群体成员的满意度以及群体学习和个人成长等方面的内容。其中最为直观和常用的是员工满意度和群体任务完成情况的群体绩效部分。

对于群体而言,其实际绩效水平取决于群体互动过程,可以用一个公式将之表示如下,参见图12-1。

$$\boxed{群体实际绩效水平} = \boxed{群体潜在绩效水平} + \boxed{过程增量} - \boxed{过程损失}$$

图 12-1 群体实际绩效水平

其中,群体潜在绩效水平是指群体在成员知识、技能充分发挥、彼此之间通力协作的理想情况下所能达到的程度。过程增量与过程损失则源于与集体互动过程中的协同效应、社会促进效应及成员叛离或内耗等不确定性因素的影响。后两者可参阅本书第十章"合作、竞争与冲突解决"、第十一章"社会认同"以及第七章"社会关系"等相关内容。在此,主要介绍协同效应。

二、群体互动过程中的协同效应

协同效应是指两个或两个以上的个体相互作用所产生的效果优于单个个体作

用所产生的效果。形象地说,就是"1+1>2"。群体中的每一位成员并非全能全才,其所拥有的知识、技能往往是有限的,仅凭一己之力不足以处置一些重大问题或完成一些相对复杂的工作任务。这一点在现代社会尤为明显,问题的日趋综合化、复杂化对群体中具有不同知识结构、技术专长的成员之间的通力协作提出了较高的要求。例如,高度集成的软件开发就需要需求分析师、系统设计师及程序编制员、调试员等多人通力协同,共同攻关。其中,需求分析师负责分析客户的需求,对系统架构提出初步构想。系统设计师根据架构分析师的构想设计出具体的系统架构,并将系统架构分割成不同的功能模块。程序编制员则负责对各个功能模块进行详细设计。待设计全部完成之后,才交由调试员进行整体调试。

值得注意的是,在实际的群体互动中也经常会存在一种负协同效应——"搭便车"(take free ride),即当群体在一起完成一件事情时,个人于其中所付出的努力要比单独完成时偏少。这一现象在社会心理学上被称为社会惰化(social loafing)。

"社会惰化"这一概念源起于20世纪20年代末德国心理学家M.林格曼(M. Ringelmann)所做的拔河实验。实验前,他原以为群体绩效会等于个人绩效的总和。但实验结果表明,虽然随着参与人数的增加,总拉力得到了增加,但人均施加的拉力大大减少了。具体而言,3人群体产生的拉力只是1个人拉力的2.5倍,8人群体产生的拉力还不到1个人拉力的4倍。其他研究者也采用相近的实验设计对此进行了验证性研究,研究结果也都支持这一发现——群体规模与个人绩效呈负相关关系(Ringelmann,1913)。但事实上,直到1972年,斯坦纳(Steiner)才真正提出"社会惰化"这一概念,并开始深入探究社会惰化产生的原因[①]。他认为,社会惰性产生的主要原因是过程丧失(process loss),即群体活动中存在着不当的互动过程,其中包括两大内容:其一是协调性丧失(coordination loss),即随着群体规模的扩大,工作协调的难度增加,由此导致相互干扰,成员之间自然无法实现通力合作;其二是动机性丧失(motivation loss),即在群体工作中,个体的动机水平比其单独工作时要低,这就使个体的工作投入度及其贡献大为下降。他还认为,个人努力程度的下降也有可能是两种过程丧失相互作用的结果。自此以后,社会惰性的概念开始被学界广为接受,许多研究者也都围绕这一概念展开一系列研究,我们已经在有关竞争与合作的领域中进行了相关的介绍(参见第十章,合作、竞争及冲突解决)。

如何降低社会惰化现象发生的可能性呢?基于理论上的解释,可以采用以下措施:①通过工作再设计,使工作任务在群体成员看来更富有意义、更加多样化,以此提升小组成员的工作参与程度;②构建合理而有效的绩效评估体系,使群体成员确信他们个人的贡献是可以鉴别的,并将其实际绩效表现与奖酬相挂钩,以此充分

---

① STEINER I D. Group process and productivity[M]. New York: Academic Press, 1972.

调动其工作积极性;③营造以积极向上、努力进取为特征的集体氛围,以此来感召群体成员,鄙视那些社会惰化行为。

第三节　群体决策

随着科学的发展与社会的进步,人们所面对的问题日益综合化、复杂化、多样化,这是以往任何一个时代都不能与之相比的。这就意味着问题决策越来越复杂,难度越来越大。小至寻常百姓的一些日常决策,大至国家甚至国际的大问题,诸如青藏铁路的修筑、三峡大坝的建设、"嫦娥一号"的研发、反恐、全球气候变暖的控制等重大工程项目的问题决策,无不涉及目标的多重性、时间的动态性和状态的不确定性,因而已远远超出了个体所能驾驭的范围。例如,青藏铁路的修筑不仅仅涉及工程建造的问题,还涉及环境保护、生态安全、民族团结、国防建设及区域经济可持续性发展等相关方面的问题。仅凭个人的聪明才智和分析视角,自然无法寻求到这些复杂问题的最佳解决方案。那么,我们只得转而求助于群体决策。群体决策就在这样的时代背景下以其独有的优势得到重视。其原因可归总如下。

第一,决策者所面临的内外部环境日益复杂多变,许多问题的复杂性不断提高。这就需要综合多个相关领域的知识才能探求出最佳的解决方案,而这些跨领域的知识往往超出了个人所能掌握的程度。

第二,决策者个人在价值观、态度、信仰、知识背景上局限性和利益的相关性,往往会限定其关注的问题类型及其解决思路。

第三,决策相互关联的特性在客观上要求跨学科的通力协作,即要求来自不同领域的参与者能够从不同角度来认识问题并进行决策。

一、群体决策的定义及其优缺点

所谓的群体决策,就是为了充分发挥集体智慧,由多人共同参与决策分析并制定出决策的整体过程。其中,参与决策的人所组成的群体便是决策群体。相比于个体决策,群体决策具有以下优点。

第一,信息的广泛性。群体决策能够通过集思广益汇集更多的信息,为正确的决策创造有利条件。而个体在进行单独决策时所占有的信息往往是有限的或片面的,这就不利于其进行准确的决策。

第二,观点的多样性。群体决策能充分发挥集体智慧,通过对所获得的信息进行多方面的分析,以提出更多不同的解决方案,供群体从中择优选取。这一优点大大提高了群体决策的准确性。

第三,提高了决策的可接受性。让那些将要执行决策的群体成员参与决策,在满足其受到尊重、得到认可的社会需要的同时,于无形之中提高了他们对最终决策的承诺,即对决策的接受程度。那么,在执行决策的过程中,他们就较少"出尔反尔",反对或阻止决策的实施。

第四,增加合法性。群体决策体现了更多的民主性,因此,它往往被认为比个人决策更具有合法性。

值得注意的是,群体决策并不是完美的,它也存在着一些决策者应力求规避的缺点,这些缺点是与优点相伴相生的。

第一,耗时较多,速度、效率可能较低。群体决策鼓励跨领域的通力协作,力争以民主的方式拟定最满意的行动方案。但在这个过程中,如果处理不当,就有可能会陷入盲目讨论的误区之中,既浪费了时间,又降低了决策速度和决策效率。

第二,有可能为个人或子群体所左右。群体决策之所以具有科学性,原因之一就是群体决策成员在决策中处于同等的地位,可以充分地发表个人见解。但在实际决策过程中,这种状态并不容易达到,很可能会出现以个人或子群体为主发表意见、进行决策的情况。例如,我们在日常生活中经常会遇到这样的例子:在群体讨论决策中,总有为数不多的几个参与者颇为活跃,而其他的参与者并不很积极,甚至有一些参与者自始至终都保持缄默,只在最后举手表决的时候随大多数人的意见表达出自己的意见。最后的决策自然是在那些活跃的参与者的主导下拟制出来的,难免会失之偏颇。有些社会弱势群体在公共事务的讨论中不能发出应有的声音,缺乏话语权;有些少数人群体因为势单力薄而集体失语;对媒体的掌握也影响着人们参与公共决策的程度。

第三,有可能偏离组织目标而偏向个人目标。群体决策中所有参与者的角色、价值观、态度、信仰、知识背景等各不相同,这就意味着他们在决策过程中很可能会各有偏重,从不同角度对不同问题做出不同的界定。从某种意义上来说,这就像"瞎子摸象"一样,难以就问题的界定及其解决方法达成共识。例如,在企业发展决策中,市场营销经理往往希望拥有较高的库存水平,以保证对市场的及时供货,而把较低的库存水平视为问题的征兆;财务经理往往认为较高的库存水平便意味着产品积压,直接影响到企业的正常运营,因而更偏好于较低的库存水平,而把较高的库存水平视为问题发生的信号。在诸如此类的情形下,如果处理不当,就很有可能发生决策偏离组织目标而偏向个人目标的情况。

总之,群体决策与个体决策各有千秋。一般来说,群体决策能够提出比个体决策更多、更好的解决方案,然而,相比于群体决策,个体决策更擅长创造性的头脑风暴(creative brainstorming)式决策。至于在现实生活中,究竟采用哪一种类型的决策,则要依据具体问题的复杂性及其难度来确定。

二、群体决策中的两种偏差

一系列研究表明,面对面的群体决策过程中经常会存在两种偏差——群体思维(group think)与群体极化(group polarization)。

(一) 群体思维

所谓群体思维,是指当一个群体的凝聚力很强、其成员从众倾向较为显著时,群体成员在群体决策过程中所表现出的过分追求一致的现象和倾向。这种倾向极有可能会忽略或压制不同的意见、非主流观点或个体思维,从而使群体决策导向产生偏误,因而也被称为群体迷思。这一概念是由美国学者在对珍珠港事件、入侵猪猡湾(Bay of Pigs)、越南战争、"挑战号"航天飞机失事等事例进行深入而全面分析的基础上抽演出来的。

一般来说,群体思维具有以下表现:大多数成员抱有群体"无坚不摧""三个臭皮匠,顶个诸葛亮"的错觉,过于夸大和相信群体的能力;大多数成员无视主观假设与客观事实的差距,总将他们所持有的基本假设合理化;将那些不时怀疑群体主流观点和依据的人刻板印象化,并直接施加压力;在群体中弥漫着"一致性压力",它往往会迫使持有非主流意见者降低自己观点的重要性或者保持沉默;群体成员在公开发表自己意见之前倾向于进行自我审查,以求与群体中的其他成员保持一致;群体中存在"无疑义"的错觉,认为缺席或保持缄默就是赞成;坚定不移地信守与护卫群体道德。那么,该如何来预防群体思维带来的"迷思"呢?我们可以采用以下措施。

1. 领导应持一种开放性的领导风格,在群体充分讨论之前力求避免"先入为主",不过早地做出结论或提出偏向性意见。为了带动更多的成员发表自己所持有的不同意见,可在决策中安排一些"唱反调"的人。

2. 不仅仅停留在群体内部决策上,还要向外部专家及相关机构广泛征询意见,倾听不同声音,充分酝酿,慎重决策。

3. 有时可以对群体进行细分,先推行分组讨论,而后让各组重新聚集在一起,发表不同意见。

4. 建立共同的议事规则和讨论规范,采用科学的决策方法来引导人们的思维活动。在执行决策之前,进行必要的复议,让参与者发表自己遗留的疑虑。

(二) 群体极化

群体极化也称群体风险转移或群体转移,是指群体成员在进行决策时倾向于夸大自己的最初立场或观点的一种心理现象。这一心理倾向往往会致使群体决策在多数情况下向冒险转移(但在有些时候向保守转移),从而产生决策失误,甚至导致灾难性的后果。这一概念是由美国学者斯托纳(Stoner,1961)提出来的。斯托纳做了一个实验,以向虚拟人物(fictional characters)提出建议作为被试的任务。在实验中,他先要求一个被试独自就此完成一系列决策,形成自己的意见。而后,让其加入一个由5人组成的小群体,围绕同样的问题进行集体决策。结果发现,群体的最终决策极化了个体原初所持的意见。也就是说,群体决策较个体决策更倾向于冒险。

其实,群体极化这一现象广泛存在于日常生活之中。我们每一个人都倾向于与自己相近的人交往,而就在彼此之间的互动中,我们原初持有的意见于不知不觉中得到了进一步强化。那么,究竟是什么原因促生了这一现象呢？针对这一问题,研究者基于自身的研究提出了不同的理论解释,其主要有以下三种观点。

第一种观点认为,群体极化由信息影响(informational influence)所致,即群体极化源于个体对其他成员所提供的事实证据的接受。具体而言,在群体讨论过程中,人们往往会提出那些与自己有着相近思想的其他人所未曾考虑到的观点或事实证据,这无疑会引来他们的应和。群体极化也就由此产生了。

第二种观点认为,群体极化源于规范影响(normative influence)。依照费斯汀格(Festinger)社会比较理论(social comparison theory),人类倾向于通过将自己与他人(尤其是具有相似或相同背景特征的他人)作比较,来评判自己所持有的意见与能力。故而,在群体讨论过程中,当人们还未能形成自己的意见时,就极有可能会被其他人的意见所左右。一般来说,他们往往会追随他人的意见。例如,在崇尚冒险的美国社会,敢于冒险且成功的人士通常会受到人们的追捧。这一文化价值取向的存在往往会在群体决策过程中驱动人们自觉或不自觉地去采纳颇具冒险性的意见。

第三种观点认为,群体极化是由诸如"少数服从多数"之类的群体决策规则导致的。该观点认为,在群体决策中,人们只有追随大多数人的意见、做出冒险决策时才会觉得较为自在,因为责任的扩散使其只承担了一小部分责任,即使决策存在这样或那样的失误,自己也不必单独对此负责。

从某种意义上来说,群体极化可以被看作群体思维的一种特殊形式。其决策结果所反映的是在群体讨论过程占主导地位的决策偏向。群体决策结果趋向保守还是冒险,则取决于先前占主导地位的个体决策偏向。

总之,群体思维与群体极化均反映在场他人及其所持有的意见对个体具有一定诱导作用,使其在群体决策中迷失自我,从而丧失独立而有理性的判断能力。这要求我们在展开群体决策时提高警惕,设法规避这种不良的诱导作用,以防产生重大决策偏误。

三、群体决策常用技术

为了克服在面对面的群体决策中所可能存在的群体迷思与群体极化,人们相继发展出了一些常用的技术,现介绍如下。

(一)*脑力激荡法*(brain storming)

脑力激荡法又译为头脑风暴法,是由美国 BBDO(Batten, Bcroton, Durstine and Osborn)广告公司创始人奥斯本(Osborn)于 1938 年创制出来的。它既可以由一个人单独完成,也可以由多人参与。当有多人参与时,该方法要求参与者围在一起,充分地将自己所能想到的见解或方法表达出来,然后对此进行整理、分类。在整个过程中,无论发言者所提出的见解或方法看起来多么可笑、荒谬,参与者也不得打断其发言或对其发言内容进行评价,这种技术设计的出发点是:尽量营造一个宽松、自由、支持创新思维的集体氛围,以促生更多的新见解或方法。

（二）名义群体法（nominal group technique）

名义群体法在实施初期限制讨论,要求群体成员围绕群体所关注的问题进行独立思考,而后依次向其他成员表述出自己独立思考的成果,并由专人负责将之记录下来。群体成员全部表述完毕之后,即围绕所汇总起来的见解展开讨论,以便弄清每一个见解的具体内容,并做出相应评价。随后,则要求全体成员在前面讨论的基础上独立地对各种见解进行排序,由此统计出综合排序最高的见解。那么,这个综合排序最高的见解就是最佳决策结果。这一技术设计的出发点是:通过限制讨论来规避讨论过程中有可能产生的不良诱导作用,以保持群体成员在决策过程中的独立性。

（三）德尔菲法（Delphi technique）

德尔菲法是一种相对复杂、较为耗时的决策方法。从形式上来看,它类似于名义群体法,但不要求群体成员列席。其具体操作步骤如下。首先,界定清楚问题,并仔细编制出调研问卷,以此来搜集所有可能的解决方案。其次,将问卷发放给分散于各处的群体成员,要求他们匿名地、独立地完成第一组问卷。待问卷全部收齐之后,统一对其结果进行编辑、誊写及复制。最后,在整理及复制完毕之后,向每一位成员发放一本问卷结果的复制件,请他们重新提出解决方案。一般来说,第一轮的问卷结果经常能够促生新的方案或改变某些成员原有的观点。如此反复,直至得到大体一致的意见。这一技术设计的出发点是:先让群体成员分散于各处,匿名地、独立地进行决策（当然,这无形中节省了召集全体成员前来开会的成本,有时也能更为方便地搜集各地信息）,充分利用个体决策的优势;而通过反复将各人见解统合起来并反馈下去,征求更佳的解决问题方案,则可以充分发挥群体决策的优势。总之,这一技术真正地实现了个体决策与群体决策的优势互补。

（四）电子会议法（electronic meeting）

电子会议法是将名义群体法与计算机技术有机地结合在一起的群体决策方法,参与人数可多达几十人。其具体操作步骤如下。首先,将全体成员召集到会议室,让他们围坐在一张马蹄形的桌子旁,每一个成员均面对一个与中心计算机相连的计算机终端。而后,主持者将问题告知群体成员,要求每一个成员将自己的见解通过计算机终端传送到中心计算机,并由此投影在先前就已设置好的大型屏幕上。个人评论和票数统计也都会投影到大型屏幕上。这一技术设计的出发点是:既发挥个人独立思考的优势,又能发挥全体成员参与评论和讨论的优势,使每个人慎重地表述个人意见,避免匿名带来的责任不清晰问题,也避免了因个人表达不充分而使决策成为少数人的决策。

专栏 12-1

为何好人也会哄抢财物

2005年的一天,湖南省株洲县境内的京珠高速公路发生8辆汽车连环追尾的交通事故,其中两辆满载羊肉和鸡蛋的货车侧翻在地,十几名交警和附近数百个村民闻讯赶到现场。交警迅速解救被困在变形的驾驶室内的货车司机,村民们纷纷涌向成堆的鸡蛋和羊肉。从现场拍摄的画面上可以看到,有的人从高速路上往下搬运着鸡蛋和羊肉,有的人在下面接应,用交通工具往家里运,现场的交警极力阻止,用手铐铐住了几名哄抢者,但仍不能控制事态的扩大,迫不得已的交警鸣枪警告,仍未能阻止哄抢的村民。在这则电视新闻的最后,我们看到一个姗姗来迟的老者看着已经抢光的货物,开始拆卸事故车上变形的部件。

这则新闻着实让人震惊,一连几天,我的脑海里总浮现出那一幅幅哄抢的画面。上网去找这一事件的进一步报道,除了新华社刊发的一条消息外,我没有找到后续的报道。但让我更加吃惊的是,我找到了许多相似事件的报道。其中一则发生在湖南岳阳市,一位市民从银行取了10万元现金,在街头遭到抢劫,闻讯赶来的治安巡逻队员和两位市民共同制服了劫匪,但是,搏斗中散落在地的现金却被一些围观的市民一抢而光。

为什么会发生这样的事件?有人评论美国新奥尔良市飓风后的失控和犯罪时认为,美国社会好的生活主要靠秩序而不是道德维持,失去秩序就失去一切,因此,灾难把人的劣根性暴露无遗。我想这不能算一个好的答案。显然,我们不能把事件的起因简单归结为人的素质低下,我不相信事件中那些哄抢钱财的人都道德沦丧。但"乘人之危""趁火打劫"这些成语的存在似乎也在告诉我们,这样的事件并不是偶尔发生的意外事件。

实际上,很早以前心理学家就对这个问题有过思考,促发他们思考的是早期的一些重大事件。例如,心理学史上最为重要的研究群体现象的法国心理学家古斯塔夫·勒庞是从法国大革命来分析群体的心理规律的,在其1896年完成的著作《乌合之众:大众心理研究》中,勒庞指出了作为群体可能会表现出的反差极大的行为。他说:"如果'道德'一词指的是持久地尊重一定的社会习俗,不断抑制私心的冲动,那么显然可以说,由于群体太好冲动,太多变,因此它不可能是道德的。相反,如果我们把某些一时表现出来的品质,如舍己为人、自我牺牲、不计名利、献身精神和平等的渴望等也算作'道德'的内容,我们则可以说,群体经常会表现出很高的道德境界。"既然群体的行为不能简单用个体行为中的道德来解释,那支配群体行为的力量是什么呢?

勒庞把群体分为两种类型,一种是异质性群体,另一种是同质性群体。同质性群体就是指那些宗教政治派别不同的阶级群体和工人、农民等身份群体。勒庞认为,异质性群体又可以分为有名称的群体和无名称的群体,议会、陪审团属于有名称的群体,街头群体属于无名称的群体,即勒庞所谓的"乌合之众"。我们今天列举的这些事件正发生在这样的"乌合之众"身上,这样的群体不同于有组织的群体,它是没有先设群体目标的。

勒庞认为,聚集成群的人的感情、思想和行为变得与他们单独一人时不同,他们自觉的个性消失了,一种暂时性的集体心理占了上风。在这种集体心理中,异质性被同质性吞没,个性和才智被削弱。这时,促发群体行为的原因有三个。第一个原因是个体置身群体中感受到作为个体时所没有的势不可挡的力量。这一点得到了20世纪80年代拉塔内社会影响理论的支持,该理论认为社会影响的大小受人数、力量和与他人关系直接与否的影响。勒庞还指出,在群体环境下个体成为"无名氏",对于个人责任的约束消失了,使他做出一些不敢单独做出的行动,发泄自己的本能欲望。勒庞的"无名氏"的说法也得到了后人研究的证实。社会心理学家研究发现,许多不良或犯罪行为是在个体特征消失的情况下发生的,例如在身份不能被确定的陌生环境下流窜外地作案、乔装改扮后的蒙面大盗等。社会心理学家把这种现象叫作"去个体化"。在开头叙述的这些群体事件中,由于人数的众多,个体得以在群体中隐身。

勒庞认为,促发群体行为的第二个原因是社会传染,这一原因决定了群体行为的倾向,决定了行为的道德分界。社会传染是通过某种情绪状态来实现的,激动的群体倾向于形成相同的感受和行为,因为一些个体的行为会传递给团体,即使平素不被大家所接受的行为也可能会引得一部分人模仿,进而传染更多的人,出现相互传染的情况。

那么,为什么会发生少数人对于群体的影响呢?勒庞的解释并不充分。之后的社会心理学的研究发现一种现象,叫作"群体极化"现象,也就是群体中态度或行为会极端化。心理学家发现,单独决策时要比群体决策时保守,当单独决策时,一个人需要有70%的成功可能性把握才会投资,但在群体决策下只需要50%的成功可能性。原来,"群体的极化"在很大的程度上是由"风险转移"和责任分担所造成的。

勒庞给出的第三个原因是暗示作用。勒庞认为,群体不仅仅是易冲动、易变化和易急躁的,而且很容易受暗示,很容易轻信,造成群体的行为迅速朝向某一个方向。勒庞的解释是,群体使用形象思维而不是理智的逻辑思维,他们的理性暂时被搁置了,他们的头脑中只有鲜明的形象。对于那些哄抢财物的人来说,他们的眼里只有一沓沓钞票、成堆的鸡蛋和羊肉,以及那些轻易就把钞票、鸡蛋和羊肉据为己有的人群,这些形象激发着他们采取同样的行动,而来不及理智地分析。

勒庞的解释基本上让我们相信,群体是诱发个体反常态行为的原因,但群体那些恶劣的行为何以会被激发出来,勒庞的解释很接近精神分析的观点,"因为我们从原始时代继承了野蛮和破坏性的本能,它蛰伏在我们每个人身上。孤立的个人在生活中满足这种本能是很危险的,但是,当他加入一个不负责任的群体时,因为很清楚不会受到惩罚,他便会彻底放纵这种本能"。这样的解释自然不会让每个人信服,关于人性善恶的争论从来就没有停止过,我们姑且不去讨论,仅从人格的角度去讲,面对这样群体性的恶劣行径,我们不愿意相信这些行为是不良人格的反映,我们愿意相信人格中善恶并存,社会环境可以激发善行也可以激发恶行,但是,如果社会上每个人都做到自我完善,一定会杜绝群体的恶行。

摘自:王俊秀. 为何好人也会哄抢财物[N]. 北京科技报,2005-09-26.

专栏 12-2

互联网使用对群体极化的影响

一、互联网使用会对群体极化的形成有显著影响吗?

当今人们所共知的事实是,互联网的信息量比起以往出现几何式增长,人们生活在充分的信息供给的环境里。但是,如果仔细观察会发现,许多用户只能接受非常小部分的碎片信息,或者说只愿意接受非常小部分的信息,在很多情况下他们只关注自己同意或者喜欢的内容,只与志同道合的用户联系。与此同时,许多互联网公司已经精通算法管理和过滤的技术手段,通过越来越精细的算法影响着用户看到的内容,人为创造了"回音室"或者"信息茧房",导致许多人将社交媒体上获取的资讯作为主要新闻来源和信息源。因此,尽管技术快速地更新迭代,却并没有让人们更好地找到不同于自己观点和偏好的信息;即使偶尔接触到了这类挑战性的信息,人们也很容易把它们屏蔽掉。

不难看出,一种恶性循环正在发生:用户消费他们同意或者偏好的内容,社交媒体平台推荐与用户已经消费的内容相似的内容,最终使用户只能获得范围非常狭隘的内容。这种狭隘的内容反复强化,很容易滋生对反对声音的蔑视,为一个越来越极化的"意见社会"铺平了道路。

理解和应对网络的极化现象非常重要,因为它可能会对人们的整个社会生活产生不利影响。极化可能导致用户接受并保持有偏见的观点,这可能会助长对对立观点的不容忍,进而导致意识形态的隔离和对立。

二、互联网使用中的哪些因素与群体极化相关?

互联网的活动对于群体的意见极化有着不同的影响。研究发现,人们在互联网上进行社交性的行为,比如在社交媒体上发表言论、转发、关注、评论、点赞等,与个体对于一些争议话题的意见的极化存在正相关的关系;而人们在互联网上阅读新闻、看视频(但是不评论或者不发弹幕交流)、听音乐等,这些纯粹的信息获取或者信息消费的行为,则与意见极化没有相关关系。用户社会网络的异质性对于去极化具有重要意义。如果人们更倾向于和与自己志同道合的人交流(不论在线上还是线下),接触到的观点的同质性自然也更强,所以社交性使用在这样的条件下就与极化呈正相关关系。如果人们不排斥与观点不同的人交流,则这种异质性会和极化呈负相关关系。

研究发现,一方面,社交媒体的使用确实与选择性接触呈正相关关系,同时选择性接触与意见极化呈正相关关系,这同已有的研究的结论在方向上是基本一致的。有研究在此基础之上进一步探索了选择性接触在这两个变量之间起到的桥梁性作用。研究关注的问题是,社交媒体的使用会使得人们在海量的信息当中选择自己偏好的信息,而屏蔽掉自己不喜欢或者不同意的内容,这是与意见极化有显著相关性的部分。但是从另一方面来看,正由于社交媒体的发达,一方面,人们理应比之前看到更全面的信息,更容易看到一件事情的多方观点,了解"事情的另一面";另一方面,人们会无意中在社交媒体上看到自己不喜欢或者不同意的内容,那么会影响人们的观点使其避免极化的现象吗? 研究结果表明,社交媒体所带来的人们获取信息的全面性和无意性并没有对极化现象带来显著的影响或者变化。这说明,在现今的互联网环境下,"物以类聚"的现象仍是主流,而许多软件大量使用算法推送的手段增加用户黏性,一定程度上加剧了这一现象。不论采用线上信息源(搜索引擎除外)还是线下信息源,都和"回音室"效应呈正相关关系。也就是说,人们在看到一则可能会对自己原有的信念系统产生挑战的内容时,往往选择的信息源是符合自己原有的信念系统的,正由于这样的原因,这些信息源同社交媒体一起构建出了一个更大的"回音室",让人们即使看到自己不同意的内容,也会选择自己相信或偏好的信息源,阅读之后更强化或者坚定了自己的观念。在这些信息源中,唯一的例外就是搜索引擎,搜索引擎的使用与"回音室"效应并没有关系。因此,虽然现有的搜索引擎常常是被人诟病的对象,但不可否认,它提供的信息的多元化为人们走出自身意见的"回音室"提供了可能性。

三、如何避免极化?

避免极化的途径有两种:第一,增加社交的多元性,让人们更多地与不同的人交流,增加"弱关系"在社交中的比重,从而更多地了解不同的人对于同一件事的不同看法,即使不同意其观点但也要对对方的意见表达尊重。第二,增加内容的多元性,令人们暴露在更加多元化的信息环境下,同样适用算法,但是通过算法调整让人们不仅能接触到自己喜欢、偏好的内容,也能接触到重要的客观科学的内容,防止其陷入"信息茧房",这不论对于消除已有的意见极化,还是预防未来潜在的极化、形成理性包容的心态都有重要的意义。

摘自:沈郊,徐剑.互联网使用是否导致极化现象?[J].西南民族大学学报(人文社会科学版),2020(9):140-144.

思考题

1. 去个性化这一现象是如何影响到群体行为的?
2. 如何在群体决策中避免群体思维的负面影响?
3. 从三个和尚的故事中,我们可以得到哪些启发?

拓展阅读

1. LEVINE J M,MORELAND R L. Small group[M]//GILBERT D T,FISKE S T,LINDZEY G. The handbook of social psychology. Boston,MS:The McGraw-Hill Co. Inc,1998:415-469.

第十三章 领导

领导的本质是什么,其影响力来自何处?
领导者与被领导者是如何相互影响的?
领导行为与群体行为存在什么关系?

第十三章 领导

学习要点与要求

> **要点**：本章主要介绍了领导及领导行为的理论，包括西方领导理论以及华人领导行为的研究。
>
> **要求**：①掌握领导的定义和特性；②掌握领导行为的理论；③了解华人领导行为的特点。

一个卓有成就的组织背后必定有一个或若干个成功的领导者。在众多企业组织的发展过程中，许多领导者都做出了不可磨灭的贡献。大家熟知的张瑞敏之于海尔、任正非之于华为、松下幸之助之于松下、亨利·福特之于福特汽车、王永庆之于台塑、乔布斯之于苹果、比尔·盖茨之于微软等无不如此。人们往往倾向于将一个组织的成功归因于领导者在领导上的成功，而将一个组织的衰败归因于领导者在领导上的失误。

什么样的领导是一个好的领导？好的领导和不好的领导对群体有什么影响？领导的影响力是如何形成的？一个领导的成功与否究竟取决于个人的能力还是取决于环境和机遇？

第一节 领导概述

何谓领导？领导（leadership）这个中文词汇在不同的语境下分别代表着领导者（leader）、他们的领导力和领导行为或领导过程（leading）。领导力是领导者具有的影响群体成员达成群体目标的能力。如果领导者不具备领导力，领导过程将无法发生。因此，我们可以将领导者定义为一个群体内具有影响力的成员，他/她引导、鼓舞、推动着其他成员达成群体的目标，使群体自身得到发展。他/她对内成为凝聚成员的核心，对外代表着本群体。从更为抽象的层次看，领导是一个领导者与被领导者互动的群体内部过程。

那么，领导的影响力从何而来呢？为什么群体成员能够接受领导者的影响并按领导者的意图或指令行事呢？为什么有的时候员工尽管不愿意，但不得不执行领导的命令呢？对这些问题的解答，要从领导者所拥有的职位权力与个人权力谈起。

一、职位权力

职位权力是指领导者因在组织结构中处于特定地位而被赋予的相应权力，即其在相关问题上具有决策权，可下传指令给下属部署工作，并支配着能够满足下属需要的重要资源。具体而言，职位权力包括合法权、强制权及奖励权。

所谓合法权,就是指依照相关制度安排,根据个体在组织中的职位正式赋予的权力。基于这种权力,领导者有权向下属下传指令,下属则会依照自己对相关制度安排所持有的共识予以认可,并依从领导者的意图采取相应的行动。例如,按照某公司的制度安排,公司主管有权过问本公司的人力资源管理状况。到了年终,现任公司主管要求人力资源管理部门的主管向其递呈一份有关本年度人员进出具体情况的报告。那么,该公司主管所行使的便是合法权。所谓强化权,是指对不服从要求或命令的被领导者予以相应惩罚的权力。与此相对,奖励权则是指对服从要求或命令的被领导者予以相应奖励的权力。这些权力也是组织正式赋予的,其之所以能够对被领导者发生影响,主要因为领导者支配着能够满足下属需要(尤其是社会性需要)的重要资源。例如,公司领导者有权对员工的晋升进行把关,有权对"先进工作者"的最后人选进行审核等。被领导者往往会因畏惧领导者有权剥夺满足自身需要的资源而表现出依从性。尽管有些时候,这些依从行为实际上是在下属"口服心不服"的情况下迫不得已的选择。

由以上内容可以看出,这些职位权力是由个体在组织中的职位决定的,源于行政的力量,表明了领导在行使权力时的合法性,但无法保证领导的有效性。在某种意义上,我们可以将这种非人格化的影响视为相关制度安排施加给被领导者的一种外在"推力"。

二、个人权力

个人权力是指个人因具有令他人倾慕的知识或技能专长、人格魅力而获得的一种影响力。依据影响因素的不同,我们可将个体权力区分为专长权和参照权。专长权是指因具有他人认可的知识、技能而产生的一种权力。例如,张瑞敏之所以会在海尔极有影响,并不仅仅因为他是首席执行官,还因为他具有卓越的管理才能,一度通过确立"名牌战略"思想,带领员工抓住机遇,加快发展,创造了从无到有、从小到大、从弱到强的发展奇迹。除此之外,他还在管理实践中将中国传统文化精髓与西方现代管理思想融会贯通,"兼收并蓄、创新发展、自成一家",创造了富有中国特色、充满竞争力的海尔文化。正因为这些创造性成果,张瑞敏才赢得了全球管理界的高度评价。

参照权则是指因具有他人喜欢的人格特质而产生的一种权力。例如,世界知名IT企业思科的首席执行官钱伯斯并没有参与创建他现在所领导的思科公司,也不是一名工程师,甚至不了解思科产品中某些更深的技术细节。但他所具有的人格魅力及其所创建并培养起来的企业文化对员工有着深刻的影响,进而对思科的成功做出了不可磨灭的贡献。在众多思科员工看来,钱伯斯平易近人,极其重视与员工的沟通与交流,并充分授权给员工。他也非常重视客户,事必躬亲,生活俭朴,以身作则。除此之外,他还对未来满怀信心,充满激情。在这种人格魅力的影响下,思科员工对公司保有较高的忠诚度。即使自己有能力也有机会选择去创业,他们也很少会这样做。

由此可以看出,个人权力作为一种人格化的影响,确认了领导者与被领导者之间相互认同的关系,即权威关系。这是保证领导有效性的重要前提。在现实生活中,总有一些领导者自认为"有职就有权,有权就有威",忘乎所以,对下属颐指气使,为所欲为,但往往最终事与愿违,甚至众叛亲离。一个人位于特定权位,便拥有了相应的制度安排所赋予的一定权力,但这并不意味着由此连带着获得了威信——下属的认同,因为下属的服从很可能是一种工具性服从,而不会形成他们内心的积极承诺。

领导者具有不同的人格特质和行为风格。领导理论从个人和情境两个方面揭示了什么样的人能成为领导,有哪些不同类型的领导风格和领导类型,从而使我们看到了作为一个互动过程的领导行为是如何受到情境的影响的,领导行为又是如何影响群体及其成员行为的。

第二节　西方领导理论

西方领导研究主要有三个视角:一是组织行为学视角,二是社会心理学视角,三是进化心理学视角。三者相比较而言,在领导研究领域,组织行为学视角偏向于聚焦领导者的特质、行为模式及其领导风格与具体管理情景的契合性;社会心理学视角偏向于聚焦作为群体过程的领导赖以发生的社会心理机制;进化心理学视角偏向于聚焦那些潜隐在领导和追随行为背后的经由进化而来的心理机制及其功能。

一、组织行为学视角下的西方领导理论

基于组织行为学视角的西方领导研究的发展大致经历了四个阶段:首先是领导者特质研究阶段,其研究的重点在于认定众多的成功领导者共有哪些内在人格特质,以此做出选拔领导的重要依据;其次是领导者行为研究阶段,这一时期的研究目的在于提炼与概括出成功领导者有效的行为模式,即了解一个领导者应该做些什么以及如何做;再次是权变型领导的权变理论研究阶段,其研究的旨趣在于突破前两个研究阶段的静态化与简单化范式,即试图以领导者的因素、被领导者的因素以及环境因素三者之间的交互作用来解释复杂的领导过程;最后是多元领导行为研究阶段,其间,领导行为研究已不再局限于以往的三种研究取向,总体上呈现出多元化的发展趋势。下面就对在上述四个阶段中涌现出的相关理论作简要介绍。

(一)领导特质理论

领导特质理论假定某些人之所以更适合担当领导者,就在于其生来具有特定的品质和人格特质,而这些人格特质又往往会被作为选拔领导的重要依据。这一理论的潜在预设是:有一些人因特定的品格而注定成为领导者。这些特质可以区分出领导者和追随者。斯托格迪尔(Stogdill,1974)就曾确认成功领导者所应具备的几种关键的人格特质及技能,如表13-1所示。

表13-1 成功领导者所应具备的几种关键的人格特质及技能

特质	能力
·适应能力强 ·敏感于社会环境 ·具有雄心壮志,成就导向 ·自信 ·具有合作精神 ·果断 ·值得信赖 ·强势 ·精力充沛 ·坚忍不拔 ·具有较强的抗压能力 ·敢于负责	·睿智 ·较强的语言表达能力 ·善于创造 ·强于辞令,机智圆滑 ·言语流利 ·熟悉团队任务 ·长于组织管理 ·善于游说 ·善于交际

随着众多有关领导者特质研究的展开,人们逐渐意识到该研究取向存在一定偏误——过于强调领导者内在人格特质的影响,而忽略了外在情境因素的影响。领导者所具有的特质对其领导效能的预测力相当有限,往往要受到情境的影响。事实上,并不存在普遍适用的人格特质可以对所有情境下的领导效能进行有效预测,相对于强情境而言,特质在弱情境下对领导效能的预测更为有效。因此,越来越多的领导研究者将其研究视角由人格特质转向领导者行为。

(二)领导行为理论

持有这一研究取向的研究者试图通过对各种领导者行为进行研究,从中寻找出最为有效的领导行为与领导方式。在他们看来,领导者的领导才能与领导艺术都是以领导方式为基础的,在诸多的领导行为类型中必定存在一个最为有效的"模版"。

领导行为研究的理论模式有很多,归纳起来可以分为两类:一类是依照风格的不同,以权力定位为基本变量所做的研究;另一类是依照工作内容的不同,以工作导向与员工导向等为维度所展开的研究。下面,我们就简单地介绍一些这两种类型的领导行为理论。

1. 勒温(Lewin)的领导风格理论。20世纪40年代,美国著名社会心理学家勒温在艾奥瓦大学和他的助手进行了有史以来第一次有关领导者行为问题的研究,他们通过研究归纳了三种不同的领导风格。

(1)独裁风格(autocratic style)。持有这种领导风格的领导者倾向于独断专行,单方面做出决策,限制员工参与,而后将自己的决策以指令的形式下传给员工,要求他们遵照执行。

(2)民主风格(democratic style)。持有这种领导风格的领导者多鼓励员工参与决策,即通过适当授权支持员工参与设定工作目标及工作方法,并注重利用有关工作进展及完成质量的信息回馈对员工进行教育。

(3)自由放任(laissez-faire)。持有这种领导风格的领导者多持有一种放纵的态度,将大多数的问题交由员工自主决策,而自己仅向其提供一些基本的信息支持及问题答复。

研究发现,无论以何种标准进行评价,在自由放任风格下工作完成量要低于另外两种领导风格下的工作完成量。专制与民主两种领导风格下的工作完成量基本相当,但在员工工作完成的质量及其工作满意度上,民主风格要优于专制风格。

2. 俄亥俄大学双维领导理论。美国俄亥俄州立大学的研究者们从1945年起围绕着领导问题展开了一系列著名的研究。从对收集到的1 000多个领导行为特点的分析中,他们发现两个关键性维度可以用来描述领导行为。

其一是结构维度(initiating structure),即领导者为了实现组织目标而对自己与下属的角色进行界定和建构的程度;其二是关怀维度(consideration),即领导者尊重和关心下属的看法与情感、建立相互信任的工作关系的程度。基于这两种维度的划分,可以得出以下领导行为坐标,如图13-1所示。在这一领导行为坐标中共有四个象限,它们分别是高关怀高结构、高关怀低结构、低关怀低结构及低关怀高结构。

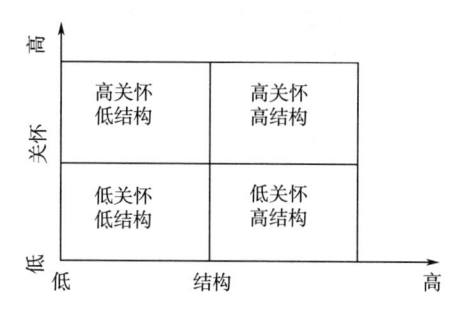

图13-1 领导行为的两个维度

研究发现,当关怀与结构这两个维度的水平都很高时(即高关怀高结构),领导效能最佳。在这种领导风格下,员工的绩效水平及其工作满意度也相对较高。

由此可见,"高-高型"的领导风格能够产生积极效果。但值得一提的是,足够多的例外情况表明,该领导风格并不是在任何情境下都是有效的,这就意味着领导行为研究实践中也要顾虑到诸多相关的情境因素。

后来,芬兰和瑞典的学者重新使用俄亥俄州立大学的数据进行了研究,他们从中发现一个新的维度,即领导者的发展取向(development-oriented)。该取向所刻画的是领导者对组织创新与变革的重视程度。它深刻地反映了彼时急遽的社会变迁及愈发显现的全球化趋势对领导者的客观要求,因而带有强烈的时代特征。

3. 密歇根大学领导行为理论。与俄亥俄大学的研究同期,密歇根大学的研究者也将领导行为划分为两个维度:员工导向(employee-oriented)和生产导向(production-oriented)。员工导向的领导者不仅关注工作,而且较为重视和谐人际关系的建立。他们更为善解人意、乐于助人,经常会帮助员工解决他们在事业发展及现实生活中所遇到的问题,也承认人与人之间的差异,并对员工的努力报以内在或外在的酬赏,以进行激励。生产导向的领导者则更倾向于以工作的完成为重,其主要关心的是群体任务的完成情况,并将群体成员视为达到目标的手段。

该研究小组通过研究发现,员工导向的领导风格与较高的群体生产率和工作满意度紧密联系在一起,而生产导向的领导风格则与较低的群体生产率和工作满意度联系在一起。相比于同一时期俄亥俄大学的研究,密歇根大学的研究又增加了一个新的关注点——"参与式领导"(participative leadership),从对个人领导的研究扩展到了对团队领导的研究。该研究小组基于相关研究指出,同在个人层面上采用参与式领导风格一样,高效能的领导者也在群体层面上采用参与式领导风格,例如,通过召开团体会议来集思广益,进行团体决策与问题解决,领导者以此可以较好地塑造出员工团队导向(team-oriented)的行为。

4. 管理方格理论。布莱克(Blake)和摩顿(Mouton)于20世纪60年代在承继俄亥俄大学与密歇根大学研究成果的基础上,发展出了管理方格理论(managerial grid,也称为领导方格理论)[1]。该理论仍旧沿用俄亥俄大学与密歇根大学在领导者行为研究中所做的维度划分,即认为领导者行为有两个关键性的维度——"关心人"和"关心工作"。独具一格的是,研究者在与"关心人"和"关心工作"相对应的纵横坐标轴上又划分出了9个等级,从而生成了81个细分位置,它们各自对应各不相同的领导类型,如图13-2所示。

管理方格图中颇具代表性的1.1、9.1、5.5、1.9、9.9的细分位置所对应的领导类型分别是贫乏型管理、权威型管理、中庸管理、乡村俱乐部型管理与协作型管理(如表13-2所示)。据他们的假设,协作型管理(9.9)这一领导类型的绩效最佳。其优点就在于它能够将组织目标与个人需求有效地结合起来,既高度重视组织的

---

[1] BLACK R R,MOUTON J S. The managerial grid[M]. Houston,Tex:Gulf,1964.

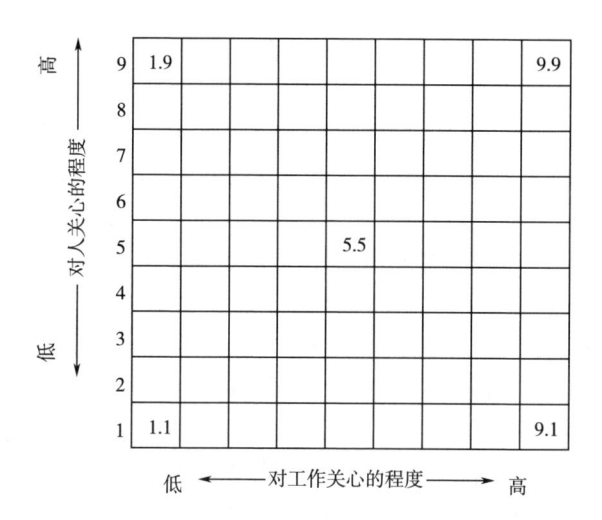

图 13-2 管理方格

各项工作,又能通过有效的沟通与激励,鼓励员工充分发挥主人翁精神,共同参与管理,使其将自己所承担的职责落实到自愿自觉的行动中,从而获得较高的工作绩效。这样的领导类型也被称为"战斗集体型管理"。

表 13-2 管理方格中的典型类型

		关心工作		
		低	中	高
关心人	高	乡村俱乐部型管理		协作型管理
	中		中庸管理	
	低	贫乏型管理		权威型管理

但需要指出的是,上述五种典型的领导类型仅仅是一种理论上的描述,在实际的领导实践中,如此纯粹的领导类型并不常见,常见的多是混合型的。

(三) **领导权变理论**(contingency theory)

领导权变理论又称为"领导情境理论",此类理论的基本假设是领导者的领导行为(或者说,管理模式)要视各种具体情境因素而定,其中包括领导者所偏好的基本领导风格、追随者的能力与行为及其他的情境因素。在其看来,并不存在一个普遍适用的领导法则,即在特定情境下具有较高效能的领导行为未必适用于其他情境。例如,在现实生活中,一位领导者在某地任职期间工作成绩相当突出,可在调职至另一地后却表现平平。

在这一理论取向中,我们主要介绍其中的四种:Fiedler 模型、Hersey-Blanchard 情境领导理论、领导者-成员交换理论和路径-目标理论。

1. Fiedler 模型（fiedler contingency model）。这一理论模型是由菲德勒（Fiedler）在20世纪60年代提出的。该理论认为，群体绩效取决于以下两种因素的合理匹配：领导者的基本风格和情境对领导者的控制程度。领导者应首先弄清自己及下属的领导风格，并力争将自己或下属委派到与各自领导风格相适合的情境中，以实现最佳的领导绩效[①]。

在菲德勒看来，领导者的基本风格是影响领导成功的一个关键因素。为了测量领导者所具有的基本风格，他特地设计了最难共事者问卷（least preferred co-worker Questionnaire，LPCQ），用以测量领导者的基本风格是任务取向型还是关系取向型。该问卷有6组形成对照的形容词（如快乐–不快乐、高效–低效、开放—防备等）。在具体施测时，菲德勒要求被试从与自己共事过的所有同事中找出一个最难共事的同事，而后采用这一问卷按1~8等级对其进行评估。如果被试多以相对积极的词汇来描述最难共事者，就表明其较倾向于与人建立起友好的人际关系，由此可以认为其基本风格是关系取向。相反，如果被试多以相对消极的词汇来描述最难共事者，就表明其较倾向于以工作为中心，由此可以认为其基本风格是任务取向。

在弄清领导者的基本风格之后，就需要对情境进行界定。菲德勒认为，可以用领导者–成员关系、任务结构及职位权力三个关键性维度来对之进行评估。

领导者–成员关系：领导者对下属信任、信赖和尊重的程度。

任务结构：工作任务的程序化程度（即结构化或非结构化）。

职位权力：领导者所拥有的权力变量的影响程度，如聘用、解雇、处罚、晋升和加薪。

在菲德勒看来，领导者与成员的关系越好，任务的结构化程度越高，职位权力越强，则领导者拥有的控制力也就越强。将这三个维度综合起来，就得到了八种潜在的情境，每个领导者都可以从中找到自己的位置。

最后需要思考的就是领导者的基本风格与情境的匹配程度。该理论模型指出，只有当两者相互匹配时，才会达到最佳的领导效果。在自己研究的基础上，菲德勒得出结论：任务取向的领导者在非常有利和非常不利的情境下工作绩效更好。由此，菲德勒预期，任务取向的领导者在Ⅰ、Ⅱ、Ⅲ、Ⅶ、Ⅷ情境下有着较好的绩效表现，而关系取向的领导者则在Ⅳ、Ⅴ、Ⅵ情境下有着较好的绩效表现（如图13-3所示）。他在后继研究的基础上，又将这八种情境进一步概括成三种，即低度控制情境、中度控制情境及高度控制情境，并指出任务取向的领导风格较适用于高、低度控制情境，而关系取向的领导风格则较适用于中度控制情境。

那么，如何在实际的领导实践中应用这一理论模型呢？应用该理论的关键就

---

① FIEDLER F E. A theory of leadership effectiveness[M]. New York：McGraw-Hill，1967.

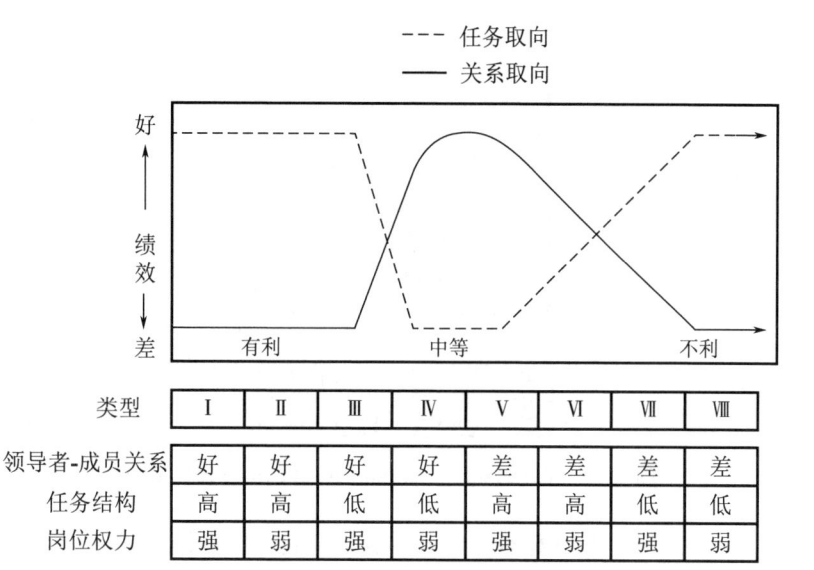

类型	Ⅰ	Ⅱ	Ⅲ	Ⅳ	Ⅴ	Ⅵ	Ⅶ	Ⅷ
领导者-成员关系	好	好	好	好	差	差	差	差
任务结构	高	高	低	低	高	高	低	低
岗位权力	强	弱	强	弱	强	弱	强	弱

图 13-3　Fiedler 模型

在于想方设法实现领导风格与工作情境的匹配,但考虑到领导者的基本风格通常是恒定的,难以改变,而替换或改变工作环境则相对容易一些,提高领导者有效性的途径也就只有以下两条:第一,替换领导者以适应情境;第二,设法改变情境以适应领导者。

2. Hersey-Blanchard 的情境领导理论(situational leadership theory)。赫西(Hersey)和布兰查德(Blanchard)创造性地突破了前人的研究视角,首次将下属的成熟度作为一个重要的权变变量引入其理论建构中[①]。该理论认为,领导者应根据下属"成熟度"的不同而选用最为适合的领导风格。"成熟度"主要是指个体完成某一具体任务的能力和意愿。下属的"成熟度"是不断发生变化的,领导者的行为也应随之发生相应的变化,以实现高效能的领导。因此,这一理论是一个重视下属的权变理论。

工作行为、关系行为与成熟度之间的关系,如图 13-4 所示。

图中的横坐标表示以工作为主的工作行为,纵坐标表示以关心人为主的关系行为,第三个坐标是下属的成熟度。下属由不成熟到成熟,大致可以分为四种情况,它们依次为 R1(不能干,不想干)、R2(不能干,想干)、R3(能干,不想干)及 R4(能干,想干)。针对这四种不同情况,领导者应选用与之相适应的领导风格。下面,我们就对此作简单分析。

---

① HERSEY P, BLANCHARD K H. Management of organizational behavior[M]. 4th ed. Englewood Cliffs, NJ: Pretice-Hall, 1977.

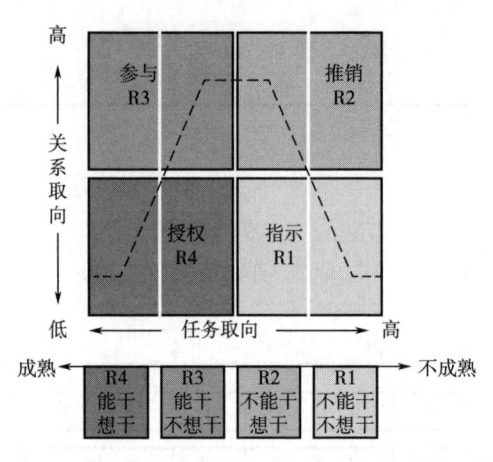

图 13-4　P. Hersey 和 K. Banlchard 的情境领导模型

处在 R1 情况下的下属既不愿意也不能承担起工作责任,对这种成熟度较低的下属,领导者可采取所谓"指示"型的领导风格,即采取单向沟通形式,明确地向下属规定工作任务和工作规程。这一领导风格可概括为"低关系,高工作"。

处在 R2 情况下的下属愿意担负起工作责任,但因缺乏工作技巧而无力胜任。这时领导者可采取所谓的"推销"型的领导风格,即以双向沟通的方式对下属直接进行指导,同时通过给予相应的鼓励与支持,使他们保持一定的工作意愿与热情。这一领导风格可概括为"高关系,高工作"。

处在 R3 情况下的下属比较成熟,他们能够胜任工作,但不满于领导者给予过多的指示与约束。这时领导者可采取所谓的"参与型"领导风格,即通过双向沟通和悉心倾听的方式和下属进行交流,并鼓励他们积极参与决策,以此提升其自我控制感及工作满意度。这一领导风格可概括为"低工作,高关系"。

处在 R4 情况下的下属高度成熟,具有较高的自信心与成就欲。这时领导者可充分进行授权,让下属"自行其是",领导者只起监督作用。这一领导风格可概括为"低关系,低工作"。

3. 领导者-成员交换理论(leader-member exchange theory)。大多数领导理论在很大程度上基于这样一个假设——领导以同样的方式对待他所有的下属。但事实上,同一领导者并不是以同样的方式对待其所有下属的。在同一组织中,领导者与下属之间或下属与下属之间除了为达到具体的实务目标而建立起相应的非人格化的正式关系之外,还会在日常互动中建立起人格化的非正式关系。前者是在正式的权力系统基础上形成的,而后者则是在人际吸引的基础上形成的。相比于前者,后者具有较多的情感卷入,交往双方也都互有较强的认同感。领导者-成员交换理论以此为基点,在 20 世纪 70 年代中期发展起来,并得到了不断地修订(Graen,1995)。

该理论的核心内容是:迫于时间压力,领导者往往会同部分下属建立起私人性的互惠关系,那么,相对于领导者而言,这一部分下属也就成了"自己人",他们往往会更为领导者所信赖,并得到领导者更多的关照,且有可能享有某些特权。而其他下属则成了外人,他们较少得到领导者的关照与信赖。通常来说,相比于这些外人,那些"自己人"往往具有较高的绩效表现及工作满意度。

那么,值得思考的是,在领导者与下属展开互动的初期,为什么总会有一些下属被领导者暗自划入圈内呢?有证据表明,可能由于那些下属所具有的人格特征推动领导者私下做出了如此的分类。这些人格特征主要是自我效能感较高、外倾的个性、双方的相似性及承诺责任和更努力等。该理论模型如图13-5所示。

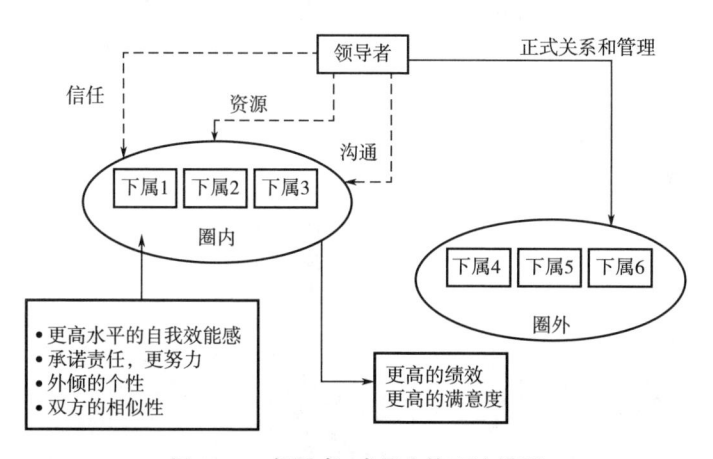

图 13-5 领导者-成员交换理论模型

4. 路径-目标理论(path-goal theory)。路径-目标作为颇受人们关注的领导权变理论之一,是由霍斯(House,1977)提出的。该理论的核心内容是,领导者的工作就是帮助下属达成他们的目标,并提供必要的指导与支持,以确保他们各自的目标与群体或组织的目标一致。具体而言,领导者的工作包括:澄清实现工作目标的途径,使下属知道如何去做;清除可能遇到的各种障碍和危险;对良好的绩效表现进行奖励,以满足其需要。

与菲德勒不同,霍斯认为领导者的行为是弹性多变的,同一领导者可以根据不同的情境采用不同的领导风格。换言之,这种领导风格的变化应依赖具体情境,其中包括追随者的能力与动机、任务的难度以及其他的背景因素。

霍斯和米切尔(House and Mitchell,1974)曾提出四种类型的领导行为。

(1)支持型领导(supportive leadership):充分考虑下属的需要,并积极营造一个愉快的组织气氛。这一领导行为适用于充满压力、枯燥或危险的工作情境。

(2)指导型领导(directive leadership):告知下属他们在什么时间应该做什么,

以消除可能存在的角色混淆,并给予适当的指导,必要的时候对下属良好的绩效表现予以奖励。这一领导行为适用于任务非结构化且相对复杂、下属经验相对不足的工作情境。

(3)参与型领导(participative leadership):在决策及采取特定行动时征求、接受、采纳下属的建议。这一领导行为适用于这样的工作情境,即下属中有相关专家,他们有能力提出好的建议,而这些建议正是团队所必需的。

(4)成就型领导(achievement-oriented leadership):设置富有挑战性的目标,希望下属能够充分发挥其潜力,并相信他们能够达成这些工作目标。这一领导行为适用于复杂的工作情境。

路径-目标理论中所列的权变变量有两种。一种是领导控制范围之外的环境因素,其中包括任务结构、正式权力系统及工作群体;另一种是下属的个性特征部分,其中包括控制点、经验及感知到的能力。

路径-目标理论模型如图13-6所示。

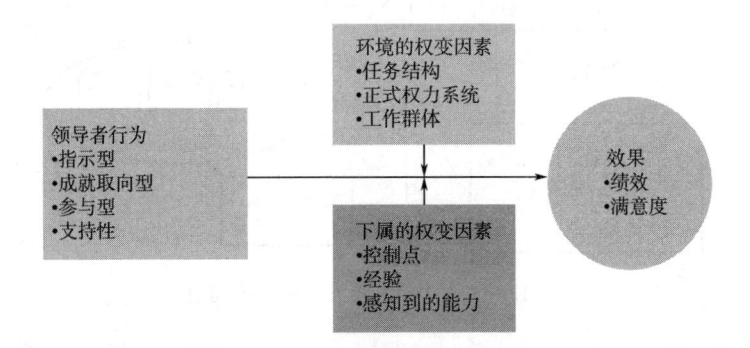

图13-6 路径-目标理论模型

实质上,该理论指出,领导行为与权变变量是互为补充的,当领导行为与环境因素影响重叠或领导行为与下属个性特征不一致时,领导效果不佳。由此可以引出以下假设:

当项目团队高度结构化,指示型领导方式就显得多余,且效率低下。

当组织内已经有高度正式的权威系统在运作,指示型领导很容易削弱员工的满足感。

当组织运作于有大量社会支持的环境里,支持型领导则显得多余。

参与型领导适合内控型的下属,而指示型领导则适合外控型的下属。

自认为能力很强的下属不喜欢指示型领导。

在实际应用中,路径-目标理论因能较好地解答领导者在目标、任务、情境以及下属不同的情况下选择何种领导方式以提高领导有效性的问题而广受关注,由该理论所引出的部分假设也已得到了研究证实。

(四)新兴领导行为理论

1. 魅力型领导理论(charismatic leadership theory)。魅力型领导理论根植于西方历史、社会及文化脉络,带有很强的个人主义色彩。它认为,领导者可利用自身的魅力吸引更多人认同与追随,一起投身于组织变革的实践中。追根溯源,德国社会学家韦伯早在20世纪初就提出"魅力"(charisma)这一概念。他把领导分为魅力型、传统型和法理型,其中魅力型的领导依靠的不是权位,而是个人对下属的吸引力、感染力和影响力。时至20世纪七八十年代,霍斯(House)和贝尼斯(Bennis)等学者重新捡拾起这一概念,就领导行为进行深入的研究。他们研究认为,魅力型领导高度自信,对自己的信念坚定不移,又对他人具有较强的支配倾向,能够向追随者明确表达其所持有的远大目标和理想,使之对此产生心理认同,并激起相应的追随动机。一个被广为提起的例子便是美国著名黑人运动领袖马丁·路德·金,他曾以大无畏的精神呼吁种族平等,并由此吸引了众多的追随者。自20世纪80年代以来,随着经济全球化进程的不断加快,市场竞争日益加剧,各类组织尤其是企业组织急切地呼唤魅力型领导者的出现,以应对种种挑战。这就使得有关魅力型领导理论的研究及其应用日益受到学界与商界的重视。尽管如此,我们也要注意到其缺陷:

其一,该理论过于强调领导者的强势领导及追随者的绝对服从,很有可能会使组织对种种"潜在危险"视而不见,由此走向衰败。

其二,具有魅力型品质特征的领导者毕竟是少数,他们又极易恃才傲世,对环境的变化不敏感,很有可能会将组织的发展引入误区。

其三,将一个组织的成败系于特定领导者是一件很危险的事情,如果一个组织的领导者缺乏责任感,又无内在道德的约束,那么,他就极可能会毁掉这一组织。

2. 交易型领导行为理论(transactional leadership theory)。交易型领导理论将领导者与追随者之间的互动视为一种社会交换行为,即领导者为追随者界定清楚工作角色及工作任务,期望他们能够保质保量地完成其所交代的任务,并许诺对良好的绩效表现做出相应奖励。表现不佳将受到惩罚。追随者为了获取奖励,逃避惩罚,会向领导者让渡全部的管理权。这实际上是将领导者与追随者之间的关系认定成一种根据绩效表现进行奖惩的契约关系。该理论基于"理性人"假设——认为人的行为在很大程度上是受金钱、物质奖励诱导的,而忽视了复杂的情感因素及社会价值观的影响。尽管如此,该领导行为理论在学界还是颇有影响力的。

3. 变革型领导行为理论(transformational leadership theory)。变革型领导行为理论假定成就卓著的领导者颇有胆识,高瞻远瞩,对事业满怀激情。他们能够通过向员工说明任务的重要性及其所关涉的利益,激励、鼓舞他们积极投身于工作。在看重员工绩效表现的同时,他们会顾虑到其潜能能否充分发挥。一般来说,这些领导者具有较高的职业操守和道德标准。为了更好地推进组织变革,他们要在其领导过程中逐步使下属对共同目标产生深切认同,进而充分调动他们的工作积极性。这一过程大致可分为四个阶段,即:创制远见或愿景(developing the vision),为组织的未来发展创制出一幅颇能激奋人心的图景;在创制远见之后,不遗余力地推销远见(selling the vision),以吸引更多人的认同;寻找前进路线(finding the way forwards),坦然地面对前行过程中有可能出现的种种偏误,并及时进行纠正;身先士卒,以身示范,引领变革(leading the charge)。与此同时,要经常深入追随者群体中去,倾听他们的心声,并给他们以宽慰与帮助。

  对任何组织而言,追随者所持有的坚定不移的奉献精神(unswerving commitment)都是重要的驱动力,尤其是在境况不佳、人心不齐的"黑暗时期"。当然,追随者所持有的这种奉献精神在很大程度上源自其对远见的深切认同。可以想象,如果追随者无不认为远见只是一种空想,那么,偃旗息鼓就是迟早的事情。有鉴于此,领导者务必要以其对远见的坚定信守来感染追随者,并不断想方设法强化其已产生的认同。为了维系与强化追随者被激发的动机,领导者可以使用典礼、仪式及其他文化符号。例如,及时庆祝组织在前进的道路上所取得的一点小小的成绩,以此增强众多追随者对组织发展的信心,使其感到成功在望。

  变革理论作为一种以人为导向的领导理论,在理论关怀上有所侧重,直指组织变革中的有效领导。在这一理论看来,组织变革成功与否在很大程度上取决于领导者及其追随者对远见的信守程度,即领导者能否以创制出的远见吸引更多的追随者,并以自己对远见的坚定信守感染他们,使其对之产生深切的认同,且持之以恒地坚守下来。值得一提的是,虽然从表面上来看,变革理论所涉及的是组织变革,但事实上,这一理论也隐含着对追随者"变革"的期待——面对激进的远见,由迟疑转变成认同,并坚定地信守下去。再者,从变革型领导者的领导风格来看,他们往往是魅力型领导者,但并非纯粹的魅力型领导者。至少他们并不像纯粹的魅力型领导者那样自恋,其之所以成功就在于他们更信任自己的追随者,而不是自己。

  从理论联系实际的角度来看,该理论应对组织变革背景下的领导实践具有一定的指导意义,但这并不意味着它同样能够用于指导其他背景下的领导实践。除了这一理论应用上的局限,变革型理论还有以下三点缺陷:

  其一,过度强调主观意识的作用。自信、满怀激情固然是促成成功领导的重要因素,但当人们过于自信并对自己的事业追求满怀激情的时候,他们很容易将自己的观点与设想当作真理与现实,有可能会因此而误入歧途。例如,巨人集团在其创业的"上半场"中所遭遇到的失败就可归因于此。

  其二,有自相矛盾之嫌。依此理论来看,领导者可以通过向追随者灌注一种积极性思想来推动他们努力工作。但如果领导过度积极,几近狂热,而不考虑追随者体力与精力的有限性,拼命驱策追随者工作,那么,这种过度的积极性就可能会使追随者累垮。

其三,过于凸显领导者的作用,却忽视了下属参与决策的重要性。依此理论来看,领导者在组织变革的过程中不仅关切大局,而且心系细节。追随者较少参与决策与管理,更多地依从领导者。这给人的印象是,在组织变革中,领导者是全盘把握的"导演",下属则是积极跟进但没有太多话语权的"演员"。但引人深思的是,是不是只要有了这些"导演"对大局及细节的全盘把握,就无需"演员"再去审慎地关注工作进展过程中有可能出现的种种细节问题了呢?

以上理论均持有不同的理论关怀,它们各自从不同的角度探究了领导这一复杂的人际过程,并由此揭示出了一定的心理与行为规律。霍斯和波得萨阔夫(House and Podsakoff,1994)曾对此进行了梳理,总结了"杰出领导者"所具备的一系列有效行为模式。

(1)愿景(vision)。杰出领导者多能创制与其下属所持有的深层价值观相契合的组织愿景,以此向他们描述一个在道义上切实可行的更加美好的未来。

(2)激情与自我牺牲(passion and self-sacrifice)。领导者往往激情四溢,并对组织愿景在道义上的可行性坚信不疑。同时,他们为了实现组织愿景与使命甘愿做出自我牺牲。

(3)自信(confidence)、果断(determination)及持之以恒(persistence)。杰出领导者多表现出高度自信,坚信自己与追随者能够实现组织愿景。

(4)形象塑造(image-building)。杰出领导者不仅积极进行自身的形象塑造,而且深知所有下属无不希望将自己塑造成能干且值得信赖的人的心理倾向。

(5)角色楷模(role-modeling)。领导者的形象塑造为后继的角色示范奠定了基础。下属一旦对角色典范持以积极看法,他们就会对之产生认同。

(6)外在表征(external representation)。杰出领导者作为自己所属组织的代言人,往往会将组织愿景及相应的角色典范符号化地外显给外部的支持者。

(7)寄厚望于下属,并对之充满信心(expectations of and confidence in followers)。杰出的领导者往往会对下属寄予厚望,期待他们具有较高的绩效表现。他们在向下属传递这一厚望的同时,也传递了自己对他们有能力达成这一期许的高度信心。

(8)有选择地动机唤起(selective motive-arousal)。杰出领导者一旦认为下属的某些动机与组织愿景和实现使命有密切的关联,他们就会对此进行有选择的唤起。

(9)框架联合(frame alignment)。框架联合与框架建构是两个密切关联的概念。其中,框架建构(framing)是指诸如新闻媒体之类的沟通源(communication source)对特定政治事件或其他公共争议性事件进行界定与建构的过程。而框架联合则是指沟通源的框架建构与参与者个体的建构相协调,能够形成联合,并由此产生共鸣。它往往是成功进行社会动员的重要基础。

(10)鼓舞人心的沟通(inspirational communication)。杰出领导者经常会以生动的故事、口号、符号以及仪式来激励士气,鼓舞人心。

尽管这十种领导行为与方法并不真正等同于特定风格,但越来越多的证据表明,一个领导者的行为风格至关重要,它直接影响到领导者的领导效能及其追随者的实际绩效。

我们在学习与掌握以上领导理论时应当注意到,这些理论均根植于西方(尤其是美国)特有的历史、社会及文化脉络,不可避免地带有一定的局限性。这意味着我们在本土历史、文化及社会脉络下应用这些"舶来品"于组织管理实践中的时候,应当充分考虑组织环境(包括组织内环境与组织外环境)的适切性。但随着经济全球化进程的不断加快,本土文化与外来文化的碰撞及与之相伴的涵化作用日益加剧,再加上人类在需要的内容及其满足上本来就存在着一些共性,西方领导理论正逐渐显现出一种较强的跨文化普适性,这一点是不容忽视的。

二、社会心理学视角下的西方领导理论

社会心理学视角下的西方领导理论中,一个有着较高知名度与较强影响力的理论建构是领导的社会认同理论(social identity theory of leadership)。领导的社会认同理论在很大程度上可视为广义社会认同理论在管理领域的扩展版。此处所谓的"广义社会认同理论"实际上就是有机地融合了自我归类理论(self-categorization theory)、参照信息影响理论(theory of referent informational influence)及不确定性-认同理论(uncertainty-identity theory)的社会认同理论。该理论系由著名社会心理学家霍格(Hogg)提出,他曾参与提出自我归类理论与参照信息影响理论,独立提出不确定性-认同理论。

领导的社会认同理论认为,无论自下而上地涌现出的领导者(emergent leaders)还是自上而下地指定的持久在位的领导者(enduring and structurally designated leaders),所谓"领导"都是一个由与社会认同相关联的社会类别化与基于原型的去个人化过程所引发或推动的群体过程:当群体成员身份高度凸显时,原型过程就会对领导知觉与领导效能产生影响[1]。

三、进化心理学视角下的西方领导理论

进化领导理论(evolutionary leadership theory)由国外学者伍格特(Mark van

---

[1] 参见:HOGG M A. A social identity theory of leadership[J]. Personality and social psychology review, 2001,5(3):184-200.

Vugt)与理查德·罗纳(Richard Ronay)共同提出①,当属最具代表性的进化心理学视角的西方领导理论。该理论的核心概念可简单概括为以下三点:

第一,人类拥有经由进化而来的借由领导和追随来解决协调问题的专门心理机制,"领导"是指两个或两个以上的人为了达成共同目标而就彼此的行动所进行的协调。"协调问题"具体是指人类祖先在其漫长的进化史中所需直面并加以解决的诸多需要多个群体成员协同应对的生存与适应问题,例如群体迁徙、冲突化解、战争组织、教授、社会凝聚力促进、狩猎与食物分享等。

第二,潜隐在领导与追随背后的专门心理机制可被视为一套"如果-那么"(if-then)决策规则或心理启发法,其所遵循的法则是"如果不确定做什么,那就选择追随一个更有经验或能力的人"。

第三,由于种系进化,人类在领导选拔方面偏好强健、坚韧、强势、男性化、有能力、有远见、能激励人等特质。人们所处组织环境总能自动激活其所拥有的与之存在适应性关联的领导原型。

伍格特与理查德·罗纳还基于进化领导理论对制约现当代组织中的领导有效性的深层障碍进行了探讨。在他们看来,这些深层障碍主要有三个:一是现代环境与祖先环境的失配(mismatch);二是在祖先环境中进化出的认知偏向影响现代环境下的领导选择与决策;三是经由种系进化而来的宰制与压榨他人的内在心理机制。

第三节 华人本土领导理论

华人领导研究是在经济快速发展和社会心理学本土化的背景下展开的。在实践和理论的双重要求下,企业管理学界和社会心理学者提出了契合本土文化的领导理论,其中两个颇具影响力的研究是CPM理论和家长式领导。

一、CPM理论

这一理论是由凌文辁等人在多年研究探索的基础上提出来的②。这些本土研究者于1981年便开始对领导行为本土评价模式展开实证研究。在研究中,他们将日本三隅二不二教授的领导行为PM理论引入中国(其中,P因素是指工作绩效,M因素是指团体维系),并对其所采用的测量工具——PM量表进行了相应的修订及标准化,以使之适用于本土文化背景。

---

① 此处对进化领导理论所作简要介绍参考:VAN VUGT M,RONAY R. The evolutionary psychology of leadership:theory, review, and roadmap[J]. Organizational psychology review,2013,4(1):74-95.
② 凌文辁. 中国人的领导与行为[M]//杨中芳,高尚仁. 中国人,中国心:人格与社会篇. 台北:远流图书公司,1991.

CPM 理论从领导行为论切入，区分了中国领导的三个因素：个人品德（character and moral，简称"C 因素"）、工作绩效（performance，简称"P 因素"）、团体维系（maintenance，简称"M 因素"）。

从人格特质论切入，CPM 理论将中国领导区分为四个维度，分别是个人品德、目标有效性、人际能力和多面性。二者的关系如图 13-7 所示。

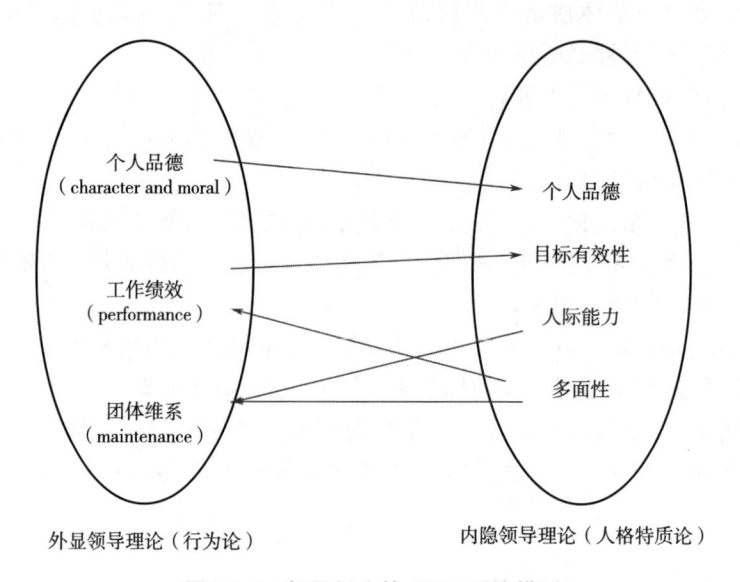

图 13-7 领导行为的 CPM 理论模型

总之，从这一理论可以看出，中国人对领导者寄予较高的期望，即期望他们是一个德才兼备又颇有人格魅力的领袖型人物。这似乎在向我们昭示一个道理：没有人能随随便便成为一个高效的领导者。

在该理论模型中，个人品德、工作绩效、团体维系这三种因素各自拥有怎样的机能呢？这些机能之间究竟又有何关系呢？这实际上是一个心理动力学问题。下面，我们就对此加以分析。

P 因素所对应的是完成团体目标的机能（可称之为"P 机能"）。它包括压力因素、计划性因素和专业性因素。为了实现组织目标，领导者不仅要有周密可行的计划、丰富的专业知识和强大的组织能力，而且要规定清楚各级职责范围和权限，制定工作所必要的规章制度，限定追随者完成任务的期限，协调各方面的工作，对执行情况进行检查等。这些都是实现组织目标所必需的。领导者在执行该机能的过程中往往会给追随者造成一定压力，使之产生紧张感和不满情绪。追随者甚至会因此而产生一定的心理抵抗。

M 因素所对应的是维系与强化团体的机能（可称之为"M 机能"）。为了维系与强化团体的存在与发展，领导者要对追随者予以体贴关怀、信任尊重、激励支持，并给他们以表达意见的机会,以此来增强其自主性,进而满足其自尊需要及自我实现的需要。这些做法能够有效地消解 P 因素所导致的紧张感和不满情绪,甚至心理抵抗。从这一意义上来说,M 机能是维持组织生存和发展所必要的。

C 因素所对应的是引领追随者积极投入的机能(可称之为"C 机能")。通过前面的学习,我们知道领导本质上是一种人际互动过程。在该过程中存在着两种重要的人际影响:一种是非人格化的职位权力,另一种是人格化的个人权力。对于领导者而言,只有做到两者兼备,才能更好地引领追随者完成组织目标。从其具体内涵来看,前面所提及的 P 因素与 M 因素就可归于领导者职位权力的直接影响。要想获得较高的领导效能,仅有以上两种因素是远远不够的,还需要 C 因素的协同作用。C 因素实质上是个体权力影响的实际发挥,它通过领导者的模范表率行为,一方面可消解被追随者的不满,使其获得心理上的平衡感和公平感;另一方面则可通过角色认同和内化作用,激发被领导者的内在工作动机,使其为实现组织目标而努力工作。总之,领导者模范表率行为的影响力要远胜于命令、指挥、控制和监督。由此可以认为,P 因素与 M 因素密切关联,C 因素则对 P 因素和 M 因素起着一种增幅放大的作用。CPM 理论的动力学模式如图 13-8 所示。

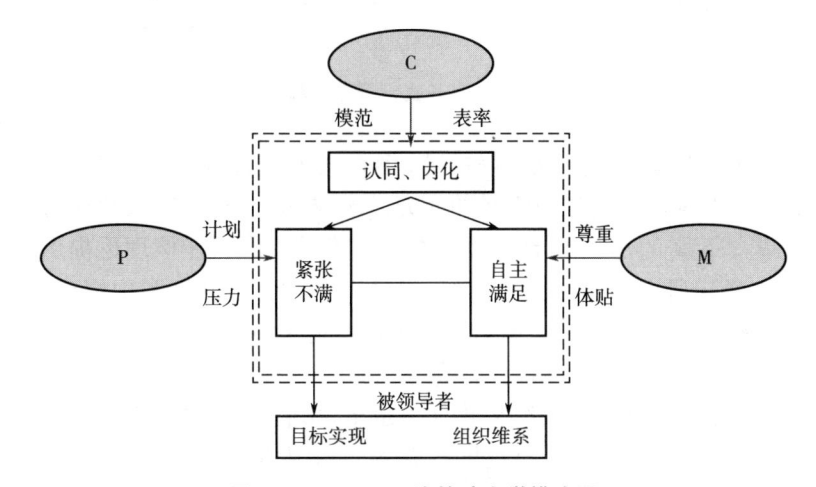

图 13-8　CPM 理论的动力学模式图

二、家长式领导

中国台湾地区社会心理学家郑伯壎(1991)通过研究台湾企业家领导风格,提出"家长式领导"的概念,并且推动了一系列相关研究。郑伯壎等人发现,家长式领导是华人组织领导的一种普遍形式,它源自华人高层领导人具有的鲜明特色,一方面展现出上尊下卑的家长式领导,通行"尊尊原则",另一方面具有偏私自己人的领导作风,通行"亲亲原则"。因此,华人领导具有三种重要成分:权威、仁慈和德行。在台湾家族企业中有两种典型的行为：其一为立威（权威领导），其二为施恩（仁慈领导）。所谓立威，是指领导者所展示的个人权威与支配下属的行为，包括专权作风、贬抑下属能力、印象整饰、教诲行为。在这样的领导风格下，部属会表现出顺从、服从、敬畏及羞愧等行为。所谓施恩，可以分为个别照顾、维护情面、敬业无私三类。前两类与仁慈领导有关，后一类与德行领导有关。在这样的领导风格下，部属会表现出感恩和图报两种行为。根据这些发现，研究者提出了家长式领导三元模式，如图13-9所示。

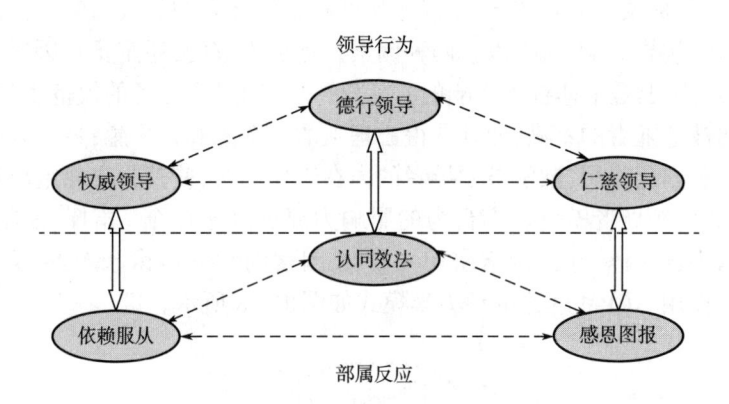

图 13-9 家长式领导三元模式

在这一理论框架下，郑伯埙、周丽芳、樊景立提出具有良好内部一致性和外部效度的测量工具。使用这一工具的研究发现，相对于西方的领导行为，家长式领导对于华人下属的反应具有显著而独特的解释力[①]。在该理论提出的30年间，有关华人领导研究迅速在中国内地（大陆）、中国香港地区和中国台湾地区发展和丰富起来，"关系式领导"（郑伯埙，1995；姜定宇、郑伯埙，2014；林佳桦、姜定宇，2022）、"和谐式领导"（席酉民、韩巍等，2006）、"领导–下属互动理论"（韩巍、席酉民，2012；韩巍，2022）、"组织忠诚"（姜定宇、郑伯埙，2022）等华人领导理论和经验研究（郑伯埙、黄敏萍，2022）层出不穷，极大地推进了有效的组织管理和对华人社会心理的深刻认识。

思 考 题

1. 什么是影响领导力的因素？它们之间存在什么关系？
2. 华人领导行为与西方领导理论中揭示的领导行为有不同吗？为什么？

---

① 郑伯勋,樊景立,周丽芳. 家长式领导:模式与证据[M]. 台北:华泰文化公司,2006.

拓展阅读

1. 孙健敏,李原. 组织行为学[M]. 上海:复旦大学出版社,2005.
2. 郑伯埙,樊景立,周丽芳. 家长式领导:模式与证据[M]. 台北:华泰文化公司,2006.
3. 韩巍. 管理研究的批判、建构及反思[M]. 北京:北京大学出版社,2022.

第五部分 群际和类别关系的社会心理学

第十四章 社会性别

社会成员会受到社会性别的影响吗?
社会成员会影响社会性别吗?
一个社会的性别角色是如何形成的?
人们会遵从社会角色规范吗?
人们会参与自己的性别规范的建构吗?
人们会消解、颠覆社会性别的规范吗?
影响参与建构、遵从社会性别以及消解和颠覆社会角色的因素有哪些?

第十四章 社会性别

学习要点与要求

> **要点**：性别是人类生活中极为重要的分类系统。本章主要介绍了社会心理学如何看待性别差异及女性性别身份认同的特殊性。
>
> **要求**：①了解社会心理学看待性别差异的独特视角；②结合社会认同部分的学习，掌握女性性别身份认同的特点及其原因。

第一节 性别差异及其来源

长久以来，个体作为男性或女性的分类是社会生活中极其重要的分类系统。性别极大地影响着身处其中的人们的生活体验，人们需要通过性别身份认同来确认自己的性别属性，建立与同类的心理联系及社会联系，以性别角色进入社会生活；同时，当人们面对这一分类系统，又会做出自己的性别意义解释和进行性别行为的建构。

男女两性分类是一个多学科（inter-discipline）的分类系统。它既具有生物学意义，也具有心理学、社会学、文化人类学意义。为了说明社会心理学看待性别的视角，我们从性别认同与建构的角度对社会心理学以及相邻的重要学科对性别的研究作一个简要的介绍。

一、性别的社会及心理差异

性别差异（gender differences），即男女差异或男女差别，是人类社会中重要的群体差异，也因此成为个别差异（individual differences）的重要来源。

在一般人的眼中，男性和女性在很多方面都有公认的不同。例如，男性的攻击性比较强，领导能力、数学能力都高于女性；而女性则心慈手软，情绪性强，成就动机不高，重视家庭。有一些性别差异心理学的研究也得出了类似结论。不过，两位心理学家麦考比和杰克林（Maccoby and Jacklin, 1974）曾经对上千个有关两性差异的研究进行了分析。她们最终发现，只有在下列四个方面存在着性别差异：女性的语言能力较好；男性的视觉/空间能力较好；男性的数学成绩较好；男性的攻击性较强。

后来的一些研究进一步发现，男性和女性之间的差异小于男性之间或者女性之间的差异。比较有意义的差异是：首先，对面部表情、身体语言的觉察能力，女性超过男性；其次，男性在危急情况下的救助行为多于女性，但女性在生活中的帮助、安慰行为方面多于男性；最后，在青少年同性友谊和亲密关系的发展上，男性青少年倾向于一群朋友在一起玩耍或工作，而女性青少年倾向于一对对地在一起。女性同伴在一起较多地表露感情和分享感受,男性同伴在一起更多地完成共同设定的工作目标或者玩耍。

曾经有很多有关从众的研究发现,女性的从众量高于男性。一般的比例是35%对22%。过去人们普遍接受这一结论,认为女性更驯顺和随和,容易感受到他人无形的压力。但是后来的研究发现,女性在政治、体育等方面表现出比较高的从众,但是男性在服装、烹饪、化妆品、抚养孩子等方面表现出更多的从众。有两位心理学家为此选择了 100 个日常生活中的观点让被试判断,区分哪些题目与男性或女性更有关系。如果 80% 的人认为某题与男性有关,那么就确定这些题目为男性题目。反之,如果 80% 的人认为某题与女性有关,那么就确定这些题目为女性题目。结果发现,男性对男性题目从众量小,女性对女性题目从众量小;相反,男性对女性题目、女性对男性题目从众量则较大。研究结果见表 14-1。

表 14-1 从众量与项目类型的交互分析

项目类型	男性项目	女性项目	中性项目	总计
男性从众量(%)	34.15	43.05	39.65	38.95
女性从众量(%)	42.75	34.55	39.10	38.80

这些研究告诉我们,男女两性的确存在一些差异,但是这些差异不完全来自生理上的差异,还可能受到社会环境和个人选择的双重影响。一方面,社会环境的影响非常大,弥散在社会中,让人不易辨别;另一方面,社会环境与个人因素相互作用,往往遮蔽了差异产生的社会环境的原因。

二、性别社会化

性别社会化是根据社会性别观念和社会性别角色要求塑造社会成员的过程。社会成员通过家庭、学校、媒体等教育和引导,逐渐了解自身的性别以及社会对该性别的期望和行为规范,并且按照这些规范行事,最终获得对性别身份的认同。

(一)社会化

婴儿出生后,最为周围人关注的莫过于他或她的性别。出生后,家人就会按照社会的习俗在各方面强化他或她的性别。例如,衣着打扮以及各方面的行为反应都会表现出性别的差异,例如女孩子梳辫子穿花衣,男孩子手拿玩具枪。一个小孩子刚刚会说话,就已经知道自己是男孩还是女孩,并且要按照社会要求的方式行为。

在中小学的语文课本中可以看到有关性别的一些社会观念,例如:科学家、企业家的形象多为男性;母亲的形象多是充满感情的、慈爱的,父亲则是刚毅的、有智慧的;男性的职业多是工程师、律师、医生,女性的职业多是教师、会计师、护士。

在一项关于媒体（电视、杂志）性别描写的分析研究中，研究者发现：①女性的代表性不够。例如在儿童的图画书中，主要角色中男性多于女性。在电影中，女性角色的比例大致在 20%~40%。②特定女性群体的代表性不够。在美国，有色人种的女性，特别是拉丁裔、亚裔以及土著女性很少出现在电视节目中。老年女性也很少受到重视。③用社会性别观念描写男女角色。例如，在大众电影、商业节目中，在职的男性多于女性，女性比男性更多地出现在家里。给女性看的杂志中，主要是美貌这类题材。④对女性用亲和取向来描述，对男性用行动取向来描述。媒体中性别刻板印象是很明显的。例如，在广告片中，介绍产品的专家画外音 90% 是男性的声音。⑤强调女性吸引力和性特征。当女性出现在广告、MTV 中，主要展现的是她们的容貌①。

整个社会对男女两性有着不同的角色期待，即男性特质（masculinity）与女性特质（feminity）。在这些特质中，很多积极的、健康的特质被划归为男性专属或者女性专属，因而，当一个人具有异性特质时，就会让他人感到不舒服，会给予其负面评价："你怎么这么婆婆妈妈的！""女孩子不像个女孩子！"

（二）性别的信念系统

性别信念系统包括性别刻板印象、性别角色态度、自我性别认同表征（Deaux and Lafrance,1998）。这一信念系统是一个知觉的过滤器（filter），个体通过它知觉他人。这一信念系统还反过来影响行动者，包括男性与女性、个人与群体。在两人互动中，双方会将自己的性别信念系统带入互动过程当中。社会还会形成关于性别的社会信念系统，它成为个体、人际、群际性别行为及性别关系的宏观社会心理背景。

1. 性别刻板印象。社会刻板印象是人类在知觉事物中发展出来的有利于快速加工和传递信息的认知方式（参见第三章，社会认知）。然而，当人类利用类别加工和传递信息并从中得到便利时，也因此受到刻板定型的局限，丧失了知觉的灵活性和变动性。在性别刻板印象（gender stereotypes）中，比较普遍存在的是对两性差异的看法（Bem,1974），认为两性必然拥有相互对立的心理特质以及对性别角色的固定看法，即认为两性应该成为（should be）什么特性的人（Fiske and Stevens, 1993）。这样，性别被简化为一些相互对立的原型特征（prototypicality）。性别差异心理学研究一般得出的结论是：男性倾向于具有较强的成就动机以及与此相关的一些特性，即男性特质；而女性具有较强的社会亲和动机以及与此相关的一些特性，即女性特质。这两种特质在男女两性身上是互斥的，因而可以看作一个维度的两极。男性特质与女性特质见表 14-2。

---

① ETAUGH C A, BRIDGES J S. The psychology of women: a lifespan perspective [M]. Boston: Allyn & Becon, 2003.

表 14-2　性别刻板印象

男性特质	女性特质
工具性	表达性
勇敢、严正、支配、强壮、独立、严肃、冒险、专制、有力、粗鲁、霸道、聪明、进取、主动、攻击、抱负	温柔、顺从、柔弱、细心、安静、依赖、敏感、同情、胆小、魅力、心软、坚韧、追求安全、缺乏主见、情绪多变

2. 性别态度与性别歧视。态度是价值观与信念的外在的、具体的表现,因此,性别态度也是性别信念的构成之一。性别角色态度的研究一般集中在传统性别态度和平等性别态度(egalitarian gender attitude)上。传统的个体预期、动机和行为选择等都会被性别化(be gendered)。在互联网上,当人们不易根据性别外在特征(如相貌、声音、服装、饰品)来判断一个人的真实性别时,往往是根据性别态度来推断其性别的。

基于个人或群体的性与性别而对其采取区别性或不平等性对待便构成了性别歧视。由于两性相区别的很多特征都具有较高的外显性和认知显著性,所以长久以来性别一直是群际区分的首要标准,深刻影响着社会观念、文化以及制度规范。如今,关于男女性别差异的偏差性态度和行为仍普遍存在于社会生活的方方面面。虽然男性也可能遭受性别歧视,但针对女性的歧视更多,女性遭受性别歧视的可能性更大,即在智商、能力、人格等涉及地位区分的特征方面女性群体更容易被贬低与排斥。

性别歧视使得女性的人身安全、受教育、就业等基本权利受到损害,在社会生活诸多方面处于更不利的境遇。例如,在教育领域,女性获得教育的机会更少,家庭内部人力资本投资更偏重男性的现象普遍存在,在农村、少数民族及西部地区,性别间的教育不公平更加突出。即便上学,人们对女学生学业成就的预期也不高,还经常低估女生在理工科内容方面的潜力。在就业领域,由于女职工性别角色的身份溢出和生育保障制度的国家缺位与责任下沉,企业在雇用不同性别员工时面临差异性的成本[1],结果导致女性的入职门槛更高、职场升迁机会更少、收入更低。有研究基于1988年、2002年、2013年三次"中国居民收入调查"数据发现,在改革开放30年间,性别收入差距巨大的现象已从低学历劳动者群体和私有部门内扩展到高学历劳动者群体和国有部门内,而且这种差距还将进一步延续趋同趋势[2]。接受过高等教育、位于收入高分位点的女性和没有接受过高等教育、位于收入低分

---

[1] 冯帅帅,梁小燕. 职场性别歧视研究:一个性别用工成本差异的视角[J]. 湖北社会科学,2022(2):49-56.

[2] 朱斌,徐良玉. 市场转型背景下性别收入差距的变迁[J]. 青年研究,2020(2):23-36.

位点的女性相比,甚至会遭遇更为严重的性别歧视,分别表现出性别歧视的"天花板效应"和"粘地板效应"①。

随着数字化社会治理的发展,性别歧视作用的范围也越来越广。因为程序员或者工程师编制的代码规则和所使用的数据库带有性别偏见,所以性别歧视也传播到算法中,从而加重了对女性的物化和数字化异化,加大了"数字性别鸿沟"②。例如,当在简历筛选、面试评价等环节使用计算机程序补充乃至取代人工时,算法可以通过甄别隐含性别信息获知对方性别,筛除女性求职者;还可以在统筹家政、代驾、保姆、外卖员等交易信息的共享经济平台上,做出更有利于男性员工的派单与计酬决策③。

性别歧视还表现在性别角色期待的单一化上。每个人都扮演着多重社会角色,本应体验丰富多彩的人生。但女性的人生脚本中却往往只有母亲、妻子和女儿等家庭内部角色。在传统性别角色观念中,一个女性如果没有履行好家庭责任,那么无论她的事业多么成功,她作为一个人也是不完美的。随着社会的发展、观念的进步,主流媒体报道和呈现女性多元社会身份的意识已经越来越强,主动用事实和科学数据打破既有性别刻板印象。

当代女性的劳动参与率已明显提高,双薪家庭也日益普遍,还有很多声音支持女性追求事业发展、呼吁男性承担更多家务。很多女性为了兼顾家庭,选择以非全日制、临时性和弹性工作等形式就业,但灵活就业并没有减少女性的工作时间,女性获得工作灵活性的代价是工资水平显著下降④。

未来要营造更有利于个体成长与发展的性别氛围与平等空间,社会需要更大力倡导健康和谐的性别观念、促进男性家庭责任的适当回归、加强社会支持分担青年女性的家庭责任,有效缓解女性角色冲突。

3. 性别身份认同。性别身份认同是社会认同中的一个方面(参见第十一章,社会认同)。社会心理学中的社会认同理论,其核心是探讨社会类别化的心理机制,也就是探讨个人如何与一个或多个社会类别、社会群体建立心理联系。

性别身份认同从人的婴儿期就开始了。婴儿在生活中慢慢意识到自己属于某一个性别群体,不仅具有身体上的性别特征,而且接受了社会对性别有关行为的规范,形成了一定的社会赞许的性别特质。在青春期,个体伴随着第二性征的出现和性别社会化过程获得了性别同一性(identity),获得性别"内群体"(ingroup)的概

---

① 袁晓燕,周业安. 性别歧视的分化:高等教育是幕后推手吗?[J]学术研究,2017(12):17-26.
② 阎天. 女性就业中的算法歧视:缘起、挑战与应对[J]. 妇女研究论丛,2021(5):64-72.
③ 张凌寒. 共享经济平台用工中的性别不平等及其法律应对[J]. 苏州大学学报(哲学社会科学版),2021(1):84-94.
④ 江求川,代亚萍. 照看子女、劳动参与和灵活就业:中国女性如何平衡家庭与工作[J]. 南方经济,2019(12):82-99.

念。个体由内群体概念而形成群体自尊、归属感和内群体偏好,即为自己所属的群体特征感到自豪,在行为和态度上偏向自己所属的内群体;由"外群体"(outgroup)概念而形成对外群体成员的排斥和负面的刻板印象。社会心理学认为,性别是一个群体类别。所以,认同性别不仅意味着个人将性别标签与自己相联系,而且要认同那些与自己共享着性别共同特征的人。

三、性别差异的来源

(一)性别的意义

1. 性别的生物学意义。性别的生物学基础是指从遗传构成、解剖和繁殖功能等方面对人进行性别分类的依据。生物学意义上的性(sex)是由染色体、性腺和激素、内外生殖器官和脑的组织所限定的(Etaugh and Bridges,2001,2003)。性别的生理差异成为男女识别的基础。

2. 性别的心理学意义。自埃利斯(Ellis)于1894年出版《男性与女性》一书起,男女差异问题在心理学界已经被讨论了一个世纪(Morawski,1996),相关研究在20世纪的最后十年中快速增加。在心理学性别差异的视角(sex difference approach)下,大量关于男性心理特质与女性心理特质、性别心理差异与性别生理基础之间的关系、性别心理的发展等方面的知识已有大量累积,形成了心理学中的性别心理学分支学科。性别差异心理学研究,其重点在于探讨性别心理过程的差异以及性别心理特质的差异是否存在、差异的程度、差异的生理和社会基础、差异的发展(Bem,1981;Beall and Sternberg,1993;Brannon,1996)。这一取向的研究发现了基于解剖学、生理学和早期经验形成的在外貌、态度与行为上可以将两性分开的特质(Lenney,1990,1997)。在对差异影响源的解释上,研究者或持生物因素观点,强调自然(nature);或持社会化因素观点,强调教化(nurture);或二者兼而有之。性别心理的视角注重的是性别差异的存在及性别特征本身,对性别身份获得机制的认识也局限于生理规定和社会建构两个方面。

3. 性别的社会学意义。探讨性别差异形成的社会原因使我们看到了性别是被社会赋予了一定的社会文化意义的,是一个社会化(socialized)了的概念。这样,性别成为定义社会成员社会关系、社会权利和权力、社会地位、社会行为的指标之一,它不仅根据社会期望规范了个体的性别角色行为,也确定了个体的性别群体归属。所以,性别不过是一个容器,不同的社会制度将不同的社会意义灌入其中。

当性别成为社会文化体系中规范人们社会认知、交往方式,社会地位获得,整合社会和维系等级制度的社会文化设计中一个不可或缺的类别时,性别角色便是人们与所在社会文化之间关系的显现,也是建构所在社会文化的因素之一。性别的含义也就成为一个社会的社会文化特性的标志之一,它彰显和生成了一个社会的性别权力关系和体现这一关系的象征符号体系。

社会学关于性别社会学的研究不仅注意到了社会成员存在社会性别角色的社会化过程,而且着力发现和解释以下内容:这一发生在社会成员心理与行为层面上的过程经由怎样的社会文化制度形塑而完成;在个人与制度的互动中,制度对人来说有着怎样的功能;文化和社会关于性别的价值观如何通过家庭关系、学校教育、习俗、舆论、社会声望等各种社会化机制,使社会成员不知不觉地将社会价值观转化为自己关于性别的个人价值观。同时,在某种社会性别文化制度下,社会群体及其群体间的关系必然会具有某种被性别化了的特殊性。因此,社会性别在社会结构、社会群体及关系、社会组织、社会变迁、社会运动、社会问题等方面都是一个有影响力的解释变量。

4. 性别的社会心理学意义。从性别的社会意义可以看到性别差异心理学的根本局限。正如性别社会心理学家贝姆(Bem,1993)指出,心理学关于性别的研究有三个潜在的假设:①性别极化(gender polarization);②男性利益中心主义(androcentrism);③生物本质主义(biological essentialism)。从社会心理学的角度看,简单寻找性别差异的研究取向是不够的。在这一框架下的分析往往强调性别之间的对立而不是相互的交融,强调个体而不是环境,强调生物基础或早期社会化而不是在社会架构中当前两性具有的不同和不平等的地位处境。性别差异的分析框架是把差异看作是固定的而不是变动的,因此将一个复杂的问题过于简单化了(Deaux and Major,1987)。

(二)社会心理学关于"情境中的社会性别"的模式

与心理学关于性别差异的研究不同,社会心理学家多克斯和梅杰(Deaux and Major,1987)提出了关于"情境中的社会性别"的模式(gender-in-context model),该模式强调性别的动力变化、性别存在和活动的社会场域具有的重要性。这一模式的假设是性别行为是被环境高度影响的和变动的,可以分解为以下三个互动因素:①个体(自我、被知觉者),具有自我概念和对情境的活动目的;②另一个个体(他人、知觉者),具有性别信念系统与预期的人;③情境,可以使性别因素凸显或隐匿。

在强调人际互动、人与环境互动的视角下,交往中的社会行动者双方都具有对性别的信念系统与解释系统,社会也具有性别信念系统与解释系统,而且,个人具有对自我行为的对方反应预期和应对策略。因此,性别社会信念系统的形成、保持以及改变是个体与他人及社会相互作用的结果。一个人不可能不卷入社会生活,在卷入社会生活时,又不能不在意社会性别信念系统与正在判断和评价自己的他人,因而也不可能不参与社会性别角色规范的形成、保持以及改变的过程。同时,个人对这些社会规范和性别的社会信念系统是存在个人自身的解释和应对选择的,并非亦步亦趋地遵奉这些规范。

在这一领域中,有两方面的研究值得注意。其一,发现了性别极化的本质在于性别知觉的图式是社会性的;其二,发现了社会情境的弹性与个体和社会之间的谈判空间。这两方面的研究既凸显了社会在性别刻板印象的形成中所起的决定性作用,也揭示了社会与个体的互动过程。

第一个方面的研究以贝姆(Bem,1974)挑战了旧有人格理论中关于性别特质的结论为代表。人格理论一般把男性特质与女性特质视为一个维度的两极。因此,个体或具有男性特质,或具有女性特质,二者必有其一。贝姆则提出,两性特质不是对立的两极,而是各自独立的两个维度。在这一观点之下,她发展出测量男性特质与女性特质的测量工具——"Bem 性别角色调查"(Bem sex role inventory, BSRI,1974)(Lenney,1990,1997)。她在测量中发现,有些个体在男性特质上得分较高,而在女性特质上得分较低;有些个体在女性特质上得分较高,而在男性特质上得分较低;还有些个体在男性特质与女性特质的量表中得分都很高。这样,她提出了男性化(masculinity)、女性化(femininity)的性别类型之外的一个新的类别——男女双性化(androgyny)类别(见表14-3),从而使社会心理学家认识到,两极化的性别知觉(极化刻板印象)是人们知觉与性别相关行为的方式,或者说是一种性别图式(gender schema)。极化刻板印象不仅决定了人们会看到什么,也决定了人们不会看到什么。性别成为组织信息的原则不是必然的,而是在一定的社会实践中在社会规范的强调下逐渐形成的(Bem,1981)。

表14-3 男性化、女性化与双性化

		男性化	
		高	低
女性化	高	双性化	女性化
	低	男性化	未分化

对性别刻板印象规定性的研究发现,性别特质并非像性别刻板印象表达出来的那样,只有中心化的性别特质。通过社会赞许,社会制度安排表现为一个可被建构的场域和具体的选择过程,因此性别特质表现为多种类型(Prentice and Carranza,2002)。在这一场域和选择过程之间,则是人与社会的谈判和协商的空间。在这一空间里面,个人的能动性、特殊性便可以凸显出来。在个人的社会行动中,不同的类型之间也将出现渗透和变动。这种渗透和变动的后果便可能是对社会信念系统的颠覆、改变和重新建构。普伦蒂斯(Prentice)和卡兰萨(Carranza)以两个维度来对其进行分类:一个维度是社会是否赞许,也就是某一性别"应该做"(should be)或"不应该做"(shouldn't be)的特质;另一个维度是社会的宽容度,也就是某一性别"允许去做"(are allowed to be)或"不必须去做"(don't have to be)的特质。详见表14-4。

表 14-4　性别特质与社会赞许性

	社会严格	社会宽容
社会赞许	性别上严格规定（应该做）：与一般人相比，对女性更要求做到，如善良、忠诚	性别上放松规定（不必须去做）：与一般人相比，对女性不特别要求做到，如智慧、成熟
社会不赞许	性别上严格禁止（不应该做）：与一般人相比，要求女性更不应这样做，如控制、固执	性别上放松禁止（允许去做）：与一般人相比，对女性不特别禁止出现，如幼稚、情绪化

上述两方面的研究告诉我们，性别刻板印象是一种建构，是一种组织信息的方式，尽管社会文化对性别有一定的规定性，但是仍然有一些弹性和变化空间。

关于性别的诸种学科视角并不是相互孤立的。性别这一分类的特殊性表现在两方面：其一，性别被刻板化。性别的社会意义依附在它的生理意义之上，生理意义不易改变的特性造成社会意义的先赋性和天然性的假象。性别生理影响到性别心理及性别社会心理，使性别在作为社会身份的认同中与种族、年龄等最少变动的类别（category）相似，在自我认知（self cognition）和社会认知（social cognition）中最容易形成社会刻板印象（social stereotype，即在心理上对性别特征和意义的中心化过程），随后赋予价值评价。于是，其社会意义对生理意义的附着就更紧密，更容易以生理意义界定和解释其社会意义，先赋性（ascription）对获得性（achievement）的限定也越强。其二，性别被对立化。性别的生理属性主要被分为男女两类而不是多类（或两极之间存在较大的变动空间，或存在可被人们操纵变动的性别倾向），因此，上述中心化过程又表现为极化（polarization）过程。附着在生理意义上的性别社会属性更可能演化为有区分的、两两对应的甚至相互对立的性质，包含着权力意味和道德意味。于是，差异对应摇身变成了矛盾对立。例如，男性强壮，女性柔韧，其中生理意义和社会意义并存，并延伸到社会角色分工期望和规定、文化象征和隐喻，甚至先定的权力地位关系（主导或服从）和道德评价与价值评价（好或不好、重要或不重要）等方面。

正由于社会文化赋予性别这样的意义，任何社会文化设计中都不能没有性别社会文化设计，任何社会权力系统都不能放弃性别权力系统。在个体社会心理及群体社会心理中，性别都不可能只具有生物学意义上的区别，它必然也是一个带有丰富社会文化意义的符号或象征和知觉图式，必然也是一类社会沟通的语言和归属依据，必然也是一套令人或安适其中或若有所失或倍感压抑的行为规矩。

第二节 女性性别身份认同的特殊性

如前所述,个体在完成个人认同(如在自我概念中形成"我是一个女性"的性别认定)的同时,也必然相应获得社会类别(如在群体归属中形成"我是女性中的一员"的类别化认定)的认同。于是,通过这两个相互连带的过程,性别的意义以及建构这一意义可能拥有的空间便在某种程度上被潜在地规定了。

性别身份认同包括三个方面:①完成个人的性别同一性;②获得作为一个社会类别的认同,也就是个体通过性别认同这一过程,创造出一个与某一个社会类别的心理联系(psychological link);③对作为男性特质或女性特质的性别认同。由于性别本身的社会属性,女性性别身份认同与其他社会认同有所不同。

一、社会比较的单一性

当性别身份认同发生时,即在一定情境中完成性别的自我类别化的同时,女性总(或者只有、不得不)将男性作为外群体进行比较,男性也如此(Skevington and Backer,1989;Williams and Giles,1978)。性别比较中比较对象是单一的,比较的后果则增强了两性差异的二元对立。男、女两大阵营(intergroup)的差异往往掩盖了对女性内部、男性内部的组内(intragroup)差异的知觉。这种认知图式很容易导致刻板印象和对性别差异的生物学角度以及社会教化的归因,而使社会类别的先赋性、固定性被特别凸显出来。于是,身份认同本身具有的社会心理联系被生物联系和心理联系替换了,能动的选择性也被顺应和服从社会安排和角色要求取代了。

二、内群体自尊的缺乏

内群体认同的普遍效应——自尊的提高和对外群体的排斥和贬低——在女性性别身份认同的过程中并不典型。一般的社会认同都会导致内群体偏好(ingroup bias)和外群体偏见,因为个体归属了一个群体或类别之后,会增强自己的自尊心(self esteem)。米兹拉希(Mizrahi)和多克斯(Deaux)有一个值得注意的发现:仅仅在男性的性别认同中才存在内群体偏好和外群体偏见;在女性中,性别认同的强度表现在对内群体的集体情感上,而不表现在与外群体的比较上(Deaux and Lafrance,1998)。女性在社会中的地位较低、社会权力较小,而进行比较的参照群体只有一个,因此,女性进行的社会比较是别无选择地"向上比较"。她们无法借助"向下比较"获得一种"比上不足,比下有余"的心理慰藉。认同女性,意味着对较低地位的接受,意味着对诸多负面心理特质的接受。因此,女性性别身份的认同反而会给女性带来一些负面的影响或矛盾的心理体验,而不是健康乐观的心理体验,例如自卑、边缘、不自信、厌弃自身的女性性别、无奈、放弃、自足。她们向往、高估男性性别特征和性别身份。在一项调查中研究者发现,在校女大学生与在职女员工中,有36%和47%的人宁愿选择男性性别(钱焕琦,2000)。相关的研究发现:女性即便在成功时亦感到焦虑(朱晓映,2002),避讳"女强人"等提法(周毅刚,1997)。可以明显看出,女性的性别身份认同与男性性别身份认同相比是不对称和不平等的。在社会刻板印象较为严重的社会中,女性性别身份认同与弱势群体,如残疾人、老年人、美国黑人、少数族群等群体的身份认同较为类似,会出现类似"类别自恨"现象。当然,性别身份认同并不必然带来女性的自卑。曾有报告显示,在女大学生群体中,这样的认同困境并不特别显著,如女大学生倾向于认为女性比男性有更多的优点(钱铭怡等,1999)。这恐怕因为在个人认同中,社会地位、阶层认同对自尊起了更大的作用。

有研究发现,在某一个情境中,如男女数量相等时,在对待一个事物的看法上,如果男女态度明显不同,性别就会凸显出来;如果有些男性的观点与有些女性相同,而另一些男性的观点与另一些女性相同,那么性别就不会凸显出来(Hogg,1987)。在女性内部,性别因素不再凸显,个人的成就要依赖个人的努力和优秀的个人特质,因而女性在女性群体中就会表现出较高的领导才能、成就动机和自信。不与异性进行社会比较可能是其原因。有一项研究表明了男孩在场对女孩行为的影响。女孩们在一起玩球时表现得很有竞争性,在男孩加入后,女孩的行为发生了很大的变化,她们显得比较害羞和被动(朱莉琪、方富熹,1998)。此外,对于非传统的女性,性别处于更中心的位置,更带有积极的意义;而对传统女性来说,性别更带有负面的意义(Gurin and Markus,1989)。

女性获得女性个体和群体性别独特性的后果中存在着内在的矛盾和紧张。一方面,个体因性别社会刻板印象而知觉到女性性别地位低于男性,形成自卑、顺从、逃避、退缩、退化、放弃等消极情绪体验;另一方面,个体因归属女性性别群体而形成相应的归属感、力量感、安全感、自尊和骄傲以及自我概念的完整性。从积极的角度看,这一矛盾可能一方面使女性产生变换性别的动机,渴望成为男性或渴望摆脱性别的束缚,成为双性化或无性化个体;另一方面使女性产生坚守和珍爱女性性别的自觉和动机,或赋予女性性别以新的社会价值,要求社会给予女性性别群体以更大更高的社会权力和社会地位,或夸大女性性别角色的功能。从消极的角度看,这一矛盾有可能形成放弃的、被动的性别认同。

三、性别认同的可变性和建构性

女性性别身份认同的上述两个特点说明了性别认同对女性的特殊性,而性别双性化、建构主义、进化心理学以及社会心理学"环境中的性别"的理论视角发现了社会制度安排中女性性别认同的可变性和建构性,提供了改变女性身份认同负面效应的某种可能。

(一)性别双性化的视角

性别双性化的视角以贝姆发展出的测量男性特质与女性特质的测量工具——"Bem 性别角色调查"为代表。贝姆在测量中发现,男性特质与女性特质不是非此即彼的单一维度上的两极,而是相互独立的两个维度,那些在男性特质上得分较高、在女性特质上得分也较高的人被称为双性化的人,实际上重新建构了自己的性别特质。

(二)进化心理学的视角

进化心理学的视角不同意性别社会角色的观点,认为人们不是性别角色的被动接受者,而是主动适应策略的化身。在进化史上,男性和女性面对着不同的适应问题,男性需要选择有性魅力的女性,而女性需要选择有能力为家庭提供资源、有竞争力的男性以便应对生存环境。当两性面对的问题一致时,性别差异就会消失(Buss,1995;Buss and Kenrick,1998)。从性别差异形成的进化史来看,性别的意义是被建构出来的。

(三)建构主义和后现代的视角

建构主义和后现代的视角认为,应关注一个人建构什么性别(one dose not have a gender, one does gender, West and Zimmerman, 1987)。性别不是一个个体的特质,而是一个动力的建构,它将社会互动特殊化了。以沟通为例,性别差异取向对沟通的研究集中在男性女性使用不同的言语、非言语方式的差异上。进化论取向关注的是性别差异的适应策略的意义,建构主义则把沟通看作一系列与社会环境谈判的策略,这一社会环境由于各种原因已经被性别化了。

(四)在环境背景中的性别的视角

性别是动力的和相互依赖的概念。在环境背景中的性别的视角并不否认生物学、社会化的影响,但强调与性别有关的行为的弹性、变化性和偶然性。在特定社会文化历史背景中,情境既可能凸显性别,也可能隐匿性别。

例如,新中国成立之初,在妇女解放思潮的影响下,很多妇女被动员参与社会生产和公共劳动。以往只有男性才能进入的领域有了女性的身影,如女火车司机、女拖拉机手、女远洋轮船船长……各行各业(甚至包括石油、冶炼、铸造等需要重体力的行业)涌现了不少独具特色的"铁姑娘"现象。在各种媒体的宣传报道和文艺作品的描摹中,铁姑娘被去性别化了,其形象是高度"原型化"的革命热情、无私品格、阳刚气质和朴素穿着的结合体,女性特质消失殆尽。在这种全新的性别文化中,妇女作为妻子、母亲的传统性别角色被弱化了,而在参与集体劳动的过程中拥有了自身独立的价值①。新中国女性劳动者形象的塑造更主要的目的是进行劳动

---

① 赵丁琪. 新中国妇女解放运动历史回顾及若干问题辨析[J]. 思想理论教育导刊,2021(12):74-79.

力动员,也有助于彰显新中国劳动妇女生活与命运的巨大转变和新中国工业化建设的成就。①

作为一个类别分类系统,性别与种族(民族)、阶层、世代的分类在现实生活中是相互缠绕和相互嵌入的。理解性别这一社会类别,不能单纯从性别本身这一个角度去考虑,而应该将性别放入社会、历史和文化的思考框架中。本书限于篇幅,未能对阶层群体、种族或民族群体、年龄群体进行专章讲解,但读者可以借助性别分析,举一反三,对其他社会类别的社会心理现象进行思考。

专栏 14-1

印象与想象——减肥瘦身、注重容貌现象的社会心理学分析

不知道从什么时候开始,人们变得重视自己的外表和容貌。"整形""美容""人造美女""减肥""瘦身""美容店""减肥营"等词汇通过报刊、电视、网络、户外广告等媒体逐渐进入百姓的生活。媒体也不断报道一些人勇敢地重塑自己的面容或者减肥成功的例子。环顾周围,年轻人似乎都认为减肥瘦身、注重外貌是一件符合现代生活要求的事。

从社会心理学的角度来看,形成这种社会现象的原因除了现代的健康意识在增强以外,还有社会认知以及社会转型对人的影响这两方面。

一、身体刻板印象

(一)美丽刻板印象

人在知觉他人的过程中可能出现某些偏差。国外一位心理学家凯伦·黛安(Karen Dian)进行过这样一个小研究,她分别向两组被研究者展示了两幅长相不同的小女孩的照片,请被研究者回答:当你听到有人告诉你这个 7 岁的女孩子正向一条睡着的狗扔石头,你会怎么想?结果发现,看到"具有魅力的照片"的人普遍认为"她看起来是一个非常可爱的女孩,有礼貌,她能与同龄人相处得很好,对她的冷酷不必当真",而看到"不具有魅力的照片"的人普遍认为"这个孩子很讨厌,是老师的麻烦,可能会向同龄人挑衅"。

这个现象也被社会心理学家称为美丽刻板印象。在这种刻板印象的作用下,我们在加工信息时,会本能地比较喜欢那些符合时代审美标准的人,忽略、排斥或歧视那些不那么符合时代审美标准的人。于是会导致一些女性因身材不够标准而

---

① 刘传霞. 新中国初期女司机形象的生成与多重文化意义:以电影剧本《女司机》《马兰花开》为例[J]. 南开学报(哲学社会科学版),2018(2):121-129.

自信心不足,不能悦纳自己,或担心受到排斥而过于重视外表,把大量的金钱和精力用在减肥或美容上,忽视了内在品质的培养。

(二) 外貌倾向主义

过去我们的社会是一种熟人社会,人与人之间有着充分的、直接的互动。因此,我们在对他人进行判断的时候常常坚信"路遥知马力,日久见人心",我们的社会教化也强调做道德高尚、"心灵美"的人。随着社会生活节奏的加快、社会流动的增加,熟人社会渐渐为生人社会所取代。交易在短短的瞬间就可以结束,两人分手后就会分别消失在茫茫人海当中,人们无须也无力考察对方的个人品行。专家以及信任和信用制度为我们快速建立信任提供了保障。同时,很多重大的人生机遇也可能发生在短暂的面试中。于是,人对他人的判断会更多地利用第一印象,特别是外貌印象。这就催生了外貌倾向主义(lookism),即相信外貌能决定个人优越或人生成败,导致过于执着于自身外貌的现象。在过多依赖第一印象的人际交往中,被判断的人就会有意或无意地进行"印象管理"或"印象控制",通过减肥瘦身以及美容来得到他人的好印象。

印象的形成本来要利用多种信息,包括外表、言语线索、非言语线索和行为,印象的形成还要经过长时间的一个过程。例如,在熟人社会中如果出现了陌生人,我们会从第一印象开始进行印象的积累,逐渐通过"听其言、观其行"来丰富对一个人的了解。但是,现代社会生活常常让人们擦肩而过,人们需要在难得的机会中把握自己的命运。因此,第一印象成了人们对他人进行判断的关键。其中身材容貌又成为人们形成第一印象时首先映入眼帘的信息。第一印象带来的"首因效应"(也就是我们通常所说的"先入为主"的信息加工效应)以及美丽刻板印象,一方面很容易导致错误的判断,另一方面会导致外貌倾向主义,使人执着于外貌而不是品行。

二、身体想象的单一化

在我们目前生活的社会中,社会的转型过程可以通过人们对身体的想象(body imaging)表现出来。以往人对身体的想象会受到人格气质刻板化的影响,例如认为瘦人心重,胖者心宽,矮个光长心眼不长个子;还会受到社会地位刻板化的影响,例如认为过瘦的人家境贫寒,大腹便便的人腰缠万贯。这些刻板印象来自熟人社会的日常生活经验。

到了现代社会,传统的身体想象被重新社会化了,我们通过无所不在的传媒宣传、风行的芭比娃娃、世界选美小姐、好莱坞电影明星、时装模特表演看到了社会对人的身材、容貌的期望和评价。人的外形美被标准化了,与此不相吻合的便会被淘汰出局。人对自己的身体想象被审美化了,我们几乎无法避免地落入瘦即美、胖即丑的思维窠臼。而这些审美标准却是身体想象被商业化的结果,广告、模特、成衣制造以其无法阻挡的力量塑造着人们的身体想象,并通过这一想象控制了人们的消费选择。同时,这种商品化的身体想象还被赋予了道德的含义,人们会固执地认为胖人不懂得节制、胖人会有某些心理问题等。

在一个日益价值多元化的现代社会中,身体审美价值观却被工商业塑造得越来越单一化,身体的想象也被单一化了。身体想象的单一化体现了现代社会隐藏着的某种权力控制关系。在一个人主动刻苦减肥的努力中,在为美容花费的金钱中,不难看到控制与反控制力量的相互缠绕。

思考题

1. 请分析社会上存在的性别刻板印象有哪些。
2. 互联网的出现是否会为性别身份认同提供新的空间?网上的性别角色行为是怎样的?其与现实生活有何不同?

拓展阅读

1. DEAUX K, LAFRANCE M. Gender [M]//GILBERT D T, FISKE S T, LINDZEY G. The handbook of social psychology. Boston: The McCraw-Hill Co. Inc, 1998:788-827.
2. ETAUGH C A, BRIDGES J S. The psychology of women: a lifespan perspective [M]. Boston: Allyn & Becon, 2001. (女性心理学[M]. 苏彦捷, 等译. 北京: 北京大学出版社, 2003.)

第十五章　社会偏见与歧视

群体间的社会偏见和歧视是如何发生的？
社会偏见和歧视如何影响我们对外群体成员和群际关系的认识？
受到歧视的社会成员会如何解释这些歧视？
群体之间如何减少歧视？

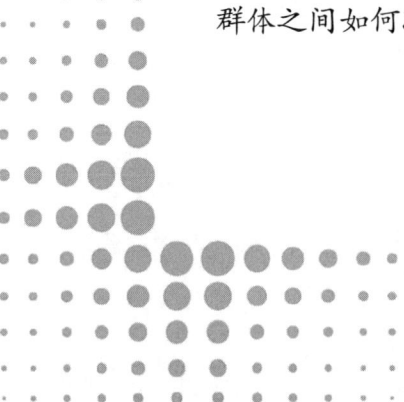

第十五章

社会偏见与歧视

学习要点与要求

要点：群体间的社会偏见和歧视是很常见的现象。本章从群际关系的视角介绍了社会偏见与歧视的概念和主要类型、社会歧视的社会心理原因以及影响，还探讨了减少社会偏见与歧视的途径。

要求：①了解偏见与歧视的概念及在社会生活中的表现；②掌握社会心理学对产生偏见、歧视的分析与解释；③对减少偏见与歧视的理论进行分析，了解其使用范围和条件。

在我们的社会生活中，群体或社会类别间的偏见与歧视是司空见惯的现象，然而，人们都明白歧视他人和受到歧视并不是好事。这就给我们提出了一个问题：偏见和歧视到底是如何发生的？在本书的第三章，我们介绍了社会偏见形成的认知原因和类型。在本书的第十一章，我们介绍了社会认同带来的内群体偏私以及外群体成员同质性的效应。这些都是理解社会偏见与歧视的基础。在第十四章，我们还特别讨论了类别化和刻板印象引起的性别偏见与对女性的性别歧视。在这一章，我们将从群际关系和社会类别关系的角度探讨社会偏见与歧视的类型、原因和减少社会偏见与歧视的途径。

第一节 偏见与歧视的概念及类型

为了快速和有效地加工社会信息，人们习惯把他人根据一些特征进行快速的类别分类。然而这种分类常常夸大群体间的差异和群体内的一致性。这种社会认知现象就成为社会偏见形成的认知心理基础。社会心理学家发现，人们如何使用社会信息将影响到他的态度与行为。当人们创造和使用社会类别来加工信息后，出现刻板印象、偏见和歧视的可能性也在增大，因为人们倾向于用两个类别来看世界，即我们与他们。

一、偏见与歧视的概念

（一）概念

英文"prejudice"（偏见）一词来源于拉丁词 prae 和 judicium，是 pre-judgment（事先判断）的意思。可以说，社会偏见无处不在，在不同的社会类别和群体之间都可能存在偏见。例如，体力劳动者看不起知识分子，说他们"四体不勤、五谷不分"；知识分子看不起体力劳动者，说他们"头脑简单，四肢发达"。偏见经常被强势群体强加在弱势群体之上，也同样被弱势群体强加在强势群体之上；偏见会发生在群体之间，也会发生在人与人之间，甚至自己也会形成对自己的偏见。可以看看你的周围,是不是听到过这样的说法:"男生都是这样""女生没一个例外"。伴随着社会的进步,有些社会偏见变得不易察觉,但是可能在一定程度上仍然影响着人们的行为。

奥尔波特在其经典著作《偏见的本质》(1954)①一书中指出,偏见包括三种心理成分:①认知。偏见是一个喜好或不喜好的态度,是一个普遍化了的(overgenerationalized)和错误的信念。②情感。偏见伴随着很强烈的情感,通常这种情感是负面的,例如反感、厌恶、憎恨等。③意向。偏见隐含着一系列的行为意向,但不一定引发持有偏见者的个人行为。从这一经典观点中我们可以看到:首先,偏见作为一种态度,包含着态度的 A、B、C 三种成分(参见第四章,态度及其改变)。严格来说,社会偏见包括正面和负面的偏见,而我们平时所说的偏见一般为负面的。其次,社会偏见有广泛的社会基础,是一种社会群体共识性的态度,特别在社会优势群体中被普遍接受,因而容易为人们所忽视,以至长期对他人带有偏见而毫无觉察。最后,这种偏见是错误的,有些是有违于社会公正的。对这一点,一些社会心理学家持有不同看法,他们认为,有些社会偏见并没有对错之分,有可能是积极的偏见,也有可能是消极的偏见。例如,人们对法国人的刻板印象是浪漫,对德国人的刻板印象是严谨,对意大利人的刻板印象是拥有艺术气质。将这些刻板印象用于判断个别人和应对交往情境,可能是不准确的,但带来的偏见不一定是负面的和不公正的。因而,近年来,社会心理学家致力于解释偏见与歧视的社会心理原因,特别从群际关系的视角来重审偏见概念,而不仅仅从个人的态度和价值观角度来进行解释。

歧视指因某一个人属于某特定群体或社会类别(将他与他们连接起来)而对该个体实行不公正的、负面的和伤害性的区别对待,这种对待也会发生在群体与群体之间。可见,歧视是一种与社会刻板印象及社会偏见紧密相关的行为。因此,社会心理学的研究一般都从这三者之间的关系来进行,并统称为 SPD(刻板印象、偏见、歧视三个英文词的首字母)。

(二) 内隐与外显

偏见和歧视的对象一般存在于显著的社会类别之间,例如种族与族群、国家、性别与性取向、年龄、能力、外貌、城乡、职业、经济社会地位、语言、政治态度、特殊疾病(例如艾滋病、精神病)等。

从表现形态来看,歧视可以分为以下三种类型。

1. 外显的歧视(blatant discrimination)。这类歧视行为是明显不公平的、伤害他人的,并且是显而易见的,被众人谴责甚至是被法律禁止的,例如就业中对残障人士歧视、对女性歧视等。

---

① ALLPORT G W. The nature of prejudice[M]. Cambridge, MA: Perseus Books, 1954.

2. 微妙、内隐的歧视(subtle discrimination)。很多偏见与歧视是不明显的、隐蔽的,甚至被当事者视为当然。例如,公共场所男女厕所的设计,从面积上看似是平等的,但是,因为没有照顾到女性的生理特点而隐含着一种歧视。这种歧视常常是无意识的,而以社会习俗的方式表现出来。在社会上,公开地表现出种族歧视、性别歧视、宗教歧视或民族歧视已经被认为是错误的,因而有些人迫于社会压力或者自己有意图克服偏见和歧视的动机而尽可能控制自己的偏见情绪,这就使得偏见和歧视变得更为微妙和内隐。

3. 隐蔽的歧视(covert discrimination)。这种歧视是被有意隐藏或遮盖起来的。

(三) 社会污名化

污名是一种负面的社会刻板印象。污名(stigma)是由古希腊的两个词"stig"和"mark"结合而成的。在古希腊,污名是指烙在奴隶、罪犯或叛徒身上的标记,带有该印记的人是该受责备、被回避的。污名指一个极度不名誉的特质,拥有该特质的人将被贬低,并被认为是有污点的、不正常的人。被污名者被贴上了坏的标签,并且作为被贬低的类别与社会其他类别分离,更为关键的是,对这些丧失了地位和名誉的人们的污名恰恰是当时政治、经济、社会、文化所赞许、支持或默许的。

戈夫曼(Goffman,1963)根据引起污名的原因将污名分为三类:①生理缺陷(physical deformities)引起的污名,如身体畸形、残废等;②个人特性缺陷(blemishes of individual character)引起的污名,如精神失常等;③所属群体身份(tribal identities)引起的污名,如宗教信仰、性别、肤色等(参见专栏15-1)。

林克和费伦(Link and Phelan,2001)从影响个体行为的社会文化背景与过程的层面审视污名概念,强调社会、经济、政治的力量在污名生产和再生产过程中的作用,认为污名由五个要素共同构成。第一,区分并对人的差异贴标签(distinguishing and labeling differences);第二,主流文化观念将被贴标签者与不受欢迎的性格特征(即消极的刻板印象,negative stereotypes)相联系;第三,主流群体为了在一定程度上把"我们"从"他们"中分离出来,将被标签人置于独特的类别中(separation of "us" from "them");第四,被贴标签者经历地位丧失和歧视(status loss and discrimination);第五,污名化过程能否实现完全取决于社会、经济和政治权力的可得性。污名是权力差异的产物,只有当施污、受污两个群体的权力差异足以让前述过程得以展现时,才会出现污名化。

二、歧视的水平与常见种类

(一) 歧视的水平

为了方便分析,社会心理学家将歧视现象分为四种水平:

其一,人际水平。这种歧视直接针对个人,因而是个人之间的歧视。

其二,制度水平。这种歧视体现在社会规范、体制和政策上,例如家庭的分家和继承遗产的制度、教育中的考试体系、司法制度等都可能存在不同程度、不同种类的歧视。

其三,组织水平。这是指在特殊的组织背景下出现的歧视,例如对新老员工的不同对待,对本地与外地员工的不同对待等。

其四,文化水平。这是指在文字、音乐、道德风俗、信仰、意识形态中出现的歧视。例如,美国文化来源于欧洲,因此在美国,体貌特征越接近欧洲人,越被认为漂亮、帅气和更具有魅力。

(二)歧视的种类

社会歧视的种类有很多,常见的有种族歧视、年龄歧视、性别歧视、身材歧视、精神疾病歧视、外地人歧视等。

1. 种族歧视。种族歧视(racism)是指基于种族和族群的偏见与歧视。研究发现,自20世纪40年代起,美国人的种族歧视水平已经出现了明显的改变(参见图15-1)[1]。

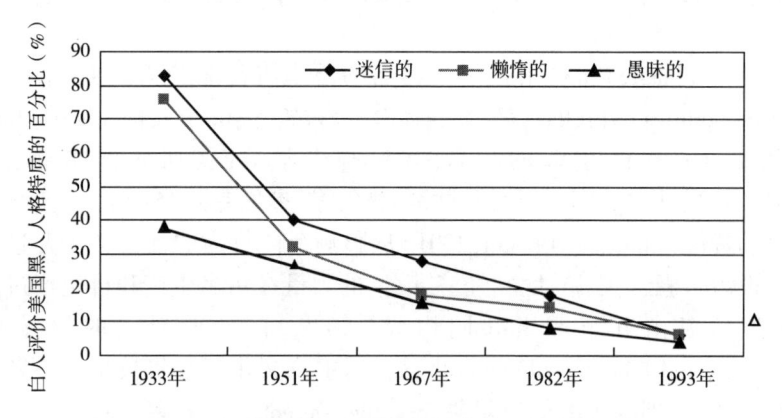

图 15-1 美国白人贬损美国黑人情况的改变趋势

但是,种族歧视依然以潜在和微妙的形式存在。社会心理学家从社会距离(例如通婚)、内隐测验来发现种族歧视的存在水平[2]。内隐态度测验(IAT)发现,当白人被试对电脑呈现的典型的黑人面容图像和典型的白人面容图像匹配相关的消极词汇时,测量到的反应时间并未出现显著差异,但是,匹配积极的词汇时,对黑人的积极词汇花费的时间比白人更长(参见图15-2)。

---

[1] HOGG M A, VAUGHAN G M. Social psychology[M]. 2nd ed. London:Prentice Hall,1995:319.
[2] 参见:https://implicit.harvard.edu/implicit/demo/.

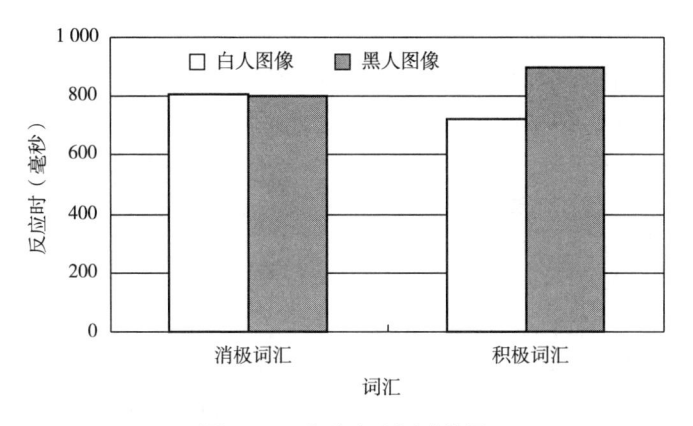

图 15-2　内隐态度测验结果

2. 年龄歧视。年龄歧视(ageism)是指基于年龄的偏见与歧视,既包含针对年幼者的歧视,也包含针对年老者的歧视。在传统社会,老年人作为社会经验的拥有者,占据着十分重要的地位,这种社会被文化人类学家称为"前喻社会"。而在现代社会,知识更新快,拥有新知识的年轻人的价值变得更为重要,而老年人的经验变得几乎毫无用处,这种社会被相应称为"后喻社会"。因而,对老年人的歧视也就普遍起来。老年歧视会影响个体的行为、自我老化接受度、心理健康状况、生活方式以及择业,使得老年人变得更加容易孤独和边缘化。自世界很多国家或城市进入老龄化社会后,年龄歧视(通常特指对老年人的歧视)受到越来越多研究者的关注。研究认为,缺少代际接触、缺乏对老化知识的了解是人们形成老年歧视的主要原因,而要帮助人们改变老化的消极刻板印象,应该了解老化知识信息、讨论老龄化问题,以及与老年人直接接触,尤其是进行高质量的代际接触[①]。

3. 精神疾病歧视。精神疾病歧视指基于精神/心理疾病的偏见与歧视,歧视的对象不仅包括罹患精神疾病的患者本人,还经常牵连患者家属甚至精神科医务人员。精神疾病患者被认为是"愚蠢""危险""不可救药"的,甚至曾一度被认为是"魔鬼化身""鬼魂附体"的。面对印象中"不可预测""沟通困难""性格缺陷""需要照料"的精神疾病患者,很多人都充满了恐惧,进而在教育、求职、住房等诸多社会领域对其孤立、排斥,甚至迫害。更为负面的效应是,患者本人最终也将内化疾病污名,认同别人对自己的偏见。这严重阻碍了精神疾病患者恢复健康和回归社会。

三、偏见和歧视的来源

在有关社会认知的章节中,我们曾经介绍了刻板印象方面的内容。当人们对社会群体和社会类别进行信息加工时,很容易采用导致刻板印象的认知模型和认

---

① 姜兆萍,周宗奎. 老年歧视的特点、机制与干预[J]. 心理科学进展,2012,20(10):1642-1650.

知策略。这些刻板印象便是引起偏见的直接心理原因。

以性别刻板印象导致的性别偏见为例,几乎所有人都同意,一般而言,女性比男性更温柔,但是不果断。一项采用元分析方法进行的研究发现,25年间的58项研究的结论都相当一致,即:如果一位男性成功地完成了一项任务,观察者会将他的成功归因于能力;如果一位女性成功地完成了一项任务,观察者会将她的成功归因于努力。一位男性如果不能成功地完成任务,观察者会将他的失败归因于运气不佳或努力不够;而如果一位女性失败,观察者会认为任务的难度超过她的能力(Swim and Sanna,1996)。

关于偏见来源的讨论有很多(参见表15-1),其中来自进化心理学的观点认为,偏见有一定的进化原因,也就是说,偏见受到某些本能的影响。动物对遗传上不相似的动物都保持一种警惕、恐惧甚至厌恶,即使这些异族他类并不直接威胁到这些动物的生存。而社会心理学家倾向于认为,偏见来自社会学习、社会制度文化的特殊安排及设计、群际关系、社会认知和个体的社会心理需求。

表15-1 社会心理学关于偏见来源的理论和假设

理论	假设
心理动力学	偏见有助于满足心理需要,所以一个可能的假设是:对于自尊比较低的人面对他们的偏见对象时会形成优越感
认知	人们有一种内在的动力将他人类别化,所以一个可能的假设是:一旦这一类别形成,人们倾向于使用"我们对他们"的观点来看待世界
社会学习	在社会化过程中,通过教育,人们习得了一种社会态度和观念
社会文化	偏见基于社会规范,所以一个可能的假设是:在某些地区,当社会规范对蔑视黑人有更强的支持时,这里的人对黑人的蔑视更强
群际关系	群体为获得资源而竞争,因而不喜欢其他群体的成员,所以一个可能的假设是:在竞争群体中偏见比合作群体中更强
社会认同	当依据任一社会分类标准而将人区分为不同群体,则群体身份归属就会使人产生"内群偏好"和"外群歧视"
进化	人们进化出一种对陌生人恐惧和不喜欢的感受来防止自己受到可能的侵害,所以一个可能的假设是:在所有人类文化中都会发现对陌生人的恐惧和不喜欢

第二节 降低偏见与歧视的影响

一、偏见与歧视对被歧视者的影响

(一)自尊降低

处于被歧视地位的群体成员往往会由于社会歧视而形成自卑或低自尊。长期处于低自尊状态的个体其人格特征会偏向退缩、紧张、消极、被动,影响个人的发展。而且,这种歧视被内化后会成为一种负面的"自我实现的预言",让个体形成错误的自我概念。

(二) 刻板威胁

施特尔和阿伦森(Steele and Aronson,1995)提出了"刻板威胁"(stereotype threat)的概念,它是指被歧视者对某种情境中获得的对消极刻板印象的感知,将在类似的情境中出现。

施特尔和阿伦森(Steele and Aronson,1995)通过实验发现,当非裔被试认为自己处于被人进行能力评估的情境时,无论与白人被试相比还是与自己处在正常情境中相比,他们联想到的关于种族的刻板印象词汇都最多。另外,斯宾塞、施特尔和奎因(Spencer,Steele,and Quinn,1995)也利用女性被认为数学能力低于男性的歧视,比较了在其他变量一致时,没有性别差异的指导语情境与具有性别差异的指导语情境中,GRE 数学测验的结果。结果显示,女性被试在具有性别差异的指导语情境中,GRE 数学测验成绩远低于男性和正常情境中测验的成绩,从而验证了刻板威胁的存在。

(三) 对被歧视地位的解读和建构

"被歧视感"是在群体身份和弱势群体地位认知获得的基础上,通过群体成员的建构而形成的[1],参见图 15-3。在感受到被歧视后,个体会通过归因解释这一处境。归因于个人和内部的原因时,可能形成自卑的情绪;而归因于外在的和稳定的因素时,例如制度因素,就会产生无望和无助。在一项有关城市农民工子女的研究中发现,农民工子女在与城市人的群际接触中获得了"农民工子女"这一群体身份。这种群体身份的获得表现在四种身份知觉中:"乡巴佬""农民工子女""打工子弟学校学生""'手拉手'活动的参与者"。在与城市儿童的群际接触中,农民工子女通过群体差异的比较获得群体弱势地位的认知。而弱势群体身份认同形成以后,会出现三类认同效应:将个体差别知觉为群际歧视;群内成员受到的个别歧视被泛化为对整群的歧视,表现出内群典型性效应;把发出歧视行为的单个外群成员知觉为整个外群体,表现出外群同质性知觉偏差。这三种认同效应将强化农民工子女"被歧视"的群体共识的建构。此外,农民工子女也将通过对被歧视群体身份的质疑来重新建构"被歧视"的群体共识。这表现在对父母的"农民工"身份和对自己被称为"农民工子女"身份的质疑上[2]。

二、降低偏见与歧视的社会心理途径

社会心理学家长期致力于减少偏见和歧视的研究工作。他们发现,从态度改

---

[1] 吴莹. 农民工子女"被歧视"群体共识的建构[D]. 北京:中国社会科学院,2006.
[2] 吴莹. 农民工子女"被歧视"群体共识的建构[D]. 北京:中国社会科学院,2006.

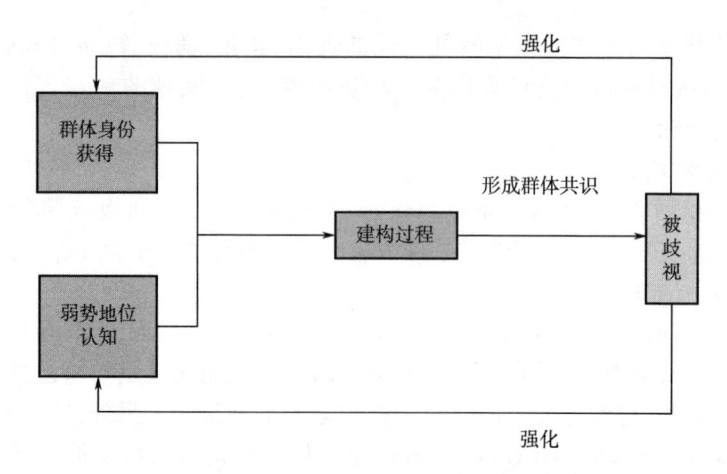

图 15-3 "被歧视":一种群体共识的建构过程

变、人格改变和类别改变三个方面入手,可以收到一定的效果。

(一)态度改变

伴随着人们对社会公正的坚持和制度变革,越来越多的人警惕出现社会偏见和歧视,为消除偏见和歧视而努力。例如,研究者发现,美国公众对于黑人和白人学生合并学校的支持率从 1942 年的 32% 上升到 1982 年的 90%,表示愿意黑人当选总统的从 1942 年的 37% 上升到 1982 年的 81%,反对禁止种族间通婚的从 1963 年的 38% 上升到 1982 年的 66%。然而,如前所述,使用内隐态度测验,仍然能发现偏见并不会很轻易地退出我们的生活。因而,改变态度、形成尊重其他群体的社会价值导向成为很重要的问题。通过群际沟通和接触,刻板印象将会逐渐被累积起来的相反的例子所改变,被称为态度改变的"记账模式"(bookkeeping model),而根据极有说服力的例证改变刻板态度的模式被称为"突变模式"(conversion model)。多元文化价值观、宽容的态度和移情能力都将有助于改变偏见的态度。

(二)人格改变

人格是一个相对稳定的结构,因而,人格的改变要依赖态度、价值观以及信念的改变。社会心理学家发现,权威人格是形成偏见和歧视的温床。因而,调整和改变权威人格将有利于避免偏见和歧视的发生。

权威人格(authoritarian personality)是一种盲目服从权威的人格倾向,在 20 世纪 40 年代由政治心理学家阿德诺(Adnor)提出。他通过权威人格概念解释很多德国人在二战期间对犹太人的残酷屠杀行为。他发现,这些人盲目服从权威,恪守中产阶级的传统,对社会类别的区分持严格的标准,用一种苛刻的眼光来看待外群体,并且认为以自己的父母和权威为代表的中产阶级以外的人都是低等的、危险的人群。他将这些人称之为具有权威人格的人。

内隐人格理论(implicit personality theory)的研究还发现,一些人对群体成员的看法相对固定和一致。他们认为,一个群体或社会类别具有一些核心的本质特征,群体或类别中的任何成员都具有这一特征。而另外一些人对群体成员的看法则相对不固定和不一致。他们认为,一个群体或社会类别不一定具有非常核心的特质,其成员也不一定具有这些特点,他们可能是各不相同的。这两种人被社会心理学家分别称为"群体实体理论家"(entity theorist)和"群体可变理论家"(incremental theorist)。前者会更多地使用刻板印象来对人进行加工,而后者则少一些。

社会支配倾向(social dominance orientation,SDO)也是一种个人特质,指个体对社会群体之间层级差异的认可程度,尤其是认可优势群体(superior group)支配劣势群体(inferior group)的程度。高社会支配倾向的人更相信群体之间应该存在一定的等级结构,更倾向于认为社会中存在下列现象是合理的:一个或一些统治或优势(dominant)群体享受不合比例的社会支配权和优势利益(例如较高的地位或政治权力),而另一个或另一些次级(subordinate)群体承受着社会劣势待遇(例如社会福利的低通道和高贫困率)①。此外,他们更热衷于提高自己所属群体的地位②。

与此相对,若能设法降低一个人的支配倾向,那么,他关于群际平等的观念也将获得增加,进而认为无论这些群体是否符合某种社会发展的指标,都不应该歧视他们(参见社会支配取向量表)。

(三) *类别改变*

根据社会认同理论,改变"他"(某一外群体成员)与"他们"(此人归属的外群体)的关系也是减少偏见和歧视的一种方式。

1. 再类别化(re-categorization)。这是对被歧视个体或群体重新进行分类的过程。例如,我们把小学中被类别化的"进城务工人员的子女"和本地小学生分为"三好学生"和"非三好学生",这样,小学生成为一个群体类别,其中群体间的比较变成"三好学生"与"非三好学生"的差别,淡化了农民工子女的身份,从而减少他们被污名化的可能。

2. 跨类别化(cross-categorization)。这是取消原有的群体间或类别间比较的过程。跨类别化一般需要形成新的对比对象。例如,在一所城市小学中,既有本地学生,也有外来进城务工人员的子女。最初,他们的特征比较明显(口音、学习成绩、穿着等),为了减少两类人群的对比,学校设计了学校之间的体育竞赛,从而让这所小学的所有学生为自己学校的荣誉努力。

---

① HALEY H, SIDANIUS J. Person-organization congruence and the maintenance of group-based social hierarchy:a social dominance perspective[J]. Group processes & intergroup relations,2005,8(2):187-203.

② UNGER. Them and us:hidden ideologies:differences in digree or kind[J]. Analyses of social issues and public policy,2002:43-52.

> **社会心理学之窗 15-1**
>
> **社会支配取向量表题目**
>
> 1. 在社会生活中,任何一个群体都没有理由支配其他群体。
> 2. 有些群体本来就不如其他群体。(反向题)
> 3. 为了获得生存优势,压制其他群体的做法是必不可少的。(反向题)
> 4. 如果有些群体比起其他群体有更多的发展机会,那也是无可厚非的。(反向题)
> 5. 各个群体平等应该是我们追求的理想。
> 6. 为了得到本群体想要得到的东西,有时候也不免使用强力去争夺。(反向题)
> 7. 在社会上处于比较劣势的群体应该安分地留在原有的位置上,不要总设法改变。(反向题)
> 8. 假如各个社会群体能够平等相处,该多么好啊!
> 9. 如果能以更加平等的方式对待各个群体,我们社会的问题就会少一些。
> 10. 现在社会上还存在太多的不平等,我们应该尽量改变这种状况。
> 11. 不同的民族或社会阶层都应该拥有平等的生存发展机会。
> 12. 如果某些社会群体能够安分守己,整个社会就会更加安定。(反向题)
> 13. 我们应该尽可能减少人们的收入差距。
> 14. 有时候有些群体所处的位置是历史造成的,不必改变它。(反向题)
> 15. 我们应该尽量为不同群体提供平等的生存条件。
> 16. 有些群体地位较高,有些群体地位较低,这恐怕不是坏事。(反向题)

3. 去类别化(de-categorization)。这是抹平类别的过程。去类别化需要突出个人的特征,让评价和比较对象不在群体和类别之间进行,而在个体之间进行,让个人认同的重要性超越社会身份认同。例如,在上述小学里,学校将各类学生的个人特征突显出来进行表彰,例如勤俭节约小能手、有美术创意未来小画家、有流行歌曲大王、有个人卫生标兵、有环保小卫士等。这样"他"就脱离了"他们"而变得独特和唯一,群际偏见与歧视就会减少。

4. 细类别化或亚类别化(sub-categorization)。在不易改变的类别群体中,可以采用细分的方式,减少原有群体或类别引起的偏见与歧视。例如,将学校中的所谓差生根据努力和能力分为三组:能力高但不努力、能力低但努力、能力低也不努力。

三、接触

接触假说(contact hypothesis)假设,有敌意的群体成员可以经过相互接触减少彼此的刻板印象、偏见与歧视(Stephan,1987)。但是,正如著名社会心理学家奥尔波特在他的著作《偏见的本质》(1954)中指出的,通过接触改变偏见与歧视,必须具备相应的条件。他说:

"弱势民族与强势民族若能以平等的地位为共同的目标而努力,则此种接触能够减少偏见,并且如果这种接触能够在制度上得到认可和支持(例如法律、风俗或习惯),或使两个群体的成员发掘到彼此有共同的兴趣和特性,则效果会大为增强。"[①]

社会心理学家发现,想要减少偏见与歧视的接触,至少要具备以下条件。

(一)合作

互不信任和互有敌意的两个群体的成员即便坐在一起看一场电影,仍然不可能消除或减少偏见。只有两个群体在一个共同的处境中需要合力完成一项任务时,才可能达到这一目的。即:共同目标与相互依赖形成的群体间合作是减少群际偏见的条件。

(二)地位平等

不平等的接触往往会让人保持原有的刻板印象,无法达到通过接触减少偏见的目的。例如,在我国现阶段仍然保持的城乡二元格局中,城市小学生和农村小学生的"手拉手"活动往往不能达到原先设想的目标。原因在于,两类小学生在原本不平等的地位条件下进行比较表面的接触,他们看到的现象反而可能加深他们对城市小学生"骄气""爱花钱"和农村小学生"学习成绩不好""不爱卫生"等偏见。

(三)友善和频繁的非正式接触环境

接触的环境对接触的效果影响很大。在非正式的环境中,通过友善的、面对面的、多次的接触,个体可能会发现自己原有的看法有待校正。并且,在最开始的接触中,个体为了保持自己的刻板印象,总把新的印象解释为对方不是偏见群体的典型成员。例如,一位城市小学生认为农村小学生的学习成绩比较差。当他接触到一位农村小学生后,发现这位小学生的学习成绩很优秀,于是改变了自己对这位农村小学生的偏见。但是,他会本能地认为这位农村小学生不是一般的农村小学生,而是他们中的特例。只有当他将对方作为农村小学生中的典型代表时,他对农村小学生成绩不好的偏见才会真正改变。

(四)社会规范和制度的支持

很显然,如果社会制度体现的是公正的社会价值观和多元一体的文化价值观,

---

① ALLPORT G. The nature of prejudice[M]. Boston:Addison-Wesley,1954.

那么，各阶层之间、各民族之间就会形成相互尊重的群际关系，从而减少偏见和歧视(参见社会心理学之窗 15-2)。

社会心理学之窗 15-2

联合国千年发展目标

发布单位：联合国千年首脑会议
通过时间：2000年9月8日
通过地点：美国纽约

联合国189个会员国已承诺最迟在2015年实现下述目标：
1. 消除极端贫困和饥饿
*靠每日不到1美元为生的人口比例减半
*挨饿的人口比例减半
2. 普及小学教育
*确保所有男童和女童都能完成全部小学教育课程
3. 促进两性平等并赋予妇女权力
*最好到2005年在小学教育和中学教育中消除两性差距，最迟于2015年在各级教育中消除此种差距
4. 降低儿童死亡率
*五岁以下儿童的死亡率降低三分之二
5. 改善产妇保障
*产妇死亡率降低四分之三
6. 与艾滋病毒/艾滋病、疟疾和其他疾病作斗争
*遏制并开始扭转艾滋病毒/艾滋病的蔓延
*遏制并开始扭转疟疾和其他主要疾病的发病率增长
7. 确保环境的可持续能力
*将可持续发展原则纳入国家政策和方案，扭转环境资源的流失
*将无法持续获得安全饮用水的人口比例减半
*到2020年使至少1亿贫民窟居民的生活有明显改善
8. 全球合作，促进发展
*进一步发展开放的、遵循规则的、可预测的、非歧视性的贸易和金融体制，包括在本国和国际两个层面致力于善治、发展和减贫
*满足最不发达国家的特殊需要。这包括：对其出口免征关税、不实行配额；加强重债穷国的减灾方案，注销官方双边债务；向致力于减贫的国家提供更为慷慨的官方发展援助

> *满足内陆国和小岛屿发展中国家的特殊需要
> *通过本国和国际措施全面处理发展中国家的债务问题,使债务可以长期延续
> *与发展中国家合作,为青年创造体面的生产性就业机会
> *与制药公司合作,向发展中国家提供他们负担得起的基本药物
> *与私营部门合作,使世界人民从新技术,特别是信息和通信技术的发展中受益

现实情境中,直接的、面对面的群际接触可能遭遇很多阻碍,比如接触的机会有限、特定制度约束、直接互动可能引发的焦虑和拘谨等。这些都可能影响群际接触的实际效果。因而,有研究者提出扩展接触(extended contact)[1]和想象性接触(imagined contact)[2]的假设。前者指,如果个体得知内群体成员与外群体成员之间存在友谊关系,则其对外群体的偏见会减少,对外群体的态度也会相应改善;后者指,在心理上模拟与外群体成员进行积极的接触与互动,能够激活在类似真实情景中与外群体成员成功互动时的相关经验,从而促进积极的群际关系。两种假设均得到了诸多实证研究的支持,但各自的综合效应还需进一步探讨。直接群际接触、扩展性接触和想象性接触三种接触策略都能够有效促进群际关系,它们在理论和实践中都有各自的优势,适用于不同的社会条件[3],对于多元社会文化背景中群际关系相关政策的制定和执行有重要的启示。

专栏 15-1

社会污名现象

一、在城市人话语中,"农民工"称谓反映出来的是一种典型的"社会污名"现象

20世纪80年代以后,城乡二元结构在社会变迁的推动下逐渐松动。大批过去务农的农民离开家乡,来到城市务工。无论在大城市还是中小城市里,他们的身影

---

[1] WRIGHT S C, ARON A, MCLAUGHLIN-VOLPE T, et al. The extended contact effect: knowledge of cross-group friendships and prejudice[J]. Journal of personality and social psychology, 1997(73): 73-90.

[2] CRISP R J, TURNER R N. Can imagined interactions produce positive perceptions? Reducing prejudice through simulated social contact[J]. American psychologist, 2009, 64(4): 231-240.

[3] 高承海,杨阳,董彦彦,等. 群际接触理论的新进展:想象性接触假说[J]. 世界民族,2014,10(4).

到处可见。而对于这一新的社会人群，我们显然还没有为他们准备好恰当的公共称谓。"乡下人""外来妹""小保姆""打工仔""打工妹""打工者""民工"等叫法陆续出现在城市市民的话语和大众媒体中。其中"农民工"这一称谓持续得比较久，使用的范围也比较大。但是，工人就是工人，为什么一定要为他们打上"农民"的烙印呢？这一称谓对进城务工人员含有明显的或潜在的歧视。现在，在公共媒体上，"农民工"这一称谓逐渐被替换为"进城务工人员"，城市管理政策也在逐渐倾向于维护他们的利益，但是，在许多城市人的潜意识里，"农民工"仍然是与"穷""脏""傻""苯""懒""坏""骗""不遵纪守法""土里土气""没有追求""不讲道德"等印象相联系的。

"农民工"称谓反映出来的是一种典型的"社会污名"现象。

二、社会污名：一种对消极的刻板印象的内部归因

1963年社会心理学家戈夫曼关注了一种社会现象，即一些人的某种身份导致在其他人眼中，他的整体人格被贬低，或被认为有缺陷。他称之为"社会污名"（social stigma）。"污名"一词最早专指古希腊时在那些被认为道德有缺陷的人身上烙有特定印记，以提示人们远离这些人。

社会污名现象在不同时代、文化、社会中有不同的表现。例如，我们在生活中常常可以看到下述身份中包含的潜在负面含义：

大龄未婚者（大龄青年）——挑剔、自恋、古怪、不合群……

女博士——长相难看、有野心、不安分……

大款——不择手段、不近人情……

艾滋病人——性生活不检点……

肥胖者——放纵、贪图享受、情绪不稳定……

女性——见识短、软弱、不理性、不擅长数理化……

同性恋者——古怪、不正常……

学校里的差生——不努力、不聪明……

老人——观念保守、过分节俭、反应迟缓……

……

从上述举例中我们可以看到，社会污名现象是一种消极的刻板印象，并且人们对这一印象得以形成的解释是由污名者自身而不是他人或处境等外部因素决定的。那些被污名的人被拒绝于一般的人际交往之外，或者被厌恶和排斥。

三、社会污名的后果

社会污名来自他人的评价和他人的态度。那么，对他人的污名有什么好处？社会心理学家发现，污名他人最直接的后果就是获得个人的优越感。例如，认为肥

胖的人不懂得节制、意志薄弱者,相形之下,自己就好多啦!此外,会增加本群体或本类别的认同程度。例如,部分男性认为女性"头发长,见识短"。那么自己作为一个男人,就会形成一种自豪感,并且会在行动和观念上让自己更接近(自己想象中的)男性的一般特点。再有,污名他人可以让自己的处境变得更加合情合理。城市里的人在给农民污名化以后,就会对自己的优越地位有一个合理的解释:他们为什么那么穷? 因为他们太懒了。

被污名的人会受到他人污名的影响。他们在情绪上会持续焦虑、压抑,甚至出现反社会倾向。在行为上会受到负面诱导。例如,成绩不好的学生在学校受到老师和同学的鄙视后,就会慢慢认为自己果真智商低下,或者根本不适合继续求学。久而久之,所有的行为都会向污名的特质"看齐"。

污名的社会后果是造成群体之间的区隔和疏离,甚至对立和冲突,使强势群体对弱势群体的忽略、排斥和剥夺变得合法化。

四、人们对被污名的应对方式

一般来说,社会污名对某一社会类别或社会身份的人以及整个社会的有效合作是不利的。被污名的人会对污名做出什么反应呢?

(1)洗清污名。当人们认为自己不是别人眼中的那一类人时,就会出现身份认同上的失调。一方面,要承认自己的确属于某一类人,但不接受别人对自己作为这一类别中的一分子的污名化推断。例如,一对夫妇选择婚后不育,结果人们认为他们没有孩子的原因是刚刚立业、年轻贪玩儿,后来他们快四十岁了,周围的人就在背后说他们"有生理缺陷"。于是,妻子特地为了洗刷这样的污名怀了孕,然后做了流产手术。

(2)不理睬污名。有些社会污名像空气一样弥散在人们四周,根本无从洗清。在感到无奈之后,许多人就只好听之任之,不予理睬。例如,时近春节,媒体提醒市民注意锁好门窗,因为"这段时间是外来人口作案的高发期"。这些提示的初衷是维护治安,谨防失窃,却将外来人口视为一个高犯罪率的社会类别,尽管在一个城市几百万外来流动人口中,窃贼不过是极少数人。

(3)不认同被污名的类别。有些社会身份是先赋性的,是生而与俱的,如籍贯、职业等。有人被污名化之后,不认同这样的被污名的类别。例如,有的农民进城后并不认为自己将来的出路还是回到农村从事传统农业,他们掌握了新的技术和知识,不再认为自己还是农民。

(4)对污名进行重新解释和建构。例如,无产阶级的革命导师马克思将在资本主义社会中处于社会下层的民众解释为被压迫阶级。再有,妇女解放运动号召女性走出家庭,走向社会,成为"自强、自立、自尊、自爱"的新女性。

(5)外控归因。被污名的人在受到负面刻板印象的威胁时,会采用一种防御的办法,即把负面的评价不再归因于自己的努力和能力,而归因于运气、先天的原因和他人。学校的差生常常这样进行自我保护。

向下比较。对污名的另一种应对方式是向下比较。在美国,与黑人相比,美国拉丁裔受到的污名少一些。因此,他们会不自觉地通过向下比较以缓解污名带来的焦虑。

(6)争取"污名"。这是一种反常现象,也表现出污名现象的复杂之处。例如,各个大学都实行了一定的贫困生补贴制度。有些学生为了得到奖助金,在如何获得贫困生资格上动脑筋。

思考题

1. 请你根据已经学到的社会心理学知识,分析性别歧视发生的原因。
2. 通过了解刻板印象、偏见与歧视之间的关系,你对减少你生活中的群际歧视有哪些建议?
3. 在你周围,可以观察到哪些社会污名现象?你认为经过接触是否会减少污名?

拓展阅读

1. WHITLEY B E, KITE M E. The psychology of prejudice and discrimination [M]. Belmont, CA: Thomson Wadsworth, 2006.
2. FISKE S T. Stereotypes, prejudice, and discrimination [M]//GILBERT D, FISKE S, LINDZEY G. The handbook of social psychology. 4th ed. New York: McGraw-Hill, 1998.

第六部分 宏观与社会变迁的社会心理学

第十六章 社会心态

社会心态如何影响个人？
个人如何影响社会心态？
什么是社会心态？
如何观察和记录社会心态？
社会心态是怎样形成和改变的？

学习要点与要求

要点：社会心态一般是指在一段时间内弥散在整个社会或社会群体/社会类别中的社会共识、社会情绪和感受以及社会价值取向总和。在每一个剧烈变动的社会中，它成为社会变迁的晴雨表和风向标，也是社会变迁时代的一种巨大的社会心理资源。社会心态通过个体与宏观社会上下互动的方式建构和发挥影响。

要求：①了解什么是社会心态；②观察社会心态在现实中的表现；③理解个人和社会心态是如何相互建构和相互影响的。

社会心理学之窗 16-1

《中国家长教育焦虑指数报告》显示，中国家长2018年教育综合焦虑指数达到67点（百分制），处于比较焦虑的状态。由此可见，子女教育焦虑已经不仅仅是某一部分家长个体所独有的特殊状态，更是当前社会中家长群体普遍存在的群体心理状态。以下几段话来自几位家长受访者：

我们做家长能帮的都帮了，能做的都做了，买学区房或者租房，让他上学、补课，这些我们正经往里面投了大半辈子的积蓄了。前期我能给的都给了，就希望他能上个好学校，找个好工作，以后能好好生活，可不能跟他爸妈这辈子一样地过了，怎么说也得比我们过得好、赚得多，才能不辜负我和他妈这大半辈子的努力啊！

这个文章说的是一个北京海淀的家长是怎么教育孩子的，怎么给孩子安排每天的时间表的。我看那时间表做的跟课程表似的满满登登的，从早上开始七点起床该干什么，中午干什么，晚上干什么，几点睡觉，几点洗脸刷牙，都安排得特别明白，就感觉人家这个家长真是特别的专业……要么说人家孩子厉害呢，生在北京还这么努力，家长也勤快……像我们这种普通家庭的就只能拼了。

现在我看很多本科生甚至有硕士生去竞争扫大街的岗位。世界确实是一直在变化的，我的很多旧的思想跟现代社会对应不上了。所以你肯定是会感到焦虑的，就像人没有办法把握一条路，就是没有办法保证孩子（通过）学习才能成功的时候，你就会怀疑学习到底有用还是没有用，我的孩子以后学习能不能成功呢？学好了能成功吗？学不好能成功吗？……不像我们以前呢，一条道走到黑，必须学习，你不学习肯定就完蛋。现在这个社会完全不一样了。

第十六章 社会心态

> 作为家长，受访者认为他们对于子女未来的发展是需要负责任的，通过教育投入，家长拼尽全力希望给孩子创造一个良好的教育环境。投入越高，预期也越强烈。在不断的社会比较下，做一个"好家长"，让孩子有好未来的想法形成了家长竞赛的内卷。
>
> （彭珊.家长身份认同对子女教育焦虑的影响[D].哈尔滨：哈尔滨工程大学，2022.）

当我们的分析单位从"群体"扩大到整个"社会"时，"群体之心"（group mind）就会扩大为"社会之心"（social mind），这就是与"社会共识"（social consensus）和"社会常识"（commonsense knowledge）很接近的一个概念——"社会心态"（social mentality）。社会心态一般是指在一段时间内弥散在整个社会或社会群体/社会类别中的社会共识、社会情绪和感受以及社会价值取向。在每一个剧烈变动的社会中，它成为社会变迁的晴雨表和风向标，因而，社会心态是宏观社会心理研究的一个重要组成部分。

第一节 社会心态的定义和分析框架

社会心态被理解为"万众一心""众心之心"，是个体经过社会交往、社会卷入、社会参与这些社会行为，在心理上经过社会认同、去个性化（de-individualization）、情绪感染、模仿等过程之后，融于群体而形成的。这里所说的社会之心，已经不同于一些正式群体、小群体的心理，而是大群体的、非正式群体的、统计群体的、社会类别的心理，甚至是整个社会的心理；它不再等于个体心理的简单集合和汇总，而是一个全新的，与个体心理有可能相同也可能不同的，不容易把握、辨识，却的确存在，有着巨大影响力的社会心理力量，正像我们从"万众一心""同仇敌忾""举世瞩目""众志成城""群情激昂""民心向背"等词汇中体验到的那样。

当大众传媒、人员的社会流动越来越普遍时，个人与个人的面对面交往关系已经不再是个人的全部关系，个人与群体、个人与类别、个人与整个社会都变得密不可分。社会心态连接着个人与群体、个人与社会阶层、个人与市场、个人与国家，它是这些社会构成要素相互作用的反映窗口，在这个意义上，社会心态不仅是一个名词，还是一个描述活动状态的动词。个人对群体以至整个社会之心态的感受、想象、猜度、判断、推测，经过一番转换，或直接或间接，或在意识层面或在无意识层面会反过来对个人的内心和行为形成某种影响。尽管在现代社会,个人之间不再像熟人社会中"你中有我,我中有你"般的唇齿相依,但是在这样的生人社会,人们因社会心态而不可能彼此分离。因此,社会心态是一种个体社会建构的方式,个体并非仅仅受到社会心态的影响,他还是这一生存背景的营造者(Reicher,2001)。在社会心态无可避免地镶嵌进个人生活中的同时,个人也通过大众化(massification)过程成为所谓"大众人"(mass men)。这样的个人与社会的联系并不一定是通过生产、分配、交换和消费建立的,也可能是一种心理方面的联系。更确切地说,在这样的联系中,个人被社会心态化,社会心态也被个人化。可见,社会心态是社会心理学的宏观分析水平的研究对象。从社会心理学角度研究社会心态,可以揭示出个体心理与群体社会心理、微观与宏观之间相互作用的过程与机制。

一、社会心态的定义

在西方,"心态"概念最初是在法国年鉴学派创立的"心态史学"中出现的。但是,限于学科特性,关于什么才是社会心态的问题,还需要从社会心理学这一最接近这一概念的学科角度来进一步辨析。

从社会心理学定义中我们可以看到:①社会心理学研究的不仅是个体如何受到他人行为的、实际的影响,而且研究个体如何受到那些潜在的影响,甚至是个体自行想象而具有影响力的那些影响对个体发生作用的过程和机制。②个体在社会中生活,像受到其他影响因素(例如气候、物理环境)的影响一样,受到社会中他人的影响。③所谓他人,不但是指抽象的个体,而且是指他人所构成的群体、社会、历史、文化等。④所谓影响,不是一个单向的过程,而是相互的过程,作为接受影响的主体,对影响具有建构的能力和解释的能力,于是,社会环境就不再是一个简单的外在于人的环境,而是被主体建构过的环境(参见第一章,什么是社会心理学)。

社会心态正是全民参与的社会心理建构的结果。根据社会心理的建构性和互构性,我们可以对社会心态做出以下界定:

社会心态是一段时间内弥散在整个社会或社会群体/类别中的宏观社会心境状态,是整个社会的情绪基调、社会共识和社会价值观的总和。社会心态透过整个社会的舆论和社会成员的社会生活感受、对未来的信心、社会动机、社会情绪等来表现,与主流意识形态相互作用,通过社会认同、情绪感染等机制形成,对于社会行为者形成模糊的、潜在的和情绪性的影响。它来自社会个体心态的同质性,却不等同于个体心态的简单加总,而是新生成的、具有本身特质和功能的心理现象,反映了个人与社会之间相互建构而形成的最为宏观的心理关系。

首先,这一定义试图借鉴个体分析水平(individual level of analysis)和群体分析水平(group level of analysis)对个体社会态度和群体社会态度进行研究的框架,提出社会分析水平(social level of analysis)的框架。其次,这一定义将社会心态的心理层次由表及里界定为:社会情绪、社会共识及社会价值取向。再次,这一定义从社会认同、情绪感染、相互建构的角度解释个体与群体之间的联系机制。最后,这一定义将社会心态放入"影响变量、过程变量和结果变量"的模式(input-process-outcome model)中进行功能界定。总之,这一定义揭示了社会心态的实质是个人与社会相互建构的宏观的心理关系。

二、社会心态的分析框架

在界定社会心态的基础上,对社会心态的认识还需要形成描述和分析它的理论分析框架。2006年杨宜音提出了由三个部分构成的社会心态分析框架(参见图16-1)。

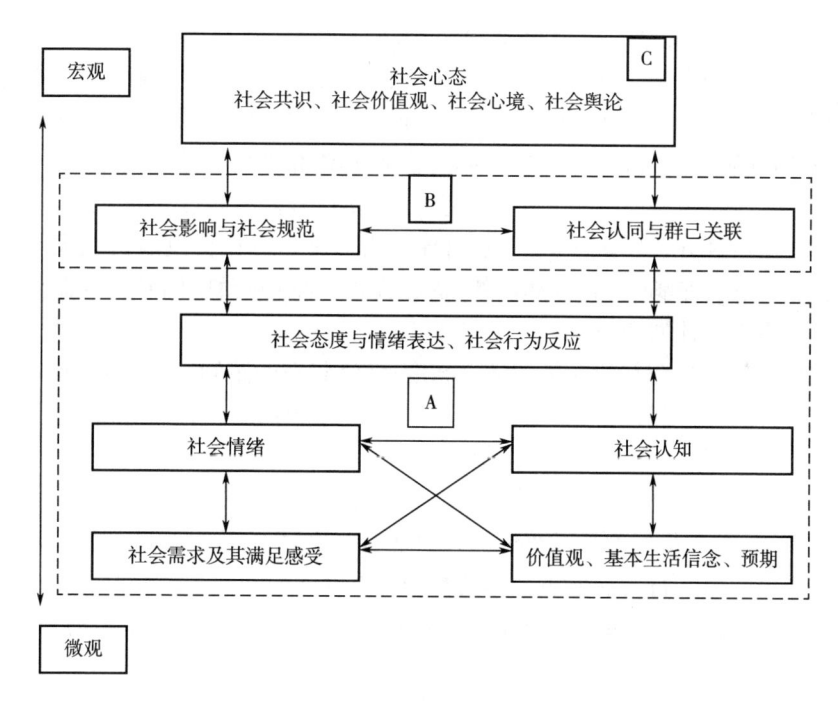

图16-1 社会心态分析框架

注:A部分为个体与群体的社会心态;B部分为个体与宏观社会的心理联系机制;C部分为社会心态表征。

从个人水平或个体水平(图16-1中A部分)来看,这一分析框架首先以社会需求作为分析的起点。个体作为社会成员,其需求必然带有社会属性,当人们追求其需求满足(need-fulfilling)时,必然与社会建立联系,以实现自己的需求。在"需求-目标"(need-goal)的联结过程中,一方面,个体向内沉积了自己的需求满足程度(情绪体验)和选择的取向(价值与预期)的模式(pattern)及人格特质(traits);另一方面,向外表征(representation)并"贡献"了自己的体验和选择,汇聚和融合为社会心态,又使其成为自己接下来沉积和表征的背景和起点。

在不同社会环境、文化历史背景和社会心理背景下,社会需求的内容会有所不同,并表现为一定的结构特征。根据需求理论,这些需求满足的状况经由价值观作为评价、选择和引导的标准,表现为某种社会情绪(Baumeister and Leary,1995;Stevens and Fiske,1995;Deci and Ryan,2000)。例如,基于社会公平的信念,人们认为公平与正义是重要的价值,在价值判定之后,如果公平正义的需求没有得到满足,那么,在情绪上就会出现不满、不平、焦虑、怨恨、愤怒等。这种情绪的体验,有些只是直觉,有些有了清晰的意识并与理性的认识相关联,无论哪一种,都可能比较容易引发随后出现的行为或者行为的准备状态。

其次,"价值观和基本生活信念"来自人们对生活意义的认识,是处理取舍的基本原则和依据,表现为个人的偏好,其核心是对于"值得"的判断和标准,是对"需求-目标"联结中的目标做出的选择和评价。它作为人们的行为方向盘,左右了人们对需求满足的选择及感受。例如,物质主义价值观引导人们把物质看得更值得去追求。"预期"也会起到引导人行为的作用,但它不通过判断"是否值得"来引导行为,而通过分析"是否可能"来引导行为。例如对社会发展的正向预期,可以使人乐观积极、充满信心、劳动创新、资源投入,而负向预期则导致人悲观失望、消极等待、不愿意计划和投入。

再次,透过对社会其他成员的社会态度、情绪状态的感知,经由社会比较、自我归类、社会参照等心理过程,个人也将自身与他人、群体以及社会关联起来,不断强化、修正自己的感受,调整自己的价值观。

最后,不仅需求、价值预期、情绪表达会最终通过行为来体现,行为也会反向影响认知、情绪、需求及其满足以及价值观和基本生活信念,这种影响,可能由于行为的强化,也可能由于行为启发了个体的行为与态度的统一性、完整性而进行的反向连接,总之,行为不是一支开弓射出去不回头的箭,而是有着反作用的一个飞去来器。

从群己水平来看(见图 16-1 中 B 部分),首先,为了保持社会秩序,社会规范要求人们遵守社会规则,对个体的需求、情绪、认知和行为倾向进行调整。其次,社会影响机制对人的需求、情绪、认知和行为倾向进行调整,要求个体服从或依从社会的价值理念、行为方式。这是 B 部分对 A 部分的影响方向和内容。以"需求-目标"为核心的 A 部分,其动力的性质还体现在个体主动地与社会建立关联的心理与行为上,社会认同、社会关系的建立,与众相同的归属需要、身份获得的类别特征需要、社会地位的自尊需要,都引导着个体主动或被动地与社会建立联系。这种联系的建立客观上规约了个体的"需求-目标"范式,保持个体与他人、群体以及宏观社会之间的相互作用。在这里,大众传播起到了一个极为关键的作用。

在宏观层面(见图16-1中C部分),个体需求-目标的会聚、群体需求-目标的会聚,其结果是通过社会共识、社会价值观、社会心境状态、社会舆论等方式显现的一个有着内部结构的心理力量或心理资源,它来自个体又超越个体,联结个体又回到个体,这个完整的过程及其结果就是社会心态。

社会心理学家发现,社会心态是一种个体社会建构的方式,个体并非仅仅被动地受到社会心态的影响,他还是这一生存背景的营造者。这时,社会心态就成为个人和社会的联系纽带,深刻地改变了社会成员自己。这一建构过程是:通过社会态度、意见、看法的交流,通过社会行为、生活方式的选择,社会成员的个别的社会心理借助传媒形成社会意愿和社会力量。这种交流和表达在当今有了很多新的技术支撑(例如互联网、手机等),让"围观"都显示出力量。社会成员通过自我表达建构了社会心态,也从对社会心态的了解中不断了解自己的欲求和观念,保持对某些心理群体的归属和认同,从而超越一些其他划分类别的条件,满足个人认同和社会认同的平衡的需求,这也是个人社会性的一种实现。因而,了解社会心态就是了解社会成员自己,理解和分析社会心态就是理解和分析社会成员自己,培养和护卫社会心态就是培养和护卫社会成员自己。

总之,社会心态作为一个社会心理事实,不仅是一个重大的理论课题,还与处于转型时期中国社会的社会实践紧密相关。

第二节 如何观察社会心态

社会心态最基本的属性便是"互构性",即个人与社会之间相互建构而形成的最为宏观的心理关系,因此是一个多水平的复杂系统。从社会心理学角度来看,民意、舆论等都是社会心态的表达和表现,并不是社会心态本身。我们可以通过民谚、牢骚、街谈巷议、流言、传闻、"段子"、网上帖子和博客、手机短信、流行词汇、短视频、评论跟帖、点赞转发量等了解社会心态,也可以通过集会、暴动、骚乱、罢工、上访等了解社会心态,还可以通过消费方式、时尚与流行、人际关系(上下级关系、代际关系、亲密关系等)、市场风险承受力、储蓄、抢购或投资、阅读偏好、社会信任等了解社会心态。但是,这些都不能直接等同于社会心态。

我们在社会心态的定义中已经了解到,社会心态是渗透到某些看法和意见中的,它表现的不仅是个体的社会心理,还是某些群体甚至是整个社会的社会心境状态,大多数的情况需要有比较长的时间来供研究者和社会成员"回望"和"反观"。例如,当我们"回望"我国20世纪80年代改革开放初期的社会心态,可以比较容易地看到思想解放给人们带来的欣快和舒畅,其中夹杂着犹豫和担忧,以及对于社会经济快速发展变化的强烈动机、参与意识和效能感。这可以说是一种以"解放"为主调的社会心态。不仅有人跃跃欲试,而且有更多的人身体力行。人们步履匆匆,头脑活跃,愿意论辩,对未来怀抱期望。人们接受风险,不怕失败,对新事物充满热情。人们信任未来,信任自己努力之后将会得到回报。随后,伴随着我国的经济进步,人们追求财富、社会权力、地位的动机也更强了,物质主义、消费主义价值观对人的影响更加明显。金钱和物质的占有逐渐成为形成和判断社会地位和声望的主要指标,为谋取利益,不择手段与合法竞争同时出现。凡是经历过20世纪80年代和21世纪之初的人,恐怕都不难找出身边的例子来印证这40多年的社会心态变迁。社会心态的这些性质可以在一定程度上说明为什么有史家治"心态史",而我们希望看到的对现实社会心态的深刻和科学的分析却不多。夏学銮曾撰文指出,当下中国,有八种不良的社会心态值得关注、研究、引导和化解,它们分别是:浮躁、喧嚣、忽悠、炒作、炫富、装穷、暴戾、冷漠①。张慧琴也曾归纳出心态失衡、心态迷茫、不安全与不公平感、悲观情绪几种社会心态特征②。王佳鹏通过分析2008—2017年网络流行语透视中国青年的社会心态变迁,认为网络流行语的内容逐渐从政治嘲讽转向生活调侃③。此类观察与思考很多,其中不乏对社会心态的洞察,但是还不能直接用于对社会心态的记录和分析上。

对社会心态的研究的系统记录和分析,需要发展出恰当有效的测量工具,即需要建构测量社会心态的内容结构与指标体系,如此才可能将多个方面和片段整合为一幅全图。近年来出现的大数据分析方法就是一个重要的探索。与自陈式问卷相比,大数据是一种更为客观的、动态的记录方式,但是大数据分析对于理论框架的要求也更高。"社会心理学之窗"16-1介绍了采用互联网大数据研究有关中国青年亚文化的社会心态分析报告。

---

① 夏学銮.当前我国的八种社会心态[J].人民论坛,2011(8):48-50.
② 张慧琴.建构和谐社会进程中和谐心态培育[J].南京工业大学学报(社会科学版),2010,9(1):71-75.
③ 王佳鹏.从政治嘲讽到生活调侃:从近十年网络流行语看中国青年社会心态变迁[J].中国青年研究,2019(2):80-87.

社会心理学之窗 16-2

青年网络亚文化的中心化过程：网络社会心态的大数据分析

当掌握新媒体与技术革新话语权的"90后""00后"青年崛起为网络空间的关键群体，成为网络空间文化价值观念的传播者和引领者时，他们所具有的独特的政治审美和文化取向正在推动青年亚文化在互联网上破圈发声、展现自我，建构新型文化认同，不断与主流意识形态碰撞。他们在EDG夺冠、各大饭圈事件、环境保护/动物保护号召行动中从网络表达、网络论争发展成为有组织的网络行动，不断拓宽公共话语范围。网络青年亚文化正在超越自身圈层，以其创造性和文化活力不断地刺激和推动社会主流文化的创新与前行；由"小众联盟"向"普泛化"转向，整体改变着网络文化系统中各类文化的地位和影响力。从这个意义上看，亚文化正在加剧对主文化的"冲击"和"代际更替"，经历着一种文化"中心化"的过程。

本研究聚焦饭圈文化、性别观念（女权主义）、环保、动物保护等当前较为活跃的青年亚文化现象，从整体上探索网络青年亚文化变迁展现出的网络文化特征和演进趋势。研究采用的大数据来源于复旦大学传播与国家治理研究中心"中国青年网民社会心态调查（2009—2021）"。研究人员在新浪微博通过分层抽样抽取了4 556个出生于1990年至2005年的来自不同区域、年龄层和教育层级的活跃青年网民作为研究样本，爬取其2009年至2021年发布的贯穿其电子生命周期的所有博文近千万条，展开基于监督型机器学习（SVM）的大数据分析。课题组设计了国家社会观、经济生活观、婚恋生育观、亚文化价值观等方向的16个专题板块，共计189项指标；对于每一个指标，请研究生完成4 000个以上人工编码数据集，建设了上百个模型共计100余万条人工训练集数据库，通过SVM模型对4 556位样本用户的所有博文展开逐一计算，获得每一条博文的态度倾向预测结果；最终，基于博文预测结果对4 556位样本用户在每个指标上的态度倾向进行计算和赋值。课题组以2017年为界，将数据分为2009—2016年和2017—2021年两组，通过数据对比，推进对青年网民价值观变迁的理解，从而深化主亚文化关系和"中心化"过程的讨论。研究发现了认知一致性、行动对抗性和结构聚集性这三个青年亚文化的社会心态特点。

1. 认知一致性：网络亚文化在青年群体内部形成更加统一的认知框架。某种特定的价值取向正在各类网络亚文化内部形成主流意见，成为集体共识。大部分青年网民在环保、动物保护、饭圈、同性恋群体权益和女权等议题上持正面态度，持有负面或混合态度的青年网民比例相对较低。

2. 行动对抗性：青年网民在亚文化外部行动中论争性、对抗性增强。网络社会中的参与者往往携带不同的参与目的，在观点内在逻辑上也大相径庭，因此较难形成认知中心。然而，随着网络多元文化的持续演变，各种亚文化内部逐渐形成更加一致的价值取向和更加统一的认知逻辑，持相对统一价值取向的青年群体比例也显著上升，逐渐形成"中心化"的价值取向。

3. 结构聚集性：青年亚文化参与者具有较为集中的身份指征和相对稳定的群体结构，构成以教育程度聚类并以此推向网络社会的独特景观。数据分析发现，985学校、普通高校、海外高校、专科、高中及以下等受教育水平带来的身份差别与亚文化参与类别和程度相关。以环保议题为例，可以看到的发展趋势是：环保运动由具体的各种事件举报行动（比如发现某公司胡乱排放污染后@某环保局），转为向整个网络社会传播环保观念、理论；环保行动的发起人从一般的小型环保团体让渡为更有影响力和传播力的明星网红。

研究认为，网络青年亚文化的"中心化"表现在认知中心化、行动中心化以及结构中心化三个方面：认知中心化在青年群体内部产生紧密的联结，形成更加聚焦、更加统一的认知框架；行动中心化在群体外部不断挑战"主流"，论争性、对抗性增强，从而形成长期的团结意识、高强度的互动行为以及更加稳定的结构中心。就三者关系而言，认知的聚焦和统一提升了亚文化群体内部的观念凝聚力和行动自信心，形成了稳定的内在逻辑。行动反过来强化认知，一方面表达意愿的增强促进了亚文化传播，有助于在更大范围的讨论中达成更大的共识；另一方面强势地对外论辩与积极抗争也提升了亚文化群体的凝聚力和向心力，不断强化认同和边界。以身份标签的集中和教育分层的聚类为特点的结构同时影响了认知和行动。参与者相似的教育身份背景不仅降低了群体内的沟通成本，使得共识达成更为便利，而且带来了相似的行为模式或行为偏好，降低了群体的组织成本，进一步加速了行动，推动青年网民更加团结，在各类涉及女性权利事件中积极发声，踊跃地在微博、B站等平台参与爆料企业非法排污、盗采国家矿产资源（如河沙）等涉环保问题，为性少数群体者在互联网上争取发声空间，为偶像破圈不断宣扬各类价值观念。由此，随着结构的集中和聚类，网络亚文化的认知一致性和行动对抗性更加明晰（参见图16-2），从而总体推进了青年亚文化走向网络文化中心。这些过程都是不断自我确认、增强自信的过程，是更加一致、更加稳定的亚文化发展过程，增强了文化价值输出，形成更加强大的文化力量，使得青年亚文化作为一个整体而不是一个个边缘的亚文化现象，持续改变着与主流文化的关系。

```
        认知一致性  ←  提升观念凝聚力和行动自信  →  行动对抗性
                    助力观念传播与达成更大共识
              ↖                              ↗
                降低沟通成本        便于协调行动
                        结构聚集性
```

图 16-2　青年网络亚文化"中心化"的三维度表征关系

与此同时,网络亚文化的"中心化"过程带来了两种网络文化发展趋势。第一,网络亚文化成为青年网民的"心灵港湾",推动了多元文化之间的交流与对话,总体丰富了文化多样性。在这一趋势中,网络亚文化与主流文化不断交融,成为社会总体文化的一部分,推动文化形态的创新和开放。青年网民主动展现自我,表达生活方式,愿意为亚文化产品付出时间与经济成本,具有创作与分享的热情,以实现自我满足与个性释放的需求。第二,网络亚文化成为更加撕裂的"赛博战场",导致更为激烈的社会矛盾与冲突,带来主亚文化关系的正面碰撞,呈现出典型的极端化趋势和对抗性特征。在这一趋势中,根植于广泛存在的社会结构性矛盾的网络亚文化表现得更加团结、更有行动能力和更强的组织性,在认知、行动、结构上结合其特有的张扬个性、对抗权威等特征,对抗主流文化或主导意识形态。从总体文化结构看,网络青年亚文化"心灵港湾"和"赛博战场"的双向趋势将长期存在。作为一种集娱乐、批判、建构于一身的复杂意识形态体系,青年亚文化正在通过"中心化"过程与主流文化持续作用。过去,网络文化体系呈现出以一个主流文化为中心、多个边缘亚文化分散并存的结构样态;而今,网络文化中的主流文化仍然是中心,但多个亚文化却不再"边缘"。

(郑雯,陈李伟,桂勇. 网络青年亚文化的"中心化":认知、行动与结构:基于"中国青年网民社会心态调查(2009—2021)"的研究[J]. 社会科学辑刊,2022(5):199-207.)

社会心态的测量体系主要是根据社会心态的理论框架进行概念化和操作化建立起来的。这一框架包括个人内部层面的价值观、需求、情感情绪、自我认知和对他人的认知(图 16-1 中 A 部分)、社会层面的群己关系与群际关系、社会的规范和影响以及社会心态的外在表达(参见图 16-1)。

根据理论框架,研究者发展出指标体系和一些具体的测量工具。图 16-3 即是一个初步的测量指标体系。

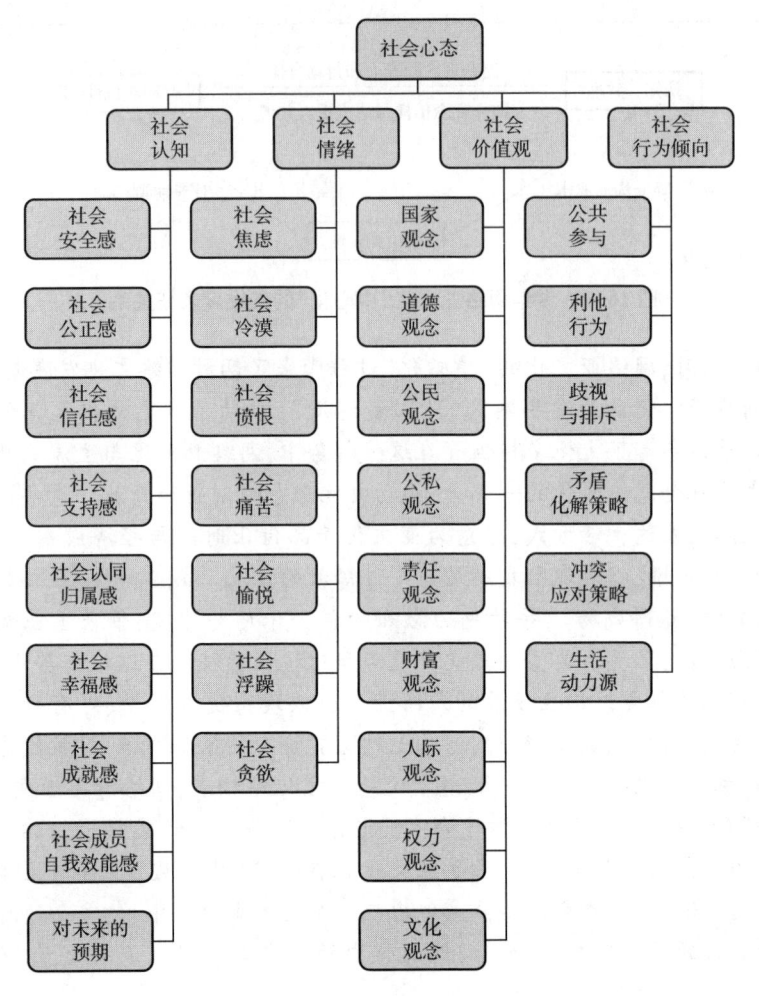

```
                            社会心态
          ┌──────────┬──────────┼──────────┬──────────┐
        社会认知    社会情绪   社会价值观           社会行为倾向
```

社会认知	社会情绪	社会价值观	社会行为倾向
社会安全感	社会焦虑	国家观念	公共参与
社会公正感	社会冷漠	道德观念	利他行为
社会信任感	社会愤恨	公民观念	歧视与排斥
社会支持感	社会痛苦	公私观念	矛盾化解策略
社会认同归属感	社会愉悦	责任观念	冲突应对策略
社会幸福感	社会浮躁	财富观念	生活动力源
社会成就感	社会贪欲	人际观念	
社会成员自我效能感		权力观念	
对未来的预期		文化观念	

图 16-3 社会心态的部分指标体系

资料来源：杨宜音，王俊秀．当代中国社会心态研究［M］．北京：社会科学文献出版社，2013．

第三节 个体与宏观社会的心理联系机制

如图 16-1 所示，社会心态的基本结构可以分为三个层面：A 部分是个体从深层到表层的体系，从信念、价值观、态度、观点意见到情绪感受，即个体层面的社会心态，经过 B 部分个体与社会的互动，形成 C 部分宏观层面的社会心态。A 部分与 C 部分两者之间以特定的社会心态形成的机制相互勾连和相互影响（B 部分），从而形成社会心态特有的动态过程和效应。对于个体社会心态与宏观社会心态之间的关系，可以从 A 部分与 C 部分两个层面（上层和下层）及其方向作用关系的模型

来理解。

一、向上模型

向上模型是指社会心态由个体自下而上汇聚而形成的整个社会或社会中的一些群体间弥漫的心境状态。在社会心态的描述中，往往采用社会态度的调查数据来表达。这些数据一般是一个量尺分数加总平均后得到的均值或人群中的累积百分比。通过这些数据，可以推测某种社会心态表征在社会人群中的共享程度。如果社会成员中的大多数人具有某种社会心态特征，那么我们可以假设，这种社会心态就会很容易被人们所感知和识别出来。

我们假设个体融入社会的机制可以有四条通路，即态度、情感、个性、国民性。个体的融入和汇聚最终会形成超越个体层面的共享心理现实，成为现实社会的有机组成部分。而个体的融入，从深层看，还是一个个体价值观与社会价值观（文化价值观）融合互动的过程，它深刻引导了个体的社会态度、情感、个性和国民性向着社会的共识、社会整体的情绪基调、社会的一体感和归属感、文化性格的一体感的方向发展，并相互强化和调整。

在这里，我们着重讨论社会心态形成的机制——社会卷入与社会关联。我们将个体与社会的联系操作化为四条路径或通路。

（一）社会认同

社会认同是个体将自身归属于某个类别或群体的心理过程（参见第十一章，社会认同）。研究发现，当一个个体将自我与一个类别建立心理联系之后，就会形成对该类别的认同（identification），并由于与该类别以外的人或其他类别的人有差异而获得一种积极的特异性（distinctiveness），最终形成"我们"概念。个体所认同的类别被称为内群体（in-group），而其他类别被称为外群体（out-group）。这一个体与类别建立联系的心理过程被称为"自我归类过程"（self categorization process）。

这种通过自我归类而形成的身份认同过程一般会带来两种心理效应。其一，成员身份的原型化。当个体经过自我类别化建立了与群体的心理联系之后，往往以为自己具备内群体成员的典型特征，也认为其他内群体成员与自己一样，具有典型的内群体成员特征。在很多场合，人们倾向于认为自己是内群体的代表。这被称作"自我刻板印象化"（self stereotyping）。其二，内群体偏好（即"喜欢我们自己"效应）和群体自尊的提高。形成"我们感"以后，人们就会很盲目地喜欢内群体成员。其逻辑是"是我们的人，就是可爱的人"。群体成员往往看不到本群体成员身上的缺点、错误，即便看到了也尽可能为其辩解，进行外部归因，形成本群体服务的归因偏误（group-serving attribution bias）。相对地，对外群体也会形成归因偏误，在对立的情况下，经常会对外群体的缺点、失败进行内部归因。个体对本群体所持有的价值观更为偏爱，而排斥与本群体不同的价值观。这些社会认同的效应增加了个体与内群体的凝聚力和与外群体的差别感受(参见第十一章,社会认同;第三章,社会认知)。

社会认同过程使个体与群体或类别建立起心理联系,形成了一体感和我们感,共享着类似的社会心态,并且以这样的心态建立起群体内外的区隔。例如,仇富、仇官的心态往往伴随着人们对与之相对应的"工薪阶层""低收入群体""弱势群体""小老百姓""无权无势的人""下层"等模糊的类别认同而生成。厌恶和排斥进城务工者的心态往往伴随着人们对与之相对相应的"城里人"的类别认同而生成。

(二)情绪感染

情绪是个体心理过程的重要组成部分,也是影响个体态度与行为的重要方面。研究不断证实,情绪可以在个体间传递、蔓延,由此在组织或群体内产生成员共同分享的情绪集合,即群体情绪(Barsade and Gibson,1998;Brief and Weiss,2002)。

情绪感染(emotional contagion)是指个体或群体通过情绪状态和态度行为有意无意地影响其他个体或群体的情绪和行为的过程。个体在互动中会自动持续地模仿他人的表情、声音、姿态等,经过情绪的感染,情绪得以传递和复制,进而成为弥散在某一情境或时段的状态。

巴塞德(Barsade)和吉布森(Gibson)还提出了"情绪热量"(emotional heat)的概念。这是指社会成员将他们自身的情绪或感受带到群体和社会当中,通过不同社会成员之间的交流、酝酿、传递,最后形成超越自身情绪状态的社会情绪,每个社会成员再分享这种情绪(杨颖,2012)。作为个体的社会成员的情绪此时被校正、被去个人化,也被强化,例如巨大的喜悦、振奋、豪迈、同仇敌忾、万众一心、力大无边等。这样的社会情绪状态包容和消解了个体情绪,并重构了个体的情绪,将个别的社会成员与整个社会紧紧联系在一起。

情绪感染涉及的心理机制比较复杂,包括模仿-反馈机制、联想-学习机制、语言调节联想机制、认知机制、直接诱导机制等(杨颖,2012)[①]。

(三)去个体化与去个人化

去个体化(deindividuation)是指个人在群体压力或群体意识影响下,自我导向功能的削弱或责任感丧失,产生一些个人单独活动时不会出现的失控行为。去个体化主要是身份的隐匿导致的责任模糊化。在身份不辨的情况下,个体受到外界约束、评价、规范的压力减小,对自我的责任感减弱。去个体化在集群行为中出现较多。

去个人化(depersonality)是指当个体融入一个社会群体,感受到个体与其他社会成员同心同德,就会形成一个"大我"或"群体之心",个体的差异性就会消失。

---

① 杨颖. 东西方文化下群体识别能力的差异比较及其与认知方式、主观幸福感的关系[D]. 北京:北京师范大学,2012.

这是社会认同特别是自我类别化的一个心理产物。去个人化使个体保持与群体或集体的一致性,并不一定出现责任扩散的行为,反而可能因此增强群体的责任感,更好地实现群体目标。

去个性化与去个人化在有些场合会交织在一起。但是仔细分辨,可以看到二者在机制上的差异。

(四) 关系化或镶嵌化

"关系化"过程是在中国传统社会所特有的,是个体通过以亲属关系为蓝本、以尊尊亲亲为相处原则的交往而形成"自己人感"的过程。这一过程或在先赋性亲属关系体系中按照"差序格局"保持或中断关系;或在非亲属关系中,通过交往而建立拟亲属关系,将他人包容进自我的心理边界之内,从而使"我"与"我们"通过"自己人"机制相互沟通和包容,达到"小我"与"大我"在一些情景下的浑然一体。相反的过程是将他人排斥在自我的边界之外,而使"自己人"与"外人"区分开来。

关系化过程包含着很浓重的伦理道德色彩,在传统社会中,它在资源分配、家庭及亲属关系维护和保持伦理秩序上有着重要的功能。通过关系化的途径,个体会将自身与差序格局中的一个层圈的人和感受联系起来,形成某种"自己人感",并将自身所选定的层圈与其他层圈区分或对立起来。层圈中的人并不都具有同质性,并不必然具有相同利益、目标和感受。这就是关系化与社会认同的类别化机制的不同之处,是一个更具有中国文化特色的社会联结机制(参见第七章,人际关系)。

所谓镶嵌化,是指在同一社会结构中每个成员的功能是无可替代的,既不是因同质而形成的类别群体,也不是其中一个成员以自己为核心对其他成员的包容,即通过"关系化"来凝聚的群体,而是有一个共同的目标,各自为实现共同目标提供必要的、独特的贡献而结成的共同体。所有的成员对这个共同体来说都是独一无二、缺一不可的。因而,所有成员都必然相互依赖,有机结合。当所有成员无论贡献大小都不可或缺时,成员的平等性就可以得到保证。这样的"我们"构成机制的结果就是一种"和而不同""多元一体"的状态。就像拼图中的每一块图板和整幅图画的关系:缺少任何一块,就不能完成整幅图画,因此称之为镶嵌化。

二、向下模型与互动模型

当某种社会心态逐渐形成后,它就会作为一个整体自上而下影响个体和群体的社会心态,这就是向下模型。由于具有整体性的力量,这种社会心态对个体心理与行为的影响比较大。社会心理学家麦独孤 1920 年便已经深刻指出:

社会整体在任何时候都拥有一些非源于组成该社会的各个体的明确特性;而这些特性又使得社会整体以一种非常不同于社会个体间彼此互动的方式对个体起作用。进一步讲,每一个体成为某一群体成员时,就会展现出某些潜伏的或者潜在的只要置身于该群体之外时便不会展现的特性或者反应方式。所以,只有把个体作为总体生活的元素来研究时,我们才可能发现这些个体的潜能。也就是说,社会整体也有自身的独特性,是一个实在的整体,在很大程度上决定了其组成个体的本质和活动方式;社会整体是一个有机的整体。社会拥有心智活动,这种心智活动并不是组成社会整体的各自独立单位的心智活动的简单加总。① 社会心态的上下模型可见图16-4。

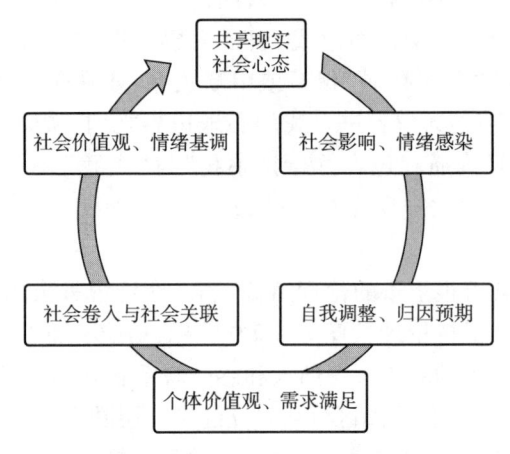

图16-4 社会心态的上下模型

三、共享现实

共享现实完全不同于物理现实(physical reality),它是一种心理的现实(psychological reality)。共享的现实性是人们与他人体验关于世界的内在状态(inner state)的共同性(commonality)动机而形成的(Echterhoff,2012)。当社会的标准不明确时,特别当社会变化剧烈、价值观和道德规范发生改变、人们感到不确定因素增加时,个体会通过与他人分享社会标准形成的过程,从而创造和保持对意义或现实的体验,增加稳定感。社会互动依赖于共享现实性的获得,也受到它的规范;在互动中形成的共享的现实性反过来也会规范个体的自我。

实现共享的现实性有四个基本条件:①一个主观知觉到的个体内在状态的共同性(commonality),而不是仅仅观察到外显的行为。所谓内在状态,包括信念、判断、情感、评估事物的参照标准等。所以,人们要知道他人是"怎么想的"。②共享的现实性指向某种目标。这来自"现实"概念的含义。共享的现实可以是某些社会态度、观点、价值观、兴趣、情感反应,也可以是对一些事情的评价标准。所有这

---

① 杜瓦斯,社会心理学的解释水平[M].赵蜜,刘保中,译.北京:中国人民大学出版社,2011.

些都需要有指涉的对象,而不是泛泛的或表面的。③共享的现实性一旦形成,内在的共同性就会被恰当地推动起来。这里强调了人们的共识是通过共享形成的这一动力过程,它包含人们的两个基本动机,即认识的动机和关系的动机。认识的动机来自可靠和有效地理解现实世界的需要,关系的动机则主要是人们感受到与他人的联系的需要。④共享的现实性会具有成功地与他人内在状态建立联系的体验。因而会存在"言则信"效应(the saying-is-believing effect),它说明,共享的现实性是通过人际沟通生成的。特别在信息暧昧不清、情况相对紧急、别人可能是专家的特定情境中,人们更容易通过相互的认可形成观点、态度的规范,并接受这些观点或态度。

哈丁(Hardin)和希金斯(Higgins)从沟通、自我规范、刻板印象、态度改变、群体过程等现象中总结出共享现实性的前提、功能和后果。他们指出,正是关于目标物的相关情况不够清晰或者不确定,促成了共享现实性的形成。在一些紧急的条件下,共享的现实性建立了现实表征的可靠性(reliability)和有效性(validity)。人们会认为,这些与他人共享的表征是可以相对稳定的,也是在其他人头脑中形成的。共享的现实性的功能就在于它生成了社会成员看待社会和表征社会的一种情绪基调和底色(render)。这就导致人们认为"他人的判断、认识是可靠的"这种信任感,潜在地形成和保持了人与人之间的联系和相互依赖,它正是社会共享现实性带给人们的。

埃希特霍夫、希金斯和格罗尔(Echterhoff,Higgins,and Groll,2005)将信任、内外群体及信息是否被确认等因素引入"言则信"的研究模式,发现当评价信息在听众中被确认且听众的身份为内群体成员时,听众评价对人们记忆结果的改变更加显著。另外,当人们对听众的判断更加信任时,他们的记忆结果也会明显改变,由此可见,共享现实需要满足可信性和有效性这两个前提条件,即建立在分享和沟通基础上的对其他社群成员判断的信任和对他人判断的确认。

继希金斯提出共享现实的概念后,研究者们在不同研究课题中证实了共享现实这一凝聚社会、群体和文化的心理机制存在于社会领域的各个方面。其中包括:共享现实将影响人们对事情的判断和态度;研究发现,在采纳或认可他人意见的情境下,个人在随后的行为中产生更多的从众行为(Pinel,Long,and Crimin,2010);亨青格和辛克莱(Huntsinger and Sinclair,2010)发现,个人想要加入特定群体的目的及积极的情绪状态将促使个体产生与此群体成员相同的态度,增加对污名群体的消极评价。沟通是建构共享现实的重要方式,人们之间的沟通会强化已有的社会类别的本质主义式(essentialism)的划分(Kashima,2010)。

共享现实这一概念对于宗教、文化、经济、群体认同、群际关系中发生的心理现象也有很强的解释力。有研究指出,与亲密的家庭成员是否存在认知的共享现实以及依恋类型将影响人们对于宗教的态度以及相关的态度,例如反无神论的偏见

(anti-antheist prejudice)。一些研究者将共享现实的影响作用从家庭亲密关系中扩展到公共生活中,他们发现,当群体成员更关注群体认同及当得知群体的象征符号被更多内群成员共享时,他们会认为群体象征符号更有价值。因而,希金斯等研究者认为,共享现实性对于人们形成"我们是谁""我们真正想要什么"的价值观、政治、道德和宗教的信念等方面具有重要作用。借此,人们可以避免更多的生活不确定性和不稳定性。

第四节 影响社会心态形成的心理因素及其机制

个体与社会建立的心理联系因具体内容不同而有不同的联系和运行机制。例如,社会信任的水平可能受到社会阶层结构的影响[①]。探讨心理机制,一般可利用机械因果模型来系统化变量之间的关系。机械因果模型(mechanistic causal model)是解释现象的控制机制、中介机制和调节机制的模型。其中,控制机制是导致现象发生的原因变量。中介机制是前因变量与后果变量的中介,也就是说,前因变量对结果变量的关系建立必须通过中介变量时,中介变量才成为必要的因素。前因变量直接导致中介变量,中介变量导致结果变量。当控制机制可能产生不同的后果时,便需要调节机制决定相同的前因变量会在什么时候、什么条件下产生哪种效果。调节机制可以调节控制机制与中介机制的关系,也可以调节中介机制与现象之间的关系。具体过程请参见图 16-5。

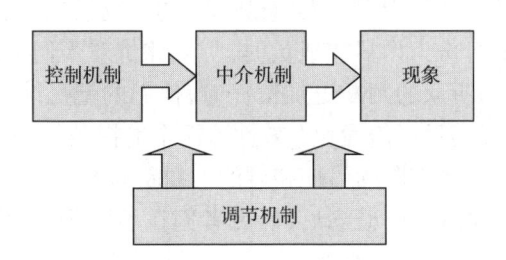

图 16-5 因果机械模型

在以往的研究中,人们已经发现了社会心态的一些影响因素及其机制。例如,"心理和谐"状况可以成为社会比较、核心自我评价及生活满意度的中介机制。"心理和谐"作为自我和谐、人际和谐、社会和谐和人与自然和谐的总和,反映了中国文化传统心理是社会心态形成必不可少的因素。社会比较等因素要通过心理和谐的水平才能影响生活满意度。中介机制有可能是思维方式、价值观、自我构念

---

① 胡琳丽,杨宜音,郭晓凌. 社会信任的阶层性:基于深圳、哈尔滨、烟台调查数据的探索性研究[J]. 学术研究,2016(6):46-55.

等。调节变量有可能是一些心理变量,例如预期的高低、社会身份认同的强弱、自尊水平的高低、成就动机的强弱等。调节变量也可能是一些人口学变量,例如性别的不同,收入的多少、社会经济地位的高低、文化程度、居住条件的好坏、消费偏好等。这些调节机制可能调节了控制机制与中介机制的关系,使得二者的关系随着调节变量的水平而出现变化。

回顾和梳理已有的研究,我们发现影响社会心态的比较重要的变量有以下几方面。

一、社会比较

社会心理学家费斯汀格(Festinger)在1950年提出了社会比较(social comparison)这个概念,是指人们处于不确定的环境中,为了更加了解自己的特征,采用与他人进行比较的方式,确认自己和提升自己。例如,向上比较时,可以提高改变自身的动力,即见贤思齐;向下比较时,可以获得自我满足和信心。

社会比较包括认知、情感、能力、行为等不同成分。可见,社会比较是普遍存在的。在大众时代,人们通过大众传媒进行社会比较的机会增多。在社会结构出现快速变化、阶层结构特征明显、层级间差距加大时,人们为了对自身进行定位,也会比较多地进行社会比较,以便完成身份归属和个人情感、态度的规范,与所属群体形成共有的行为反应和态度。

相对剥夺感(relative deprivation)也是社会比较的产物。它是指当人们将自己的处境与某种标准或某种参照物相比较而发现自己处于劣势时所产生的受剥夺感,这种感觉会产生消极情绪,可以表现为愤怒、怨恨或不满等不公平感(周浩、龙立荣,2010)。当个人将自己的处境与其参照群体中的人相比较并发现自己处于劣势时,就会觉得自己受到了剥夺。这种比较不与某一绝对的或永恒的标准相比,而与某一变量相比,因此这种剥夺是相对的,这个变量可以是其他人、其他群体,也可以是自己的过去。有时候,即使某一群体本身的处境已有所改善,但如果改善的程度低于其他参照群体的改善程度,相对剥夺感也会产生。相对剥夺感会影响个人或群体的态度和行为,并可造成多种后果,其中包括压抑、自卑,甚至会引起集体行动(collective action)。

二、归因

归因是指对他人的行为或事物发生的原因进行推断、归属和解释。人类进行归因,是由探讨事物之间因果联系的动机推动的,也就是对任何事情都要问"为什么"。归因是对自己的行为、他人的行为、社会事件或现象的意义解释。在日常生活中,这种探寻往往在找到自己认为合理的解释后就会停止,尤其在人们感到自己的解释符合社会规范或日常经验后。因此,归因与科学探索不同,它是一种朴素的探索和解释过程。

美国心理学家海德（Heider, 1958）认为，人人都有一种理解、预测和控制周围环境的需要。为了满足这种需要，人们自然而然地就要根据各种线索对已经发生的行为和事件进行原因解释。例如，在大街上一个孩子在哭，路人就会本能地推断他跟他的家人走散了，或者跟妈妈吵闹要自己想要的东西，或者鞋被踩掉了……人们只有了解了行为或事件发生的原因，才能解释这个世界。人们总根据行为的原因和结果共同来解释行为，而如何解释行为的原因是人们做出自己下一步行为决策的很重要的一环。

一般的归因过程会出现一些特殊的偏误效应，例如，观察者与行动者之间的归因偏差（actor-observer bias）就是观察者对当事人的成败做外部因素的归因，当事人在成功时对自己做内部归因，即因自身的能力和努力而获得成功，失败时则对自己做外部归因。利益不同也会引起归因偏差。一般人不太会设身处地地为与自己利益不同的人着想和进行归因，而往往会夸大一些因素的作用，这被称为自我服务偏差（self serving bias）（参见第三章，社会认知）。

在贫富关系较为紧张的时期，不同社会经济阶层的人们对获得财富的归因也很容易出现这样的偏误，从而影响贫富群体在其他方面的关系融合。

三、价值观

从社会心理学的角度看，价值观是个体的选择倾向，也是个体态度、观念的深层结构。因此，在社会心态及其变化中，它不仅是个体对外在世界感知和反应的"定盘星"，还是群体认同的重要根据。在长期或剧烈的社会变迁过程中，个体和群体的价值观会表现出很大的变化。所以，它也是社会变迁的社会心理标志。例如，对于物质的看法，在几十年的过程中就可以看到"物质主义"价值观向"后物质主义"价值观的转变（参见第五章，价值观；第十七章，社会变迁与社会心理变迁）。

四、群体沟通

群体沟通指的是社会中两个或两个以上相互作用、相互依赖的个体，为了达到基于各自目的的群体特定目标，在群体中进行信息交流的过程。信息的沟通是群体心理形成的重要条件，群体成员对群体目标的认识、群体成员的凝聚力、群体内正式组织和非正式组织的形成等都离不开信息的传播与交流。在大众传媒时代，个体传播信息的渠道广泛，而且技术更新很快，沟通的方式从语言到影像、从平面到立体、从官方到民间，对于形成社会心态影响极大。这也是形成共享现实性的基本前提。

五、心理预期

心理学发现，"想象"这一心理过程具有"超前认知"的功能。当对未来的想象伴以对事物的因果判断或发生概率判断时,这一想象就成为预期。未来是不确定的,因而每一个人都依赖预期获得某种稳定感,而对未来的预期会直接影响人们的心态和行为选择。

有调查研究发现,居民对目前生活的满意感与对未来预期之间存在着正相关关系。即:对目前生活越满意的人,对未来的预期也越乐观;对未来的预期越乐观的人,对目前的生活也越满意。对未来的积极预期会化解目前生活的不如人意之处,使人着眼未来,一切向前看,从而提高满意感。

实现预期给人带来愉快,否则,就会使人倍感挫折和郁闷。因为预期作为一个因果判断,是根据已有的生活经验做出的。"种瓜"预期可以"得瓜","种豆"预期可以"得豆"。如果"种瓜"没有"得瓜",人们的经验就会受到挑战,安全感就会丧失,未来的不确定性就会上升,就会让人们感到焦虑和不安。可见,乐观地预期未来可以帮助人们更顺利地适应目前的不利处境,使人更愉快地接纳和享受当下的生活,也为将来的愿景努力。

第五节　社会心态的效应

社会心态的形成过程会带来一定的社会心态效应。几种较为典型的社会心态效应如下。

一、汇聚效应

汇聚效应是指,当社会中持某一种社会态度或观点的成员,经过各种媒体的沟通交流,逐渐形成共识,进而形成一种超越个体社会态度或观点的整体力量。即,部分之和大于简单加总。汇聚的过程可以是滚雪球式的(时序性的),也可以是聚集式的(同时性的),还有可能是二者混合式的。在重要的社会事件发生时,人们不仅在空间上会汇聚在一起,在社会态度上也会汇聚在一起,从而形成一种共同的呼声和强烈的要求,进而导致较为一致的集体行动。

二、多数人效应与少数人效应

多数人效应通常也称从众效应(conformity),是指当个体受到群体中多数人的影响(真实的或想象的压力),会怀疑并放弃或改变自己的观点、判断和行为,朝着与群体大多数人一致的方向变化的现象。从社会认同理论的角度来看,个体在某个群体情境下成为判断和意见的少数人,这种效应可以称为"少数人效应"。从少数人效应的角度看,从众是一种与他人保持一致的行为,但是其动机并不是一种压力导致的自我怀疑,而是维护群体、认同群体(参见第七章,社会认同)。

无论从哪个角度来看,日常生活中发生从众现象的情况都极为普遍。从众让人们感觉是便捷的(他人的选择肯定是有道理的)、安全的(法不责众)、有力量的(人多势众)。从众是社会心态传播和形成的重要机制,也是常见的心理现象。

三、群体极化效应

群体极化(group polarization)指在群体中进行决策时,人们往往会比个人决策时更倾向于冒险或保守,向某一个极端倾斜。特别在阐述论点时,当一些人面对挑衅或者群体中冒险人数占多数时,态度或者做出的决策会变得更为冒险甚至激进(冒险偏移)。在某些情况下,如果群体中谨慎保守的人占多数,做出的决策就比个人更保守,群体决策偏向保守(谨慎偏移)。在更多的情况下,群体观点比起个体的观点更容易偏向冒险。

从积极的方面来看,群体极化能促进群体意见统一,增强群体内聚力,形成群体较为一致的行为。从消极的方面来看,它能使错误的判断和决定更趋极端。群体极化更容易在一个具有强烈群体意识的群体内产生。

在一定的社会态度和心理定势的影响下,人们经常用一些特殊的视角或者立场来对待事物,而这个视角或立场一旦确定,大家就很容易沿着同一方向提供更多的论点,去强化和证明这些观点的正确性。其结果是,群体的意见就变得更为激进、极端,而与群体中的每个人当初的想法相去甚远(参见第十二章,群体)。

此外,在人际沟通中存在着"言即信"效应,社会成员听到别人相信什么,通常就会调整自己的立场以符合主流方向(Echterhoff and Higgins,2005)。而持不同看法的人容易保持沉默。

四、群体参照效应

群体参照效应(group-reference effect)是相对个体参照效应(self-reference effect)而言的。它是一种在认知过程中选择所属内群体的信息作为自我定位的参照对象而形成的对个体心理的影响。大量的研究结果表明,人们在一些模糊情景下,会很自然地选择与自己相同特质的人进行比照,例如年龄、性别、教育程度、收入、消费水平、经历、国家/文化、价值观念等(张海钟、张鹏英,2011)。

五、自我实现的预言效应

自我实现的预言(self-fulfilling prophecy)也称"自证预言""预言的自我实现效应"。它是指预言性质的判断却真实地被"有幸言中"。这是由于预期不经意地引导出指向该预期结果的动机与行为所致。如果一个社会中多数成员对自己的未来充满信心,必然会心态积极,将自己的心智力量指向奋斗的目标,朝气勃勃,就可以不断克服困难,勇往直前,最终实现自己的预期。

经过近30年的积累,社会心态作为一种社会资源的性质已经越来越被人们重

第十六章
社会心态

视。确切地说,社会心态是一种社会心理资源。正像其他自然资源一样,对于这些社会心理资源,也可以从生成、发现/表达、养护、激发、调集、使用、消减、再生等方面来认识它。社会心态就是政府、社会组织、民间社会的社会心理支持系统。另外,个人应对社会环境的行为本身,也是激发、调用、培育、养护个人社会支持系统中的社会心理资源的过程,并以这一资源供养人和获益者的双重身份参与更大的社会系统。因而,社会心态是一个复杂系统,它反映了个人与群体、个人与政府、个人与宏观社会之间的多重互动关系与资源共生共享关系。社会心态建设与社会每一个成员息息相关,也是一个国家社会心理建设的重要途径。

专栏 16-1

社会安全感

维尔(Vail,1999)认为现代社会进入了"不安全时代"(insecure times),不安全已经渗入人们生活的结构中。这种不安全破坏了个人的生活,也破坏了自我价值和自尊,产生了让人无法忍受的恐惧、焦虑、无望和无力。

但这样的表述引出一个问题:现时代究竟是一个"不安全时代"还是一个"不安全感时代"? 安全感研究中最让人困惑的问题就是安全状态与安全感之间的关系,也就是安全与安全感之间的关系。在英文中 security 既有安全的含义也有安全感的含义,为了区别这种关系,霍华德(Howard,1999)用 feelings of insecurity 表示不安全感,用 feeling safe 和 being secure 来区分安全感与安全状态。他提出:为什么身处同样的社会,一些人长期处于焦虑不安的状态,感到到处都是威胁和隐患,而另一些人却不以为然,即使身处危险环境也充满信心? 安全状况和安全感之间到底存不存在相关关系,是正相关关系还是负相关关系? 他用相对不安全来说明这个问题,认为没有绝对的不安全,不安全的程度是与某些时间和地点比较而言的,另外不断提高的安全状态可能会提升人们的预期,使得人们变得更加脆弱。

从社会变迁的角度看,虽然现代社会降低了许多前现代社会的危险,但为什么现代社会的人们的安全感反而低呢? 吉登斯(Giddens)认为原因是人们面对的不再是前现代的危险而是现代性的反思的威胁和危险——风险。也就是说,与安全对应的是危险,而与安全感对应的是风险。

其实维尔的"不安全时代"是从风险社会的角度提出的,是侧重安全感的,他认为不安全、风险、焦虑、不确定性这些概念是可以换用的(Vail,1999)。风险意味着危险或对人们的威胁,是可计算的,是不确定的,是一种可能性。他认为安全感/不安全感可以从三个方面来定义:首先,安全感是幸福、安全的感觉和状态,不安全感是一种预防和恐惧的感觉和状态。其次,安全感是个人实现目标的自我肯定和信心,可以实现一些希望的结果,不安全是一种绝望感,在个人努力无效时自我和信念受限制的感觉,也是一种无力感,不能实现自己的目标,不能保护个人的利益,也是不断增加的易受个人无法控制的力量攻击的意识。最后,安全感是稳定和永恒的条件,是个体对周围环境和关系可靠的、持续的期望,不安全感是对他人活动、意图和未知事物的不确定感。

维尔认为安全可以用以下几个方面来描述:①个人安全,如拥有健康、充足的食物、住所,家庭、工作场所、社区等环境的安全;②经济安全,包括金融安全、工作安全、个人财产权利、土地使用和个人投资方面受到保护;③社会安全,如政府提供的最低生活保障等;④政治安全,包括公共秩序得到保障,政治组织的合法性得到保护、国家安全等;⑤环境安全,主要是指社会成员与自然环境之间的相互作用。这样的安全界定代表了安全(感)研究已经从社会秩序层面的对个人生命财产安全的关注转向了更加宽泛的对人的基本需求的全面关注。应该看到,安全/不安全的程度只是相对而言的,难以确定在什么状态下是绝对安全的,什么状态下是不安全的。正德尔(Zender,2000)提到安全讨论中最突出的特点就是缺乏明确的安全含义,换句话说,安全成为一种理想、一个努力的目标,难以界定,而安全最有效的界定是其相反方面,也就是不安全。安全"不是发生了什么好事,而是什么坏事都没有发生"。由于这样的原因,吉登斯(Giddens,2000)把安全定义为一种一系列特定的危险或者被消除或者被降到最低限度的情境。而这个最低限度同样是难以客观界定的,我们对其的判断仍要借助于主观安全感受。而这种主观的安全感受与个人对于风险的认知密切相关。

摘自:王俊秀.风险认知与安全感及其测量[M]//杨宜音,王俊秀.当代中国社会心态研究.北京:社会科学出版社,2013:80-81.

思考题

1. 社会心态是如何形成的?请分析一个生活中的实例来说明。
2. 观察一个事件发展过程的媒体持续报道,分析受众与媒体和与受众中的意见领袖的互动对于社会心态形成所起的作用。

拓展阅读

1. 王俊秀.社会心态理论:一种宏观社会心理学范式[M].北京:社会科学文献出版社,2014.
2. 杨宜音,王俊秀.当代中国社会心态研究[M].北京:社会科学文献出版社,2013.

第十七章 社会变迁与社会心理变迁

社会变迁如何影响人的社会心理改变？
个人的社会心理变迁会影响社会变迁吗？
什么是人的社会心理变迁？
什么是变迁人格？
个人现代性与个人传统性会并存吗？

学习要点与要求

> **要点**：快速的社会变迁对人们的生活产生了深刻的影响。社会变迁不仅影响着个人的社会心理变迁，而且受到个人社会心理的影响，二者形成一种相互影响、相互建构的关系。人格变迁，特别是个人传统性和现代性以及变迁人格，是社会变迁与社会心理变迁相互影响在人格上的体现。
>
> **要求**：①从多学科角度认识社会变迁；②理解社会变迁与人的社会心理变迁之间的相互关系；③思考如何以更为积极的自我调整来主动适应社会变迁，引领社会变迁。

社会发展日新月异，使人们的心理与时俱进，甚至怀旧也变得贴近中青年人。当变化成为常态，我们就有必要审视这个变化的时代和变化着的人们了。

如果说，文化脉络下的社会心理学以世界多元文化格局的维度作为观察和解释的背景，那么，社会变迁脉络下的社会心理学就要将"时间"的维度作为观察和解释的背景。为什么要将对社会心理的观察和理解纳入一个"时间"的分析维度呢？这一点从发展中国家社会巨变的状况来看是不难理解的。对发展中国家而言，快速的社会变迁对人们的生活产生了深刻的影响。在这一过程中，社会变迁不仅影响着个人的社会心理变迁，而且受到个人社会心理的影响，二者形成一种相互影响、相互建构的关系。

如何观察社会变迁背景下的社会心理变迁呢？换言之，我们怎样才能察觉到社会心理在历史维度中的变化呢？当然，我们可以结合社会心态的改变来看（参见第十六章，社会心态），但是对比两个历史时段沉积在人格特质上的改变，效果会更为鲜明。人格是个体身上相对稳定的心理特质，以往多用于考察个人之间的心理差异和文化之间的心理差异（参见第十八章，文化社会心理学）。人格心理学与社会心理学最为接近和交叉的领域是自我构念、价值观、基本生活信念等。在这个交叉领域中，社会心理学研究的是这些心理变量的运行机制，人格心理学则以这些变量作为区分人的尺度和指标。在探讨社会变迁心理时，我们可以在这个交叉领域看到两种可能：其一，如果把人格作为社会变迁与人的社会心理变迁相互作用的结果的体现，那么，我们可以把社会变迁对个人社会心理影响的过程在人格上的表现称为"人格变迁"，即在社会变迁的脉络里，看人格发生了哪些改变；其二，把个人的社会心理对社会变迁的影响在人格中的表现称为"变迁人格"，即社会巨变使人们形成了变迁时代特有的那些应对、处理社会变迁的人格特质。前者主要观察社会变迁对社会心理的影响，后者主要观察社会心理对社会变迁的影响。

要想研究人的社会心理是如何伴随着社会变迁而出现改变的，以及某些人格成分是如何影响社会变迁过程的，需要对社会变迁本身有较为深入的认识。也就是说,关于人格变迁及变迁人格的研究,不仅需要从一般的人格心理学中寻找理论资源,还需要从发展社会学、社会心理学和文化心理学的研究中获得支持和启发。换言之,人格变迁和变迁人格是一个多视角研究的对象(参见图17-1)。

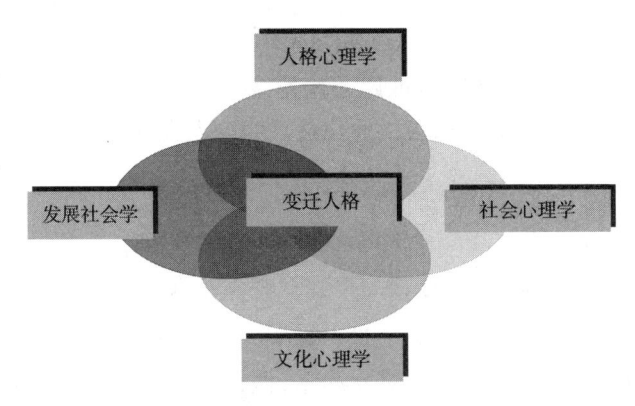

图 17-1 变迁人格的研究视角示意图

第一节 多学科的视角

一、发展社会学的视角

发展社会学是研究社会发展规律的社会学分支学科。经过 50 多年的积累,发展社会学形成了三种主要的学术流派。其一是面对西方国家现代化过程的现代化理论(theories of modernization),其二是面对 20 世纪 60 年代以来发展中国家社会发展的发展理论(theories of development),其三是面对 20 世纪 80 年代以来的苏联、东欧国家和中国社会转型的转型理论(theories of transformation)(孙立平,2005)。这些学术流派影响着人格和社会心理学家关于变迁人格和变迁社会心理学的研究。在现代化过程的社会变迁视角下,人格变迁的核心内容即个人现代性(individual modernity)问题。

社会学家认为,20 个世纪以来的社会变迁,就其范围来说是世界性的,就其深度来说是社会结构层次的,它给全世界带来的冲击、变动、影响及其结果都是前所未有的,它是有着巨大动力作用的历史事变,将传统社会与现代社会在性质上区分开来(张静,1992)。学界把这一巨变过程概括为现代化过程。

(一)现代化理论与人格变迁研究

现代化理论的基本主张有三点:第一,传统社会与现代社会存在着政治、经济、社会、文化、心理上的巨大差别和性质上的分野。这种"传统-现代"的两分法背后的假定是，现代化过程是传统社会向现代社会迈进的一系列社会变革，这种变革是广泛而深刻的，是一种"社会进步"过程。第二，社会发展的动力主要来自文化与价值观，特别是理性化、世俗化、普遍主义、公共参与、个体主义、个人成就、多元开放等价值观。第三，现代化国家将具有一些相同的特征。例如，通过传播和模仿，人们的价值观逐渐趋同，社会之间的相似性大大超过传统时代（张静，1992；孙立平，2005）。

早期的现代化理论受到诸多批评。首先，这一理论强调资本主义社会是社会发展的理想形态，认为产业革命与工业化逐渐为全人类创造某种程度的共同文化，任何国家或社会只要仿照西方工业化先进国家的社会发展模式，就必然能在经济发展、社会结构、政治体制及文化模式等方面产生实质的变迁，逐渐步入发达国家之列，从而成为现代化国家。这种观点被认为带有严重的西方中心主义的倾向而被学者所诟病，一些学者举出不少反证，显示有些仿效西方资本主义的国家（特别是拉美国家）未能顺利走上现代化之路（Meyer，1970；Weinberg，1969）。其次，这一理论将"传统社会"与"现代社会"对立起来，假设发展是从传统走向现代的过程。例如，雷德菲尔德（Redfield，1955）的"礼俗社会"（folk society）与"都市社会"（urban society）概念，贝克尔（Becker，1957）的"神圣社会"（sacred society）与"世俗社会"（secular society）的概念，滕尼斯（Toennies）的"乡土社会"与"法理社会"的概念，帕森斯（Parsons）的五种模式变量等，都采用"传统－现代"的两极对应的分析框架。批评现代化理论的学者认为，这种二元对立的社会分析框架过于简化，它忽略了一项重要的事实：现代社会中含有不少传统社会或文化的特征（Trommsdorff，1983）。最后，由于现代性被理解为对传统的取代，因而现代化理论认为传统社会的文化特征对一个社会的现代化是负面的，是必须全面超越的。在现代化过程中，传统的保留将阻碍现代化的实现。反对现代化理论的学者对此提出不同的证据加以反驳。例如，利维（Levy，1955）与阿普特（Apter，1965）分别以其在日本与非洲国家的研究发现为根据，指出有些传统的社会文化要素固然有害于现代化，有些要素则具有促进的作用。他们认为，传统完全可能对现代化的方向、速度、模式和道路选择形成影响，还可能对现代化的内容做出修正（Lu and Gilmour，2004）。

现代化理论对于关注社会现代化（societal modernization）与个人或心理现代化（individual or psychological modernization）关系的人格和社会心理学家的影响很大。社会现代化所指的主要是整个社会在经济、政治、社会及文化等方面朝向现代化方向的变迁，而个人或心理现代化所指的主要是社会中的个人在价值观念、思想形态及生活习惯等方面的变迁。人格和社会心理学家在现代化理论的影响下，开始假设在社会变迁的背景下，个人也将经历一个由传统到现代的过程。而在这一过程中，传统的人格特质逐渐被抛弃，现代的人格特质逐渐被打造出来。

个人或心理现代性（individual or psychological modernity）是指上述精神层面中那些有助于实现和适应现代化的人格和价值取向。即：个人或心理现代性是现代

第十七章
社会变迁与社会心理变迁

化社会中个人最常具有的一套有组织的认知态度、思想观念、价值取向、气质特征及行为模式。与此相对的是个人或心理传统性(individual or psychological traditionality),它是指传统社会中个人最常具有的一套有组织的认知态度、思想观念、价值取向、气质特征及行为模式(杨国枢,1995b)。前者可以称为现代人的"众趋人格"(modal personality)(Inkeles et al.,1997),后者可以称为传统人的众趋人格(杨国枢,2004)。可以说,这两个概念具体描述了人格变迁的时代脉络。

在20世纪60年代末至70年代初,探讨心理现代性的西方学者颇多,其中,英克尔斯(Inkeles)与史密斯(Smith)的跨国(阿根廷、智利、印度、以色列、尼日利亚、孟加拉)比较研究影响最大。该研究在每个国家选取1000人作为调查对象,这些人包括农民和产业工人以及在城市中从事传统职业的人。英克尔斯所描述的现代人的特征内含三个基本角度(分析、主题、行为)下的24个相互关联的维度。研究发现,现代人与传统人是一个维度的两极。现代人的主要特点是:①见闻广阔、积极参与;②有明显的个人效能感;③有高度的独立性和自主性;④乐意接受新经验和新观念。个人现代性是一种跨国家和跨文化的类型,并且可以用OM量表进行测量和区分。影响个人现代性的最重要因素是现代学校教育、现代工厂经历和接触大众传媒的程度(Inkeles,1977)。

关于心理现代性的内涵,各位学者所提出的概念分析与研究发现并不相同,中国台湾学者杨国枢综合以往的有关研究,发现大约有二十项心理与行为特征是工商社会中的人最常具有的共同人格特征,可以视为心理现代性的主要内涵。他认为,现代工商社会有其独特的经济形态与社会结构,长久生活其中的人会形成一套独特的价值观念、思想形态及行为模式(杨国枢,2004),这些人格特征被他视为"对现代化的反应"(杨国枢,1995b)。杨国枢分析得出的个人现代性和个人传统性分别表现在14个项目维度上,详见表17-1。

表17-1 个人现代性和个人传统性项目对照表

序号	个人传统性	个人现代性	序号	个人传统性	个人现代性
1	集体主义取向	个体主义取向	8	自抑取向	成就取向
2	家族主义取向	制度主义取向	9	权威态度	竞争取向
3	特殊主义取向	普遍主义取向	10	依赖态度	平权态度
4	顺服自然取向	支配自然取向	11	求同态度	独立态度
5	他人取向	自我取向	12	谦让态度	求异态度
6	关系取向	表现取向	13	知足态度	容忍态度
7	过去取向	未来取向	14	外控态度	内控态度

社会心理学之窗 17-1

中国人个人传统性与现代性

杨国枢等人关于中国人个人传统性与现代性的研究持续多年，其核心内容为个人传统性和现代性研究的心理成分及其演变趋势。研究发现了心理传统性和心理现代性的五对成分，并且提出了这些成分在变迁中的特点。其中，最耐人寻味的是心理传统性和心理现代性是可以并存的这一结论。它使人反思现代化理论的局限性和探索适应变迁的新时代的自我构念和人格。

一、心理成分

经过对个人传统性和个人现代性主要范畴的题目编制、预测、筛选，他们对回收的有效问卷进行因素分析，发现个人传统性的五个因素是：遵从权威、孝亲敬祖、安分守成、宿命自保、男性优势。"遵从权威"强调在各种角色关系与社会情境中应遵守、顺从和信赖权威，包括各种传统规范和道德要求。"孝亲敬祖"强调对父母的尊重、孝顺、增光、赡养、继承志业、侍奉在侧等。"安分守成"强调自守本分、与人无争、逆来顺受、不求进取、依赖亲友。"宿命自保"强调明哲保身、凡事利己而又靠运气。"男性优越"强调男女有别、女不如男。

个人现代性的五个因素是：平权开放、独立自顾、积极进取、尊重情感、男女平等。"平权开放"强调平权思想，主张民可以批评官、学生可以与老师辩论等。"独立自顾"强调独立自主，也有只顾自己便可、不必多管他人的含义。"乐观进取"强调乐观看待人类的进步，个人应积极努力获得更大的成功。"尊重感情"强调以真实的感情作为交往的依据，而不再看重外在的身份、年龄等。"两性平等"强调两性在教育机会、社会地位等方面应平等，夫妻双方在人格上独立等。这两组心理成分中大部分有对应的性质（黄光国，2002）。参见表17-2。

表17-2 个人现代性和个人传统性各因素对照表

序号	个人传统性	个人现代性
1	遵从权威	平权开放
2	孝亲敬祖	独立自顾
3	安分守成	积极进取
4	宿命自保	尊重情感
5	男性优势	男女平等

> 二、心理成分的演变趋势
>
> 这些被界定为中国人传统性或现代性的心理成分或人格特质在现代化的过程中将会呈现怎样的变化趋势,是该研究关注的另一个核心问题。研究结果表明,五种传统性心理成分与五种现代性心理成分之间的反向程度以"男性优越"与"两性平等"最为清晰。在1989年的报告中可以看到,台湾大学生和社会成人不论男女都偏向不同意"安分守成""宿命自保""男性优越""遵从权威",但偏向同意"孝亲敬祖"。同时,大学生和社会成人不论男女都偏向同意"乐观进取""两性平等""平权开放""尊重感情"。可以认为,这些因素有交叉变迁、此消彼长的趋势。
>
> 杨国枢等人的研究发现,不仅中国人的传统性和现代性在社会变迁中是并存的,而且这些特质会出现不同程度、不同趋向的变化。根据这些研究结果,杨国枢形成了一个对民众共同的心理与行为在社会变迁中可能出现的变迁趋势的预测。他假设,传统性心理与行为都可能与现代性心理与行为并存,但其中有些在现代社会中会减弱其强度。这些发现与发展理论的提出有相应的契合之处。
>
> (参考:黄光国. 从"现代性"到"本土化":论"个人现代性"研究的方法论[M]//叶启政. 从现代到本土:庆贺杨国枢教授七秩华诞论文集. 台北:远流图书公司,2002:41-81.)

(二)发展理论与个人现代性研究的转向

发展理论主要包括依附理论(dependence theory)与世界体系理论(world system theory),是继狭义的现代化理论发展起来的发展社会学理论。依附理论基于对拉美和非洲经济社会发展的研究,它以"中心-边缘"为分析框架,将视野扩展到整个世界的格局中,并以"中心-边缘"的关系作为"传统-现代"发展的解释变量。从依附理论提供的视角看,发达国家并不是以其在一条历史的渐进线上所处前沿位置来界定的,而是与不发达国家形成相互依赖的关系后表现出的结果。既然如此,发达国家的所谓"发达"正是以不发达国家的所谓"不发达"为前提的,所谓不发达国家的"不发达",其原因在于那些发达国家的所谓"发达"。即那些处于中心地位的发达国家大多数通过不平等的世界经济格局和不公正的贸易关系控制和支配了非西方不发达国家,迫使那些不发达国家不得不依附发达国家(严立贤,1992;孙立平,2005)。

在依附理论之后,匈牙利裔的美国社会学家沃勒斯坦提出了世界体系理论。该理论使用三个概念将世界划分"中心国家"、"半边缘国家"和"边缘国家"。它显示出,从发展的角度看,各个国家在整个世界体系中的地位不是固定的,而是变动的。此外,这一理论强调了整体发展的规律和机制。它使我们对整个世界发展的复杂性和以长时段的视野来思考发展问题具有重要的意义。

依附理论和世界体系理论的一个现实影响是唤起了非西方不发达国家跳出"传统-现代"的认知和评价模式,重新认识自身的文化社会历史的发展规律以及自身的价值。这些讨论对人格与社会心理学的影响是在个人现代性的研究中增加新的理论增长点。特别是在发展理论同时期出现的社会心理学危机以及反思之后出现的心理学本土化运动和社会心理学中的"文化革命",直接影响到个人现代性研究方向和策略的选择(黄光国,2002)。

在个人现代性的研究中,个人传统性曾经被视为变迁的起点。受到现代化理论的影响,20世纪80年代以前的研究者大都将心理传统性与现代性视为对立或相反的心理与行为特征,因而其在所建立的测量工具中,通常只将测量传统性特征的题目视为测量现代性特征的反向题目,只要反向计分后即可与现代性题目上的得分相加,以获得代表个人现代性程度的分数,因此,个人现代性的研究即意味着个人传统性的研究。以此为理论出发点的研究通常忽视了个人传统性在不同文化中的差异。发展社会学和文化社会学已经发现,发展的模式并非简单的"传统-现代",世界各国是处于相互依存的发展条件下的。并且,当我们思考世界上复杂的发展模式和现状时,不得不承认,不同类型的传统社会直接影响到现代社会的类型和发展路径(苏国勋、张旅平、夏光,2006)。因而,发展并不是殊途同归的,"传统"依然可能"活"在"现代"之中。它们之间的关系不一定是继替的、此消彼长的,恰恰相反,传统和现代有可能是并存不悖的。这些观点体现在个人现代性的研究上,即个人现代性的研究者采用了"传统""现代"双维度的研究框架(杨国枢,1995b),并且对本文化的心理传统性进行了更为深入的研究。

华人社会心理学家反思社会心理学领域中的"世界体系"和"依附"现象开始于20世纪70年代。他们对以北美为中心、不发达国家和地区为边缘的人格社会心理学理论发展的时间脉络和关系格局进行了全面的反省和检讨。这些工作最初由中国香港、中国台湾的人格与社会心理学家进行,随后传入中国内地,在学界引起了广泛讨论。其中,由杨国枢主持的持续近30年的个人现代性研究备受关注,开辟了中国人格变迁的研究领域。他们的研究说明,个人现代性中应该包括普适的、全人类共有的部分,也有非西方国家特有的部分,这也就开启了社会心理学和文化心理学的研究视角。

(三)转型理论与个人现代性研究的拓展

转型理论的提出是与苏联、东欧和中国20世纪70年代以来的巨大社会转型的实践分不开的。社会学家认为"转型过程是一个更为复杂的社会变迁过程"(孙立平,2005)。这些国家的社会变迁脉络不是简单地从传统到现代,而有着独特的过程、逻辑、机制、技术,例如从再分配的经济体制到市场经济的转型、从国家垄断

第十七章
社会变迁与社会心理变迁

的总体性社会到社会重建后的国家与社会的关系、国家对个人的支配和动员从命令式的到自下而上的公共参与。这些个人与国家、社会与国家、市场与国家之间的关系的重大调整，影响到社会生活的各个方面。特别是中国始于20世纪70年代末的改革开放，为中国的现代化道路积累了极为独特和新鲜的经验。中国不仅有历史很长的传统，也有在全球化过程中作为"发展中"国家与整个世界体系形成的格局和关系，还有几十年社会主义建设的独特经验。在此前提下，几十年来中国的变革是翻天覆地的。与这样的变迁相对应的个人现代性就不可能等同于非转型国家的个人现代性。因此，中国社会变迁中的个人现代性研究应该是中国人格和社会心理学研究当中的一个独特研究对象，是"中国经验"的重要组成部分。

转型社会学关注社会转型实践中伴随政治经济转型出现的社会结构的变化，以及国家与社会关系的变化，而转型社会心理学（变迁社会心理学的领域之一）则关注上述变化中个人与社会、个人与国家、个人与市场关系的相应变化和相互建构。这些过程、机制、效果都将积淀在较为稳定的人格特质中，成为个人现代性研究的对象。例如，在中国这类转型国家中，原有的国家对个人的控制与支配是"动员–参与"式的，将在特殊的权威性人格中体现出来；原有的国家与个人的价值关系是"无私奉献"式的，至少是"先公后私"或"公私兼顾"式的，将在公私观念中体现出来。

在社会变迁的视角下，个人现代性是从人格角度来描述（刻画变迁在人格上的反映，一些因现代生活而形成的心理素质）和解释（作为变迁的后果变量）社会变迁的一种研究策略、理论框架和学术概念，它与社会心理学、文化心理学中的重要内容形成了理论上的联系。

社会心理学之窗 17-2

企业家精神：活力与社会责任

中国企业家在国家经济起飞中敢冒风险、大胆创新，不仅让"中国制造"誉满全球，而且在中国经济体制从计划经济转型为社会主义市场经济的过程中做出了重要的贡献。

在经济学家看来，市场可以被视作一个过程，是一个人类想象力和创造力潜能的运用过程。企业家与管理者不同，他们需要具有一些特殊的心理品质，这些品质可以被概括为"企业家精神"。

企业家不是在给定的数据下做决策的，而应发现还没有被发现的数据，想象那些可能的未来，创造本来不存在的东西。为什么卓越企业家可以展现出优秀的企业管理能力与战略设计能力？三位研究者选取了2017—2020年《中国企业家》杂志封面人物中的三十位卓越企业家，对他们进行了长达一年的深度访谈。

> 荣登该杂志封面的企业家可以被认为是中国卓越企业家的代表。在本研究中,被访企业家的年龄介于38岁至75岁之间,所带领的企业分布于二十多个行业,包括电子制造业、房地产、金融、投资、互联网与移动互联网、软件科技、电气科技、智能制造、时尚与艺术、医疗、能源与资源管理、连锁零售、非营利组织、知识管理与培训等,这些企业中有经营多年的知名老牌行业领先者,有跨界转型成功的创新企业,也有在较短时间内崛起的新兴机构。
>
> 这项研究发现,中国企业家精神中的一个特点是他们非常有活力。这种品质具体包含四个维度:能量、警醒、坚韧、平和。其中,能量、警醒类属于西方学者所提出的"激发""通外"的活力特性,而坚韧、平和则为中国文化背景下独有的"沉静""内敛"的活力特性,从而构成了动静相宜、内外兼顾的具有辩证特性的中国企业家活力结构。这和西方学界更多地将能量作为活力概念的核心、更加强调"动"的活力维度形成了鲜明的差异。
>
> 企业家的活力不仅来自市场的逐利驱动,也来自其社会责任感。没有真正对社会的关怀,追求卓越的活力也会是无源之水、无本之木。
>
> (摘自:闫伟,肖雪,严飞. 卓越与活力:中国企业家积极心理品质的研究[EB/OL].[2022－12－21].https://doi.org/10.16192/j.cnki.1003－2053.20221219.002.)

二、社会心理学的视角

社会心理学在建立之初并没有关注社会变迁中的个人心理的变迁问题。尽管社会心理学的研究对象是社会情境中的个体,但是,社会情境并不是指宏观的、历时性的、划时代的社会文明的巨变。可以说,这方面的社会需求和理论需求是伴随着社会变迁和全球化过程而提出的,对社会心理学来说,是严肃的挑战也是难得的机遇。在社会心理学对这一挑战与机遇的回应中,可以看到发展社会学的明显影响,可以说在时代需求和社会心理学的母体学科之一——社会学的影响下,在社会心理学学科内发展出了一个社会变迁的研究视角,我们可以称之为变迁社会心理学(social psychology of social change)。

将社会变迁中的个人社会心理纳入社会心理学的研究视野,就是变迁社会心理学的独特视角。在这一视角下,社会变迁与个体心理之间形成相互作用的关系,包括相互影响和相互建构。一方面,在变迁的社会生存环境下,个体因变迁而形成应对变迁的心理与行为,例如适应变迁、迁就变迁、退避变迁,或阻止变迁和抗拒变迁;另一方面,个体期待变迁和追求变迁,或利用变迁、选择变迁和引导变迁。对社会变迁的心理应对与建构过程以及相应的后果(例如个人现代性)成为社会心理

第十七章

社会变迁与社会心理变迁

过程的一个新的变量，很多社会心理过程、后果、原因都可因此得到重新解释，并且得到新的发现。变迁社会心理学在研究方法上除了采用社会心理学的基本研究方法外，较多地采用比较不同发展类型和发展水平下人们心理的方法和纵贯研究方法。

根据社会心理学的分析水平，可以将变迁社会心理的研究分为个体内部的、个人特质的、个体间的、群体的、群体间的和宏观的社会心理层次，其中的一个重要内容即人格变迁与变迁人格。在社会变迁的视角下，人格变迁、社会角色的新内涵、现代性自我构念（例如多元文化的自我构念）的研究意义就可以被彰显出来。变迁人格，例如顺应、包容、多元等，作为一种对应或因应变迁的个人特质，则可以特别用来解释个人与社会变迁之间的互动。再例如，一个人、一代人、一个类别的人可能持有不同的知觉时间框架（time frame）和时间知觉偏好或时间取向（time orientation），这些有关时间及变迁的知觉取向可能内化为变迁人格和应对变迁的价值观和行为方式。不同的人，在社会文化、具体情境以及个人经历的影响下，可能会以过去作为理解现在和未来的参照框架，也可能相反。在中国特殊的社会变迁历程中，一些特有的人格和价值观也成为这一社会的诸多现象的描述和理解变量。可以看出，与传统的人格研究以及个体性的社会心理不同的是，个体性的变迁社会心理更加贴近社会变迁与个人特性的相互影响。

社会心理学之窗 17-3

Inglehart主持的世界价值观调查

从1981年起，在基尔希霍夫（Kerkhofs）和摩尔（Moor）主持的"欧洲价值观调查"（the European Values Survey group, EVS）基础上，美国密西根大学的政治学教授英格尔哈特（Inglehart）组织世界多所大学的社会科学家（包括西班牙的Juan Diez-Nicolas，瑞典的Bi Puranen和Thorleif Pettersson，土耳其Yilmaz Esmer和德国的Christian Welzel组成的委员会）进行了名为"世界价值观调查"（The World Values Survey, WVS）的纵贯调查。调查的样本分布从欧洲价值观调查的10个西欧国家发展到全球80多个国家，每个国家的调查规模为1 000人。从1981年起，完成了四波调查（1981—1984，1990—1993，1995—1997，1999—2001，80个国家至少参加过一次）。调查的主要目的是进行跨文化比较和跨时间比较。从该项研究的数据可以看出，已经有超过400项20种语言的出版物探讨了社会变迁的基本方向和范围。

英格尔哈特（Inglehart, 2008）曾经使用1981—2006年的世界价值观调查的数据，找到两个主要的文化维度。其一是传统权威（traditional authority）-现世的理性权威（secular-rational authority）维度。传统权威强调服从传统权威（包括宗教权威）的重要性，忠实于家庭和相互的责任。此外，对堕胎、离婚的容忍度相对较低,有相对较高的国家自豪感。而现世的理性权威具有相反的特征,它强调法制的、理性的权威,经济的积累和个人的成就。农耕社会趋向于强调传统价值观,而工业化社会趋向于强调现世的理性价值观。其二是生存(survival)-自我表达(self-expression)维度。前者强调努力工作,追求满足基本的生活需求,而后者强调生活质量、自我表达、妇女和少数性取向者的解放等。英格尔哈特等人认为,不同国家在文化维度的不同位置反映了这一国家的历史、社会经济发展状况以及宗教和知识传统。例如,前工业化国家更强调传统权威和生存的价值,而工业化国家则强调理性的现世权威,后工业化国家则强调自我表达的价值(Inglehart, 1997; Inglehart and Baker, 2000)。这一维度与那些从工业化社会向后工业化社会转变的国家有关,参见图17-2。

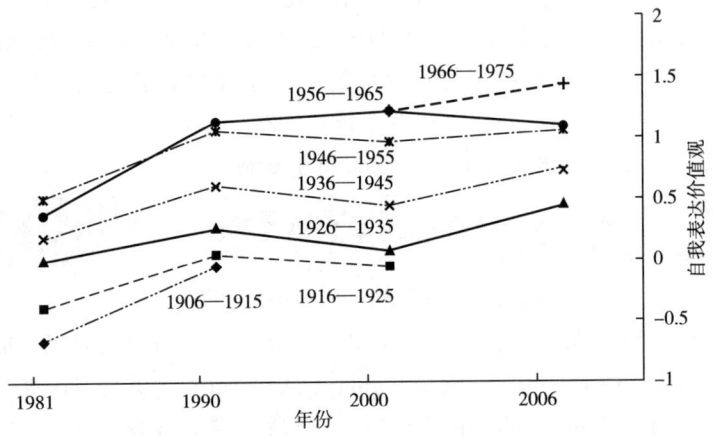

图17-2 根据出生的自我表达价值观均值
(1981—2006,法国、英国、西德、意大利、荷兰公众调查)

资料来源:INGLEHART R F. Changing values among western publics from 1970 to 2006[J]. West European politics, 2008, 31(1-2):141.

早在大约35年前英格尔哈特就指出,在发达的工业社会将可能出现一场巨变。这场巨变看来是某一代人基本的价值观念的改变,而这正是作为影响他们社会化过程的环境发生改变的结果。

从六个欧洲国家的调查数据来看,年轻一代和老一代已经出现很大的差别。在老一代人中,崇尚"物质主义"价值观,即强调经济和身体安全,是占主导地位的,但是到了年轻一代,"后物质主义"价值观,即强调自治和自我表达,普遍增长起来。这一差异是非常显著的。在65岁或以上的人群中,物质主义高出后物质主义价值观12倍,那些出生在二战之后的人,1970年还不到25岁,后物质主义价值观的水平仅略高于物质主义价值观的水平。他认为,这些年龄差异如果可以反映价值观的变迁的话,可以发现一个变动的过程,即后物质主义价值观会逐渐取代物质主义价值观。

代际价值观变迁的理论基于以下两个假设:

(1) 匮乏假设。事实上,每个人都渴望自由和自主,但是,人们都趋向于将最重要的价值放在最紧迫的需求之上。物质的供给和身体的安全与生存联系最为密切。当缺乏物质供给和身体安全时,人们就会把这些"物质主义的"目标放在最优先的位置上。但是在繁荣的条件下,人们就会更强调所谓"后物质主义"的目标,例如归属、尊严、美和知识的满足。

(2) 社会化假设。物质条件和价值优先之间的关系并不是立即调节的:一个人的基本价值观反映了一个人成年期之前的条件,并且这些价值观通过一代一代人的更替而发生变化。匮乏假设与边际效用的减少很相似。它反映了为了满足生存和安全的物质需要和非物质需要(例如自我表达、美的满足)之间的基本差别。

我们可以很清楚地看到世界价值观调查的数据中反映出的变化,即逐渐发生着一种后物质主义替代物质主义价值观的变化(Inglehart, 2008),参见图17-3。

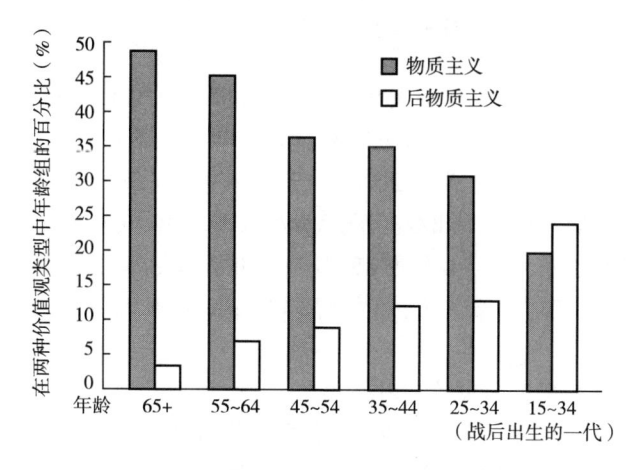

图17-3　1970年英国、西德、意大利、荷兰、比利时、法国公众调查

来源:INGLEHART R F. Changing values among western publics from 1970 to 2006[J]. West European politics, 2008, 31(1-2):134.

由于使用了纵贯调查数据,可以观察到随着时间发生的改变,参见图 17-4。

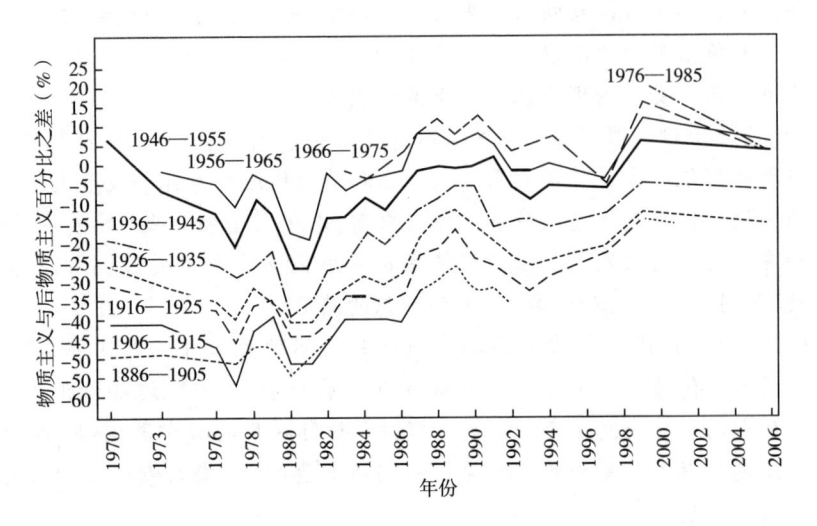

图 17-4　1970—2006 年六个西欧国家出生年龄组分析：物质主义与后物质主义百分比之差

资料来源：加权后的英国、西德、意大利、荷兰、比利时、法国 Eurobarometer surveys 和世界价值观调查数据,根据物质主义/后物质主义题项统计。INGLEHART R F. Changing values among western publics from 1970 to 2006[J]. West European politics,2008,31(1-2):135.

研究发现,在 20 世纪 70 年代早期,所有国家的物质主义价值观在数量上大大超过后物质主义价值观。六个欧洲国家的物质主义是后物质主义的四倍(而在年长组中是 21 倍)。截至 2006 年,低收入国家表现出强势的物质主义,而繁荣和安全的国家则显示出强势的后物质主义。例如,在巴基斯坦,物质主义大大超过了后物质主义,比率是 55 比 1;在俄罗斯,比率是 28 比 1;但是在美国,后物质主义超过物质主义,比率是 2 比 1;在瑞典,后物质主义很普遍,比率是 5 比 1。

在上述价值观研究的影响与日俱增之时,也有研究发现,一些主要的价值观维度,例如"集体主义-个体主义",并不能作为理想的个人现代性测量指标,其原因恰恰在于不同文化类型中的人对于这些概念的理解是有差异的,并且这些有差异的理解并不是完全和简单对立的(杨中芳,1994,1996;翟学伟,1994;Oyserman,2002;Oyserman and Sorensen,2009)。

三、文化心理学的视角

在这里,文化心理学(cultural psychology)的视角,严格来说是文化社会心理学(social psychology of culture)的视角(参见第十八章,文化社会心理学),它是从社会心理学的角度来看文化而形成的独特社会心理学的分支学科(赵志裕、康萤仪,2011),确立了"文化因素在社会心理学中的解释地位"(方文,2008)。在20世纪70年代社会心理学经历了"认知革命"后,对社会心理学学科影响最大的就是文化,这种影响剧烈,引起了社会心理学家对自身存在意义的质疑,并在这一被称为危机的学科反思之后,文化的视角被引入,导致了一场被称为"文化革命"的学科取向的振荡。在此之前的几十年,社会心理学在北美主流的影响下,其研究问题、研究方法和研究结果被看成全世界普适的,因而是泛文化的。没有人从文化的视角来重新审视社会心理学的所有发现,来拷问那些赫赫有名的成果。在社会心理学中加入文化的视角,是参与当代"文化转向"(culture turn)的一种努力,而这正是当代社会科学方法论讨论所推动的(徐冰,2009)。在这一视角下,文化不是不同传统、发展阶段的代名词,而是一个全新的研究视角,具有方法论的意味。

文化与心理是相互构成的。文化心理学有三个同等重要的目的:第一,辨明各种文化的意义和实践,以及与之相连的心理结构和过程;第二,发现使社会与心理被文化模式化后而具有多样性这一事实背后的系统原则;第三,描述心理与文化相互建构的过程,说明文化如何创造和支持了心理过程,而这些心理倾向如何反过来支持、再生产,有时是改变文化系统的。人类的心理是与文化相联系的,然而这一联系是遵循普遍性原则的。

在文化的视角下,社会心理与文化的密切联系被彰显出来,文化被视为社会心理的"基质"(cultural matrix)或"母体",是社会成员为了适应生存而发展出来的共享的知识(knowledge)和意义系统(meaning system),因而是与社会心理须臾不可分的(Friske et al.,1998)。

当社会心理学家将文化看作一系列社会心理过程,不仅个体是以文化为背景的,文化也存在于个体内心之中。文化不仅是个人的意义表征,也是群体过程,作为一系列共享的意义,文化提供了人类群体获得现实感、对外在环境的适应以及协调群体生存所要求的各种活动。同时,这些共享的知识也在人类的实践活动中不断被传承、生产和创造出来,文化的多样性就是这种过程的产物。

文化社会心理学的视角为我们进行变迁社会心理的研究提供了新的解释来源,因为人格不仅有时代变迁的印记,也积淀了不同文化的特征而具有文化的意义和文化变迁的意义。个人现代性当中包含着文化的冲突与融合、文化的一元与多元、文化的包容与排斥,文化的独特与动力。

文化社会心理学中有两个研究取向或策略,即跨文化取向和本土文化取向。

这两个取向的研究都是个人现代性研究不可或缺的理论资源。

近十几年来,跨文化心理学和本土文化心理学几乎从自己的视角出发,共同关注了文化对于心理过程的意义。在遍及全世界的有关心理学刊物中,这些研究和讨论都成为心理学家探究的焦点。例如,持续二十年的关于"个体主义/群体主义"分析框架的研究和争论至今还在美国核心期刊《美国心理学家》《美国心理学报》《人格与社会心理学研究》上占有大量篇幅。来自北美与处于所谓边陲地位的发展中国家,特别是亚洲国家的文化心理比较研究、非北美的本土社会心理学研究发现,大大震动了处于当今社会心理学主流地位的北美社会心理学。近年来的研究发现,许多基本的心理过程实际上都依赖文化的意义与文化的实践。在不同于欧美的其他文化中,心理过程会与欧美文化中生活的人有极大的不同。例如,欧美人强调社会行为基于个人特性,而另一些文化中的人则以社会角色、责任和情境因素来解释人的行为。欧美人一般强调他们自己是唯一的、与众不同的、超过他人的;而在东亚,人们强调他们自己是普通的、与他人没有什么大差别的。运用这些发现,心理学家正在研究文化与心理之间共同具有的动力性的构造。这一研究背后的假定是,为了加入任何社会生活世界,人们必须将文化模式、文化意义和文化实践并入他们的基本心理过程之中。这些心理过程反过来又限制、再生产和改变文化系统。因此,当每一文化被很多心理过程的相互作用而建构的同时,这些心理过程本身也被它们所作用的特定文化所引发、建构和促动。于是,那些一向被视为社会心理学基础的发现,不过也是某一文化框架下的特有功能。一旦我们认识到人们的思想、情感、判断和行为都是与文化模式有关的,那些看来反常的、在其他文化中无法重复验证所谓标准的现象,就变得不难理解了。

跨文化比较的视角对个人现代性的研究蕴含在英克尔斯的研究中,即假设不同的发展中国家尽管在经济发展水平上可能相差不大,但是,文化却大不相同。处于南美的智利与处于亚洲的印度,无论是宗教、语言、习俗还是价值观念都存在着差别,但是,工厂化、正式的教育、大众传媒等有可能超越文化的差异,使人们更加具有相同的一些个人特质,即现代的特质。这样的研究假设包含全球化、现代化变迁对文化的影响。

在关于文化心理维度的探讨中,霍夫斯泰德(Hofstade,1980,1983)的研究触发了大量跨文化比较的研究,以探讨文化的特质。霍夫斯泰德通过共计 66 个国家、三个地区 117 000 个 IBM 公司的被试工作价值观的研究,确定了四个价值观的潜在维度,他认为这是任何一个社会必须面临的问题(参见第五章,价值观),即"权力的距离""避免不确定性""集体主义-个体主义""男性气质-女性气质"。霍夫斯泰德认为,文化的价值渗透在文化社会成员生活的方方面面,比如儿童的教养方式、职业的选择等。至今,霍夫斯泰德的这一研究发现仍然被用于文化价值观的研究,特别是跨文化价值观比较的研究中。一项元分析的研究发现,自 1998 年至

2005年发表的55项跨国文化价值观研究中,有13项采用了霍夫斯泰德的"个体主义-集体主义"和"权力距离"两个维度(Tsui, Nifadkar, and Ou, 2007)。

在霍夫斯泰德发现的基础上,特雷恩迪斯(Traindis)等人关于"个体主义-集体主义"的量表试图从价值观内容中抽绎出最可能反映文化差异的维度进行文化比较。此后,重要的成果有施瓦茨(Schwartz)等人对于72个国家的价值观调查,英格尔哈特(Inglehart)长达几十年、覆盖70多个国家和地区的世界价值观调查,以及梁觉(Kwok Leung)和彭迈克(Bond)对42个国家和地区进行的社会通则和信念的研究(Leung and Bond, 2004,参见专栏17-1)。

跨文化的研究成果斐然,举世瞩目,在那些价值观地图、人格地图、信念地图上不同文化的相对位置吸引着读者的眼球。然而,跨文化研究的方法论基础受到学者的严肃质疑。质疑主要来自两个方面:一方面是文化实体论,另一方面是文化-行为的因果决定论。当文化被视作同质性的实体,文化中的各种成分之间的博弈关系就消失了,文化中的行为都被刻板化了,形成"文化归因谬误"(方文,2008)。

对于个人现代性的研究,文化维度的探讨有助于理解我国这种后发外生型的发展中国家在现代化的同时,面对着异文化和强势文化的影响,如何形成对个人现代性中的各个维度的选择。例如,个体主义和群体主义(集体主义)的维度,如果当我们理解它是一个文化维度的话,就不会把它简单作为一个发展的线性维度来理解。我们就会将它作为一个社会中的人们共享的意义系统来看待,关注它对立的两极并存的可能。

不同的文化有着自身的深层结构体系,因而,对不同的文化,应该抓住一些极富特征的研究重点。理解了这些重点,研究文化的心理过程也就相对容易理解了。在这方面,除了泛文化的比较之外,本土定向的研究也是非常有价值的。这种研究策略是从强加式的通则性客位研究(imposed etic approach)转向本土化的特则性主位研究(indigenous emic approach)(杨国枢,1993a)。因此,它并不依赖于一个普适性的研究框架、概念和研究工具。也正因为这些特征,本土文化的研究真正揭示了一些重要的本土文化心理的内部过程,然而与其他本土研究之间的对话是比较困难的。这方面的例子有中国的孝道研究(叶光辉)、面子研究(翟学伟,2005)、关系研究(杨中芳,2001)、人情研究(黄光国,1988)、自己人研究(杨宜音,2001)等。

对于现代性的研究,本土的研究可以真正提出一些概念或维度来发现社会变迁带来的个人心理变迁,使测量的建构效度更高,例如关系和人际关系概念、自己人和群体概念、大我概念与身份认同、重视继往开来与祖先崇拜。如果用跨文化的概念来进行测量的话,这些概念之间的文化差异就会被扭曲或者被遗漏。

发展社会学、社会心理学和文化心理学是我们对变迁人格进行研究的理论视角,即,我们将个人现代性既看作变迁人格,也看成一种文化人格。

第二节 我国学者关于传统与现代人格变迁的研究进展

继英克尔斯和杨国枢之后,中国内地学者采用英克尔斯个人现代性量表(OM)和杨国枢个人现代性、个人传统性量表主持或参与一些研究。这些研究基本上可以分为以下三类。

一、研究类型一:Inkeles 框架和测量工具,中国样本

第一类研究使用的是 Inkeles 框架和测量工具以及在中国收集的数据,例如英克尔斯、曹中德和布罗迪德(Broaded)的合作研究,以及蔡笑岳、吴萍关于中国青少年观念现代性的研究。

英克尔斯等人(Broaded et al., 1994; Inkeles, Broaded, and Zhongde Cao, 1997)的研究,目的是将英克尔斯原有的结论扩展到社会主义国家,并且尝试使测量工具扩展为跨性别的工具。值得注意的是,研究者特别从中国经济社会因"改革开放"出现转型这一过程出发,考虑到农村出现了大量离土不离乡的乡镇企业、城市的不同工厂和就业机构的所有制性质不同(例如国有企业、民营企业、个体户、外资企业等)、中国的劳动力市场并非资本主义国家的自由劳动力市场、大众传媒不是相对自由的、城乡之间的流动受到户籍制度等限制,在样本抽取上采用了配额的方法。其样本是在天津市所属的县和城区中的 6 个村和 60 个工厂中的农民 128 人,农村乡镇企业工人 128 人,城市非工业工人(服务员)36 人,城市个体工商户 128 人,城市国有企业工厂工人 318 人,集体企业工人 131 人,合计 869 人。问卷采用 119 题的现代性量表,涉及 24 个主题的态度、价值观和行为,例如个人效能感、计划性、公共事务的参与等。

研究发现,英克尔斯的分析框架同样适用于中国内地。工作单位性质比起教育和年龄组来说对个人现代性有更强的预测力。此外,个人现代性量表可以用于男女两性被研究者。这一研究抓住了改革开放十年后中国社会经济体制改革对人们心理的影响,记录了这一过程。

蔡笑岳、吴萍的研究采用 InkelesOM-12 量表(14 个测题),测量了重庆、兰州、广州等城乡 774 名小学五年级、初中二年级、高中二年级三个学生群体的观念现代性水平。结果发现:①这些学生的得分分布在 29~100 分(1~100 计分),平均分为70.39 分。高端的 15 分只占 4.3%,中数以下占 13.4%,82.3%的人分布在 51~85 分。②广州学生的现代性得分明显高于重庆,重庆明显高于兰州。③小学、初中学生的现代性得分的城乡差异显著,高中学生则不显著(蔡笑岳、吴萍,1999)。

二、研究类型二:杨国枢框架和测量工具,中国内地、中国香港地区样本

第二类研究采用杨国枢的框架和测量工具,在中国内地、中国香港地区收集数

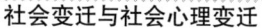

据。例如,郭亨杰、夏云关于大学生的个人现代性、传统性及其与心理健康的关系研究(郭亨杰、夏云,1997),许燕、曹雪关于从传统性到现代性的转变上比较京港大学生人格差异的研究(许燕、曹雪,2000),以及张兴贵、郑雪关于青少年人格现代性的城乡差异比较研究(张兴贵、郑雪,2002)。

郭亨杰和夏云的研究使用了杨国枢"多元个人现代性量表"和"多元个人传统性量表",对江苏和青海两省大学的219名和244名本省生源大学生进行了测量。研究发现,大学生的个人现代性明显高于个人传统性;东部大学生的传统性明显低于西部大学生,但是两地大学生在个人现代性上却没有显著差异。许燕和曹雪的研究也使用了杨国枢"多元个人现代性量表"和"多元个人传统性量表"对北京(264名)和香港(69名)的大学生进行了个人现代性和个人传统性的测量。研究发现:①学生的传统性得分均显著低于现代性。②在"宿命自保""乐观进取""尊重情感"三项上存在京港差异,其中北京学生在乐观进取上的得分更高,香港学生在宿命自保和尊重情感上得分更高。③北京女大学生的现代性显著高于香港女大学生。香港男女生在传统性上无显著差异,在现代性上,男生高于女生。北京男大学生在传统性上高于北京女大学生。张兴贵和郑雪在广东湛江抽取初中二年级、高中二年级和大学三个学生群体样本300名,同样采用杨国枢的"多元个人现代性量表"和"多元个人传统性量表"进行研究,研究发现:①学生的传统性得分均显著低于现代性;②三个样本群体在传统性得分上呈现随着教育程度和年龄增加,传统性降低,而现代性增高的趋势;③男性的现代性显著低于女性,尤其在传统性的"男性优越"和"安分守己"维度上;④家庭所在地为城市的学生在现代性上明显高于家庭在农村的学生,但家庭所在地为城市的男性学生在传统性上高于家庭在农村的男性学生,而家庭所在地为城市的女性学生在传统性上低于家庭在农村的女性学生;⑤教育程度和性别对现代性和传统性的影响最大。

三、研究类型三:CPAI框架和测量工具,中国内地样本,多年纵贯数据比较

第三类研究采用CPAI框架和测量工具,在中国内地收集数据,进行十年纵贯数据比较,主要有周明洁、张建新关于中国社会现代化进程和城市现代化水平与中国人群体人格变化模式的研究(周明洁、张建新,2007)。作者在多年探索发展中国人个性测量量表(Chinese Personality Assessment Inventory,CPAI,其中包含西方人格量表不具有的本土构念,例如"面子""人情""和谐性")的基础上,采用相隔十年的两个全国抽样样本(样本量分别为1 930个和1 575个)和80%以上的共同测题,比较了人格的变化模式。研究发现,1992年的中国人在阿Q精神(防御性)、人情和纪律性上的得分显著高于2001年的中国人,而2001年的中国人则在领导性、外向性、情绪性、务实性、乐观性、外控性、自我独立性、和谐性、节俭性上显著高于1992年的中国人。这一研究是我国学者进行的一项相当规范的研究,并且有多年

的人格测量研究为基础。但是,这一研究主要以社会变迁为自变量,测量基本人格特质的变化情况,而不是针对社会的现代化进程而设计的测量,因而在构念上并不针对特别能反映社会变迁的"变迁人格",而在更为抽象、更为一般的层面来考虑人格的变迁。

上述除周明洁和张建新的研究外,都是直接采用英克尔斯或杨国枢的量表作为测量工具的。而周明洁、张建新的研究则依靠多年探索发展的 CPAI 的系列量表(CPAI-1,CPAI-2)和纵贯数据。由此可以看到:①测量工具的发展是人格变迁研究中的重中之重。没有有效的测量工具,任何研究都是空中楼阁,而有效测量工具的研发大多数都需要历经几十年的时间。只有有了标准化的测量工具,才可能进行纵贯式的数据采集工作,并且进行时间向度的数据比较。②测量工具需要在很好的理论构念指导下发展出来,因此,如果没有好的理论,就无法判断已有量表是否具有良好的构念效度。英克尔斯在六个发展中国家、杨国枢在中国台湾地区发展出来的测量工具是否适用于中国大陆尚未有确切的答案。从样本来看,上述研究的样本量显然都比较小,除了周明洁和张建新的样本外,都使用小学生、中学生、大学生作为被试。因此,还不足以推论中国人人格变迁的基本特征。从施测年代上看,除了周明洁、张建新的研究外,大多数研究都是在 1999 年到 2001 年做的。

第三节　人格变迁、变迁人格研究的意义和方向

个人现代性是人格变迁研究中的一部分,并不能等同于人格变迁的全部领域。但是,它使我们将人格纳入社会发展与变迁的研究视野,或者反过来说,将社会发展与变迁纳入人格研究的视野。在杨国枢等人有关个人现代性与个人传统性可能并存的研究发现中,我们可以看到社会变迁与人格之间形成相互作用的关系,包括相互影响和相互建构。一方面,人格变迁、社会角色的新内涵、现代性自我构念(例如多元文化的自我构念)的研究意义就可以被彰显出来。另一方面,在共存的人格特质背后存在着一个新的人格成分,即在变迁的社会生存环境下,个体因变迁而形成应对变迁的心理与行为特质。这就是个体期待变迁和追求变迁,或利用变迁、选择变迁和引导变迁而形成特有的变迁人格,例如顺应、包容、多元等。作为一种对应或因应变迁的个人特质,变迁人格将可以特别用来解释个人与社会变迁之间的人格的主动作用,解释传统与现代人格并存的人格原因。

适应变迁、迁就变迁、退避变迁,或阻止变迁、抗拒变迁等,这些对社会变迁的心理应对与建构过程以及相应的后果(例如个人现代性)成为人格心理学研究的一个新的变量和领域,很多社会心理过程、后果、原因都可因此得到重新解释,并且可以有新的发现。例如,一个人、一代人、一个类别的人可能持有不同的知觉时间框架(time frame)和时间知觉偏好或时间取向(time orientation),这些有关时间及

第十七章
社会变迁与社会心理变迁

变迁的知觉取向可能内化为变迁人格和应对变迁的价值观和行为方式。不同的人、不同类别的人,在社会文化、具体情境以及个人经历的影响下,可能会采取以"过去"作为理解"现在"和"未来"的参照框架,也可能相反。在中国特殊的社会变迁历程中,一些特有的人格和价值观也成为这一社会的诸多现象的描述和解释变量。可以看出,与传统的人格研究以及个体社会心理不同的是,变迁人格和人格变迁研究将更加贴近社会变迁与个人特性的相互影响。

需要强调的是,从社会变迁与人格变迁双重角度来看,变迁人格与人格变迁既有联系又相区别。关于个人现代性(心理现代性)的研究强调的是对分别对应传统社会和现代社会的人格特征的探讨,而非对变迁本身的人格进行探讨,也就是说,将人格作为一种社会变迁的后果来看待,而不作为对社会变迁具有建构意义的因素来看待。变迁人格是个体应对社会变迁这一重要社会情境而形成的心理特质,是个体知觉和应对变迁的较为稳定的取向,具体可能包括时间取向、发展取向、顺应取向等。以往的人格研究一直缺乏对变迁社会中应对和适应变迁形成的人格特质的研究。因此,变迁人格应该成为中国人格研究领域的重要课题。目前,关于思维方式的文化心理学研究包括整体性/分析性思维研究(Nisbett et al.,2001)、中庸研究(张德胜等,2001;吴佳辉、林以正,2005;杨中芳、韦庆旺,2014a,2014b;杨中芳,2023)等,为变迁人格研究提供了很好的思路。中国传统文化中"易学"思想渗透在中国人日常生活中,关于"命""运""势"的观念和"变""顺变""应变"的智慧也非常丰富,这些都是值得变迁人格研究深入探讨的宝贵思想资源。

专栏 17-1

以"50 后"到"90 后"中国人取名偏好管窥中国人独立性的变迁

有学者使用 2011 年零点调查集团采用按规模成比例的概率抽样(PPS 抽样)方法在全国 10 个城市收集的有效样本 2 714 个(其中男性 1 286 名,女性 1 428 名,出生年份从 1951 年到 1993 年,即从 18 到 60 岁,其中男性平均 38 岁,女性平均 37 岁)。将这些样本以 10 年为标准进行划分,五个出生年龄组依次是 1951—1955 年、1956—1965 年、1966—1975 年、1976—1985 年、1986—1993 年(由于取样限制,第 1 组和第 5 组不满足 10 年的要求)。研究将同时期中"常见名字的百分比"作为衡量中国人独立性变迁的指标。由于中国人名字中表示姓氏和辈分的部分不能反映父母的自主选择,也不能体现一个人的自我独立性,因此只分析名字中最后一个字(称为"1c",如王明的"明"、何豪凯的"凯")。将某个时期出生的人的所有名字进行整理,按照名字中最后一个字的使用频次排序,统计出某个时期的人中最常见名字和最常见十个名字的使用人数,再分别计算其占总人数的百分比。

研究发现,从 1951 年到 1993 年的 5 个不同时期,取常见名字的百分比越来越低,父母给新生儿起名字时选择使用常见名字的百分比逐渐下降,参见表 17-3。

表 17-3　不同时期取常见名字的百分比(%)(N=2 714)

常见名字的 百分比	时期				
	1951—1955 年	1956—1965 年	1966—1975 年	1976—1985 年	1986—1993 年
最常见名字	6.29	5.07	4.51	2.67	2.70
最常见十个名字	34.97	22.59	20.79	16.58	12.47

资料来源:苏红,任孝鹏,陆柯雯,等. 人名演变与时代变迁[J]. 青年研究,2016(3):31-38.

另一项研究采用中国国家公民身份信息中心的档案资料。通过和身份信息中心合作的方式,在不泄露个人隐私的前提下,该课题组获取了 1950 年、1960 年、1970 年、1980 年和 1990 年 5 个年份登记有身份证号的新生儿与名字有关的信息,样本量达 97 543 369 个。计算"最常见名字的百分比""最常见十个名字的百分比""男性最常见名字的百分比""男性最常见十个名字的百分比""女性最常见名字的百分比""女性最常见十个名字的百分比",从得到的研究结果可以看出,中国人的独立性具有划时代的改变(参见图 17-5,图 17-6)。

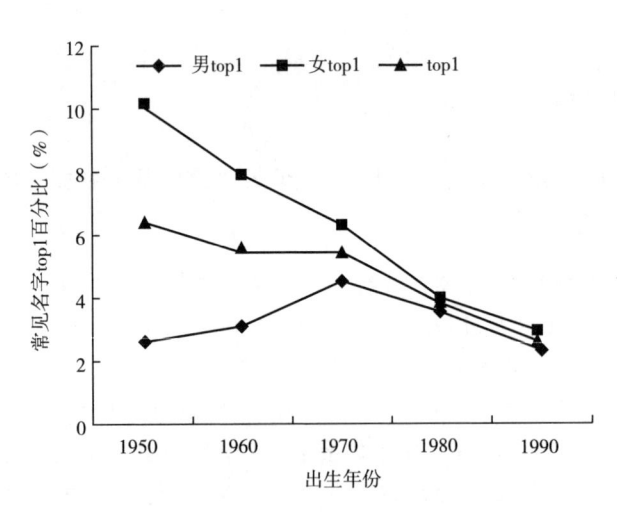

图 17-5　不同出生年份最常见名字的百分比变化趋势

第十七章
社会变迁与社会心理变迁

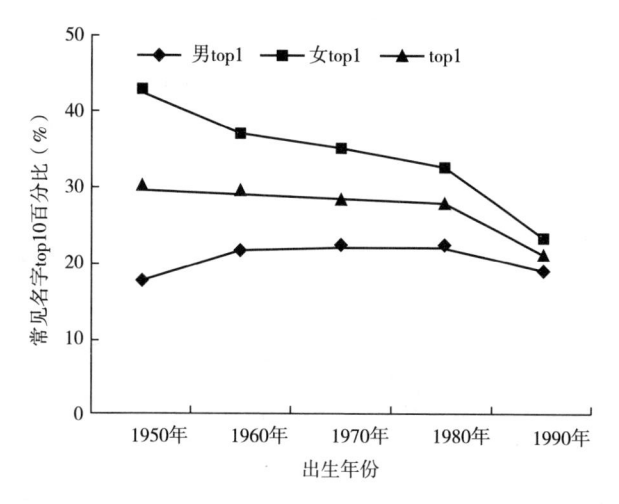

图 17-6 不同出生年份最常见十个名字的百分比变化趋势

摘自：苏红，任孝鹏，陆柯雯，等．人名演变与时代变迁[J]．青年研究，2016（3）：31-38．

专栏 17-2

价值观的代际变迁

价值观究竟会以怎样的速度发生改变呢？改革开放40年是人们的物质生活不断现代化的过程，但精神生活、价值观领域呈现多元复杂的局面，出现了许多有关价值危机、价值观多元化的讨论。

学者们注意到，现代化本身不是一个简单地由"传统"走向"现代"的直线发展的过程，例如杨国枢等人分别测量中国人的传统性和现代性发现，除了传统性高于现代性的较为保守传统的类型和现代性高于传统性的较为现代开放的类型外，还存在一种传统性和现代性都比较高的类型（双文化自我）。

中国深受儒家文化传统影响，其家国一体、天人合一、道中庸重和谐、重统一团结、尊重权威等特点与西方社会存在显著区别（杨国枢，2004）；另一方面，中国在短时间内同时经历了高速的经济发展、市场化转型、工业化、城镇化和全球化等进程。当代中国社会的发展具有"时空压缩"的特点，即传统、现代、后现代被压缩到同一个时空之中，使得中国的社会变迁轨迹与许多发达国家迥异。

学者高海燕、王鹏和谭康荣利用世界价值观调查数据（1990—2012年），描述分析了中国社会转型过程中人们价值观念的变迁趋势。这项调查在中国进行了五轮调查(1990 年、1995 年、2001 年、2007 年和 2012 年),横跨 23 年,总样本量为 7 764 个。他们发现,随着时间的推移,中国人对权威的态度趋于积极,私人领域价值观趋于开放,后物质主义价值观则表现为先上升而后下降的趋势(见图 17-7)。

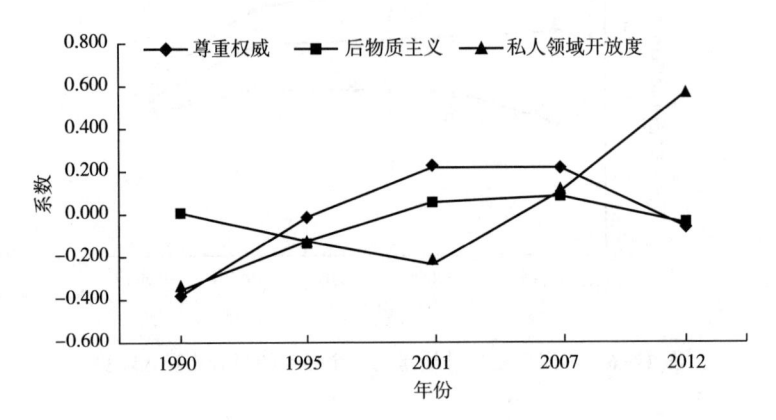

图 17-7 价值观的时期效应

世代效应的特点为改革开放后出生的世代更加认同、尊重权威,其后物质主义价值观则趋于下降(见图 17-8)。

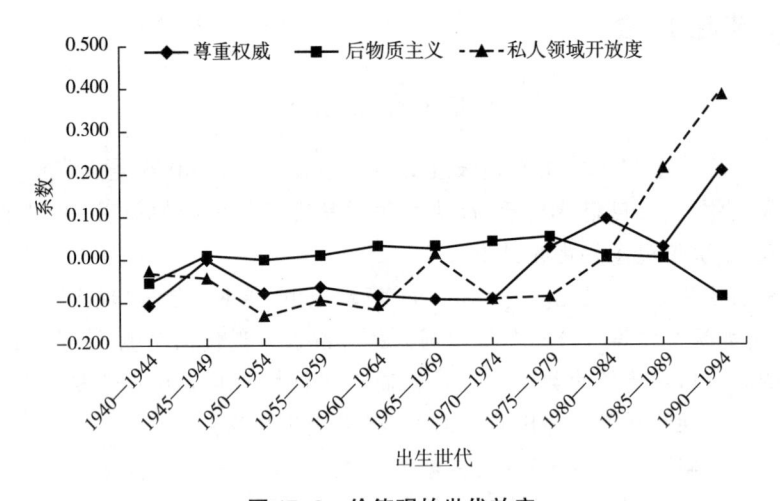

图 17-8 价值观的世代效应

该研究回应了现代化理论,印证了作为传统性的尊重权威和作为现代性的私人领域开放并存的文化变迁类型。

摘自:高海燕,王鹏,谭康荣. 中国民众社会价值观的变迁及其影响因素:基于年龄—时期—世代效应的分析[J]. 社会学研究,2022(1):156-178.

第十七章
社会变迁与社会心理变迁

思考题

1. 中国文化中有哪些人们总结出应对社会变迁的成语、谚语、俗语？它们反映出怎样的变迁人格？

2. 在价值观方面，你能观察到哪些代际差异？尝试进行对比，并思考社会变迁的影响是如何起作用的。

3. 在互联网时代，会形成哪些不同于以往的人格特征？这些特征会引领出怎样的社会变迁？

拓展阅读

1. 托克维尔．旧制度与大革命[M]．冯棠，译．北京：商务印书馆，1992.
2. 赫拉利．人类简史[M]．林俊宏，译．北京：中信出版社，2014.
3. 杨国枢．中国人的心理与行为：本土化研究[M]．北京：中国人民大学出版社，2004.
4. 方文．中国社会转型：转型心理学的路径[M]．北京：中国人民大学出版社，2013.

第十八章 文化社会心理学

文化如何影响社会心理？
社会心理如何影响文化？
从社会心理学的角度看文化是什么？
文化是怎样被传承与传播的？
接触不同文化会产生什么样的后果？

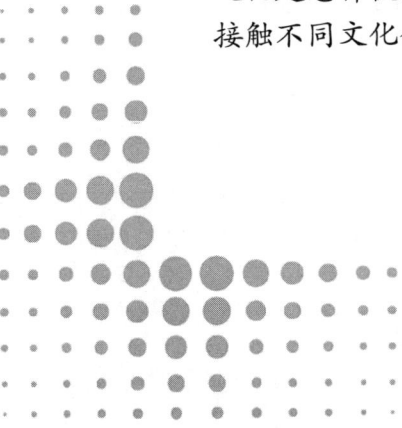

第十八章

文化社会心理学

学习要点与要求

> **要点**：文化社会心理学从社会心理学角度研究文化现象，包括社会心理的文化差异、文化的传承与传播、文化的产生和变迁、文化的交流和适应等。文化是文化成员积累起来的共享知识，它通过器物、制度、观念得以表征、知觉和创造，当这些知识被内化和共享时，就出现了对它的保留、丰富、强化和传递的现象。纵向的传递为传承，横向的传递为传播。传承和传播推动着文化的发展，不同类型文化间的交流和碰撞又促使文化不断地多样化和特色化，为人的社会心理打上了文化的烙印。
>
> **要求**：①了解文化社会心理学研究的对象和功能；②从文化的传承与传播观察文化的发展；③从社会心理学角度解释文化是如何被建构的。

社会心理学之窗 18-1

中国文化和西方文化传统与现代的典型样例

"世界那么大，我想去看看！"这句话道出了很多人的心声。人们期待着从自己住习惯的地方到他人住习惯的地方，去体验那打破时间和空间局限带来的惊喜。在另一个地方，如同穿越时间隧道，抵达未来或过去，超越了生命原有的长度和宽度。这些所谓的另一个地方，像镜子一样让人反观自己，既让人感受人同此心，情同此理；又让人感到人心如面，各不相同。这大概是人们喜欢出游的一个原因。那么如果请你描述中国文化和西方文化传统与现代的典型样例，你会写出什么？（见表18-1）

表18-1 中国文化和西方文化传统与现代的典型样例

	中国传统文化	西方传统文化	中国现代文化	西方现代文化
物质文化 （器具、建筑等）	中餐筷子、飞檐斗拱、胡琴……	西餐刀叉、石柱穹顶、钢琴……	中餐筷子、汽车、手机……	西餐刀叉、钢琴、汽车、手机……
社会文化（制度、规则、规范等）	对联、汉字、诗词、唐装、孝道、送礼、婚丧礼俗……	戏剧、议会、西服……	对联、汉字、孝道、送礼、婚丧礼俗、电影、流行音乐、西服……	戏剧、电影、流行音乐、西服、马拉松……
主观文化（观念、价值观、信仰等）	中庸、和谐、关系、民间信仰……	信仰上帝……	中庸、和谐、关系	信仰上帝……

在试填社会心理学之窗18-1的表格时你会不会感受到,列举中国传统文化的典型样例比起中国现代文化的典型样例更为容易?列举中国现代文化的典型样例和西方现代文化的典型样例时会不会难分彼此?会不会感到传统文化中的典型样例至今还在?所有这些感受都涉及文化的类型、文化的传播交流以及传承变迁。对于这些问题,我们将在本章进行讨论。

第一节 文化与社会心理学

一、何为文化

一提到文化,我们的脑海里就会不由自主地浮现一些文化符码(icon),即文化的外显典型样例。它们是那样独特、那样丰富和绚烂多彩。进入全球化时代,全世界多种多样的文化呈现在人们面前,使得文化这一概念伴随着"我们是谁?""他们是谁?"的认知需求进入了日常生活。

从社会心理学之窗18-1中的表格不难看出,文化之于人类而言,是一种业已存在的、极为重要的,也是分层的、无所不包的、纷繁复杂的社会现象。为了生动形象地刻画这些特点,人们时常以筐、空气、冰山、洋葱等作喻,例如,"文化是个筐,什么都能往里装""文化就像空气一样,除了不在手里,无所不在"[①]"(文化像冰山一样)冰山的一角可能很有趣,但正如冰山有将近80%的部分是沉浸在水中一样,也许文化80%的重要方面也是被包含在那些看不见,且通常不为人所察觉的文化特征之中的"[②]"这些(文化的构成要素)(可以被)画成有着一层层鳞叶片的洋葱——从浅层的、表面的符号到深层的仪式"[③],等等(参见图18-1)。

那么,何为文化?这一问题看似简单,实则很难回答。英国文化学者泰勒曾于1871年在其著作《原始文化》(Primitive Culture)中率先对"文化"给出了明确定义,即"包括知识、信仰、艺术、法律、道德、习俗以及人类作为社会成员获得的任何其他能力和习惯的复杂整体"[④]。此后,有关文化的定义层出不穷。时至1952年,美国人类学家阿尔弗雷德·克鲁伯(Alfred Kroeber)和克莱德·克拉克洪(Clyde Kluckhohn)在其合著的《文化:概念和定义的批判性述评》(Culture:A Critical Review

---

① LOWELL A L. At war with academic traditions in America[M]. Cambridge,MA:Harvard University Press,1934:115.

② PETERSON B. Cultural intelligence:a guide to working with people from other cultures[M]. Yarmouth,ME:Intercultural Press,2004:20.

③ HOFSTEDE G, NEUIJEN B, OHAYAV D D, et al. Measuring organizational cultures:a qualitative and quantitative study across twenty cases[J]. Administrative science quarterly,1990,35(2):286-316.

④ TYLOR E B. Primitive culture[M]. London:John Murray,1871.

第十八章
文化社会心理学

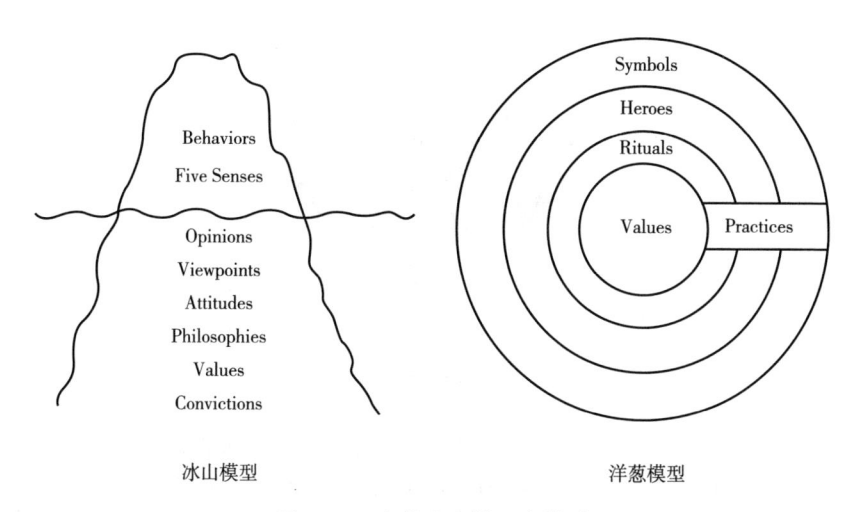

```
         Behaviors
         Five Senses
    ~~~~~~~~~~~~~~~~~~~
         Opinions
         Viewpoints
         Attitudes
         Philosophies
         Values
         Convictions
```

```
      Symbols
      Heroes
      Rituals
      Values  — Practices
```

冰山模型　　　　　　　　　　洋葱模型

图 18-1　文化定义的两个类型

of Concepts and Definitions)一书中对彼时已有的 164 条定义进行了梳理、归类和评析,由此为后世文化研究奠定了必不可少的基础①。半个多世纪过去了,有关文化的定义已经数不胜数。

为了更好地揭示文化的本质与内涵,从发生学的角度来分析,至少可以明确以下三点:

第一,文化是在群体层面上涌现出来的共享人化现实,所谓"人化现实"就是指人基于自身意志所创造的现实,其中包括客观(人化)现实与主观现实。换个角度来讲,只有那些为某一群体中的大多数成员所共享的人化现实才真正属于文化范畴,单个个体所独有的人化现实不属于文化范畴。例如,对于山东人而言,以大葱根须煮水散寒解表、吃煎饼卷大葱均是一种文化,而生吃大葱根却未必是一种文化。又如,"吃土"之于山西晋南人而言是一种文化,而其之于山西晋中人与晋北人而言却并不是一种文化,此处所谓的"土"名为"炒棋子""炒指",它实际上是一种将已发酵过且添加有各种佐料的面疙瘩置于无污染、高温熟化的黄土中进行翻炒而成的食物(参见图 18-2)。

第二,任一社会群体都不得不直面并解决三大基本问题,即外部适应问题、内部整合问题及存在确证问题,而文化的涌现则源于特定社会群体对这三个基本问题的解决方案的探寻。其中,外部适应问题实际上就是自然生态环境适应问题;内部整合问题实际上就是社会秩序建构问题,或者更为具体地说,是如何处理人己关系、群己关系及群际关系的问题;存在确证问题实际上就是有关人类与群体自身及

---

① KROEBER A L, KLUCKHOHN C. Culture: a critical review of concepts and definitions[M]. Cambridge, Mass: Harvard University.

图 18-2　晋南"炒棋子"

世界存在的确定感建立的问题,例如,人类是怎样诞生的,人性本善还是本恶,人死后有没有来生,我们是一个什么样的群体,我们这个群体从何而来,现实、时间与空间具有什么样的性质,等等。

第三,文化的涌现通常包含两个方面,即由少数人主导的创新及由多数人参与的扩散,此两者的发生均是以人类种系所进化出的可借以解决有关自然适应问题或社会适应问题的心理机制的激活与运行为基础的。此外,需要特别指出的是,任何群体的文化都兼具累积性与渐变性,这从根本上决定了文化的涌现总是一个变中有不变、不变中有变的演化过程。

可以认为,文化本质上是拥有某一共同历史的特定社会群体在解决外部适应问题、内部整合问题及存在确证问题等一系列基本问题的过程中所累积下来的共享性成果。通常来说,这一共享性成果具有相对稳定性,但从历时性角度来看,它又是不断发生嬗变的。从内涵上讲,文化包括物质文化(material culture)、社会文化(social culture)与主观文化(subjective culture)。其中,物质文化是从社会群体对外部适应问题的解决过程中涌现出来的共享性成果,系由所有具有物质形态的人工制品构成;社会文化是从社会群体对内部整合问题的解决过程中涌现出来的共享性成果,系由所有社会秩序及社会行为准则构成;主观文化是从社会群体对存在确证问题的解决过程中涌现出来的共享性成果,系由广为共享的信念、价值观及观念构成[1]。由此可以看出,文化之于人而言,具有两种存在形式:其一是作为共享认知结构,实质上是前文所谓的"共享主观现实",存在于社会群体成员的大脑之中;其二是作为共享人工制品与制度,实质上即是前文所谓的"共享客观(人化)现实",存在于社会群体成员之外。这就意味着文化主要是通过两个通道——人的大脑,以及人所嵌身的人化世界——与人的心理发生相互作用[2]。

---

[1] CHIU C Y, HONG Y Y. Social psychology of culture[M]. New York: Psychology Press, 2006.
[2] KITAYAMA S, COHEN D. Handbook of cultural psychology[M]. New York: The Guilford Press, 2007.

二、文化何为

正如前文所分析的那样,人类文化为解决现实问题而生,它也因此而具有一定实际功能。诚如英国著名作家和学者马尔科姆·布拉德伯里(Malcolm Bradbury)所言,"文化是一种通过详细地界定世界来应对世界的方式。"对于人类文化的功能,可以从种系、社会及个体三个角度进行分析。

首先,从种系层面来看,人类文化是人类祖先在长达约300万年的狩猎-采集时代——亦即通常所说的"旧石器时代"——进化出来的,其功能在于解决人类种系所不得不直面的各种自然适应问题与社会适应问题,其中,社会适应问题包括择偶并维系好与配偶的关系、谋求并维系他人的尊重及掌控权(追求高地位)、与他人建立合作性联盟、保护自我及其他内群体成员、为子代提供照顾等。不过,需要指出的是,此处所谓"文化"实质上是"元文化"(meta-culture),亦即经由进化而来的具有领域或功能特定性、种内普遍存在的心理机制。这些心理机制为后世相关文化的建构奠定了基调、预设了方向。

其次,从群体层面来看,人类文化主要有两种功能:第一,作为集体建构产物,通过提供共享观念(包括未阐明的假设,以及世界观、人生观、价值观、政治观、法制观等)、工具、惯例/习俗、标准化操作程序、市场经济制度、法律制度来解决合作、竞争、沟通、交换、劳动分工、仪式举行、共同决策等社会活动中的协调问题,以此为相关各方都带来相对最优的结果;第二,随着制度与历史条件的变化而发生变化,从而使人们能够更好地适应社会变迁。

最后,从个体层面来看,人类文化主要有三种功能:第一,以共享知识(例如贵州省黔东南加池苗族所拥有的有关古枫及古井崇拜的地方性知识、我国各地有关产妇坐月子的地方性知识等)为人们提供一种认知安全感或认知确定感,即对自己在生活中所遇到的问题有确定答案的感觉;第二,以共有的实践活动(例如山西省洪洞县每年农历三月所举行的"接姑姑迎娘娘"民俗走亲活动、广东潮汕地区在春季期间举行的游神活动,参见图18-3、图18-4)来满足人们的归属需要;第三,通过提供可为世界赋予秩序与意义的文化世界观,并相应地确立在象征意义上具有永恒性或不朽性的重要行为准则(例如中国传统文化所提倡的"三不朽",即立德、立功、立言,参见图18-5),为人们从根本上克服死亡焦虑奠定了基础、指明了方向。

三、文化社会心理学的兴起

正如美国社会心理学家鲍迈斯特(Baumeister)所指出的,人是文化动物,或者

图 18-3　山西洪洞"接姑姑迎娘娘"民俗走亲活动

图 18-4　潮汕张氏宗族迎神活动

更为具体地说,人是能够参与建构与维系文化并深受其影响的动物①。这从根本上决定了心理学必然始终具有文化性②。当代社会心理学家对此基本事实的再发现与再认识,有力地推动了文化社会心理学(social psychology of culture)的兴起。

当然,与文化社会心理学一同兴起的还有社会文化心理学(sociocultural psychology)。总体来看,文化社会心理学与社会文化心理学有相同点,也有所不

---

① BAUMEISTER R F. The cultural animal: human nature, meaning, and social life[M]. New York: Oxford University Press, 2005.
② MILLER J G. Cultural psychology: implications for basic psychological theory[J]. Psychological science, 1999(10).

图 18-5　在抗美援朝战场上牺牲的"冰雕连"战士宋阿毛的绝笔诗

同。两者相同的是,它们都倾向于摒弃以文化与心理的相互独立性以及文化对心理的单向决定作用为核心观点的文化与心理二元观,转而认为文化与心理是互为依存、相互建构的关系。两者不同的是,社会文化心理学是当代社会心理学的一种研究取向,它偏向于从文化心理学的角度关注和强调人类心理与行为的两个源头——大脑与外部人化世界——的互动关联,以及文化与心理的相互建构对社会情境的嵌入性,并力图揭示潜隐在深为文化所形塑的社会性及心理多样性背后的系统原理;而文化社会心理学则是一门介于社会心理学与文化心理学的边缘交叉学科,它偏向于从社会心理学的角度研究文化的生产、传承与传播、文化的变迁、文化对心理的影响、文化知识的组织与应用、跨文化接触的心理后效、全球化背景下的多元化认同,以及文化混搭反应方式、影响因素、心理后果及动态过程。

四、文化社会心理学的研究取向与研究方法

在文化社会心理学中,研究文化与心理的动态依存性的研究范式大致有四种:第一种是互生互构取向,该取向是以文化与心理互生互构为模型的研究取向,侧重研究文化与心理互为映射、相互生成、彼此支撑的关系;第二种是认知工具箱取向,该取向以工具箱隐喻文化,即将文化视作一种或一套对个体在世界中的意义感知与建构方式具有指引作用的解释工具,侧重研究文化对注意与感知的影响;第三种是生态文化取向,该取向偏向于关注和强调生态与社会政治经济因素对心理适应的影响,侧重研究生态与社会政治经济因素赖以通过文化适应与传播影响人类基本心理特征的发展及表现的具体机制;第四种是动态建构主义取向,该取向偏向于关注和强调那些对文化影响具有支配作用的情境因素与边界条件,侧重研究某一

社会情境中的情景线索对特定知识结构或内隐理论的激活作用①。

文化社会心理学的研究方法具有多样性,大体上可以分为两类:一类是传统研究方法,主要有心理测量法、实验法等,其中,实验法包括实验室实验法、准实验法及模拟实验法;另一类是新兴研究方法,主要有文化神经科学方法、基于计算机和网络的内容分析法以及元分析方法等。

在本书中,我们在前面各章尽可能地以文化社会心理学的文化比较的视角,介绍了社会心理的文化差异,例如,在第一章"绪论"中介绍了文化心理学、本土心理学和跨文化心理学取向,在第二章"自我"中介绍了东西方自我构念的差异,在第三章"社会认知"中介绍了面子研究,在第五章"价值观"中介绍了价值观的文化差异,在第七章"社会关系"中介绍了中国人的关系和谐理念以及特有的关系概念及现象,在第十章"合作与冲突"中介绍了中国人冲突解决的中庸策略,在第十一章"社会认同"中介绍了中国人社会认同的特殊历程,在第十三章"领导"中介绍了华人领导理论,在第十六章"社会心态"中介绍了中国学者开拓的社会心态研究,在第十七章"社会变迁与社会心理变迁"中介绍了中国人应对变迁的文化心理。这些都是在共性的社会心理之外,对这些领域的文化心理特异性进行的介绍。限于篇幅,以下仅介绍从社会心理学角度看文化传承与传播、文化沟通与交流这两个主题。

第二节 文化传承与传播

在绵延不绝的历史长河中,文化出现的目的是调节相互依赖的个体之间的活动(赵志裕、康萤仪,2011)。它是一代又一代文化成员积累的关于生活与生命意义的看法和建立社会秩序的方式,是在不断地系统化和外在化之后形成的富有特色的、相互关联的、被一定的文化群体所共有的一整套知识。这些知识不仅反映在建筑、服饰用品等器物独具特色的风格上,也反映在语言、艺术的表达方式里,更渗透在宗教信仰、社会通则和日常生活的规范和观念中,在生活实践中凝聚为一种文化的精神(许倬云,2018)。一般认为,文化通过器物、制度、观念得以表征、知觉和创造,当这些知识被内化和珍视时,就出现了对它的保留、丰富、强化和传递的现象。纵向的传递为传承,空间的传递为传播。

一、文化的传承

(一)文化传承的社会心理

文化传承是共享的、值得传递的知识的再生产过程。它首先通过文化符码和

---

① KITAYAMA S,COHEN D. Handbook of cultural psychology[M]. New York:Guildford Press,2007.

语言等被感官捕捉到,之后通过学习、接纳、采用、重复被复制和保留,形成制度化的规范和习俗。文化的传承通常分为制度化和习俗化两种方式。例如,学校就是一种知识传递的制度化形式,它一般通过系统的、有目的的教育过程传递人类积累的知识,并对文化成员进行各方面的塑造。日常饮食和烹饪就是一种餐饮习俗化传递的形式。经过日复一日的饮食经验,人们逐渐形成独特的营养需求、口味依赖和审美享受,使餐饮文化风格作为传统得以传递。

文化传承一般包括文化学习、文化内化的过程。所谓学习具有社会学习(social learning)属性,包括学校这类制度化的学习和日常生活习俗化学习,后者是更为重要和更加大量的文化习得途径。一定的生活方式和所谓常识(lay theory, common sense)是在文化活动中耳濡目染得到的。例如,中国人关于生死观的传承,是在生育、养生、赡养、婚礼、葬礼等表达生命文化意义的过程和事件中,通过具体行为模仿、跟从、强化、实行完成的。中国文化认为,生与死不是截然分开的,并不因为一个人的离世被中断。在生命的延续中,家庭和家族将不断繁衍,继往开来,兴旺发达。生命也是可以被掌控的,比如通过养生,调整身体与自然、身体与社会的关系,减少疾病,从而达到长寿。这些观念会通过祝寿、祭祖、庆生、婚礼、取名、续修家谱等许多日常社会仪式活动被人们了解和接受,一代一代相传下去(郭于华,1992)而习以为常。

文化内化的结果即形成了文化身份认同(参见第十一章,社会认同)、文化情感依恋以及对文化价值观的坚守。对文化的情感依恋(cultural commitment)表现为对所属文化在情感上的紧密联接,包括对文化的由衷热爱、能够享受文化所蕴含的特有情感气质,由依恋而内心愉快、自豪、自信和满足。例如,很多移民马来西亚的华人虽然已经离开祖籍多年,但是依然坚持学习华文,保持祭祖和家族团结等习俗和价值观,通过年节习俗、饮食方式、文学艺术等表达对中华文化的浓烈情感(杨宜音,2002)。

无论是文化学习还是文化内化,都是在社会互动和社会实践中进行的。通过实践,器物、制度和观念三者之间相互作用,相互匹配,从而构成鲜明的文化特色并得以传承。以中餐饮食为例,食材的搭配、烹饪的方式、就餐的器具和过程安排都充满着中国文化中普遍流行的关于养生、健康、社会秩序的适用知识和观念。荤素搭配、干稀适度的"度"概念,凉性、热性食物互补的"阴阳"概念,自然节气变化的"顺乎时令"概念,针对身体脏器的"补"的概念,长幼尊卑、老少兼顾的"礼"的概念,谦让关心的"情"的概念,团坐一席的"和"的概念,都是这些价值观念在餐饮行为中的外显和实践。正是以文化方式进行餐饮活动,餐饮文化的特色才被代代传承下来。

(二)文化的延续性及稳定性

文化内化的标志是文化的存在方式被人们"视之当然"而不被觉察。实际上,文化的形成和发展过程一般较为缓慢，有其延续性与稳定性。例如，中国人以前是席地而坐的，坐椅子是在公元3—4世纪唐朝初期，由僧人从印度寺院引进后传入与佛教有接触的人当中，最后到宋代普遍流行起来的。尽管现在还保留着"出席""入席""讲席""主席"这样的词汇，但由于椅子的引入，跪、坐、拜等相关的坐礼文化已经悄然消失，新的习俗在不知不觉中取代了旧的习俗（柯嘉豪，1998）。再例如，文字作为文化信息传承的重要方式，由于阅读获取信息这一需求未变，尽管文字的载体从甲骨、石、陶、铁、草叶、木头、丝绢、演变到纸张，再发展到电子设备，但生活中在同一空间出现的瓷器上的书法作品、墙壁上悬挂的画作、案头的书籍、电脑里面存储的文档，似乎让人觉察不到它们是从不同的时代走来的信息载体。

从本章开头的社会心理学之窗的表格中可以体会到，在人类历史上，有的文化历久弥新，依然保持着自身的基本特性，而有的文化则融入其他文化或几近消失。文化延续性和稳定性从何而来，这一问题引发了很多关注。在此介绍三种观点。

第一种观点认为文化延续性强的原因在于它与所在文化区域的自然地理条件、生产方式和生活方式相匹配。例如，古埃及文明的兴衰与尼罗河有着密切的关系。

第二种观点认为文化延续性强的原因在于文化成员强烈的"文化自觉"意识。费孝通指出，"文化自觉是指生活在一定文化中的人对其文化的'自知之明'，明白它的来历、形成过程、在生活各方面所起的作用，也就是它的意义和所受其他文化的影响及发展的方向……自知之明能够加强对文化发展的自主能力，取得决定适应新环境时文化选择的自主地位"（费孝通，2005）。当文化成员有了对本文化特征和处境的自知之明，对多元文化环境中如何坚守和传承文化就会有所侧重。例如，有研究发现，回族大学生更重视本民族文化的纯洁性，从而会排斥对本文化形成"污染"的异文化影响；相比之下，汉族大学生更重视本民族核心文化的延续性（吴莹、杨宜音、赵志裕，2014），文化的包容性更强。

第三种观点认为，文化的生命力在于文化本身对该文化区域社会生活的全方位渗透，因而具有应变的心理特质。以思维方式为例，有关东西方思维方式的比较研究发现，西方人更擅长分析式思维，而东方人更擅长整体式思维。这一认知方式的差异已经为多种实验研究所证实（Nisbett et al., 2001）。在分类事物、解决问题的任务中都可以发现这一差别。有研究表明，汉字的信息加工模式是同时加工，而英文等拼音文字的加工模式是顺序加工。识别汉字需要将方块字的每一个组成成分都充分知觉到，因为多一个点、少一个点，两个汉字就具有不同的指代，多一横、少一横，意思就大相径庭了。长期使用汉字的人因此习惯加工汉字所呈现的所有笔画和结构关系以及蕴含的意义或形声。单个汉字虽然有意义，与其他汉字组合延伸出来的词义就更为丰富多变，所以，汉语使用者不仅需要加工每一个汉字的每一个部分，还要加工词汇和语境。这就锻炼了汉语使用者的整体性思维。

中国人的时间知觉广度也与思维的整体性有关。时间知觉广度(breath of temporal focus)是时间知觉的一种特征,指人们在时间维度上的知觉关注范围。一个人可能只关注此时此刻发生的事情,其时间知觉广度较小;有人可能还关注已经逝去的过往或/和尚未发生的未来,其时间知觉广度较大。时间知觉广度会给人们后续心理和行为带来不同的影响。如果一个人的时间知觉里既包含当下也包含过去(或将来),那么过去(或将来)的信息在头脑中会更通达,而过去(或将来)与当下的心理距离也更贴近,过去对当下和将来更可能产生影响。反之,如果一个人的时间知觉以当下为主,那么过去(或将来)与当下的心理距离也更远,其信息较少影响当下。研究发现,与北美学生相比,中国学生的时间知觉广度更大,与整体性思维水平的关联度更高(纪丽君、吴莹、杨宜音,2023)。在医学领域,中国人将身体视为一个"小宇宙",以"五行"学说解释脏器之间相生相克的关系,并且将疾病视为五种关系的平衡被打破所致,所以治疗也需要在整体的身体环境中进行。这些例子都说明,文化的稳定性来自文化特色对生活的全面覆盖和全面渗透,因而汇聚为有着原型和典型特征的文化类型。例如,霍夫斯泰德(Hofstede)用五种主要的维度来区分不同的文化类型,即个体主义/集体主义、男性气质/女性气质、权力距离大/小、避免不确定性的动机强/弱、长时取向/当下取向(参见第五章,价值观)。当一种文化类型获得文化成员认同后,即可形成文化的凝聚力,使得文化具有更大的稳定性,生生不息,绵延不绝。

二、文化的传播

文化可被其成员"携带"和"扩散",成为"行走着的"文化。文化的传播可分为人际文化传播和大众传播两种形态。人际文化传播是指借助人与人直接的信息沟通传播文化信息(参见第六章,人际沟通)。最为典型的人际文化传播当属学校的文化教育。例如,中国的学校教育因受到儒家文化的影响,会比较多地在学校教学过程中赞许谦逊、刻苦、遵规、合群、顾全大局等行为,而北美的学校教育在个体主义文化价值取向的引导下,更多鼓励学生的自我提升、自我展示和自我创新(郑楚华、汪鑫、吴艳红,2022)。两种文化语境分别以较高的频率使用"我们"("咱们")或"我"这些称谓。

在大众传播时代,媒体的发展让传播变得更为便捷有效。因而,传播带来的文化间的接触与碰撞也愈加频繁。文化的传播一般包括文化知识和文化价值观的传播。其最便捷的方式是采用文化符码,主要包括语言、方言、音乐、图像、影像、器具、建筑等。从内容上看,文化价值观的传播,主要包括对生命意义的理解和对社会秩序规则的理解。

葛岩和秦裕林曾以西方历史上负面描述颇多的 dragon 一词来表示汉语中国的"龙"是否会干扰中华民族正面形象的跨文化传播为题,利用心理测试和内容分析方法研究后发现:①虽然西方人对 dragon 有更多的负面特征认知,但实验条件下美国被试对 dragon 与中国被试对龙的态度均为中性;②在复杂传播环境中,因问题框架、动机和意愿等因素影响,被试可能使用特征认知之外的多种信息,导致态度大幅度偏离实验建立的基线。据此可知,在不同的传播环境中,决策者采取不同的信息搜索策略以实现旨在满足动机的态度重建。因此,就民族象征符号的传播效果而言,符号本身的特征不是问题的关键,它象征的对象是什么、在什么样的传播情境中执行其象征功能才是真正重要的(葛岩、秦裕林,2008)。

文化的传播必然带来不同文化间的接触和碰撞,导致原有的文化平衡被打破,这也成为文化改变的力量之一。

三、文化的变迁

"文化是多样性的、动态的社会体系,而不是静态的石碑"(Bandura,2002),心理学家班图拉的这句话描述出文化除了稳定性、延续性之外还具有不断变迁的特性。文化变迁可以是以"复兴"为动力的创新,例如,发生在 14 世纪到 17 世纪的文艺复兴运动即是通过复兴古罗马文化,来表达新的文化主张的运动。

文化变迁的动力可能来自文化内部,也可能来自外部。来自内部的促成变迁的因素可称为内生因素,来自外部的因素可称为外生因素。以中国汉语的变化为例,当今被称为"文言"的古汉语和现在通行的白话文已经有了较为明显的差别。文言作为历史上文人使用的书面语,由于有一些独特的功能,例如不随口语变化、精炼灵活、很少受地域方言的干扰、擅长表达文人的典雅品味、积累了丰富的诗词歌赋形式的文化遗产等,习得的难度较大,使用的人群较为狭窄,因此,演变的速度比较慢,寿命很长。到五四时期新文化运动时,受到启蒙思想的影响,更为通俗易懂的白话被大力推崇和普及,逐渐演变为当下广泛使用的主体语言(张中行,1988)。汉语言的演变过程是内外因素共同促成的。

很多文化现象都有类似的促成因素,并且留下时代创新的印记。传播心理学者李玲对三类媒介怀旧者的研究发现,同是怀旧,不同世代借助媒介怀旧的方式和功能均有不同。媒介怀旧中的时间观不必完全遵循自传记忆的年龄特点,而是在自我的牵引下体现在各年龄段的媒介使用者身上,其"过去"也不再局限于生命时间,比如很多年轻的网生代所理解的怀旧歌曲大多不是他们青春年少时所听的音乐,而是流行于 20 世纪 80 年代前后的港台金曲。新媒介参与让媒介怀旧中的时间观以自我为中心却不拘于固定的时间形式和内容,而伴随个体化的深入需要每个人予以选择。不同年龄阶段的人以媒介为工具回忆"过去"、串联"过去",甚至把玩"过去",利用媒介所提供的材料更具体地模拟未来。不同的媒介使用行为至少可以分为三种:第一种是在社交媒介中寻找曾经的群体归属感,比如老同学、老战友不时以私聊或群聊的方式展开回忆,寻求情感共鸣,利用社交媒介勾连过去的人、事、物。参与者多为中老年用户,其时间观是将自我放回到曾经某一时间点重新体验,可称为"返回式媒介怀旧"。第二种行为将自我放回过去重新体验,体验者将周遭变化以先后顺序与自己的生命历程串联起来,具有维持和强化自我连续性的作用。参与者以出生于改革开放后的中青年为主,可称为"复现式媒介怀旧"。第三种是不再追求真实过去的再现,而是基于真实过去的重构与再造。当怀旧材料在媒介的参与下变得无限丰富,用户将自我放回过去重新体验的方式不再遵循线性的物理时间,而遵循一种自我的、自发的、体验式的叙事时间,比如在老工厂创意园拍照并用怀旧滤镜修图,在各种穿越剧、快穿短视频或网游等媒介中想象过去,当用户进入这种叙事时间,便不再与外部线性逻辑进行比较,而形成了故事自身的内在逻辑和创造性阐释。在这个过程中,怀旧的情感成分刺激着用户的好奇心,促使他们积极参与故事,媒介的可供性提供着素材和叙事方向,将未经历的过去以半真实半想象的方式纳入当下生活的认识当中,可称为"重构式媒介怀旧"。

文化的变迁在"重构式媒介怀旧"中体现得最为明显。用户借助网络媒介拆解了时空原有序列,将生命时间之外的无限历史空间纳入当下参与重构,其时间观突破原来的维度限制,从而更需要在变迁中寻找一种时间性认同感。通过值得怀念之物的重现,一个时代或一段历史所留下的情感、精神、意义和价值观也被强化并纳入个体自我当中,形成一种更具纵深感的集体自我连续性(李玲、杨宜音,2022)。

文化的创新是文化在器物、制度和观念上的创造。一般是在传承的过程中对传统文化进行革新、变异和改造,使文化更能适应新的需求。特别是在剧烈的社会变迁时,生产方式、生活方式、认知方式会出现划时代的改变。例如,当我们回望18世纪,可以看到工业革命几乎改变了全球的生产方式,机器大工业极大地提高了生产力,也创造出大批的产业工人(弗里曼,2020)。大型城市的出现,带来了人们生活方式、消费和交换方式的变革(芒福德,2005)。随之而来的是人们关于空间、时间观念和经济社会生活的巨大变化,渗透到人类生活的方方面面。如果凝视当下,也不难发现我们身处巨大的文化创新当中,信息技术的发展激发了人类创新能力的大爆发,科学技术日新月异,令人目不暇接。从大哥大、小灵通、PB机、海底光缆、智能手机到星链计划不过20~30年的时间,而登陆月球、器官移植、人工辅助生育技术、AI、ChatGPT等新技术的出现让人类的梦想变为现实,颠覆了人类已有的认知储备,激发了推动文化变迁的想象力和创新力,对文化传统的认同形成了挑战。

文化的变迁在时间维度和空间维度上都有迹可循,我们可以从很多方面来进行观察和梳理,找到文化发展的脉络。然而,经历文化变迁的人们,特别是在全球化时代遭遇文化转型和挑战的人们,又是如何适应的呢?

阎云翔曾细致观察到中国人在几十年间私人生活的改变——中国人变得越来越个体化了(阎云翔,2009,2012),这种个体化的心理取向适应了城市化、市场化的社会变化。杨中芳则发现中国人适应变迁的原因是在长期的文化实践中形成了一种"中庸行动我"(杨中芳,2023),这样的自我在行动中以实践理性来处理变化的情境,做到进退有据,执两用中。杨宜音论述了新时代出现的适应多元文化的"多元混融的自我构念"(poly-self),这一新的自我以超越排斥异文化与坚守本文化的双栖难题而形成一种整合适应,帮助现代人成功成为在多元文化中游走的人(杨宜音,2015)。

第三节 文化沟通与交流

全球化视野下,文化的沟通与交流越来越多。急剧社会变迁,其结果是新旧文化混搭、交融的现象也愈发普遍。

一、文化混搭

(一)文化混搭的定义

文化混搭(culture mixing)是指不同文化元素在同一时空中并存的现象。发生混搭的既可以是同一时间内不同空间场景的文化元素,例如肯德基的油条、麦当劳的米饭汉堡、穿着汉服的外国人,也可以是同一空间场域中不同时段的文化元素,例如现代楼群中的古代建筑遗迹或都市街道上的传统匠人手工艺品。在国际化日益深入的今天,人们接触异文化的机会越来越多,文化混搭现象牵涉的领域也越来越广泛。文化混搭会令人们关注两种不同的文化之间的差异,其对人心理和行为的影响体现在多个方面。

(二)对文化混搭的反应及其影响因素

1. 反应的类型。文化混搭情境下,人们对外文化产生的反应通常表现为两类:排斥或者融合。

排斥反应(exclusive reaction)指害怕本群体文化被污染与威胁,拒绝甚至抵制外文化的情绪体验,以及疏离、攻击等行为应对。融合反应(integrative reaction)指对文化混搭持积极肯定态度,接受甚至欢迎外文化影响的情绪与行为。二者的差异表现在多个层面[1],如表18-2所示。

表18-2 对外文化的排斥反应和融合反应

	排斥反应	融合反应
反应的本质	害怕文化侵入或污染的情绪反应	针对问题解决的目标取向反应

---

[1] CHIU C Y, GRIES P, TORELLI C J. Toward a social psychology of globalization [J]. Journal of social issues,2011(67):663-676.

续表

	排斥反应	融合反应
反应的特点	快的,自发的,本能的	慢的,斟酌的,费力的
对外文化的知觉	文化威胁	文化资源
内群身份	高认同	低认同
情感反应	消极的,如嫉妒、恐惧、愤怒、厌恶	积极的,如羡慕、欣赏
行为反应	排斥的,如隔离、拒绝、攻击	接纳的,如接受、融合
强化因素	维护本文化纯洁性的需要	文化学习心态
抑制因素	认知需要	对文化共识和确定答案的需要

此外,有学者指出,在全然接纳融合和拒绝排斥之外,现实中绝大多数的文化互动实则是"混搭"式的,即经由双方文化的互动、妥协、磨合等复杂的互动过程,最终产生各种形式的折中体,如融通、附会、分理、并置、统摄、移接、转化、叠合、协同等①。

2. 影响文化混搭反应的因素。人们对文化混搭现象的反应既受个体性因素的影响,也受情境性因素的影响。前者比如文化认同,对本地文化认同感越强的个体,就越容易知觉到外文化的威胁,进而表现排斥反应;而对外文化的认同感越强,对文化混搭的容忍度越高。再如认知闭合需求(need for cognition)。认知闭合需求指个体追求确定答案、逃避不确定性的心理需要。认知闭合需求越高的人越偏好确定性。文化是指导群体成员处理现实问题的共享知识与规范,而文化混搭很可能打破各种常规,并进一步带来感知风险。因此,认知闭合需求高的人更倾向于排斥文化混搭。又如文化本质主义。持文化本质主义观念的人认为各种文化的内在本质是固定不变的,彼此之间界限分明、难以调和,因而很难接受文化混搭。

后者比如文化领域。文化通常可分成物质文化、社会文化、主观文化等多种组成要素,混搭在一起的文化要素所属的领域性质也会影响人们对文化混搭现象的反应。对于物质领域(material domain)中的文化混搭,人们通常是接受甚至喜闻乐见的;而对于象征领域(symbolic domain)中的文化混搭,就往往较为抗拒;对于神圣领域(scared domain)的文化混搭,则十分抵触②。星巴克的冰皮月饼属于物质领域的文化混搭,受到消费者的广泛追捧;但在具有文化象征意义的故宫里面开星巴克分店,就容易引发国人的排斥反应。再比如存在性动机,文化有助于生活于其中的个体获得死而不朽的永恒感,从而缓解死亡恐惧。因此,当人们被提醒自身必然

---

① 彭璐珞,赵娜. 文化混搭的动理:混搭的反应方式、影响因素、心理后果和动态过程[J]. 中国社会心理学评论,2015(9):19-62.

② 彭璐珞. 理解消费者对文化混搭的态度:一个文化分域的视角[D]. 北京:北京大学,2013.

死亡的事实时,就会更支持和维护自己的文化世界观,反对和贬损异文化。又如权力比较,面对两种文化混搭的情形,文化地位处于相对劣势的群体成员通常感受到更多的威胁,他们对混搭中的对比关系更敏感、更易表现出排斥反应;文化地位处于相对优势的群体则很少有负向情绪。

(三)文化混搭对心理和行为的影响

无论人们对文化混搭现象的态度如何,其心理和行为仍会受到现实生活中的各种文化混搭经验潜移默化的影响。这些影响效应主要体现在对文化差异的感知、创新力、多元文化能力等方面。

1. 文化差异的感知。接触过文化混搭现象的人会更易于察觉不同文化之间的差异,更倾向于认为二者不可兼容。因为双文化启动同时激活了个体头脑中不同的文化表征,使得二者在知觉上的对比增强,结果文化间差异的感知被放大。例如,有研究指出中国城市居民对文化差异的感知比农村居民更敏感,因为前者拥有更多接触多元文化的机会[1]。还有研究发现,相比奥运会之前,奥运会之后人们认为中西方文化差异更大[2],因为奥运比赛过程中不同文化同台展示,相互的差异一目了然。需要注意的是,这种对比效应很可能强化双方的刻板印象,尤其会给相对弱势的一方造成刻板印象威胁,导致其自我刻板印象化。

2. 创造力。文化混搭还常会提升人们的创造力。实验发现,暴露在文化混搭刺激下的被试能够想出更多有创意的问题解决办法[3]。因为外文化提供了一种全新的知识系统、思维方式和行动路径,有助于打破人们固有的思维惯式,提高个体的认知灵活性(cognitive flexibility)和复杂度(cognitive complexity),使其重新审视和组织认知方式,并经由视角的转化激发创新灵感。

3. 多元文化能力。多元文化能力(multicultural competence)指在跨文化互动中使用适用于语境的文化知识的能力,以及为了建构意义而转换文化框架的灵活性[4]。拥有更多文化混搭经验的人,其多元文化能力必然得到更多的锻炼机会。我们经常看到,具有多元文化经验的人会根据文化的特征调整自己的行为策略,在跨文化交流的情境中游刃有余。但有时候文化混搭也可能被个体知觉为对本文化的威胁和侵犯,反而激发其更高的保守性认知和固守与保护原文化的行为。

---

① CHEN X, CHIU C Y. Rural-urban differences in generation of Chinese and western exemplary persons: the case of China[J]. Asian journal of social psychology, 2010(13):9-18.

② CHENG S Y Y, ROSNER J L, CHAO M M, et al. One world, one dream? Intergroup consequences of the 2008 Beijing Olympics[J]. International journal of intercultural relations, 2011(35):296-306.

③ LEUNG A K Y, CHIU C Y. Multicultural experience, idea receptiveness, and creativity[J]. Journal of cross-cultural psychology, 2010(41):723-741.

④ 赵志裕,康萤仪. 文化社会心理学[M]. 刘爽,译. 北京:中国人民大学出版社,2011.

二、多元文化认同及其管理

人类文明具有多样化的特点,不同时代、不同国家、不同民族的文化都会具有各自不同的内涵和表现。这是人类发展进步的动力源泉。当今世界,文化间交流日益深化推动文化多样化深入发展,互联网技术的持续升级更不断给文化交流带来新机遇。关于文化间关系的理解,大致形成了四种理念。

文化本质主义(essentialism)认为每种文化的特征是内在、稳定、不变的,各类文化之间存在本质差异。文化的传承、发展并不能改变其本质。这种观点有利于对文化间差异的觉察,也极易导致文化群体间的偏见。

文化色盲主义(colorblindness)主张停止依据种族肤色划分群体的社会分类,消除种族差异,缔造人人平等的社会。这种观点虽然倡导消除偏见,但或许只能是一种美好的愿望,因为根据某些特征进行社会分类是人类社会认知的基本模式,而且无视文化差异也意味着对文化多样性积极作用的抛弃。

多元文化主义(multiculturalism)强调保持文化多样性的重要性,认为允许人们自由地按照自己的方式生活的社会便是理想的。鼓励多元文化并存,有时候表现为推动文化间交流沟通,有时候也表现为实行文化隔离,以尽量保护弱势文化不受强势文化的侵入性影响,最终都是要维护文化多样性。

文化会聚主义(polyculturalism)是根植于反种族主义的新文化理念,其主张文化是随时间扩张、收缩或者衰退的,不同文化间也必定互相影响,同时文化、政治、经济三者也互相影响、作用[①]。文化会聚主义以一种动态发展的视角看待文化,关注到并睿智地指出了个体受到文化多重叠加影响的现实。那么,在多样文化频繁交流的时代里,在多种文化混杂共生环境下,生活在其中的人如何形成又如何管理自己的多元文化认同,引发了大量研究和思考。

(一)多元文化认同过程

作为共享的知识网络,文化影响着人们日常的认知方式、价值观和行为模式。当全球化推动着人口跨地域流动增强,越来越多的人因学习、工作、旅行的原因需要在异文化中长期生活,如何管理多重文化身份、如何适应特定文化情境中的语言、风俗、态度观念和行为习惯,就成为重要问题。有学者曾根据移民是否保存母文化与是否愿意接受移入地文化两个维度,将移民的文化适应反应分成四类:保存母文化且接受移入地文化的融合反应、抛弃母文化接受移入地文化的同化反应、保存母文化拒绝移入地文化的分离反应、抛弃母文化也拒绝移入地文化的边缘化

---

① PRASHAD V. Bruce Lee and the anti-imperialism of Kung Fu: a polycultural adventure[J]. Positions, 2003,11(1):51-90.

反应①。

总体来看,面对两种文化混搭的情况,人们通常的反应可归结为融合和排斥两类。

融合性反应是两种文化认同协调并存的状态。协调的策略有三种。一是整合(integration),指将两种或两种以上认同融合为一种一致的整体性多元文化认同,不同文化认同间是并列的关系。比如亚裔美国人既接纳、赞同美国价值观,又认同东亚文化观念。二是转换(alternation),指不同的文化认同会在不同的语境中被唤醒,处在文化混搭场景中的人会根据文化适用性情况转换为与当前语境适宜的认同。文化框架转换论②的大量研究都展示了双文化者是能够根据可用的文化线索转换文化解释框架的。三是协同(synergy),指在多元文化冲击下形成一种并非原来两种文化简单相加或并列的、新的认同。

排斥性反应是两种文化认同矛盾对立的状态。排斥的状态大体分为两种。较为缓和的表现为分隔,或只能保持甚至强调单一文化认同,或在不同领域分别认同不同文化。例如,藏族民众在物质领域可以并喜欢穿戴西方特色的服饰,但在宗教领域却坚定遵奉藏传佛教信仰。较为激烈的表现为拒绝,既可能发生主流群体文化对少数群体文化的驱逐压制,也能发生少数群体文化对主流群体文化的疏远抵制。

(二)多元文化认同的管理

在多元文化碰撞、沟通、交流的过程中,群体的认同会因其间的积极和消极效应而发生调整。社会认同取向研究曾提出重新划分群体类别的三种方式③,以减少因认同而形成的内群偏好和外群歧视。这正好提示不同文化群体认同管理的三重策略④。

第一,去类别化思路下的文化同化政策。去类别化(decategorization)指弱化人们的群体身份,强调个人化特征,以减弱社会类别划分的群际区隔效应。同化(assimilation)策略强调各群体的共同性和一致性,主张忽略群体类别,平等相处。这种模式有助于增加个体化接触,为不同群体成员间相互了解提供更丰富的信息,弱化针对外群体的单一、消极刻板污名,但并不能显著减少群际歧视。

第二,亚类别化思路下的多元文化主义政策。亚类别化(subcategorization)指在成功的、愉快的群际接触过程中,突出各群体的身份认同对群际关系的正向作

---

① BERRY J W. Immigration, acculturation, and adaption [J]. Applied psychology: an international review, 1997(46):5-34.

② HONG Y Y, MORRIS M W, CHIU C Y, et al. Multicultural minds: a dynamic constructivist approach to culture and cognition[J]. American psychologist,2000,55(7):709-720.

③ BREWER M B, BROWN R J. Intergroup relations [M]//GILBERT D T, FISKE S T, LINDZEY G. Handbook of social psychology[J]. New York:McGraw-Hill,1998.

④ 吴莹. 文化会聚主义与多元文化认同[J]. 中国社会心理学评论,2015(9):117-153.

用。多元文化主义强调群体类别和身份,鼓励多元共存。这种模式在群体间合作成功、愉快的时候的确会增进群际关系良性发展,促进文化多样性发展,但在群体间合作失败、矛盾冲突的时候也很容易引发更多消极情绪。

第三,再类别化思路下的多民族国家的国家认同建构策略。再类别化(recategorization)指创设一种新的超然群体身份,将原本有敌意的群体都包含在内,使得大家成为内群体成员。多民族国家中建构统一的国家公民身份认同就是再类别化的政策思路。构建多元一体格局,将中华民族作为统一的身份整合中国不同民族成员的民族认同和国家认同,是团结全国人民共同奔赴美好生活和国家现代化的文化思想基础。

文化社会心理学是社会心理学中一个刚刚兴起的研究领域,但是伴随着社会的巨变和多元文化的频繁交流,它已经变得非常重要了。当我们以这一视角观察社会和社会中的人时,不难发现,任何社会都有自己的文化色彩,任何人,包括不同民族、性别、地域、方言等社群或类别,都有自己的文化色彩。而人们并不完全只能被动地被染色,也可以选择和创新文化,而有意思的是,就连这种选择和创新也都被文化与人的互动而染色。所以我们说,人置身于社会中,这个社会是变化的社会,也是文化的社会,我们既要理解社会、理解心理,也必须理解文化。

专栏 18-1

双文化自我

在东西文化交汇的社会中,就像在中国香港、新加坡,都可以看到一种游走在两种文化中的人,这些人可以被称为"双文化自我"或"双元自我"。双文化自我也是一种情境启动自我,在这些自我构念中存在一个转换机制,就像一个扳机触动撞针,将某一类蛰伏的文化反应激活,以适应不同的文化背景。康萤仪、赵志裕等人发现,当一些美国文化的象征图片呈现时,中国香港的被试会更倾向于选择西方价值观,而当一些中国传统文化的象征图片呈现时,这些被试会更倾向于选择东方文化价值观。双文化程度高的人被称为文化的"摆渡人",他们深谙两种文化的规则和意义,并且在两者之中转换自如。例如,熟练的外语翻译可以不费力地理解两种语言的指代含义和精妙之处。在多民族混居、多种族国家或地区生活的人们,也会练就一种在双文化中穿梭的能力。

双元文化也可以在代际、传统与现代的生活方式之间、工作与家庭之间、城市与乡村的生产方式和生活方式之间存在。例如,克洛斯、莫里斯和戈尔(Cross, Morris, and Gore, 2002)对美国女性的研究发现,在独立自我文化中,一些领域如家庭关系中还存在着亲密关系逐渐融合为一体的"关系式互依自我构念"。于是,这些人在工作场合就要更多地显示独立自我,满足独立自我的需求,而在家庭关系、友人关系,特别是夫妻关系中,就要更多地显示合二为一的相互嵌入,或者形成第三自我。杨国枢根据自主性趋势(autonomous trend)与融合性趋势(homonomous trend)两种基本人类适应方式,建构了个人取向自我、关系取向自我、家人取向自我和他人取向自我的华人自我四元论。由于这四元中的后三元可以概括为社会取向自我,因而也可以称为双元自我。通过对华人心理现代性-传统性的研究,他继而认为这两种取向的自我也应该有并存和化合的问题,这样的自我兼有传统与现代的两类成分,可以称为"传统性与现代性的双文化自我"(traditional-modern bicultural self)。

摘自:杨国枢,陆洛. 中国人的自我:心理学的分析[J]. 重庆:重庆大学出版社,2009:86-129.

思 考 题

1. 文化混搭会影响文化的纯洁性,也会促进文化的创新,如何认识文化混搭出现的心理反应?
2. 如何在自己的专业领域既传承中国文化的精神,又吸取西方文化的精华?

拓展阅读

1. 赵志裕,吴莹. 文化混搭心理学-Ⅰ[J]. 中国社会心理学评论,2015(9).
2. 吴莹,赵志裕. 文化混搭心理学-Ⅱ[J]. 中国社会心理学评论,2017(12).
3. 徐冰. 文化心理学[J]. 中国社会心理学评论,2010(5).
4. 尼斯贝特. 思维的版图[M]. 李秀霞,译. 北京:中信出版社,2006.
5. 海因. 文化心理学[M]. 张春妹,沃建中,王东,等译. 北京:中国轻工业出版社,2021.

后记

与30年前不同,在书店(包括网上书店)和大学的图书馆里,我们现在已经不难找到中国学者撰写、翻译的甚至英文原版的《社会心理学》教科书。然而,这些教科书还不能满足读者三个比较明显的需求:

第一,非心理学专业读者的需求。大量的教科书是心理学专业的教材,而在专业课程设计上,社会心理学课程被安排在一些心理学基础课程之后,也就是说,对于心理学专业的学生而言,是在已经具备相关专业基础后接触社会心理学的,这样的教科书,其内容对于非心理学专业的读者来说,会感觉有一定难度。如今,伴随着交叉学科的发展,人文社会科学中的许多学科,例如,经济学(包括金融、财政)、管理学(包括公共管理)、社会学、政治学、法学、文化人类学、人口学、教育学、史学、文学、语言学等专业都出现了与社会心理学的交叉学科,因而,针对非心理学专业的读者编纂一本社会心理学教科书就显得十分必要。

第二,社会心理学中国化的需求。现代社会心理学作为一个外来的学科体系,在描述、解释、预测、干预中国社会文化历史背景中的个体与群体时,从概念、方法、理论范式等方面都出现了大量值得思考和研究的问题。这在学科发展中被称为"本土化"过程,即需要发现中国社会心理学独特的视角、解释变量和分析框架。而从当前我们可以看到的教科书中,在这一点上都是比较欠缺的。要想做出优秀的本土研究是很困难的,不仅需要研究者极为熟悉西方的社会心理学理论与方法,了解西方研究背后的理论预设,还需要研究者极为熟悉本国的社会文化与历史,了解本土社会心理学概念的文化社会历史内涵,而且,最为重要的是,要将上述二者形成对话,说明本土概念和西方主流学术概念之间的关系。例如,中国人说的"关系"和西方人研究的"relation"之间,中国人说的"我"与西方人研究的"self"之间,中国人说的"自己人"与西方人研究的"内群体"之间到底有什么异同,为什么出现异同,出现之后会引发其他什么心理和行为特性,等等。这一文化社会心理学的视角将有助于读者在学习社会心理学之后能够用其来理解我们自己、生活在本文化中的人以及其他文化中的人。

第三,从社会心理学角度理解社会发生巨变的需求。如果从1908年出版《社会心理学》教科书作为标志的话,发端于西方的现代社会心理学刚好走过百年历程,然而,这100年并不是西方社会制度和社会文化发生巨变的百年。相反,在中国,这正是激荡的百年史,对于当代人来说,特别是在刚刚过去的30年里,中国的巨变是举世瞩目的。经济、政治、文化、社会、个人都在发生着改变。顺应变化、利用变化和推进变化,中国人在探索现代化的独特道路上艰难前行。在这一过程中,社会心理,无论是个人、群体还是宏观社会也都在变化。从臣民到公民,从熟人社会到生人社会，从安分守己到崇尚成就和社会流动，从对权力、对金钱、对亲情、对独立自主等价值观念到各种行为选择，都出现了新的选择和评价取向。所有这些，从社会心理学的角度看，都是如何发生的？中国文化心理中有哪些资源能够帮助中国人和中国文化找到发展目标，协调和解决发展中的矛盾？这些问题应该纳入中国社会心理学的视野，值得中国社会心理学家做出学理上的回答，也值得在教科书中提出，以留给读者思考。

一般而言，教科书应该提供该学科比较成熟的理论和经验研究成果。但是，也可以大胆地将一些带有前瞻性的问题提交给读者，因为，正是在读者中将可能会涌现对该学科做出贡献的人。正是基于这些考虑，我们将近年来对社会心理学学科特征、理论发展和研究成果的理解，从满足上述三种需求的意愿出发，编著了这本教科书，以尽可能多地满足非心理学专业读者学习、了解社会心理学的需要；尽可能从文化社会心理学的视角，提供对中国人社会心理的理解；尽可能从变迁社会心理学的视角，提出理解身处社会变迁中的我们的一些题目，供大家思考。而对较为经典的社会心理学内容的深入细致讲解，读者可以比较容易地在其他教科书中找到。

此外，在编著这本教科书时，我还有另外两个考虑：第一，应该将社会心理学的视角告诉读者。作为一个学科视角，它不是观察社会心理现象的唯一角度，因而，解决任何一个个人或社会问题都不能仅靠社会心理学家。社会心理学有它独特的解析问题的角度。掌握了这个角度，对我们理解社会、理解人类自身就增加了新的可能。换言之，学习社会心理学，要知道它是一门什么样的学科，学习它会给我们带来什么样的变化。我们可以将社会心理学理解为一门"影响"的学科。这里处理的是社会如何影响个人、个人如何影响社会，以及这些影响是如何发生和发生后的后果。实际上，所谓"相互影响"也是"相互建构"。社会在这里尽管是认知的客体，但是，是被我们特殊的心理过程加工过的客体，它已经不是原来的、静止的客体了。社会心理学的全部复杂性和全部奥妙也就在这里。

第二，尽可能带领读者用这一学科视角来看待日常生活。很多学习过社会心理学的读者都很喜欢这一学科，因为它研究的所有现象都发生在我们身边。我在教科书中特别安排了"社会心理学之窗"和一些专栏，用一些生活片段和事例的分析作一些示范和探讨。

写教科书也是一种对话过程。想象中的读者就坐在我的面前，我们的交谈是一种平等的、相互启发的、不断丰富和发展的交流方式。正因为如此，编著者才会有动力将所知所想诉诸笔端。因而在此，我感谢所有渴望了解社会心理学的读者，愿大家从这一门学科的学习中获得智慧的启迪。

本书的编写由于水平和时间的限制，并未完全达到预想的目标。但是，如果它能够得到使用，在被阅读后受到批评，引发讨论和形成修改建议的话，它就会伴随着编著者和读者一起成长。因此,恳请所有读者不吝赐教。

本书的编写分工为:杨宜音设计全书的章节框架;张曙光编写第四章"态度及其改变"的第二节至第四节、第六章"人际沟通"的第四节、第十二章"群体"和第十三章"领导";吴莹协助杨宜音完成第二章"自我"的部分内容;其余部分由杨宜音完成,并对全书进行了最后修改和统稿。

在编写本书的过程中,得到了许多人的帮助。因此,要感谢引导我从非心理学专业进入社会心理学领域的老师和同行,是他们让我几十年来保持对这一学科发展的浓厚兴趣以及普及和发展它的一份责任意识。还要感谢为社会心理学学科发展做出杰出贡献的学者和专家,由于文献来源的查阅和沟通条件的限制,有些文献还未来得及做出规范的索引。此外,要感谢为我提供了相关参考书的美国圣何塞州立大学的高歌教授,挪威科技大学心理系的阿诺尔夫教授,澳大利亚国立大学心理学院的特纳教授,北京师范大学心理学院的刘力教授,北京大学社会学系的方文教授、美国伊利诺尹大学心理系的赵志裕和康萤仪教授,台湾大学心理系的黄光国、郑伯埙教授,台湾"清华大学"的黄囇莉教授,中山大学心理系的杨中芳教授,美国南加州大学心理系的杨宇博士等。这是因为,尽管我们已经身处互联网时代,有些文献的查阅还不是很方便,而他们为我提供了大量和关键的参考文献。要感谢《北京科技报》的董毅然编辑,通过与他的合作,让我更加关注社会心理学的普及工作。要感谢北京大学光华管理学院金融、会计、管理专业的学生,本书的主体部分是在与他们的教学互动中完成的。最后,要感谢首都经济贸易大学出版社的孟岩岭编辑,他的不断鼓励和宽容,让我终于历经四年,利用零星时间完成了全书的编写。还有很多人,我无法一一道出他们的姓名,正是他们的帮助和鼓励,促成了这本书的问世。在此,请允许我向他们致谢!

杨宜音

2008 年 6 月 14 日

电子邮件:yiyinyang@gmail.com

第二版后记

这本主要为非心理学专业学生和非心理学研究者撰写的《社会心理学》教科书距一版出版发行已逾 7 年。7 年来,在教学和科研中,我们对于社会心理学作为交叉学科性质的理解更为深入,同时,面对中国社会巨变的现实,也感到拓展社会心理学学科边界的紧迫。为此,我在修订本书时,特别增加了宏观社会心理学的分析视角,将社会心态和变迁人格的内容增补进来。尽管这些领域的研究尚显稚嫩,但是已经能看出伴随社会发展社会心理学自身的发展。此外,我们原计划对全书全面修订的做法因精力所限,改为由张曙光对原书三章的内容做了少量补充。

本书的修订首先要感谢首都经济贸易大学出版社的孟岩岭编辑,他 7 年来的鼓励和反馈,给了这本书成长的机会。还要感谢国家级千人计划特聘教授赵志裕、我的同事王俊秀研究员和高文珺博士等。近年来我们在社会心态、社会变迁心理学、文化社会心理学方面的研究合作及其成果积累,成为拓宽本书内容和思路的前提。特别要感谢的是这本书的使用者,其中有教授和修习社会心理学这门课的教师和学生,也有参考和引用这本书的读者,是他们的求知需求和再创造的可能性激发着我们撰写、修订本书的热情。修订后的这本书依然有许多未能如愿之处,恳请读者不吝赐教!

杨宜音
2015 年 3 月 12 日
yiyinyang@gmail.com

第三版后记

修订第二版教科书的想法早在2020年就已经有了,但直到2022年5月才付诸实施。我和本书的另一位编著者——山西大学心理系的张曙光副教授一起拟定了修订计划,并邀请哈尔滨工程大学人文社会科学学院社会学系的赵德雷教授参与修订,以期吸纳他们二位在心理系和社会学系多年使用这本教材积累的经验。在历时一年的修订工作中,我们逐章删减不合适的资料,补充了新的资料,改正已发现的错误,从而使这本教科书再次以崭新的面貌呈现给读者。

在这一版的修订中,我们试图将社会心理学籍以解释社会心理与行为的独特视角更为清晰地呈现出来,同时把作为社会行动者的个体放入社会互动和建构之中加以审视和观照,以期揭示出个体在与他人的关系中、在社会群体中、在社会变迁进程中、在多元文化交流与碰撞及融合中、在以现代传媒技术与宏观社会相关联的社会情境中的社会心理活动规律。此外,我们还尽可能考虑到了社会学、经济学、教育学、人类学、传播学、管理学等学科读者的需要,希望这本新版教科书能够给这些非心理学专业读者提供更多的启迪。

第一版修订工作是在2015年完成的。时间飞逝,转眼间又是8年。在这技术进步日新月异、社会发展越来越快的年代,社会心理学者一直在努力地回应着时代的召唤,从而让这一门学科充满智慧和生命力。实际上,就有些章节来讲,值得补充的内容还有很多,但限于篇幅,我们只能忍痛割爱了。有兴趣的读者可以通过页下注释以及章末列出的拓展阅读资料查找更多更详细的文献资料。

最后,感谢首都经济贸易大学出版社的孟岩岭总编辑及陈雪莲编辑。他们对这本书的厚爱和专业的眼光,让这本书有了新的成长机会。

本次修订中仍不免会出现欠缺和问题,祈请诸位读者不吝赐教!

杨宜音

2023年5月20日

yiyinyang@gmail.com